KATHRIN HARTMANN

AUS
KONTROLLIERTEM
RAUBBAU

KATHRIN HARTMANN

AUS KONTROLLIERTEM RAUBBAU

WIE POLITIK UND WIRTSCHAFT DAS KLIMA ANHEIZEN, NATUR VERNICHTEN UND ARMUT PRODUZIEREN

BLESSING

Für Oliver und meine Eltern

 Verlagsgruppe Random House FSC® N001967
Das für dieses Buch verwendete
FSC®-zertifizierte Papier *Super Snowbright*
liefert Hellefoss AS, Hokksund, Norwegen.

1. Auflage 2015
Copyright © 2015 by Karl Blessing Verlag, München,
in der Verlagsgruppe Random House GmbH
Umschlaggestaltung: Geviert Grafik & Typografie, München
Satz: Leingärtner, Nabburg
Druck und Einband: GGP Media GmbH, Pößneck
Printed in Germany
ISBN: 978-3-89667-532-3

www.blessing-verlag.de

INHALT

Man kann den Regenwald auch mit solarbetriebenen Kettensägen abholzen.

Hans-Peter Dürr, *Physiker, Umwelt- und Friedensaktivist*

VORWORT
GRÜNES WACHSTUM – WELTRETTUNG ODER »AMOKLAUF GEGEN DIE NATUR«?

Die nebelnassen Bäume werfen ihre letzten Blätter von den schwarzen Ästen, ihre Kronen sind im dichten grauen Dunst verborgen. Auch der riesige, düstere Klotz hinter den Bäumen verschwindet fast im Nebel: Die Glasfassade des Maritim-Hotels am Düsseldorfer Flughafen wirkt stumpf und bleiern. Es ist unwirtlich und kalt an diesem tristen Novembermorgen. Doch drinnen, im Saal Düsseldorf, wo sich mehr als tausend Gäste versammelt haben, da wird es gleich leuchten und strahlen.

Ram-tam-tam-ta-ram-tam-ta-ram-tam … Eben saßen noch einige zusammengesunken auf ihren Stühlen und versuchten, das Muster auf dem Teppichboden zu entwirren. Doch als das beschwingte Dreizehn-Sekunden-Intro von Coldplays Superhit *Viva La Vida* durch den Raum schallt, sind die Gäste wie auf Kommando gut gelaunt und hellwach, sie strahlen und klatschen, als würden sie dafür bezahlt.

Es ist der Deutsche Nachhaltigkeitstag. Und der ist für die Industrie wie ein vorgezogenes Weihnachtsfest. An diesem 22. November 2013 wird in Düsseldorf zum sechsten Mal der Deutsche Nachhaltigkeitspreis verliehen. Deutsche Unternehmen,

ihre Verbände, Forschungseinrichtungen, der Rat für nachhaltige
Entwicklung und die deutsche Bundesregierung vergeben diesen Nachhaltigkeitspreis für, wenig überraschend, »Spitzenleis-
tungen der Nachhaltigkeit« an, noch weniger überraschend, deutsche Unternehmen, »die vorbildlich wirtschaftlichen Erfolg mit
sozialer Verantwortung und Schonung der Umwelt verbinden«,
sowie an Kommunen, Forschung und internationale Popstars.

Stefan Schulze-Hausmann tritt ins Rampenlicht. Der Rechtsanwalt und ehemalige TV-Moderator (»neues«, »nano«, *3Sat*)
hat den Preis 2008 initiiert. »Nachhaltigkeit ist ein Mega-
Thema«, ruft Schulze-Hausmann, »die Zahl der Unternehmen,
die krass ignorant sind, sinkt beständig.« Die Gäste applaudieren begeistert. Kein Wunder, sie applaudieren sich schließlich
selbst, und sich selbst finden sie gut. Denn da in Düsseldorf im
Saal Düsseldorf sitzen keine Ökos mit langen, ungewaschenen
Haaren, sondern Männer in Anzügen und Frauen in Kostümen.
Viele sind Unternehmensvertreter, und sie repräsentieren die
deutsche Industrie von A bis Z: von Allianz, Bayer, BMW, Coca-
Cola, Danone, Frosta, Henkel, Lufthansa, Rewe, Siemens und
Unilever bis zur Zehnder Group, dazu Vertreter von Verbänden
wie dem Deutschen Markenverband, dem Handelsverband,
dem Gesamtverband der Kunststoff verarbeitenden Industrie
und dem Deutschen Tourismusverband.

Schulze-Hausmann schwärmt von einem »Familientreffen der
Nachhaltigkeit«. Auch für mich ist es ein Wiedersehen mit – guten? – na ja, jedenfalls mit alten Bekannten: Einige von ihnen
habe ich schon interviewt, nämlich die Vertreter von Unternehmen, zwischen deren proklamiertem »grünem Engagement«
und den tatsächlichen Auswirkungen ihres Kerngeschäfts eine
Lücke so groß wie der Marianengraben klafft.

»Die Industrie versucht, sich zu engagieren, da lernen alle. Das ist ein Prozess, den müssen wir gestalten.«[1] Das hat mir, obwohl solche Formulierungen zum Standardrepertoire der Industrie gehören, ein Nachhaltigkeitsmanager von Henkel erklärt. Der deutsche Chemiekonzern hat als einer der ersten 2008 den Deutschen Nachhaltigkeitspreis bekommen und ist, wie Coca Cola, Rewe, Siemens und der Deutsche Markenverband, einer der Sponsoren des Events. Man würde nicht sofort draufkommen, dass Henkel ein Ökounternehmen ist. Drum braucht es auch die Teilnahme am Nachhaltigkeitspreis. Was man dem Chemiekonzern lassen muss, der mit 2,2 Millionen Megawattstunden so viel Energie verbraucht wie eine mittlere Großstadt: Er kämpft wirklich engagiert. Zum Beispiel gegen den Ausstieg aus der Atomenergie und für die Kohlekraft, Seit' an Seit' mit den großen Stromkonzernen.[2] Aber nun, man kann nicht alles haben, und Henkel stellt ja gleichzeitig einen Kleber her, der beim Zusammenkleben von Windturbinen eingesetzt wird, und das hält der Konzern für einen »wichtigen Beitrag zu erneuerbaren Energien«.[3] Für Henkel, so erklärt Nachhaltigkeitsmanger Uwe Bergmann später auf dem Podium, »hat Nachhaltigkeit mit Business zu tun«. Und da hat Henkel beste Gesellschaft: auch BASF, Bayer, C&A, General Electrics, Otto, Puma, Siemens, die Axel Springer AG und Volkswagen sind Träger des Weltrettungspreises. Der deutsche Supermarkt-Gigant Rewe hat ihn gleich vier Mal bekommen.

Aber derartige Widersprüche werden auf dem Deutschen Nachhaltigkeitstag nicht kritisiert. Im Gegenteil: Sie werden zelebriert. »Verantwortliches Handeln«, lautet die Parole, helfe nicht nur dabei, »soziale und ökologische Probleme im globalen oder lokalen Maßstab zu lösen«, sondern könne auch »Profitabilität und Wettbewerbsfähigkeit erhöhen«.

Jetzt zeigt Günther Bachmann, der Generalsekretär des Rats für nachhaltige Entwicklung, ein Filmchen über das gut gelaunte Öko-Deutschland: Windräder im Sonnenuntergang, Elektroautos und Menschen im Supermarkt. Ein Unternehmer sagt, »Nachhaltigkeit bedeutet, die Schere zu schließen zwischen Ökonomie und Ökologie«. Lauter tolle Ideen werden präsentiert: Stofffasern aus Milch, Fahrräder aus Holz, Tomaten in einem urbanen Gewächshaus, gedüngt mit dem Abwasser aus Fischtanks, und »Wurst mit Gesicht«, für die sich der Konsument per Mausklick im Internet selbst ein »glückliches Schwein« aussuchen kann, das dafür abgestochen wird. Menschen halten Schilder mit Buchstaben in die Luft, die den Satz »Jeder entscheidet« ergeben.

»Mal ehrlich, jeder von uns könnte mehr für die nachhaltige Entwicklung tun, beim Einkaufen, beim Reisen, auch beim Geldanlegen«, sagt Bachmann in eine Kamera. Alle, die hierhergekommen sind, wollen etwas tun, und sei es nur, sich selbst und allen, die es hören wollen, zu versichern, wie »›Sustainability made in Germany‹ erfolgreich den Herausforderungen der Nachhaltigkeit begegnen und gleichzeitig Wettbewerbschancen eröffnen kann«. Na freilich: Wenn Klima- und Umweltschutz »Wachstumsförderer« sind, dann sind dementsprechend klarerweise die Unternehmen selbst die »Problemlöser«. Das sogenannte »Drei-Säulen-Modell« der Nachhaltigkeit, in dem wirtschaftliche, ökologische und soziale Ansprüche gleichrangig berücksichtigt werden müssten und einander bedingen, findet breiten Zuspruch und wird auch von der Politik beglaubigt – obwohl es schlicht eine Erfindung der Wirtschaft ist, genauer des Verbands der Chemischen Industrie, der diese »Theorie« in die Enquete-Kommission des Deutschen Bundestages »Schutz des Menschen und der Umwelt« eingebracht hat.

Ram-tam-tam-ta-ram-tam-ta-ram-tam … Nach jedem Auftritt fegt das Intro der Stadionhymne von Coldplay über die Bühne, als wäre wieder ein Tor für Umwelt und Klima gefallen. Deutschland – ein Spätherbstmärchen der Nachhaltigkeit. Ich warte nur darauf, dass der freundliche grüne Riese aus der RWE-Werbung kommt, den Unternehmern Windrädchen auf den Kopf steckt und ihnen ein grünes Mäntelchen aus Rollrasen umhängt.

»I used to rule the world. Seas would rise when I gave the word«: sehr im Kontrast zur freundlich beschwingten Melodie handelt der Coldplay-Song von einem paranoiden Herrscher, der seine Macht verloren hat. Genauso verbirgt sich hinter dem dick aufgetragenen Optimismus, dem dröhnenden Hurra-Patriotismus, der »Macher«-Inszenierung samt ihrer abgeschmackten Haurruck-Parolen, wie sich »Deutschland im globalen grünen Wettrennen bewähren« soll, eigentlich nur die tiefe Sorge der deutschen Wirtschaft, dass ihre Profite und ihr grenzenloser Wachstumsdrang durch so etwas unangenehmes wie Klimaschutz gebremst werden könnten. Lieber eignet man sich die Kritik an, schreibt sich selbst dick »Umweltschutz« auf die Fahnen und produziert ordentlich Wind, damit diese Fahnen auch schön flattern. Es passt, dass ausgerechnet die »Klimakanzlerin« Angela Merkel gleich drei Mal Schirmherrin dieser Veranstaltung war.

»Once you're gone you're gone, there was never, never an honest word. And that was when I ruled the world.« Tatsächlich sieht die Bilanz des »Vorreiters« in Sachen »Nachhaltigkeitsexzellenz« so aus: Zwischen 2004 und 2012 hat Deutschland den Transport von Waren mit dem Flugzeug, dem mit Abstand klimaschädlichsten Fortbewegungsmittel, um mehr als 50 Prozent gesteigert. Der Export der deutschen Industrie ist zwischen 2007 und 2013 von 35 auf 43 Prozent gestiegen, parallel dazu natürlich auch der CO_2-Ausstoß.[4] Zugleich importiert Deutschland Agrarprodukte und andere Verbrauchsgüter, deren Herstellung mit knapp 80 Millionen Hektar mehr als das Doppelte der gesamten Fläche Deutschlands benötigen.[5] Die Deutschen essen mit 60 Kilo pro Kopf und Jahr überdurchschnittlich viel Fleisch. Trotz Energiewende werden weitere Kohlekraftwerke gebaut, die die CO_2-Einsparung durch erneuerbare Energie zunichte machen. Niemand in Europa hat so viele Autos wie wir Deutschen: Auf 1000 Einwohner kommen 530 PKW, jeder fünfte neu angemeldete ist ein SUV. Kein Land trennt so besessen seinen Abfall wie wir – was nichts daran ändert, dass wir auch mit am meisten Müll in Europa produzieren, nämlich 453 Kilo pro Kopf und Jahr.[6] Außerdem steigen immer mehr Deutsche ins Flugzeug, und die meisten Vielflieger finden sich, welche Ironie: ausgerechnet unter den Wählern der Grünen.[7]

Doch mit der hässlichen Realität hält sich der Deutsche Nachhaltigkeitstag nicht auf. Er schaut in eine grüne Zukunft, in der der brummende Motor der Konjunktur auch noch gut sein soll für Umwelt und Klima. Die Zauberformel heißt: Green Economy.

Hinter dem Schlagwort verbirgt sich die Idee, Wachstum und Naturverbrauch mit Hilfe neuer Technologien zu »entkoppeln« – und die Theorie, dass dieses Entkoppeln so funktioniert, als wären die guten und die schlechten Effekte des Kapitalismus wie Lokomotive und Waggon, die man mit den richtigen Handgriffen einfach voneinander trennen könnte. Diese »dritte industrielle Revolution« soll Schäden aber nicht nur vermeiden, sondern sogar beheben – mit Elektroautos, Solar- und Windkraftanlagen, Pflanzentreibstoffen, effizienten Kraftwerken, CO_2-Speicherung,

Landwirtschaft auf Hochhausdächern, Nachhaltigkeitszertifikaten für Problemrohstoffe, Aufforstung von Schutzgebieten, Emissionshandel, Biotechnologie und Grüner Gentechnik.

2008, im selben Jahr, als der Deutsche Nachhaltigkeitspreis gegründet wurde, veröffentlichte das Umweltprogramm der Vereinten Nation (UNEP) den »Green Economy Report«. Demgemäß soll durch eine grüne Wirtschaft »das menschliche Wohlergehen gesteigert und soziale Gleichheit sichergestellt« werden, »während gleichzeitig Umweltrisiken und die Knappheit ökologischer Ressourcen berücksichtigt werden«. Dieser Gedanke wurde 2012 auch auf der Konferenz der Vereinten Nationen über nachhaltige Entwicklung in Rio verhandelt, nachdem schon alle Strategien nachhaltiger Entwicklung gescheitert waren. Schließlich griff die Organisation für wirtschaftliche Zusammenarbeit und Entwicklung (OECD) das neue Wirtschaftsparadigma auf und propagierte ein grünes Wachstum mit neuen »grünen« Märkten und Sektoren«. Die Europäische Union entsann 2010 einen Plan für nachhaltiges Wachstum, und auch die Bundesregierung hat das »Leitbild der Green Economy als international wettbewerbsfähige, umwelt- und sozialverträgliche Wirtschaft« übernommen.

Glaubt man den Aposteln der Ökotechnik, so dauert es nicht mehr lange, bis man ohne schlechtes Gewissen zum Wochenendeinkauf nach New York jetten kann, um dort recycelte Designerturnschuhe zu kaufen. Das Geld dafür könnte aus Investitionen in »Klimawälder« in armen Ländern stammen, das Flugzeug mit nachwachsender Energie aus Algen fliegen, und die Bezüge der Flugzeugsitze könnten essbar sein. Man wird sie nicht mehr wegwerfen müssen, sondern kann sie zu Industrieessen recyceln und, mit Vitaminen angereichert, zum Beispiel den Armen servieren –

samt gentechnisch verändertem Beilagensalat, der einen Impfstoff gegen Tropenkrankheiten enthält. Der Armut glücklich entronnen, werden auch die qua Geburt Unterprivilegierten endlich in der Lage sein, mit Elektroautos aus ihren Hüttendörfern hinauszubrummen, die eh bloß Plantagen für nachwachsende Rohstoffe den Platz wegnehmen, hinein in die nachhaltige Wohnanlage aus Passivhäusern mit Solarstrom.

Diese schöne grüne Sciencefiction stammt nicht etwa aus *Daniel Düsentriebs Geheimnotizen*. Es sind Visionen Grüner-Technik-Apologeten wie sie etwa der Popstar des grünen Wachstums, Michael Braungart, hat. Letzterer, Verfahrenstechniker und Leiter des Hamburger Umweltinstituts, hat mit dem US-amerikanischen Designer William McDonough das »Cradle-to-Cradle«-Prinzip erfunden, demzufolge alle Produkte wieder vollständig in den Stoffkreislauf zurückkehren sollen. 600 Produkte hat Braungart entwickelt – darunter auch die oben genannten essbaren Flugzeugsitzbezüge.

Braungart ist ein gern gesehener Intervie partner und Veranstaltungsgast, denn er verbreitet die ersehnte frohe Botschaft unter den westlichen Mittel- und Oberschichten: Wirtschaftliches Wachstum, überbordender Konsum und Verschwendung sind nicht nur völlig unproblematisch, sondern sogar gut für die Welt – solange sie mittels technischer Innovationen nur »intelligent« gemacht sind. *Intelligente Verschwendung. Auf dem Weg in eine neue Überflussgesellschaft* heißt Braungarts jüngstes Buch.[8] Allerdings ist die Green Economy kein alternatives Wirtschaftssystem, sondern lediglich ein grün schimmernder Kapitalismus, der weiterhin bestimmt ist von Wachstum und Wettbewerb und den Profitinteressen der Industrie – also das ökonomische Wunderding der eierlegenden Wollmilchsau. Aber auch ein grünes Wachstum braucht Energie und Ressourcen. Eine »Entkopplung von Wachstum und Naturverbrauch« wird es in einer Welt die ja immer noch nach thermodynamischen Gesetzen funktioniert, genauso wenig geben wie das Perpetuum mobile: Zerstörung der Natur, Plünderung von Ressourcen, Ausbeutung und Armut sind unvermeidbar auch die Grundlagen des grünen Wachstums.[9]

Alle Versuche, destruktive Techniken und Rohstoffe durch »nachhaltigere« zu ersetzen, sind aber, wie ich in diesem Buch an mehreren Beispielen zeigen werde, krachend gescheitert oder haben die Probleme sogar noch verschärft: Die Herstellung von Elektroautos, von Windrädern und Solarzellen benötigt riesige Mengen Seltener Erden und Konfliktrohstoffe, die aus Kriegsgebieten beschafft werden oder Indigenen das Land rauben, weil sie sich unter ihrer regenbewaldeten Erde befinden. Die fatale Idee, Lebensmittel zur Energiegewinnung zu verbrennen, hat den Hunger noch verschärft. Für die nächste Idee, »Energiepflanzen« wie beispielsweise Ölpalmen zu kultivieren, ist in Südostasien der Regenwald gigantischen Palmölplantagen gewichen. Die »zweite Generation« nachhaltiger Kraftstoffe, zum Beispiel aus künstlicher Photosynthese, auf der jetzt die große neue Hoffnung liegt, befindet sich im Laborstadium. Welche Folgen ihr Einsatz haben wird, wird man ebenfalls erst feststellen, wenn Schäden bereits entstanden sind. Aber dann wird den Menschen wieder etwas Neues, noch Tolleres einfallen. Davon jedenfalls sind die grünen Technikoptimisten fest überzeugt.

Berlin, das Büro von Ralf Fücks. Der Vorstand der Heinrich-Böll-Stiftung war einer der ersten »Realos« der Grünen und gilt als Vordenker einer rot-grünen Regierung. Und er ist, im Gegensatz zu anderen Vertretern der Heinrich-Böll-Stiftung, ein glühender Anhänger der Green Economy. *Intelligent wachsen. Die Grüne Revolution* heißt sein Werk, in dem er der »autoritären Tugendherrschaft« der Umweltschützer etwas entgegensetzen will: nämlich die positive »ökologische Transformation des Kapitalismus« mittels Technologie und Effizienz.[10] Fücks vertritt die Theorie des Anthropozäns, jenes Zeitabschnitts also, in dem der Mensch zum wichtigsten Einflussfaktor der biologischen, geologischen und atmosphärischen Prozesse auf der Erde wurde, weswegen er auch fähig sei, die daraus resultierenden Probleme mit neuer Technik in den Griff bekommen. »Das hat die Zivilisation trotz aller Katastrophen getragen«, schwärmt Fücks. Auf meinen Einwand, dass dies aber immer wieder zu neuen Problem führt, sagt er leicht gereizt: »Niemand kann garantieren, dass Innovationen auch funktionieren. Man muss Fehlentwicklungen möglichst rasch korrigieren und aus Erfahrungen lernen.« Aber sollte man nicht viel eher aus der Erfahrung lernen, dass Wachstum selbst das Problem ist, und dazu Alternativen finden? Zack, fährt der »Öko-Optimist« aus der Haut: »Wie wollen Sie denn einen globalen Wachstumsstopp implementieren? Das halte ich für so was von menschenfeindlich! Die Menschen würden Ihnen den Vogel zeigen und sagen, ihr habt die Party hundert Jahre gefeiert, und wir sollen jetzt auf die Segnungen des Fortschritts verzichten?«

Dieses Argument habe ich auf meiner Reise durch die Green Economy in den Ländern des Südens nie gehört, jedenfalls nicht von den Kleinbäuerinnen und Kleinbauern. Merkwürdig, dass auf einmal Konsumexzesse nach westlichem Vorbild in sogenannten Schwellen- und Entwicklungsländern als Menschenrecht verteidigt werden, während es weiter hingenommen wird, dass verbriefte Menschenrechte dort zu jeder Sekunde mit Füßen getreten werden: Der Zugang zu überlebenswichtigen Ressourcen wird den Menschen im Süden genauso vorenthalten wie die Realisierung ihrer Vorstellung von einem guten und gerechten Leben. Denn in Wahrheit ist es ja genau andersherum: Mit unserem westlichen Wachstums- und Wohlstandsmodell schreiben wir ihnen exakt vor, wie sie zu leben haben, weil sie nämlich die Folgen unseres Handelns ausbaden müssen. Ethik und Verantwortung werden mit der Utopie des grünen Wachstums in ihr Gegenteil verkehrt. Denn es gibt eben kein Recht auf einen Lebensstil, der anderen schadet.

»Grünen Kapitalismus hat es immer schon gegeben«, sagt der Politikwissenschaftler und Globalisierungskritiker Elmar Altvater. Und zwar dann, wenn die Einsparung von Ressourcen oder Energie die Kosten gesenkt habe und man so in weiteres Wachstum investieren konnte. Trägt aber Umwelt- oder Klimaschutz nicht mehr zu Wachstum und Profit bei, ist damit schnell Schluss. Dann sorgt zum Beispiel die »Klimakanzlerin« dafür, dass die energieintensivsten Industrien kaum mehr etwas für ihre riesigen Mengen Kohlestrom bezahlen müssen, oder die Verschrottung von Autos zum Zwecke einer Neuanschaffung wird mit einer »Umweltprämie« subventioniert. Bei der Green Economy, sagt Altvater, ginge es nicht darum, die ökologischen Grenzen des Planeten einzuhalten, sondern diese mittels technischer Innovation zu erweitern. »Was daran grün ist und was nicht, ist eine Ermessenssache, bei der das Ausmaß des Zynismus zum Maßstab auf der Messlatte wird.«

Auch im grünen Kapitalismus bleiben die altbekannten Macht-, Besitz- und Produktionsverhältnisse bestehen. Lange Zeit hat der reiche Westen diese Grenzen in die Länder des Südens ausgedehnt, um dort seinen zerstörerischen Rohstoffhunger zu stillen und die schmutzige Produktion seiner Konsumgüter mit all ihren Folgen dorthin zu verlagern. Jetzt bürdet er den Menschen dort auch noch die Lösung seiner Energie- und Klimaprobleme auf.

»Hey, Dieter, pssst!« – Klickklickklick. – »Hier, Dieter, ho!« – Klickklickklick. – »Diiieeter, zu mir, huuuhuuuu!« – Klickklickklick. – »Jetzt mit der Anastacia, jaaa, suuuupi!« – Klickklickklick. Dieter Thomas Heck steht im Smoking auf dem roten Teppich und hat den Arm um die amerikanische Sängerin Anastacia gelegt. Hinter ihm steht eine graue Wand, auf der die Namen der Sponsoren des Deutschen Nachhaltigkeitspreises prangen. Gegenüber ist eine Treppe aufgebaut, auf der sich die Fotografen drängeln und um die Aufmerksamkeit der Promis buhlen. Durch das Foyer staksen Frauen auf High Heels, angetan mit glitzernden Abendkleidern und Pelzmänteln, Sektgläser in der Hand. Bald beginnen die Preisverleihung und das Gala-Dinner, das Holger Stromberg zubereitet hat, der Küchenchef der Deutschen Fußball-Nationalmannschaft. Das Festessen besteht ausschließlich aus Fisch und Fleisch, wie nachhaltig, denke ich, eine vegetarische Alternative muss man sich extra zubereiten lassen. Auf dem Deutschen Nachhaltigkeitstag scheinen sie mit Vegetariern und Veganern nicht zu rechnen. Selbst der »Mitternachtsimbiss« ist aus Fleisch, nämlich Curry-Wurst, allerdings »ohne Reue«. Muss man wahrscheinlich erst extra verlangen. Man will die Leute halt nicht überfordern, sondern dort »abholen, wo sie stehen«. Dafür gibt es auch einen Shuttle-Service vom Sponsor Citroën. »Sustainability made in Germany« darf alles sein – bloß keine Zumutung oder gar Einschränkung. Der imperiale Lebensstil – oder, wie Harald Welzer in seinem Buch *Selbst den-*

ken. Eine Anleitung zum Widerstand[11] schreibt, die entgrenzte »Kultur des alles immer« – ist im grünen Kapitalismus nicht verhandelbar.

Nach der Preisverleihung[12] treten auf der »Bühne der Besten« Dionne Warwick und Anastacia auf. Sie haben ihrerseits einen Ehrenpreis für nachhaltiges Engagement bekommen. Das Ganze hat die Anmutung antiquierter öffentlich-rechtlicher Samstagabendunterhaltung – »*Wetten, dass...?*« meets Vorstandssitzung. Dazu gehören eben auch aus den USA eingeflogene Superstars. Dass das jegliche Nachhaltigkeitsbestrebung mit einem Schlag zunichte macht, scheint niemandem aufzufallen. Nach eigenen Angaben haben die zwei Tage Weltrettungsevent mehr als 220 Tonnen CO_2 verursacht[13] – das ist so viel wie 600 Menschen in Bangladesch zusammen in einem Jahr ausstoßen. Was nicht passt, wird passend gemacht, nämlich »klimaneutral«: Der absurde CO_2-Ausstoß wird kompensiert – und zwar in der »Dritten Welt«. In einem Aufforstungsprojekt in Äthiopien pflanzen arme Afrikaner Bäume, damit die Reichen im Norden sich für ihre scheinheiligen Öko-Versprechen gegenseitig angemessen auf die Schulter klopfen können. Ansonsten haben Vertreter aus den Ländern des Südens auf diesem »Green Event« nichts zu suchen. Womöglich weil sie ganz andere Vorstellungen von ökologischer und sozialer Gerechtigkeit haben, als sie sich die netten Kolonialherren für sie ausgedacht haben. Das würde nur für schlechte Laune sorgen, und das kann ja nun keiner wollen, wo doch alle in so euphorischer grüner Aufbruchstimmung sind.

Vor der Bühne hopsen die Gäste ausgelassen, zwischen den Männern, die schon ihre Krawatten lockern, tanzt Christoph Harrach. Auch er ist für mich ein alter Bekannter, ich hatte den

Yogalehrer, Marketingexperten und Gründer des Blogs »Karma-konsum« bereits für mein Buch *Ende der Märchenstunde. Wie die Industrie die LOHAS und Lifestyle-Ökos vereinnahmt* por-trätiert. Inzwischen hat der Unternehmer und CSR-Berater selbst den Deutschen Nachhaltigkeitspreis bekommen und ist von der Stiftung Deutscher Nachhaltigkeitspreis in die »N100« berufen worden. In dieser »Community der Besten« sitzen Öko-Granaten wie Coca Cola, Bayer, BASF, C&A, Procter&Gamble, Axel Springer, Rewe, Unilever, VW und der WWF. Auch die Un-ternehmensberatung A.T. Kearney, deren Kunden aus der Auto-, Chemie-, Öl- und Rüstungsindustrie stammen,[14] gehört zu den »Kennern, Trendsettern und Vordenkern der Nachhaltigkeit«, genauso der Verband der Chemischen Industrie und der Ver-band der Automobilindustrie.[15] All diese Firmen, die eine gesetz-liche Regulierung fürchten wie den Gottseibeiuns und mit ihren Lobbyisten genau diese immer wieder vereiteln, die wollen jetzt also die Welt retten. Und vorher noch ein bisschen tanzen.

»Die Nachhaltigkeitsdebatte hat in erster Linie Symbole pro-duziert. Und die helfen, moralische Kompensation zu betreiben. Im Kontext des grünen Wachstums hat diese reine Symbol-produktion dazu geführt, dass die Schäden zunehmen konnten, ohne dass sich jemand aufregt«, sagt Niko Paech. Er ist Profes-sor am Lehrstuhl für Produktion und Umwelt an der Universität Oldenburg und gehört zu den wichtigsten Wachstumskritikern in Deutschland.[16] Sein Gegenkonzept heißt Postwachstum: we-niger Konsum, weniger Produktion, verkürzte Wertstoffketten, regionale Produktion, teilen statt kaufen, Selbst- statt Fremdver-sorgung, Zeitwohlstand statt Hamsterrad, soziale Beziehungen und Sesshaftigkeit statt dauernd durch die Welt zu hetzen. Wir sitzen in Weilheim in Oberbayern, und er erzählt mir lachend, dass ausgerechnet in seinem Hotelzimmer das Telefon kaputt ist – was offenbar lange niemand gemerkt hat, da inzwischen jeder ein Handy hat. Außer Niko Paech: Er fliegt nicht, isst kein Fleisch, besitzt kein Auto, keinen Fernseher und kein Handy. Er lebt das, was er propagiert. Paech bezeichnet das grüne Wachstum als »Amoklauf gegen die Natur«, bei dem in noch größerer Geschwindigkeit noch größere Schäden angerichtet werden – und zwar in Naturgegenden, die bislang vom materiellen Raubbau verschont geblieben waren. Nicht nur in den Ländern des Südens, sondern auch in Deutschland.

Für Windparks werden, wie in Oldenburg, wo Paech wohnt, selbst Naturschutzgebiete dem Klimaschutz geopfert. Auf den Feldern wogt weniger Weizen, stattdessen wächst dort Energiemais oder -raps. Im letzten Stadium der industriellen landwirtschaftlichen Transformation konkurriert die Lebensmittelproduktion mit der hoch subventionierten Energieerzeugung. Paech ist kein Gegner der Energiewende: »Es gibt keine Alternative zu regenerativen Energieträgern. Aber der erste Schritt muss sein, radikal Energie zu sparen. Die beste Energie ist die, die wir nicht verbrauchen.« Wenn die Wende wirken soll, müssten gleichzeitig alte Kapazitäten, insbesondere Kohlekraftwerke abgeschaltet werden. Auf stillgelegten Industrieflächen, Flughäfen oder Autobahnen, die nicht mehr zu regenerieren sind, könnten etwa Solaranlagen gebaut werden.

Paechs Konzept ist radikal. Technikoptimisten wie Ralf Fücks ist er deshalb ein Dorn im Auge. »Postwachstumskritik ist leider nicht modern, sondern eine Zumutung«, sagt Paech. »Letztlich liegt die Attraktivität der grünen Fortschrittsreligion darin, ein auf Plünderung beruhendes Wohlstandsmodell von der eigenen Verantwortung zu entkoppeln. Grüne Technologien funktionieren

als moralischer Blitzableiter in ihrer Mischung aus Hoffnungsträger und geduldigem Prügelknaben. Nicht maßloser Konsum
oder Mobilitätsansprüche sind dann schuld am Desaster, sondern
der noch nicht eingeleitete Entkopplungsfortschritt.«
Nicht nur, dass Wachstum grundsätzlich Rohstoffe und Energie verbraucht. Der Einsparung durch effiziente Technologie folgt
der sogenannte Rebound-Effekt auf dem Fuß: Die erreichte Effizienz wird genutzt, um weiter zu wachsen. Wachstum erzeugt
wiederum wachsende Kaufkraft, die sich in materiellem Konsum
niederschlägt. »Unter den Bedingungen eines beständigen Wirt-
schaftswachstums ist es unmöglich, die Ökosphäre absolut zu
entlasten. Unter den Bedingungen einer absoluten Entlastung der
Ökosphäre ist es unmöglich, ein beständiges Wirtschaftswachstum aufrechtzuerhalten«, sagt Paech. Die Alternative könne
deshalb nur Reduktion heißen.

Aber gegen eine Reduktion der Rohstoffe, die ihren Profit
begründen, wehrt sich die Industrie mit Händen und Füßen. Im
Jahr zuvor hatte der Deutsche Nachhaltigkeitpreis deshalb seinen ersten und einzigen Skandal: Er wurde, trotz heftiger Kritik
von NGOs, und Medien, ausgerechnet dem Konsumgüterkonzern
Unilever verliehen. Und der ist vor allem dafür bekannt, am
meisten Palmöl für seine Produkte zu benötigen, für das in Südostasien der Regenwald abgeholzt wird.

»Die Verleihung des Nachhaltigkeitspreises an Unilever war
ein Reizthema«, sagt Günther Bachmann beim Nachhaltigkeitstag 2013. »Wir haben das ernst genommen und versprochen,
dass wir da dran bleiben.« Abrakadabra, schon hat die Industrie
eine neue grüne »Lösung« wie ein Bio-Kaninchen aus dem Hut
gezaubert: das Forum für nachhaltiges Palmöl. Es ist eine von der
Gesellschaft für internationale Zusammenarbeit (GIZ) geleitete

Intiative, deren Mitglieder und »Initiativpartner« Henkel, Rewe, Unilever und WWF versprochen haben, nur noch Palmöl mit Nachhaltigkeitssiegel zu beziehen. Merlin Koene, Unilever-Sprecher und Mitglied im »N100-Club der Besten« sagt: »Man kann die Kritik an Palmöl absolut verstehen. Aber um etwas zu ändern, brauchen wir eine Koalition der Willigen.« Eine »Koalition der Willigen«? Dass Koene für den konzertierten kontrollierten Raubbau ausgerechnet den Begriff benutzt, der die Allianz der Staaten beschreibt, die den Irak-Angriffskrieg der USA 2003 politisch und militärisch unterstützten, hat seine ganz eigene Sinnfälligkeit. Jenny Walther-Thoß vom WWF springt dem Unternehmer zur Seite: »Ich finde einen Palmölboykott kontraproduktiv. Wir müssen den Leuten in Indonesien eine Entwicklungsmöglichkeit geben, das geht nur mit nachhaltigem Palmölanbau.« Natürlich, »wir«. Wer sonst. Mit »nachhaltigem Palmöl«, dem Schmierstoff des grünen Kapitalismus, dieser weithin gefeierten »Lösung«. Und um nichts anderes als solche »Lösungen« soll es in diesem Buch gehen.

Die Eroberung der Welt, was ja im Grunde nichts anderes ist, als dass wir sie denen fortnehmen, die eine andere Hautfarbe oder eine etwas breitere Nase haben als wir, ist keine schöne Sache, wenn man zu genau hinsieht. Was sie erträglich macht, ist allein die Idee. Die Idee, die dahintersteckt – kein sentimentales Gerede, sondern eine Idee; und ein selbstloser Glaube an diese Idee, etwas wie ein Götterbild, vor dem man sich verneigen kann, dem man Opfer darbringen kann …

Joseph Conrad, Das Herz der Finsternis

I. ORANG-UTAN IM TANK

Wie im Namen der Nachhaltigkeit die letzten Regenwälder der Erde abgeholzt werden

1. Die Grüne Hölle: Palmölanbau in Borneo

»Die Palmölplantagen sind wie gefräßige Tiere. Sie fressen Bambus, Rattan, Reis, Kautschuk, Wälder, Fische – einfach alles.« »Mit dem Palmöl kommen eine Menge helle Leute hierher, aber für uns wird es immer dunkler.« »Die Reichen füttern jetzt die Orang-Utans mit Milch wie die Babys. Aber wer füttert uns?« Der Taxifahrer, der hinter dem Steuer tief in seinem weichen Sitz versinkt, lacht hart und heiser, und mit jedem düsteren Aphorismus, den er zum Besten gibt, wird sein Lachen lauter und kratziger. Er klingt wütend, nicht lustig, schaurig fast, wie ein Touristen-Guide der Hölle. Dabei soll doch hier eigentlich das Paradies sein – hier in Zentralkalimantan, im indonesischen Teil von Borneo.

»Welcome to Central Kalimantan. The Land of Biocultural Diversity.« Wer den kleinen Flughafen von Palangkaraya, der

Provinzhauptstadt, verlässt, wird von dampfendem Regenwald, exotischen Vögeln, Orang-Utans und tanzenden Eingeborenen mit bunten Federn auf dem Kopf begrüßt. Dieses gigantische Plakat direkt vor dem Eingang zeigt das Klischee-Tropenparadies, das Touristen hier suchen. Links oben prangt das Panda-Logo des WWF, der das Urwaldidyll vermarktet, als wäre es sein Produkt, auf das er ein Copyright besitzt.

»Save Indonesian Rainforest! Moratorium now!« Das Plakat, das wiederum im Büro von Nordin hängt, zeigt Baumstümpfe von abgeholzten Regenwäldern und endlose Palmölplantagen. Ein verstümmeltes, entstelltes Borneo. Die traurige Realität. Der Umwelt- und Menschenrechtsaktivist trägt ein T-Shirt mit der Aufschrift »Save our Borneo – People, Forest, Future«. So heißt die NGO, die der 43-Jährige 2006 gegründet hat. Nordin kämpft schon sein halbes Leben für den Erhalt der letzten Wälder und die Rechte der Indigenen in Kalimantan. Er ist selbst ein Dayak[17], ein Ureinwohner Borneos. Und für viele ist Nordin, der Furchtlose, der sich immer wieder mit der mächtigen Palmölindustrie anlegt, ein Held.

Der Palmölanbau hat viel Leid über Nordins Heimat gebracht. Als sein jüngster Sohn Mirza geboren wurde, wüteten monatelang Feuer in Zentralkalimantan und schafften Platz für die Palmölplantagen, die heute weite Teile der Provinz bedecken. Mirza tat seine ersten Atemzüge in der rauchgeschwängerten Luft und hat Asthma bekommen, noch heute muss er immer wieder ins Krankenhaus. Auch deshalb ist es für Nordin eine Lebensaufgabe, gegen die Palmölmafia zu kämpfen. Er nennt seine Arbeit einen »Aktionsplan für ein besseres Leben«.

Zusammen mit den indigenen Gemeinden organisiert Nordin Kampagnen und Proteste, sie sammeln Informationen und

Daten, um den Verursachern Umweltverschmutzung, illegale Abholzung und Brandrodungen nachzuweisen, diese zu veröffentlichen und damit vor Gericht ziehen zu können. Sie erstellen Karten, mit denen sie Landrechte belegen und sich gegen Landraub wehren können. »Das ist unsere stärkste Waffe, um unseren Regenwald zu bewahren«, sagt Nordin.

Auf diese Weise haben sie es bereits geschafft, 30 Palmölfirmen zu stoppen und 1 410 Quadratkilometer Wald zu retten.[18]

Doch es bleibt ein ungleicher Kampf. Nordin hockt vor einer großen Karte von Kalimantan. Viele Gebiete sind rot umrandet. »Das sind alles Konzessionen für Palmölplantagen, für die Holzindustrie und für Bergbaukonzerne«, sagt er. Er klappt sein Laptop auf und zeigt eine animierte Grafik: eine Karte von Kalimantan auf schwarzem Grund. Felder in unterschiedlichen Farben poppen auf, so lange, bis fast kein Schwarz mehr zu sehen ist. Dort wurde bereits oder wird noch Wald abgeholzt, mit Genehmigung der Regierung. In den vergangenen 40 Jahren ist mehr als ein Drittel des Regenwaldes auf Borneo[19] vernichtet worden. In Kalimantan wurden seit 1973 bereits 123 941 Quadratkilometer Regenwald abgeholzt.[20] Das ist mehr als ein Drittel der Fläche Deutschlands. Die Situation in Nordins Heimat Zentralkalimantan ist dramatisch: Dort haben Holz-, Bergbau- und Palmölunternehmen Konzessionen für mehr als drei Viertel der Landesfläche.[21] Auf 25 000 Quadratkilometern wachsen bereits Öpalmen: die grüne Hölle von Borneo.

Palmöl ist mit rund 60 Millionen Tonnen pro Jahr das meistproduzierte Pflanzenfett der Welt.[22] Der Verbrauch des Öls, das aus der Frucht und den Kernen der tropischen Pflanze gewonnen wird, hat sich in den vergangenen 20 Jahren mehr als verdoppelt.

Es ist das billigste Pflanzenöl der Welt – auch deshalb, weil Ölpalmen ertragreicher sind als andere Ölpflanzen.[23]

Besonders begehrt ist dieses Fett in der Lebensmittelindustrie. Nicht nur, weil es billig genug für Massenware zu Schnäppchenpreisen ist, sondern auch, weil sich Palmöl so gut für die industrielle Herstellung von Fertigprodukten eignet: Der hohe Schmelzpunkt macht es bei Raumtemperatur fest und hält es gleichzeitig geschmeidig. Palmöl steckt deshalb in jedem zweiten Supermarktprodukt,[24] vor allem in Fertigessen: in Schokoriegeln, Nuss-Nougat-Creme, Schokoguss, abgepackter Wurst, Margarine, Tütensuppen, Würzmischungen, Tiefkühlpizza, Fertigteig, Keksen, Salatdressings, Soßenpulver, Pralinen, Eis, Aufbackbrötchen und so weiter und so weiter. Darüber hinaus wird es für Babynahrung, Duschgel und Seifen verwendet, für Bodylotion, Sonnenmilch, Shampoo, Make-Up, Wimperntusche, Lippenstifte, Putz- und Waschmittel, Medikamente, Kerzen, Farben und Lacke. Es wird in Agrartreibstoffen wie Biodiesel eingesetzt und in der Massentierhaltung verfüttert. Seit die Biobranche sich immer mehr dem Mainstream anpasst, wächst auch die Zahl der Industrieprodukte in Bio-Supermärkten, die Palmöl enthalten: Bereits 2010 fand Rettet den Regenwald in mehr als 500 verschiedenen Bio-Produkten Palmöl.[25]

Palmölplantagen sind die am schnellsten sich ausbreitenden Monokulturen der Welt. Fast 90 Prozent des Palmöls stammen aus Indonesien und Malaysia, doch die Plantagen wachsen auch in Papua[26], Thailand, auf den Philippinen, in Lateinamerika. Auch in West- und Zentralafrika weisen die Regierungen bereits riesige Gebiete für Plantagen aus.[27] Der größte Palmölproduzent der Welt ist Indonesien – etwa die Hälfte des weltweit produzierten Palmöls stammt von diesem Inselstaat. Hier wachsen die Ölpalmen auf 135 000 Quadratkilometern: eine Fläche, dreieinhalb Mal so groß wie die Schweiz, die zuvor von Regenwald bewachsen war. Genau das ist das Problem: Die tropischen Pflanzen werden dort angebaut, wo vorher wertvoller Wald gestanden hat. Laut Greenpeace ist in Indonesien keine Branche stärker an der Regenwaldrodung beteiligt als die Palmölindustrie.[28]

Eine nationale wie globale ökologische Tragödie: Der indonesische Regenwald beherbergt 15 Prozent aller bekannten Arten an Pflanzen, Säugetieren und Vögeln der Erde. Die internationale Artenschutzorganisation IUCN bezeichnet die wachsenden Palmöl-Monokulturen als größte Bedrohung für das Überleben seltener Tierarten.[29] 180 davon, Waldelefanten, Tiger und Orang-Utans, sind dort bereits vom Aussterben bedroht. Trotzdem plant Indonesien, die Produktion von Palmöl bis 2020 auf 40 Millionen Tonnen zu steigern und die Anbauflächen dafür zu verdoppeln.[30] Für das Schwellenland ist Palmöl nach Kohle und Erdgas das drittwichtigste Exportprodukt. Doch der Palmölboom hat dem südostasiatischen Land eine zweifelhafte globale Spitzenposition eingebracht: Indonesien hat Brasilien als Waldvernichter Nummer eins weltweit abgelöst.[31]

Eigentlich gehört Nordin ins Bett, er hustet schrecklich und glüht vor Fieber. Trotz Grippe hat er sich ins Büro geschleppt. Wenn es um seinen Kampf für den Regenwald geht, lässt er sich von nichts aufhalten. Weil aber auch seine Frau und seine drei Kinder krank zuhause im Bett liegen, überlässt er seinem Partner Udin für die nächsten Tage den blauen Pick-up. Und so fahren Udin und ich nach Sembuluh, in das Dorf am gleichnamigen See. Fast sieben Stunden Autofahrt für etwas mehr als 300 Kilometer. Die Straßen sind kurvig, führen über unzählige Hügel und sind in schlechtem Zustand. »Besser, du hältst dich gut fest«, sagt Udin und lacht, »sonst gibt es blaue Flecken.« Jedes Mal, wenn wir über ein Schlagloch holpern oder Hühnern auf der Straße ausweichen, hopst die Plüschfigur von Patrick Star, dem tollpatschigen, gutgläubigen Seestern aus der Cartoonserie *Sponge-Bob Schwammkopf*, der am Rückspiegel hängt, auf und ab. Von Udins USB-Stick laufen Peter Cetera, Chicago, Brian Adams und die Scorpions.

Dass wir uns den Palmölplantagen nähern, kündigen bald die schweren Lkws an, die uns entgegenkommen: orangefarbene Tankwagen mit der Aufschrift »CPO«, Crude Palm Oil, rohes Palmöl, und gelbe Lastwagen, auf denen sich die riesigen rotbraunen Palmfrüchte stapeln. Sie sehen aus wie gigantische überreife Ananas. Sie müssen schnell verarbeitet werden, denn 24 Stunden nach der Ernte zersetzt sich das Fett und die Früchte verrotten. Deshalb der pausenlose Schwerverkehr, der die ganzen Schlaglöcher verursacht.

Die Ölpalme, die so banal aussieht, als hätte sie ein Kind gemalt, stammt aus Afrika und gedeiht auch im feuchtheißen Klima Südostasiens sehr gut. Europäische Kolonialherren brachten sie nach Indonesien und Malaysia. Der Inselstaat hieß damals »Niederländisch-Indien« und war eine der ersten holländischen Kolonien. Bereits 1848 wurden Samen der Ölpalme in den botanischen Garten nach Bogor südlich der indonesischen Hauptstadt Jakarta gebracht, 1911 ließen die niederländischen Herrscher die ersten kommerziellen Plantagen auf Sumatra errichten.[32] Viele Jahre war Malaysia Hauptproduzent von Palmöl, bis der indonesische Diktator Haji Mohamed Suharto den industriellen Anbau von Ölpalmen in seinem Land vorantrieb – unterstützt von ausländischen Investoren, Weltbank[33] und etlichen Konzernen. Die Militärregierung, die 1965 durch einen

Putsch an die Macht kam, vergab umfassende Konzessionen an staatlich kontrollierte Holz- und Palmölkonzerne – in der Hoffnung auf ausländische Direktinvestitionen und Devisen. Erst wurde dort der Regenwald gerodet und tropisches Edelholz in alle Welt verkauft. Die restliche Urwaldvegetation, die nicht zu Geld zu machen war, wurde niedergebrannt, um Platz für Monokulturen zu schaffen, die mit dem Geld aus dem Edelholzhandel finanziert wurden.

Udin hält auf der Kuppe eines Hügels an, wir steigen aus und schauen ins Tal. Eine monotone grüne Fläche zieht sich in alle Richtungen bis zum Horizont: Palmölplantagen. Ich habe gerodeten Regenwald und Ölpalmen-Monokulturen schon auf vielen Bildern von NGOs und in Dokumentarfilmen gesehen. Doch als wir jetzt auf das dunkelgrüne Dach schauen, das die Hügel und Senken bedeckt, wird mir mulmig. Die sture Gleichförmigkeit der Plantagen hat etwas Einschüchterndes. Wir sagen beide kein Wort.

Der Distrikt, durch den wir seit Stunden Richtung Sembuluh fahren, heißt Kotawaringa. Hier ist bereits die Hälfte des Landes mit Ölpalmen bepflanzt. Von der Hauptstraße biegen wir ab auf eine rote Sandpiste in die Plantagen hinein. Wir fahren vorbei an aufgerissenen Böden, zerfurcht von Baggerraupen, übersät von Erdklumpen, zwischen denen nur noch Baumstümpfe, dünne Stämme und Gestrüpp ragen. Palmenwald wechselt sich ab mit zerstörten Landflächen, auf denen zwischen Farn und Gras neu gepflanzte Mini-Palmen wachsen. Dazwischen immer wieder Gräben, in denen brackig graugrünes Wasser steht. Eine menschenleere Monotonie zieht vor den Fenstern vorbei, kein Vogel fliegt in den Himmel; so geht es weiter, bis es dämmert. Das einzige Lebenszeichen sind Tanklaster und die gelben Lkws voller

Früchte. Schwerfällig und schwankend kriechen sie auf der holprigen Piste aneinander vorbei. Auf den Palmwedeln am Rand der Plantagen sammelt sich in dicken Schichten der rote Staub, den sie aufwirbeln, während sie auf dem Grab des Regenwaldes herumtrampeln: Denn nachdem die Palmölfirmen die Regenwaldbäume umgelegt hatten, haben sie die wertlosen hier verscharrt und rote Erde darüber aufgeschüttet.

Die Stämme sollten den morastigen Regenwaldboden stabilisieren, denn die Palmölplantagen wachsen auf gerodeten Torfmoorwäldern und Torfböden. Udin zeigt auf eine Reihe großer, alter Ölpalmen, deren Stämme sich zu Boden neigen, so, als würden sie sich erschöpft schlafen legen. »Daran kann man erkennen, dass das hier Torfböden waren. Sie sinken ein.« Laut der NGO Sawit Watch! sind 110 000 der 135 000 Quadratkilometer Palmölplantagen in Indonesien auf Torfböden angelegt. Allein in Zentralkalimantan, wo sich mehr als drei Viertel aller Torfböden Südostasiens befinden, hat die Regierung ein Viertel davon für Plantagen-Konzessionen freigegeben.[34]

Ein ökologisches Desaster, denn Torfböden sind wichtige Kohlenstoffspeicher. Torfmoorwälder speichern bis zu 50-mal so viel Kohlenstoff wie Regenwald auf gewöhnlichem Boden: 3 000 bis 6 000 Tonnen pro Hektar. Wird Regenwald auf Torfboden abgeholzt – oder, schlimmer noch: verbrannt – entweicht nicht nur eine gewaltige Menge CO_2 in die Atmosphäre, sondern auch Methan, 25 Mal klimaschädlicher als CO_2. Die Zerstörung von Torfmoorwäldern weltweit trägt mit mehr als drei Milliarden Tonnen CO_2 pro Jahr zum Klimawandel bei: das ist die Hälfte des CO_2-Ausstoßes der USA. Wegen der rasanten Vernichtung von Regenwald ist Indonesien für acht Prozent der weltweiten Kohlenstoff-Emissionen verantwortlich. Das macht Indonesien mit 150 Millionen Tonnen CO_2 pro Jahr zum drittgrößten CO_2-Emittenten der Welt.[35]

Daran schuld ist auch, man glaubt es kaum: der Klimaschutz. Denn diese fatale Entwicklung ist nicht zuletzt der europäischen Agrartreibstoffpolitik zum Zweck der CO_2-Reduktion zuzuschreiben.

2. Richtlinie 2009/28/EG – die Vernichtungsverordnung aus Brüssel

Nicht an den Ursachen des Klimawandels zu rühren – also am Energie und Rohstoffe verschlingenden westlichen Lebensstil –, sondern den »schlechten« fossilen Treibstoff einfach durch »guten« pflanzlichen auszutauschen, ist geradezu paradigmatisch für die Ideologie des grünen Kapitalismus, in dessen Logik Umweltpolitik industriellen und geopolitischen Interessen folgen muss: Unter dem Deckmantel des Klimaschutzes werden neue Rohstoffquellen gesichert, denn Biodiesel, der Palmöl enthält, soll vor allem die Abhängigkeit vom Erdöl verringern und die wachsende Mobilität gewährleisten.

Pflanzenöl wurde schlicht deshalb als nachhaltig deklariert, weil der Rohstoff nachwächst. Und Energie aus Pflanzen wie Mais, Raps, Zucker, Soja und Palmöl, so die schöne Theorie, sei »klimaneutral«, weil bei der Verbrennung nicht mehr Kohlendioxid freigesetzt würde, als die Pflanze vorher gebunden habe. Die Bezeichnung »Bio« aber ist dabei vollkommen irreführend: Ein ökologischer Anbau von Ölpalmen ist nicht möglich für den riesigen und stetig steigenden Bedarf. Diesen können ausschließlich jene gigantischen und intensiv bewirtschafteten Monokulturen stillen, durch die Udin und ich ernüchternde Stunden und Tage in Zentralkalimantan fahren.[36]

Die Geschichte des grünen Wahnsinns begann im Jahr 2000. Damals diskutierte die Europäische Kommission die Förderung von Agrarsprit,[37] die schließlich 2003 in die entsprechende EU-Richtlinie mündete. Darin verpflichteten sich die Mitgliedstaaten dazu, rechtliche Voraussetzungen dafür zu schaffen, dem in der EU verkauften Kraftstoff einen Mindestanteil Biokraftstoff beizufügen – das war die Grundlage für die heftig umstrittene Beimischungsquote,[38] mit der auch die Vorgaben des Kyoto-Protokolls zur Treibhausgasreduktion eingehalten werden sollten. Das Klimaschutzprotokoll der Vereinten Nationen, das im Dezember 1997 beschlossen wurde und im Februar 2005 in Kraft trat, war das erste Abkommen, das völkerrechtlich verbindliche Ziele zur Treibhausgasreduktion der Industrieländer vorschrieb.[39]

Festhalten am Wohlstandsmodell: Diese Priorität ist bereits am Anfang des 119-seitigen Diskussionspapiers festgeschrieben, das als Vorlage für die entsprechende Verordnung und Richtlinie diente: »Die langfristige EU-Strategie für die Energieversorgungssicherheit muss im Hinblick auf das Wohl der Bürger und der Wirtschaft sicherstellen, dass Energieträger fortlaufend und zu für alle Verbraucher (Privathaushalte und Industrie) verkraftbaren Preisen auf dem Markt zur Verfügung stehen.«[40] So steht es im Grünbuch »Hin zu einer europäischen Strategie für Energieversorgungssicherheit« der EU-Kommission. Ach ja: »Umwelterwägungen und das Ziel einer nachhaltigen Entwicklung, das im Vertrag über die Europäische Union festgeschrieben ist, (sind) zu berücksichtigen.« »Erwägungen« sind »zu berücksichtigen«. Vielleicht. Mal sehen. Schaumermal.

Das Papier schlug sogar vor, den Anteil der Biokraftstoffe in Europa bis zum Jahr 2020 auf mehr als 20 Prozent anzuheben. Das Motiv für diesen Ehrgeiz war jedoch nicht der Klimaschutz, sondern die Annahme, der Verkehrssektor in Europa würde bis 2010 jedes Jahr um zwei Prozent wachsen.[41]

Autofahren ist – direkt nach dem Fliegen – die klimaschädlichste Art der Fortbewegung. Der globale Transportsektor ist für mindestens 14 Prozent der Treibhausgasemissionen verantwortlich. Dringender denn je wäre es nötig, Verkehr und Energieverbrauch zu reduzieren. Das aber stand und steht bis heute nicht ernsthaft zur Debatte.

Vor dem Import tropischer Öle ging es zunächst um den verstärkten Anbau sogenannter Energiepflanzen wie Mais, Raps oder Rüben in Europa. Die Beimischungsquote von Pflanzenrohstoffen zu Benzin und Diesel sollte – hoch subventioniert – die europäische Landwirtschaft ankurbeln.[42] 2006 beschloss die Regierung mit dem Biokraftstoffquotengesetz eine Beimischung von fünf Prozent. »Der Acker wird zum Bohrloch des 21. Jahrhunderts, der Landwirt zu Energiewirt«, triumphierte Trittin in einer Ruckrede bei einer Lobbyveranstaltung der Agrartreibstoffindustrie,[43] die sich auf glänzende Geschäfte in den folgenden Jahren freuen durfte: Wer nichts wird, wird Energiewirt.

Bald stellte sich heraus, dass der Plan, sich selbst mit Agrartreibstoffen zu versorgen, weder für Deutschland noch für die EU aufging: Selbst für die Beimischungspflicht von fünf Prozent wäre in Europa nicht genug Fläche für Mais, Raps und Rüben für den Tank vorhanden. Würde man den bis 2020 angestrebten Anteil von zehn Prozent Biosprit nur im deutschen Verkehr und nur mit Biosprit *made in Germany* decken, benötigte man mehr als ein Viertel der Ackerflächen hierzulande.[44]

Man muss keine Mathe-Granate sein, um sich auszurechnen, dass es womöglich keinen Platz mehr für den Anbau von Essen gäbe, wenn auf den Äckern zunehmend Treibstoff und Lebensmittel wüchsen, die verfeuert würden. Schon gar nicht in den sogenannten Schwellen- und Entwicklungsländern: Dass also für den Anbau von Soja und Zuckerrohr in Brasilien oder Palmöl in Indonesien, Malaysia und Kolumbien Wälder und landwirtschaftliche Flächen geopfert werden, die dringend für den Anbau von Nahrungsmitteln benötigt würden, dass der Anbau der neuen Cash Crops wiederum zu Exportabhängigkeit, Ausbeutung, Landraub, Vertreibung, Lebensmittelknappheit, also zu Armut und Hunger auf der einen und zu Erosion und Degradierung von Böden, Wasserknappheit und -verschmutzung infolge von Dünger und Pestiziden auf der anderen Seite führe, wiesen zahlreiche Studien nach.[45] Entwicklungsorganisationen wie Oxfam, Misereor und Brot für die Welt, NGOs und Umweltschutzgruppen liefen im Verbund mit lokalen Bewegungen des Südens Sturm gegen die EU-Agrarrohstoffpolitik: Im Juli 2007 forderten ca. 150 internationale Organisationen ein sofortiges Moratorium der EU für Biokraftstoffe und Bioenergie.[46]

Und die Kritik kam nicht nur aus dem Öko-Lager: Die Landwirtschafts- und Ernährungsorganisation der Vereinten Nationen (FAO) belegte 2007, dass trotz Rekordernten im selben Jahr die Preise für Getreideimporte in armen Ländern angestiegen waren.[47] Beinahe zeitgleich legte die internationale Organisation für wirtschaftliche Entwicklung und Zusammenarbeit (OECD) eine Untersuchung vor, die ebenfalls zeigte, dass die Subventionen für Biosprit die Lebensmittelpreise in die Höhe trieben.[48] Als die Hungerkrise infolge gestiegener Nahrungsmittelpreise 2008 in 30 Ländern zu Hungerrevolten führte, sprach sich selbst der damalige Präsident des Internationalen Währungsfonds IWF, Dominique Strauss-Kahn, für einen Anbaustopp von Energiepflanzen aus. Biosprit sei angesichts der Hungerkrisen »ein echtes moralisches Problem«.[49]

Laut Oxfam hätte die in der EU 2008 genutzte Anbaufläche für Biokraftstoffe ausgereicht, um 127 Millionen Menschen das gesamte Jahr hindurch zu ernähren.[50] Schließlich sorgte eine Studie der Weltbank für Aufsehen, die die US-Regierung unter Georg W. Bush offenbar unter Verschluss gehalten hatte. Danach habe die Biosprit-Förderung in den USA und der EU weltweit maßgeblich die Preise für Getreide in die Höhe getrieben.[51] Dabei hatten gerade die Weltbank und ihre Tochter, die International Finance Corporation, etliche Millionen Dollar in gigantische Palmölprojekte in Indonesien und Honduras sowie in Kredite für den Sojaanbau oder für Zuckermühlen in Brasilien gesteckt.

Doch allen Warnungen und Widerständen auch aus den Ländern des Südens zum Trotz hielt die EU an der verpflichtenden Beimischungsquote fest. Weder der Energie- noch der Umweltausschuss des Europaparlaments konnten sich mit ihren Anträgen auf Streichung der Beimischungspflicht durchsetzen.[52] 2009 wurde die EU-Richtlinie 2009/28/EG zur Förderung der Nutzung von Energie aus erneuerbaren Quellen – kurz: RED (Renewable Energy Directive) – verabschiedet. Damit wurde sowohl eine Beimischungsquote von zehn Prozent bis 2020 als auch – völlig konträr zum ursprünglichen Plan der Energiesouveränität – die Importabhängigkeit von Agrarroh- und Biokraftstoffen aus den Ländern des Südens festgeschrieben: Bereits 2008 musste fast die Hälfte des verwendeten Biosprits und der Agrarrohstoffe zu deren Herstellung importiert werden.[53]

Heute ist die EU der drittgrößte Importeur von Palmöl, der größte Teil des nach Europa gelieferten Rohstoffs geht nach Deutschland, das sich in seiner angeblichen »Vorreiterrolle im Klimaschutz« gut gefällt. Zwischen 2006 und 2013 ist der Palmölverbrauch für Agrarsprit in der EU um 365 Prozent von 0,4 Millionen auf 1,9 Millionen Tonnen pro Jahr gestiegen. Die dafür benötigten Plantagen nehmen eine Fläche doppelt so groß wie Mallorca ein.

Weil der »Acker zum Bohrloch des 21. Jahrhunderts« werden sollte, ist Indonesien zum Saudi-Arabien des Palmöls geworden. »Allein die Ankündigung der gesetzlichen Beimischungsquote hat dort für einen Expansionsboom der Palmölplantagen gesorgt«, sagt Indonesien-Expertin Marianne Klute vom Denkhaus Bremen, die viele Jahre für die Umwelt- und Menschenrechtsorganisation Watch Indonesia! gearbeitet und in Indonesien gelebt hat. Zum Vergleich: Mitte der Achtzigerjahre wurden in Indonesien auf einer Fläche von 5 000 Quadratkilometern Palmöl angebaut. Heute ist die Fläche mit 135 000 Quadratkilometern 27 Mal so groß.[54]

3. Sembuluh, der sterbende See

Man verliert jedes Zeitgefühl, wenn man durch die nicht enden wollende grüne Ödnis fährt. Gelegentlich nicke ich ein und wache regelmäßig davon auf, dass mein Kopf gegen die Autodecke schlägt, weil wir über ein Schlagloch rumpeln. »It's hard for me to say I'm sorry«, singt, schon wieder, Peter Cetera, und irgendwie passt das Lied immer. »Gleich sind wir in Sembuluh«, sagt Udin. »Woran siehst du das?«, frage ich, denn die Landschaft hat sich seit Stunden nicht verändert. Nur dass die Palmwedel jetzt wie schwarze Keile in den roten Abendhimmel ragen. Statt einer Antwort tritt Udin aufs Gas, und plötzlich taucht zwischen den Palmen ein Gebäude auf, »PT Mustika Sembuluh« steht auf einem Schild. Das Unternehmen hat im südlichen Teil Zentralkalimantans Konzessionen für 220 Quadratkilometer Palmölplantagen. Der Großteil ist bereits bepflanzt wie die Plantage, die wir gerade durchqueren.[55] »Besser, die sehen uns hier nicht«, sagt Udin, während wir durch die aufgewirbelte Staubwolke brausen. Nordins blauer Geländewagen ist rund um den Sembuluh-See gut bekannt, vor allem bei den Palmölfirmen, denen der Aktivist und seine Leute ein Dorn im Auge sind. Denn zusammen haben sie es geschafft, dass die Provinzpolizei von Zentralkalimantan wegen Landkonflikten, illegaler Abholzung und Brandrodung Untersuchungen gegen zehn Palmölkonzerne eingeleitet hat – darunter auch gegen Wilmar International, den größten Palmölkonzern der Welt.[56] Außerdem haben sie mit lokalen wie internationalen Kampagnen und organisiertem Widerstand Wilmar daran gehindert, auf acht Konzessionen abzuholzen. Kein Wunder also, dass das blaue Auto von Save our Borneo hier nicht gern gesehen ist: Denn PT Mustika Sembuluh ist eine der 18 Tochterfirmen von Wilmar, die in Zentralkalimantan aktiv sind.[57] Nordin habe sogar schon Morddrohungen bekommen, als er hier gesichtet wurde, sagt Udin.

Der Palmölgigant Wilmar mit Hauptsitz in Singapur und geschätzten 50 Tochterfirmen[58] ist mit einem Umsatz von 44 Milliarden US-Dollar und 90 000 Mitarbeitern einer der größten und reichsten Konzerne in Südostasien und der größte Händler von Palmöl weltweit – fast die Hälfte des global gehandelten Palmöls stammt von Wilmar. Er besitzt die meisten Palmölplantagen in Indonesien und im malaysischen Teil von Borneo. Allein in Zentralkalimantan hat Wilmar Konzessionen für Palmölplantagen auf einer Fläche fünfeinhalb mal so groß wie der Bodensee,[59] in ganz Kalimantan sollen es doppelt so viele sein. Etwa die Hälfte davon ist bereits bepflanzt.[60] Außerdem ist der Konzern der größte Biodiesel-Hersteller Indonesiens und der weltgrößte Hersteller und Exporteur von Biodiesel aus Palmöl. Laut Biofuels Watch ist der Biosprit-Primus Europa auch der größte Handelspartner von Wilmar.[61] Internationale Financiers und Shareholder sichern die Marktmacht von Wilmar ab. Dazu gehören US-amerikanische und europäische Großbanken wie ABN Amro, Bank of America, Barclays, Black Rock, Citigroup, Deutsche Bank, Goldman Sachs, HSBC und J.P. Morgan.[62] Jahrelang unterstützte auch die Weltbank Wilmar mit Krediten in Höhe von insgesamt 146 Millionen US-Dollar. Obwohl der Konzern auch eine Filiale im niedersächsischen Brake besitzt, ist Wilmar in Deutschland recht unbekannt.

Die Namen der Produkte, für die das Palmöl des Konzerns verwendet wird, sind dafür umso geläufiger: Es steckt in Rama, Bifi, Knorr-Suppen, Magnum-Eis und Dove Duschgel[63], Choco Crossies, Original Wagner Pizza, Fünf-Minuten-Terrine und Maggi Meisterklasse,[64] in Ariel, Meister Propper, Lenor[65] und in Teelichtern von Ikea, 48 Stück für 1,99 Euro.[66] Wilmar ist Hauptlieferant von Unilever und versorgt auch Nestlé, Procter & Gamble, Cargill und Ikea mit Palmöl.

Es liegt in der Natur der Sache, dass die ökonomischen Erfolge von Wilmar eine dunkle Seite haben. Denn der Anbau von Ölpalmen ist nicht nur eine ökologische, sondern auch eine soziale Katastrophe. Zwischen 45 und 70 Millionen Indigene leben in Indonesien, drei Viertel von ihnen sind von den Wäldern abhängig, die den Palmölplantagen weichen müssen. Geschätzte 5 000 bis 7 000 ungelöste Landkonflikte gibt es deshalb in Indonesien. Einen großen Teil davon hat die Palmölindustrie verursacht. Von den oft illegalen Rodungen sind vor allem Indigene betroffen, die von Land vertrieben werden, das ihnen nach Indigenenrecht gehört. Allein dem Konzern Wilmar werden mindestens 100 solcher Landkonflikte zugeschrieben, die bis heute ungelöst sind.[67] All das hat sich in der Welt herumgesprochen: Im Umwelt-Ranking der US-amerikanischen *Newsweek* schaffte es Wilmar 2011 und 2012 auf den letzten Platz und ist damit der am wenigsten umweltfreundliche der bewerteten 500 größten Konzerne der Welt.[68]

Als wir das Holzhaus von Pak Wardian erreichen, ist es schon dunkel. Die Ölpalmen wachsen fast bis an die Veranda, auf der uns der 60-Jährige schon mit süßem heißen Tee erwartet. Er trägt ein orangefarbenes T-Shirt, auf dem in blauer Schrift steht »Sumber Daya Alam Untuk Rakyat«, das bedeutet »Natürliche Ressourcen für die Menschen«. Pak Wardian ist ein Freund von Nordin und Udin, seit Jahren unterstützt deren Initiative Save our Borneo die Gemeinden rund um den See in ihrem Kampf gegen die Palmölunternehmen. Im District Seruyan, wo Sembuluh liegt, ist Wilmar mit zwölf Tochterfirmen vertreten.[69] Drei davon, PT Mustika Sembuluh, PT Rimba Harapan Sakti und PT Kerry Sawit, machen den Gemeinden besonders zu schaffen. Die werfen den Firmen Landraub und Umweltverschmutzung vor.

Die meisten der 7 000 Menschen, die um den See herum leben, sind Dayak, Ureinwohner Indonesiens, so auch Pak Wardian. Seit 150 Jahren leben sie schon hier, die längste Zeit davon im Einklang mit der Natur. Pak Wardian wurde in Desa Sembuluh geboren. »Der Wald, den man uns genommen hat, ernährte uns und unsere Ahnen«, sagt Pak Wardian. Sie bauten Gummibäume an und verkauften Kautschuk, flochten Körbe und Möbel aus Bambus und Rattan, pflanzten Reis, Bananen und Gemüse und ernteten Kokos und Mango. Aus dem festen, roten Holz der Eisenholzbäume bauten sie große Schiffe, die Holz und Waren über das Meer nach Java brachten. Diese Möglichkeiten der Selbstversorgung sind zusammen mit den Wäldern vernichtet worden. Selbst Friedhöfe der Indigenen hätten die Bagger zerstört. Bis ans Ufer wachsen nun die Monokulturen rund um den See. Es gibt kaum mehr Holz für die Boote, und im See leben nur noch wenige Fische. Denn über die Wasserläufe sind Pestizide und das ungefilterte Abwasser der fünf Ölmühlen in den See geflossen, der inzwischen verseucht ist. Die Uferbewohner haben nun Hautkrankheiten und Probleme mit den Nieren, mit Magen und Darm. Viele sind gezwungen, sich mit dem Wasser aus dem See zu versorgen, denn durch die Trockenlegung der Torfböden sind die Brunnen versiegt. Das ganze Land leidet unter Wassermangel, den es in Indonesien so noch nie gab. Denn die Böden, auf denen die Ölplantagen wachsen, speichern kein Wasser mehr.

»Wir haben unser Land immer geliebt«, sagt Pak Wardian, »aber wir können es nicht mehr lieben. Es ist vergiftet wie unser Wasser. Es macht uns krank.«

Es ist mehr als zwanzig Jahre her, dass Pak Wardian zum ersten Mal hörte, dass das Palmöl in seine Heimat komme. »Da habe ich erst einmal Bäume auf mein Land gepflanzt.« Jahrelang wehrten sich die Menschen in Sembuluh gegen die Landnahme. Sie zerstörten die fast 50 Meter lange Holzbrücke, die die Palmölfirma PT Agro Indomas baute, die als Erstes hier eindrang. Sie besetzten wochenlang ihr Land, errichteten Straßenblockaden und brachten Traktoren, Bagger und schweres Gerät in ihre Gewalt. Sie wurden ihrerseits von der Polizei belagert und gewalttätig unter Druck gesetzt. Einige Familien standen buchstäblich auf einmal vor dem Nichts, als sie sehen mussten, dass die Firmen über Nacht ihren Wald komplett abgeholzt oder abgebrannt hatten. Zu den Verantwortlichen der Zerstörung gehörten auch die Wilmar-Töchter PT Mustika Sembuluh und PT Rimba Harapan Sakti. Heute sind laut Save our Borneo 80 Prozent des Landes rund um den See in der Hand von Konzernen.

»Es ist genauso wie in der Kolonialzeit«, sagt Pak Wardian, zieht an seiner knisternden Kretek, der indonesischen Nelkenzigarette, und bläst den Rauch, der süß und würzig nach Lebkuchen riecht, in die schwarze Tropennacht. »Nur dass die neuen Kolonialherren jetzt unsere eigenen Brüder sind. Kannst du dir das vorstellen?« Er lacht laut und düster, fast so wie der Taxifahrer am Morgen.

»Sie haben uns große Dinge versprochen, sie haben gesagt, das Palmöl bringe Jobs und Wohlstand. Aber in Wahrheit hat es uns Arbeitslosigkeit und Armut gebracht.«

Immer wieder behaupten Regierung und Palmölindustrie, die Menschen auf dem Land würden vom Palmöl profitieren. Tatsächlich wird beinahe ein Drittel der indonesischen Palmölplantagen von Kleinbauern bewirtschaftet. Sie arbeiten allerdings meist als Vertragsbauern im sogenannten Nukleus-Plasma-System. Dahinter verbirgt sich nichts weiter als legalisiertes Landgrabbing, das schließlich in einer Form von Sklavenarbeit mündet: Kleinbauern werden dazu überredet, ihre Gewohnheitsrechte an ihrem Land an die Palmölfirma abzutreten, die ihnen im Gegenzug das Landrecht für zwei Hektar mit Ölpalmen am Rand (Plasma) der Plantage (Nukleus) plus einen halben Hektar für Haus und Garten abgibt. So sollen sie sich selbst versorgen können und mit der Bewirtschaftung der Mini-Plantage Geld verdienen. Das mag in der Theorie gut klingen. Doch die Realität sieht anders aus: In den drei bis vier Jahren, die die Palmen wachsen müssen, bis sie Früchte tragen, sind die Kleinbauern auf einen Kredit von umgerechnet 1 500 Dollar angewiesen, den ihnen die Firma gewährt – mit einem Zinssatz von 15,5 Prozent. Außerdem müssen sie Dünger und Herbizide selbst bezahlen, manchmal sogar die Ölpalmensetzlinge. Die meisten von ihnen landen deshalb in der Schuldenfalle und bleiben ihr Leben lang abhängig von der Palmölfirma, an die sie per Vertrag und zu miserablen Preisen liefern müssen. Von ihrer harten Arbeit können sie freilich nicht leben: Sie verdienen nur geschätzte 500 Dollar im Jahr.[70]

Aber oft genug wird den Menschen unter dem Vorwand, sie würden Plasma bekommen, ihr Land abgeluchst, sagt Pak Wardian. So auch in Desa Sembuluh. Nicht einmal ein Viertel der Menschen in Sembuluh habe Arbeit in den Plantagen bekommen, sagt Pak Wardian. »Und selbst wenn, dann bist du Knecht auf deinem eigenen Land.« Oder Dieb im eigenen Haus: Pak Wardian hat aus Wut und Protest Ölfrüchte von dem Land geerntet, das ihm genommen wurde. Dafür saß er ein halbes Jahr im Knast – obwohl ihm die Ölfrüchte eigentlich gehören, sie wachsen schließlich auf seinem Land. In Indonesien sitzen Hunderte widerständiger Bauern im Gefängnis, denen man vorwirft, Palmölfrüchte gestohlen zu haben oder die Gemeinden aufzuwiegeln.

Die Kriminalisierung der Palmölopfer ist ein gängiger Versuch, ihren Widerstand zu brechen. Dabei erhalten die Palmölherren Unterstützung von Polizei und Militär und auch von lokalen Politikern. Wer dabei nun wessen Scherge ist, das ist im mafiösen und korrupten Milliardengeschäft Palmöl kaum auszumachen.

Als die ersten Bagger ihr Zerstörungswerk begannen, hatte Pak Wardian etwas, das man als spirituelles Erlebnis beschreiben kann: »Ich wusste plötzlich, dass ich Menschen heilen muss.« Er macht denen, die zu ihm kommen, Heilmassagen und legt ihnen Verbände mit Heilkräutern aus seinem Wald an. Die Menschen hier schätzen Pak Wardian wie einen Vater. Er hat selbst fünf Kinder großgezogen und ihnen beigebracht, von ihrem Land zu leben. Jetzt schärft er ihnen ein, für ihr Land zu kämpfen, damit jahrhundertealtes Wissen, wie man sich selbst versorgt, nicht verloren geht. Vor fünf Jahren hat er mit 40 anderen Dorfbewohner 14 Quadratkilometer Land besetzt und den Palmölfirmen abgetrotzt. Das ist wenig im Vergleich zu früher, als jeder Haushalt Land von der Größe eines Fußballfeldes hatte. Das besetzte Land kann die 2 000 Familien nicht ernähren. Trotzdem ist es für sie ein Erfolg, ein wirkmächtiges Symbol im Kampf gegen die Palmölindustrie.

Pak Wardians Handy klingelt. Am anderen Ende der Leitung ist eine aufgeregte Stimme zu hören. Ein Mann aus dem Dorf hat ein grelles Licht aus einem vorbeifahrenden fremden Auto gesehen, so, als hätte ihn jemand fotografiert. Sofort springen Udin und zwei von Pak Wardians Söhnen auf und fahren ins Dorf. Als sie eine Stunde später zurückkommen, geben sie Entwarnung. Es war nur ein Missverständnis. Aber eines, das deutlich zeigt, wie nervös die Menschen hier sind. Wie eine ätzende Flüssigkeit frisst sich das Palmöl tief in ihre Seelen, es greift ihren Stolz an, erstickt ihre Gemeinschaft und zersetzt ihre Freiheit. Es zwingt sie zu einem Leben, das sie nicht führen wollen, und macht sie zu Menschen, die sie nicht sein möchten. Zu Gesetzlosen, Geknechteten und Gehetzten, zu Armen, Sklaven und Kranken.

4. Zertifizierte Zerstörung am Runden Tisch für nachhaltiges Palmöl

Desa Sembuluh, das Dorf am See, wirkt wie ausgestorben, man sieht wenig Menschen auf der Straße. Seit es im Dorf kaum mehr Arbeit gibt, müssen die Leute weit fahren, um Geld zu verdienen. Verlassen liegen die Holzboote am Ufer, auf den kleinen Wellen tanzen leere Plastikflaschen. Auf der hölzernen Brüstung eines Pfahlhauses, das in den See hineingebaut ist, sitzt ein Angler. Der Eimer neben ihm ist leer. »Es gibt fast keine Fische mehr«, sagt der Mann, »sie werden seit Jahren weniger.« Früher hätte er als Fischer gutes Geld verdienen können, eimerweise Fische hätte er zur Regenzeit aus dem See geholt. Doch Dünger und Pestizide von den Plantagen und die Abwässer der Öhlmühlen, die sich als stinkender Schmodder an manchen Stellen des Ufers sammelten, hätten die Fische umgebracht. »Ich habe hier schon verrottende und missgebildete Fische herausgeholt, sogar nur Köpfe mit Gräten, richtig unheimlich.« Er schaut auf das Wasser, an dem er geboren ist, und sagt: »Der See hat uns ernährt. Jetzt vergiftet er uns.«

Save our Borneo hat Hinweise darauf gefunden, dass die Ölmühlen der Wilmar-Töchter PT Mustika Sembuluh und PT Kerry Sawit ungeklärtes Abwasser in Flüsse und See geleitet hatten.[71] Aber wenn es nach den Palmölfirmen selbst, ihren Abnehmern und der EU geht, dann verkaufen diese Firmen nachhaltiges Palmöl. Ausgerechnet PT Mustika-Sembuluh, die Tochterfirma von

Wilmar, ist eines der ersten Palmölunternehmen, das im August 2010 ein Siegel für nachhaltiges Palmöl bekommen hat. Auch PT Kerry Sawit kann ein entsprechendes Zertifikat für seine Plantagen vorweisen. Es wird verliehen vom Runden Tisch für nachhaltiges Palmöl, dem Roundtable for Sustainable Palmoil (RSPO), der 2004 als Reaktion auf die massive Waldvernichtung und Umweltverschmutzung gegründet wurde, die der Palmölanbau mit sich bringt. Nun handelt es sich bei dieser Organisation nicht etwa um einen Zusammenschluss von Umweltschutz- und Menschenrechtsorganisationen, die die lokalen Gemeinden dabei unterstützen, ihre Landrechte und Wälder vor den Palmölfirmen zu verteidigen. Nein: Der RSPO entstand auf Initiative des WWF und unter Beteiligung des Konsumgüterherstellers Unilever sowie verschiedener Unternehmen der Palmölindustrie.

Heute hat der Runde Tisch für Nachhaltiges Palmöl 1 631 Mitglieder in 72 Ländern. Der Palmölgigant Wilmar ist seit 2005 Mitglied. Hinter der Bezeichnung »Multi-Stakeholder-Initiative«, die es sich unter dem Motto »People, Planet & Profit« zur freiwilligen Aufgabe gemacht hat, »Wachstum und Verwendung von nachhaltigem Palmöl durch eine Kooperation entlang der Wertschöpfungskette« zu fördern,[72] verbirgt sich eine Industrie-Initiative, die ihre ureigensten Interessen vertritt und sich dafür selbst grün wäscht. Von den 991 Vollmitgliedern gehören 950 zur Palmölindustrie und deren Kunden: 127 Palmölerzeugern, 349 Palmölverarbeitern, 52 Palmölhändlern, 12 Banken und 410 Konsumgüterherstellern sitzen nur 40 Nichtregierungsorganisationen gegenüber.

Zu den Mitgliedern gehören die Saatgut- und Chemiehersteller Bayer Crop Science, BASF und Syngenta, die Agrarkonzerne Archer Daniel Midlands, Bunge und Cargill, die Ölkonzerne Shell und BP, die Banken Credit Suisse, Commerzbank, Rabobank, USB und die Weltbank-Tochter International Finance Corporation sowie umstrittene Palmölkonzerne wie der Gigant Wilmar. Des Weiteren befinden sich auf der Mitgliederliste fast sämtliche namhaften internationalen Konsumgüterhersteller, deren Produkte Palmöl enthalten, also Aldi, Body Shop, Burger King, Danone, Ferrero, Henkel, Ikea, Kraft Foods, Lidl, Lindt, L'Oreal, Mars, McDonald's, Nestlé, PepsiCo, Procter&Gamble, Rewe, Starbucks, Unilever etc.[73]

Die Dominanz der Industrie setzt sich bis in die höchsten Gremien fort. In der Generalversammlung hat jedes ordentliche Mitglied eine Stimme. Bei jeder Abstimmung sind also die Stimmen der Palmölprofiteure, ihrer Kunden und Finanziers in der überwältigenden Mehrheit. Im geschäftsführenden Vorstand sitzen vier Plantagenbetreiber, zwei Palmölverarbeiter, zwei Palmölhändler, zwei Konsumgüterhersteller, zwei Banken und vier NGO. Seit Gründung des RSPO wird der Präsident ausgerechnet von Unilever gestellt. Das Unternehmen ist mit 1,5 Millionen Tonnen pro Jahr der Konsumgüterproduzent, der weltweit am meisten Palmöl verbraucht. Neun Jahre hatte dieses Amt der Niederländer Jan Kees Vis inne, er wurde 2013 von Biswaran Sen abgelöst, dem Vizepräsidenten für Chemikalien-Beschaffung bei Unilever. Bis 2011 war Jeremy Goon, Leiter der Abteilung für Unternehmensverantwortung (CSR) von Wilmar, Vizepräsident des RSPO.[74]

Das ist, wenn man so möchte, ungefähr wie eine Gerichtsverhandlung, bei der sich die Verbrecher selbst anklagen, selbst verteidigen, sich anschließend selbst freisprechen und am Ende den Aktenzeichen-XY-ungelöst-Preis »Gemeinsam gegen Verbrechen«[75] selbst verleihen.

Dabei liegt der größte Widerspruch noch nicht einmal in der Zusammensetzung dieser zweifelhaften Tafelrunde, sondern im Versprechen des RSPO selbst: Nachhaltiges Palmöl kann es gar nicht geben – jedenfalls nicht in den gigantischen und stetig wachsenden Mengen, in denen es von den Mitgliedern nachgefragt oder produziert wird. Denn es wächst ausschließlich in riesigen Monokulturen. Dort, wo einmal Urwald stand.

Eine Orang-Utan-Mama umarmt ihr Kleines. »Seine Heimat ist unser Klima. Retten Sie beides. Fünf Euro retten den Regenwald.« Ein Tiger lugt aus dem Urwald. »Drei Euro stoppen die Säge. Retten Sie seine Heimat.« Beides sind Spendenkampagnen des WWF, dessen Plakate mit dem Panda-Logo suggerieren, der Regenwald, dessen Rettung und der WWF seien ein und dasselbe. Nach Meinung vieler NGOs und insbesondere lokaler Aktivisten ist es vor allem der RSPO-Mitbegründer WWF, der dem Runden Tisch die nötige grüne Glaubwürdigkeit verleiht. Der WWF-Panda ist eines der bekanntesten Markenlogos der Welt, und mit einem Kapital von 357,9 Millionen Dollar,[76] 5 000 Mitarbeitern und fünf Millionen Spendern ist der WWF eine der größten internationalen Naturschutzorganisationen.

Der WWF selbst versteht sich als »Partner der Wirtschaft«.[77] 13 Prozent der Einnahmen des WWF International stammen von Unternehmen.[78] »Durch strategische Kooperationen mit wichtigen Wirtschaftsträgern nimmt der WWF Einfluss auf die Förderung von ökologisch nachhaltigem wirtschaftlichem Handeln. Wir arbeiten mit Unternehmen zusammen, um sie zu verändern. Die Wirtschaft schätzt den WWF als kompetenten, verlässlichen, aber unabhängigen Partner, weil er wichtige Probleme anspricht und innovative Lösungswege aufzeigt.« So erklärt der WWF seine Zusammenarbeit.[79] Das klingt pragmatisch und effektiv, nach einer *Win-win-Situation,* die glauben macht, dass Opfer und Profiteure von Palmöl dieselben Interessen teilen. Doch in Wahrheit ist es eine Win-lose-Situation, bei der grundsätzlich Indigene, Kleinbauern und Plantagenarbeiter das Nachsehen haben. Doch die sitzen nicht mit am Runden Tisch für nachhaltiges Palmöl. Auch keine Gewerkschaften, Indigenenvertreter, Kleinbauernorganisationen oder Graswurzelbewegungen. Sie werden, so das Konzept, durch NGOs repräsentiert.

Der größte Teil der Nichtregierungsorganisationen – fast zwei Drittel – sind entweder internationale zoologische Gesellschaften und Orang-Utan-Organisationen oder große amerikanische und europäische Natur- und Artenschutz-Multis wie der WWF, der gleich viermal vertreten ist,[80] Rainforest Alliance, Conservation International, Flora & Fauna International, National Wildlife Federation USA und World Resource Institute. All diese Organisationen wurden von weißen westlichen Eliten aufgebaut, oft von Angehörigen ehemaliger Kolonialmächte, via Fundraising unter ihresgleichen.

Diese NGOs, die von gut ausgebildeten und noch besser bezahlten Weißen geführt werden, verstehen sich, genau wie der WWF, nicht als Gegner, sondern als Partner der Wirtschaft und als Geburtshelfer des grünen Wachstums. Sie erhalten Spenden von Unternehmen, beraten sie oder kooperieren zum Zwecke des Naturschutzes auch mit den umstrittensten Konzernen der Welt – mit Öl- und Bergbaukonzernen wie BP, Eni, ExxonMobile, Shell oder Rio Tinto, aber auch mit Cargill, Coca Cola, Mars, McDonald's, Monsanto, Nestlé, Unilever und Wal Mart und mit Finanzinstituten. Solche Business-NGOs bilden kein Gegengewicht zu der überbordenden Konzernmacht im RSPO – sondern fungieren als Steigbügelhalter der Unternehmen.

Um ein Zertifikat für nachhaltiges Palmöl zu erhalten, müssen Palmölfirmen freiwillig acht Prinzipien einhalten, die wie folgt lauten:[81]

1. Bekenntnis zur Transparenz
2. Einhaltung von Gesetzen und sonstigen rechtlichen Bestimmungen
3. Bekenntnis zu langfristiger wirtschaftlicher und ökonomischer Tragfähigkeit
4. Anwendung angemessener bewährter und vorbildlicher Methoden *(best practices)* durch anbauende Betriebe und Mühlen
5. Verantwortung gegenüber der Umwelt, Schutz natürlicher Ressourcen und der biologischen Vielfalt
6. Verantwortungsvolle Berücksichtigung der durch Anbauer und Mühlen betroffenen Interessen der Angestellten, Individuen und Gemeinschaften
7. Verantwortungsvolle Entwicklung neuer Plantagen
8. Bekenntnis zu fortwährenden Verbesserungen bezüglich der Arbeitsschwerpunkte

Wer diese Vorgaben formuliert hat, ist vermutlich unter dem Sternzeichen Vage geboren. Wie lasch diese Prinzipien sind, merkt man zum Beispiel daran, dass nicht einmal Pestizide, die die Weltgesundheitsorganisation als extrem beziehungsweise hochgefährlich einschätzt, explizit verboten werden. Auch nicht das Herbizid Paraquat, das als eines der gefährlichsten Gifte der Welt in der EU und vielen anderen Ländern verboten ist. In den RSPO-Statuten wird lediglich empfohlen, solche tödlichen Gifte nur »in besonderen Situationen« einzusetzen, ihren Einsatz zu verringern und langfristig darauf zu verzichten. Dabei sind es genau solche Mittel, die in den Ländern des Südens für mindestens 40 000 tödliche und bis zu 40 Millionen akute Pestizidvergiftungen pro Jahr verantwortlich sind. Nicht nur, dass bereits der Konsum eines Teelöffels Paraquat tödlich ist und der Umgang damit schwere akute Vergiftungen und Langzeitfolgen wie Parkinson verursacht – das Gift entfaltet seine Wirkung auch über Jahre im Boden und wird nur sehr langsam abgebaut. Aber leider sitzen am Runden Tisch für nachhaltiges Palmöl auch die Pestizid-Hersteller BASF, Bayer Crop Science und der Paraquat-Hersteller Syngenta. [82] So lehnte die Generalversammlung ein striktes Paraquat-Verbot ab. [83]

Die Rodung von Urwäldern und Sekundärwäldern mit hohem Schutzwert ist zwar verboten. Doch wenn solcher Wald vor 2005 abgeholzt wurde, ist es erlaubt, darauf Plantagen anzulegen. Da trifft es sich ganz gut, dass 90 000 Quadratkilometer indonesischen Primärwalds schon vor dem Stichtag abgeholzt wurden – um den Jahrtausendwechsel, als die EU allzu laut über die Biospritquote nachdachte und Indonesien sich auf ein gigantisches Exportgeschäft vorbereitete. Auch die Bepflanzung von Torfböden ist erlaubt, nur eine »extensive Bepflanzung« sei »zu vermeiden«. Der Erhalt von Korridoren, um bestehende Waldstücke miteinander zu verbinden, ist nicht vorgeschrieben, obwohl diese wichtig sind, um Biodiversität und Lebensräume von Wildtieren wie Orang-Utans zu erhalten.

Grundsätzlich verboten ist die Abholzung aber nicht. Und das ist ein Problem: Denn ein jahrelang gewachsener Sekundärwald ist genauso wichtig für Biodiversität und Klima, dient Indigenen als Heimat und vom Aussterben bedrohten Tierarten als Lebensraum. Allerdings können laut WWF auch Sekundärwälder einen hohen Schutzwert haben, einen High Conservation

Value (HCV). Nämlich wenn sie eine signifikante Konzentration an Biodiversität aufweisen, große natürliche Naturlandschaften, seltene, oder stark bedrohte Ökosysteme sind, »Ökosystemdienstleistungen« wie etwa Wasserkreisläufe sichern, die Lebensgrundlage für lokale Gemeinschaften bedeuten oder ein kulturelles oder religiöses Erbe wie etwa Friedhöfe sind.[84]

Streng genommen dürfte also gar kein Wald gerodet werden, denn eines der Kriterien trifft auf jeden Sekundärwald in Indonesien immer zu. Ohnehin wäre es von größter Dringlichkeit, die Expansion der Plantagen ganz einfach zu stoppen. Das fordern viele lokale NGOs, so auch Save our Borneo. Doch das liegt nun so gar nicht im Interesse der Palmölindustrie und ihrer Abnehmer. Entsprechend ist nicht ein Stopp des Anbaus Ziel des RSPO, sondern »nachhaltiges Wachstum«.

5. Greengrabbing

Bevor Wald gerodet oder Plantagen angelegt werden, müssen laut RSPO die Landrechte geklärt werden. Nutzen lokale Gemeinden Land, auf dem Plantagen wachsen sollen, die keine Landtitel oder ähnliche Dokumente vorweisen können, so müssen sie vor allen weiteren Schritten informiert und gefragt werden. Stimmen sie einer privatwirtschaftlichen Nutzung zu, müssen sie Entschädigung enthalten. Das Prinzip nennt sich Free, prior and informed consent (FPIC), was bedeutet, dass Indigene eine freie Entscheidung ohne Zwang treffen sollen – sprich: auch Nein sagen können –, nachdem sie vorher ausgiebig über die Pläne, die Folgen und ihre Rechte aufgeklärt wurden. FPIC ist Teil der UN-Deklaration der Rechte indigener Völker – und eigentlich eine Selbstverständlichkeit wie das Verbot von

Kinderarbeit und die Anerkennung der Kernarbeitsnormen der Internationalen Arbeiterorganisation (ILO), an die sich Mitglieder des Runden Tisches für nachhaltiges Palmöl ebenfalls halten sollen. Der Runde Tisch hat 19 internationale Prüfungsorganisationen autorisiert, darunter auch den TÜV Rheinland, die kontrollieren sollen, ob sich die Mitglieder an die Vorschriften halten. Allerdings suchen sich die Mitglieder ihre Prüfer selbst aus und bezahlen sie dafür. Es gibt nicht einmal einheitliche Vorgaben, wie solche Prüfungen durchzuführen sind.[85]

Weder der TÜV noch der RSPO werden kontrolliert, sie sind niemandem außer sich selbst, ihren Auftraggebern und den Mitgliedern Rechenschaft schuldig.

Wenn die vom Palmölunternehmen bezahlte Kontrollfirma alles abgesegnet hat, dann werden die Pläne 30 Tage lang veröffentlicht, damit Betroffene Einspruch erheben können. Und zwar, Achtung: im Internet. Wie man weiß, sind ja gerade indigene Gemeinden besonders gut mit Strom, Computern und schnellen Internetverbindungen ausgestattet. Das ist ein bisschen so wie zu Beginn von Douglas Adams' Science-Fiction-Buch *Per Anhalter durch die Galaxis,* als der Held des Romans wenige Minuten vor der Sprengung der Erde erfährt, dass der Planet einer intergalaktischen Umgehungsstraße weichen soll. Aber, so die außerirdischen Abbruchunternehmer, diese Uninformiertheit war ausschließlich Schuld der Erdlinge. Denn die Baupläne lagen durchaus zur Ansicht bereit – in einem Keller, dessen Treppe und Belichtung kaputt waren. Und zwar »ganz zuunterst in einem verschlossenen Aktenschrank in einem unbenutzten Klo, an dessen Tür stand ›Vorsicht, bissiger Leopard‹.«[86]

Viele Menschen, die von der Ausweitung der Plantagen betroffen sind, haben in ihrem ganzen Leben noch nichts gehört von einem RSPO und seinen Kriterien, auf die sie sich im Konfliktfall berufen könnten. Sie kennen ja oft nicht einmal ihre Rechte.

Tatsächlich aber werden sie der Einfachheit halber oft gar nicht gefragt. Für eine kritische Untersuchung des RSPO hat die Entwicklungsorganisation Brot für die Welt verschiedene Fallstudien aus Indonesien ausgewertet. Danach würden RSPO-Audits oft ohne die darin verpflichtende Befragung der lokalen Gemeinschaften durchgeführt – oder nur mit einzelnen Personen, deren Meinung auf die Gemeinschaft übertragen wird, egal welche Funktion sie in dieser Gemeinschaft haben.[87] Dies war zum Beispiel der Fall, als der TÜV Rheinland die Wilmar-Tochter PT Mustika Sembuluh überprüfte, die als eine der ersten das RSPO-Siegel für nachhaltiges Palmöl erhielt. Alle im Prüfbericht erwähnten Interviewpartner waren Mitarbeiter oder Repräsentanten des Unternehmens. Die einzige öffentliche Veranstaltung fand außerhalb der Konzessionsgebiete statt. Die Bevölkerung wurde nicht einbezogen, obwohl illegale Abholzung rund um den Sembuluh-See zu Landkonflikten geführt hatte.[88]

»Kein Gemeindemitglied hatte von FPIC gehört, und die Reaktion derer, die schon einmal vom RSPO gehört hatten, war negativ. Gemeindemitglieder betonten, dass ihre Mitbestimmung und Anhörung in der Praxis unzureichend war – ganz zu schweigen von dem Recht, Nein zu dem Projekt der Firma zu sagen«, heißt es in einer weiteren Fallstudie zu PT Mustika Sembuluh.[89] Die Gemeinden am Sembuluh See erhielten weder Einsicht in Karten oder Dokumente noch wurden sie darüber informiert, welche Waldstücke als Schutzgebiete – High Conservation Value Areas – eingerichtet werden sollten. So fanden manche fassungslosen Leute nicht nur ihr Land gerodet wieder – sie standen plötzlich auch vor einem Schild, das Reste des Urwalds als HCV auswies und sie mit einem Hinweis belehrte, dass diese Areale nur noch eingeschränkt genutzt oder überhaupt nicht mehr betreten werden dürfen.[90]

Dass der Runde Tisch für nachhaltiges Palmöl nicht nur die Deutungshoheit darüber beansprucht, welcher Wald schützenswert ist und welcher nicht, sondern unter dem Prädikat »wertvoll« die letzten Waldreste vereinnahmt, um sie ausgerechnet vor den Indigenen zu schützen, anstatt die Wälder vor der Abholzung durch Palmölfirmen zu bewahren – das ist aberwitzig. Nordin hat für diese Farce die Bezeichnung »Greengrabbing« gefunden.

Zwar gibt es beim RSPO einen Beschwerde-Mechanismus, bei dem Verstöße durch RSPO-Mitgliedern gemeldet werden können. Doch die Hürden sind hoch und die Verfahren langwierig und zäh: Vom Zeitpunkt des Einreichens einer Beschwerde bis zum Abschluss des Falls dauert es zwischen neun und 1 600 Tagen – im Schnitt 340 Tage. Also fast ein Jahr.[91]

Die Beweislast aber liegt bei den Opfern, und Schlichtungsverfahren kosten Geld. Ohne eine NGO im Rücken, die sich des Falls annimmt, Daten sammelt und bearbeitet und Beschwerde einreicht, ist es für Betroffene in der Praxis nahezu unmöglich, ihre Rechte einzufordern. In den zehn Jahren seit Gründung des RSPO wurden nur 49 Beschwerden eingereicht. Angesichts der 5 000 Landkonflikte kann man das noch nicht einmal als Spitze des Eisbergs bezeichnen.

Der Großteil der Beschwerden beim Runden Tisch für nachhaltiges Palmöl (43 Prozent) betrifft die Verletzung der Mitbestimmungsrechte der Bauern, weil es keine freie und informierte Einverständniserklärung (FPIC) gab, weil keine Analysen zur

Einrichtung von Schutzwäldern erfolgten (31 Prozent) oder weil Menschenrechte missachtet wurden (zwölf Prozent).[92] Das ist wenig überraschend, sind doch Menschen und ihre Rechte sowie zu schützende Wälder die größten Hindernisse bei der Ausbreitung der Palmölwirtschaft. Mehr als die Hälfte der Verfahren ist immer noch anhängig, in einigen abgeschlossenen Fällen kam es nicht einmal zu einer Einigung. Nur acht Mitglieder ergreifen derzeit Maßnahmen zur Entschädigung.[93]

Bei einer Recherche über die Palmölzulieferer des Kosmetikkonzerns Procter&Gamble fand Greenpeace zwölf RSPO-Mitglieder, denen exzessive Rodung, Waldbrände, Landraub oder illegale Abholzung nachgewiesen wurden.[94] Für die Studie »Certifying Destruction« untersuchte Greenpeace die Ursachen der schlimmsten Waldbrände seit 16 Jahren, die im Juni 2013 in der Provinz Riau auf der indonesischen Insel Sumatra wüteten. 39 Prozent der Feuer, so das Ergebnis, entstand durch Brandrodung auf Konzessionen von RSPO-Mitgliedern oder deren Tochterfirmen.[95] Brandrodung ist in Indonesien verboten. Innerhalb des RSPO hatte dies jedoch keine Folgen für die Firmen. In zehn Jahren wurden trotz zahlreicher Verstöße gegen die Prinzipien nur zwei RSPO-Mitglieder ausgeschlossen.[96]

Weil das Gewohnheitsrecht von Indigenen von der nationalen Gesetzgebung nur unzureichend anerkannt ist – die indonesische Regierung, die eine große Rolle im Palmöl Big Business spielt, stritt 2012 sogar ab, dass in Indonesien überhaupt indigene Völker leben[97] – und Indigene ihren Besitz oft nicht nachweisen können, haben es die Firmen leicht, sie über den Tisch zu ziehen. Für diese systematische Entrechtung schafft nun der RSPO einen Pseudo-Ordnungsrahmen, der zunehmend die nötige politische Regulierung ersetzt.

Trotzdem hat die EU ihre Verantwortung auf freiwillige Zertifizierungssysteme wie den RSPO abgewälzt. Seit November 2012 akzeptiert sie dessen Siegel als Nachweis für die Einhaltung ihrer Nachhaltigkeitskriterien, die sie für den Import von nachwachsenden Rohstoffen gesetzlich vorschreibt. Den Gegnern der verpflichtenden Beimischungsquote von Biosprit hatten die Technokraten der EU damals ein echtes grünes Wunder versprochen: Man wolle sicherstellen, dass die Beimischungspflicht die Umwelt und die Nahrungsmittelversorgung nicht gefährde. Da könnte man ebenso gut dem Klima vorschreiben, sich nicht zu wandeln. Wenig anderes beinhalten die Nachhaltigkeitskriterien, die in Reaktion auf die Kritik aufgestellt wurden. So heißt es in Artikel 17 der EU-Richtlinie, dass die Einsparung der Treibhausgase durch Biosprit mindestens 35 Prozent im Vergleich zu fossilen Energieträgern betragen und bis 2017 auf 50 Prozent angehoben werden soll.[98] Eine Milchmädchenrechnung, die nur aufginge, wenn man den realen Klimaschaden in Anbauländern wie Indonesien einfach ignorierte.[99]

Dass Biosprit klimaschädlicher ist als fossiler Kraftstoff wird deutlich, wenn man die Treibhausgase einrechnet, die bei Rodung, Torfmoorzerstörung oder dem Niederbrennen von Wäldern entstehen. Kein halbes Jahr, nachdem die Erneuerbare-Energie-Richtlinie der EU in Kraft trat, legte der Internationale Rat für nachhaltige Ressourcennutzung, dem Ernst Ulrich von Weizsäcker angehört, eine Untersuchung vor. Der zufolge verursacht ein Liter Biodiesel aus Palmöl 800- bis 2000-mal mehr Treibhausgase als ein Liter Diesel aus Erdöl.[100]

Aber nun, für die »Vorreiterrolle im Klimaschutz« (Jürgen Trittin[101]/Angela Merkel[102]/Sigmar Gabriel[103]/McKinsey[104]/Verband der Automobilindustrie[105]/Bundesverband der Deutschen

Industrie[106]) nimmt Streber-Deutschland auch gerne Opfer in Kauf. Vorzugsweise in anderen Ländern. Denn daheim muss die Beimischungsquote die allerwichtigste Vorreiterrolle absichern: die der deutschen Automobilindustrie. Die angekündigte hohe Biospritquote von zehn Prozent war der Grund dafür, dass die Bundesregierung 2007 auf Druck der Auto-Lobby die von der EU-Kommission vorgeschlagenen Grenzwerte für den CO_2-Ausstoß von Neuwagen von 120 auf 130 Gramm pro Kilometer weiter anheben, ihre Umsetzung aber zugunsten der Autobauer immer weiter nach hinten schieben konnte. Unter dem Deckmantel des Klimaschutzes und mithilfe des staatlich verordneten Taschenspielertricks Beimischungsquote konnten die deutschen Hersteller 2012 mit einem Flottendurchschnitt von 160g/km sogar noch mehr CO_2 real emittieren als 2010 (155 g CO_2/km).[107]

6. Abholzen im Nationalpark

Der Hafen von Kumai ist bevölkert von Orang-Utans. Leider nicht von echten. Die meisten prangen auf verblichenen Plakaten, einige stehen als riesige braune Skulpturen herum. Von Kumai aus fahren Boote in den Nationalpark Tanjung Puting. Der Park beginnt östlich vom Sembuluh-See und endet am südlichen Zipfel von Zentralkalimantan an der Küste der Java-See. Es heißt, er sei eines der letzten Paradiese von Borneo: Regenwald wie aus dem Bilderbuch, mit bis zu 30 Meter hohen Bäumen, wechselt sich ab mit Sumpf- und Moorgebieten und dichten Mangrovenwäldern, die die Küste säumen. Tanjung Puting beherbergt eine Menge bedrohter Tiere und Pflanzen. Allein 250 Vogel- und 600 Baumarten sind dort bekannt sowie neun seltene Primatenarten, darunter die lustigen Nasenaffen.

Der Nationalpark ist auch Heimat für einige der letzten frei lebenden Orang-Utans von Borneo. »Orang« ist das indonesische Wort für Mensch, Orang-Utan heißt übersetzt »Waldmensch«. Die gutmütigen Tiere mit dem rotbraunen Fell waren einst stolze Ikonen des Regenwaldes. Heute sind sie die traurigen Symboltiere der Waldvernichtung: Seit sich die Palmölplantagen ausbreiten, schwindet ihr Lebensraum. Deswegen sind die einzigartigen Menschenaffen vom Aussterben bedroht. Zwischen 1990 und 2010 wurde in Indonesien jedes Jahr eine Waldfläche drei Mal so groß wie der Nationalpark vernichtet. In manchen Jahren sind deshalb schätzungsweise zwischen 2 000 und 5 000 Orang-Utans gestorben. Entweder sind sie in der Ödnis verhungert, den großen Waldbränden zum Opfer gefallen oder von den Schergen der Palmölindustrie getötet worden, weil sie in ihrer Not die frisch gepflanzten Palmölsetzlinge fraßen.[108] Geschätzte 40 000 frei lebende Orang-Utans gibt es noch in Indonesien, 20 000 auf Borneo.[109] Bevor ihnen das Palmöl die Wälder wegnahm, waren es Hunderttausende. Ein Orang-Utang braucht einen Quadratkilometer Wald, um sich ordentlich ernähren zu können. Dafür reichen die lose verteilten Waldreste, die Palmölfirmen auf ihren Konzessionen übrig lassen, nicht aus. Nicht einmal der streng geschützte Nationalpark ist vor den Palmölfirmen sicher.

Udin und ich klettern in das kleine Schnellboot, in dem Ardhi* bereits auf uns wartet. Wie viele der Menschen, die rund um den Nationalpark leben, arbeitet auch Ardhi für eine Agentur, die Touristen in das Dschungel-Idyll von Tanjung Puting bringt. Ein großes Schiff, das aus Richtung der Java-See kommt, hat dasselbe Ziel. Es ist voll beladen mit Palmölsetzlingen.

---

*   Name geändert

Wir flitzen über den braunen Sekonyer-Fluss in den Park. Goldgrün leuchtende Nipapalmen fliegen an uns vorbei, dahinter sehen wir Urwaldriesen in den Himmel ragen. Hinter einem Ast, der im schlammigen Wasser treibt, gähnt ein Krokodil. Plötzlich stoppt das Boot so abrupt, wie die Idylle endet. Ein blauer Bagger frisst sich durch den Rest von Grün, bis fast an den Horizont sieht man nichts als zerfurchte Erde und Baumreste. Ardhi lenkt sein Boot näher an das Massaker. Weil er jeden Tag im Park unterwegs ist, ist auch er einer der vielen Informanten, über die Save our Borneo Hinweise auf illegale Abholzung erhält. Vor zwei Tagen hat Ardhi diese Stelle entdeckt.

Udin springt so ungestüm auf, dass das Boot schaukelt, und hält sein riesiges Teleobjektiv auf die Zerstörung. »Das ist Bumitama Agri, die Firma holzt hier schon seit Jahren illegal ab«, sagt Udin, »jetzt haben wir sie auf frischer Tat ertappt.« Einen Drainage-Kanal zum Fluss hin hat die Firma bereits gegraben. »Das ist ein eindeutiges Zeichen dafür, dass hier Plantagen wachsen sollen, denn dafür muss man die Böden trockenlegen.« Rodungen und Monokulturen im Nationalpark und seiner Pufferzone sind verboten. Auf Borneo ist die Rodung von Primär- und Torfwäldern an sich nicht erlaubt: Im Mai 2011 hatte der damalige indonesische Präsident Susilo Bambang Yudhoyono ein Moratorium verhängt, das dies verbietet. Es ist immer noch gültig. Doch Bumitama Agri ignoriert die Gesetze und expandiert rücksichtslos. Bumitama Agri ist mittlerweile einer der größten Plantagenbesitzer in Indonesien.[110] Aus ihrem brutalen Geschäftsmodell macht die Firma keinen Hehl: »Eine Politik des aggressiven Pflanzens hat uns geholfen, einen Meilenstein nach dem anderen zu erreichen, was uns zu einem jungen und schnell wachsenden Palmöl-Player von heute gemacht hat.« Das steht in radebrechendem Marketingsprech auf der Titelseite des Jahresberichts von 2012.[111] Denn Bumitama Agri ist Lieferant der RSPO-Mitglieder Wilmar, Sinar Mas, Musim Mas und IOI, die ihrerseits alle »nachhaltiges« Palmöl und Biodiesel nach Europa liefern. Bumitama Agri ist seit 2007 selbst Mitglied des Runden Tisches für nachhaltiges Palmöl (RSPO) und hat zugesagt, die Prinzipien und Kriterien des RSPO bei allen Tochterfirmen anzuwenden, um zu »versichern, dass wir uns zur Nachhaltigkeit verpflichten, wie wir das schon immer getan haben«.[112] Geändert hat das am Gebaren der Firma: Null. Bereits fünf Beschwerden gab es im RSPO gegen Bumitama Agri und die Tochterfirmen des Konzerns.[113] Bumitama Agri ist zwar RSPO-Mitglied, hat aber kein Nachhaltigkeitszertifikat. Allerdings müssen alle RSPO-Mitglieder eine Zertifizierung auf ihren Plantagen anstreben und sich bereits zuvor an RSPO-Kriterien halten. Im Frühjahr 2013 mussten auf einem von der Bumitama-Agri-Tochter PT Ladang Sawit Mas illegal gerodeten Orang-Utan-Gebiet in Westkalimantan vier Menschenaffen gerettet und umgesiedelt werden, die halb verhungert auf dem zerstörten Gelände umherirrten. Die NGO International Animal Rescue, die die Tiere fand, reichte im April 2013 beim Runden Tisch für nachhaltiges Palmöl Beschwerde ein. Bumitama Agri versprach daraufhin, alle Entwaldung zu stoppen, bis die von RSPO-Kriterien geforderte Auswertung der Schutzgebiete erfolgt sei. Der Runde Tisch für nachhaltiges Palmöl forderte Bumitama Agri auf, alle Aktivitäten einzustellen, bis der Fall geklärt sei. Doch zwischen Mai und September 2013 rodete Bumitama Agri einfach weiter illegal Hunderte Hektar Regenwald und Moorböden in der Gegend.[114] Sanktionen seitens des Runden Tischs für nachhaltiges Palmöl gibt es bislang: Nullkommanull.

Ardhi bringt uns nach Desa Sekonyer. Das Dayak-Dorf liegt am Rand des Nationalparks. Dort warten drei Jugendliche auf Motorrädern auf uns. »Mach dir mal ein Tuch um den Kopf, wir bleiben besser unauffällig«, sagt Udin. Wir schwingen uns hinter die Jungs und steuern einen weiteren Ort an, an dem »Save our Borneo« nicht gern gesehen ist: Teluk Pulai. Der Regen hat den Weg dorthin in eine Schlammpiste verwandelt. Immer wieder müssen wir absteigen und im knöcheltiefen Matsch waten, über den unsere jungen Fahrer voraus schlingern. Wir erreichen einen stabilen Weg und setzen uns wieder auf die Motorräder. »Wir werden jetzt schnell da durchfahren. Wenn du fotografierst: bitte nicht zu auffällig!«, sagt Udin.

So pesen wir durch die Palmölplantagen, die hier von Tochterfirmen des RSPO-Mitglieds PT BW Plantation und von Bumitama Agri angelegt wurden – illegal, denn sie liegen nicht nur in der Pufferzone, sondern ragen sogar in den Nationalpark hinein. Auf dem Motorrad vor mir dreht sich Udin um und zeigt aufgeregt nach rechts. Wie eine riesige Wunde klafft dort eine Lücke am Straßenrand. Bagger haben hier eine Straße hinein in das Zerstörungswerk gegraben. Bis zum Horizont sieht man nichts als gerodete Fläche. Direkt daneben stehen in einer Art Baumschule ungezählte Ölpalmensetzlinge.

Wir halten an einer winzigen Bootsanlegestelle an einem der vielen kleinen Flussarme. Rasch verabschieden wir uns von den Jungs auf dem Motorrad und steigen in das nächste Schnellboot, das uns von hier wegbringt. Als wären wir auf der Flucht wie Verbrecher. Hier hat jeder, der sich gegen die Machenschaften der Palmölindustrie wehrt, mehr zu fürchten als das kriminellste Palmölunternehmen.

7. Grüne Wunder: Wie die Politik Klimakiller in Klimaretter verwandelt

»80 Prozent des Palmöls, das nach Europa kommt, ist illegal, weil es auf Plantagen wächst, die nicht die erforderlichen Genehmigungen haben«, sagt Inge Altemeier. Die Hamburger Journalistin, die Indonesisch spricht, hat in Indonesien als Erste den Palmölwahnsinn aufgedeckt und verfolgt ihn seit 15 Jahren. Etliche Dokumentionen hat sie darüber bereits gedreht. Immer wieder kritisiert sie darin auch den Runden Tisch für nachhaltiges Palmöl.[115] »Es gibt nirgends eine derartige Struktur für Nachhaltigkeitslügen wie beim Palmöl«, sagt Altemeier, »und der Biosprit hat diese Lügen erst richtig befeuert.«

Für ihren Film *Hier Bio – dort Tod* hatte sie Ende 2007 eine Delegation des Deutschen Bundestags nach Indonesien begleitet. Mitglied dieser Delegation war auch die grüne Bundestagsabgeordnete Bärbel Höhn, die als nordrhein-westfälische Umweltministerin zu den vehementesten Befürwortern von Biosprit gehörte. 2002 träumte Höhn noch davon, dass Biomasse acht Prozent des im Straßenverkehr verbrauchten Kraftstoffs ersetzen könnte, wofür nur zehn Prozent der landwirtschaftlichen Fläche in Europa bebaut werden müssten.[116]

In Altemeiers Film sieht man, wie die Abgeordneten in Borneo aus einem Hubschrauber steigen, sich in klimatisierten Bussen herumfahren lassen und Orang-Utans kraulen. Als die Politiker von einem Palmölunternehmen zu einer Plantage gebracht werden, die eine RSPO-Zertifizierung anstrebt, darf das Filmteam nicht mitkommen. Höhn sagt nach der Inspektion in die Kamera: »Da muss man Wege finden, (…) also zum Beispiel durch eine Zertifizierung, die den Namen verdient, dass der Anbau wirklich nachhaltig ist.«[117] Zurück in Deutschland gibt sie im selben Film zu Protokoll, dass man Palmöl aus Indonesien auch dann nicht nach Deutschland einführen sollte, wenn es zertifiziert ist, weil die Regierung nicht in der Lage sei, das zu kontrollieren.

Ein heller Streif der Vernunft am politischen Horizont, der allerdings schnell wieder verschwunden war. Nur drei Jahre später lobte Höhn wieder die Nachhaltigkeitsverordnung für Biosprit: »Die seit dem 1. Januar 2011 in Kraft getretene Nachhaltigkeitsverordnung für Biokraftstoffe ist ein erster Schritt, um die ökologischen und sozialen Schäden einzudämmen.«[118]

Nein, das ist sie nicht und wird sie nie sein. Aber die Illusion zu erzeugen, man sei nur einen Quantensprung davon entfernt, das Unmögliche möglich zu machen – diese Narration gehört zu dem zynischen Spiel auf Zeit, das der Wesenskern des grünen Kapitalismus ist.

»Wenn es so wäre, dass Firmen keine Zertifikate bekommen würden oder sie für ihren Betrug damit verklagt würden, und wenn auch den Abnehmern von illegalem Palmöl empfindliche Strafen drohen würden – dann wäre das womöglich eine Geschichte. Aber niemandem passiert irgendwas, und die Politik streitet jede Schuld ab und verweist auf ihre löchrige Nachhaltigkeitsverordnung«, sagt Inge Altemeier. Wenige Wochen vor unserem Treffen in Hamburg lief ihr letzter Palmöl-Beitrag *Biosprit – tödlicher Feind des Orang-Utan* im ZDF.[119] Darin hatte sie sich auch mit dem Konzern Bumitama Agri beschäftigt und recherchiert, wie es Unternehmen schaffen, ihr illegales Produkt als »nachhaltiges« Palmöl nach Europa zu verkaufen. Denn der größte Witz im Palmöl-Schmierentheater ist, dass selbst Palmöl, das gar nicht von zertifizierten Plantagen stammt, von der EU als nachhaltig akzeptiert wird.

Die Wandlung von schmutzigem in sauberes Palmöl ist einem weiteren grünen Wunder geschuldet, das sich Massenbilanz nennt. Bei diesem Buchungssystem dürfen zertifiziertes und nicht zertifiziertes Palmöl in der Lieferkette gemischt werden. Das passiert meist am Hafen, wenn die Tanks, die nach Europa gehen, mit Öl befüllt werden, oder in der Raffinerie, in der Biodiesel für den Export hergestellt wird. Zwar darf der Verkäufer nur genau die Menge Palmöl als nachhaltig zertifiziert verkaufen, die auch in der Mischung steckt. De facto gelangt aber nicht zertifiziertes Öl auf legalem Weg nach Europa, obwohl die Einhaltung von Nachhaltigkeitskriterien für importierten Biosprit gesetzlich festgeschrieben ist. Dies solle »vermeiden, dass der Industrie ein unvertretbarer Aufwand abverlangt wird«, lautet die Begründung dafür unter Punkt 76 der EU-Richtlinie 2009/28/EG.[120] »Das ist Hehlerware, die da die Grenzen passiert. Alle wissen das seit Jahren, und es passiert nichts«, sagt Altemeier.

Für die EU wurde RSPO-RED entwickelt, ein ergänzender Anforderungskatalog für Palmölproduzenten und -verarbeiter innerhalb der Lieferkette, der die Prinzipien und Kriterien des RSPO entsprechend der Nachhaltigkeitsanforderungen der EU-Richtlinie für Erneuerbare Energie ergänzt.[121] Nach RSPO RED darf das Palmöl nicht von Plantagen stammen, für die noch nach 2008 Wald gerodet beziehungsweise Moor- oder Feuchtgebiete trockengelegt wurden. Damit soll ausgeschlossen werden, dass wertvolle Biodiversität für europäischen Biosprit zerstört wird.

Allerdings war 2008 der größte Teil der Palmölplantagen, von denen heute Öl nach Europa geliefert wird, bereits in Betrieb.[122] Mit anderen Worten: Klimaschaden, Umweltzerstörung und Menschenrechtsverletzungen, die durch die Expansion von Palmöl vor 2008 entstanden sind, werden von der EU schlicht für inexistent erklärt.

Zwei mal drei macht vier, widdewiddewitt und drei macht neune! Es ist, als würde man ein Brettspiel mit einem Vierjährigen spielen, der sich immer dann neue Spielregeln ausdenkt, wenn er merkt, dass er zu verlieren droht.

Die deutsche Regierung indessen nimmt das umstrittene Wort »Biokraftstoffquote« lieber nicht mehr in den Mund. Im Januar 2015 wurde die Biokraftstoffquote auf die sogenannte Treibhausgasequote umgestellt, um, so das Bundesumweltministerium, »die Klimabilanz von Biokraftstoffen zu verbessern«.[123] Seit Januar 2015 sollen 3,5 Prozent der durch den Kraftstoffverbrauch ausgestoßenen Treibhausgase eingespart werden. Bis 2020 sollen es sieben Prozent sein. Dieses Reduktionsziel will die Mineralölbranche mit nichts anderem als Biokraftstoffen erreichen. Die Einsparung von 3,5 Prozent bis Ende 2015 bedeutet einen Einsatz von 2,4 Millionen Tonnen Biosprit pro Jahr in Deutschland – 500 000 Tonnen mehr als zuvor angestrebt. Dafür ist eine Anbaufläche von 2 500 Quadratkilometer nötig. Das entspricht der Deutschen liebstem Größenbezug, dem Saarland. Wenn 2020 die Treibhausgasquote sieben Prozent betragen soll, entspräche das einem Anteil von Biokraftstoffen am Gesamtenergieverbrauch im Verkehr von zwölf Prozent.[124] Das ist fast doppelt so viel wie heute.

Eine wirkmächtiges Motiv innerhalb des Märchens vom nachhaltigen Biosprit sind die sogenannten »degradierten Flächen«. Gemeint ist eine Art Brach- oder Ödland ohne wertvolle Wald- und Feuchtgebiete, das weder der Kohlestoffspeicherung dient noch dem Anbau von Nahrungsmitteln, das nicht unter

Schutz steht, aufgegeben wurde oder angeblich nicht genutzt wird. Die FAO geht davon aus, dass weltweit 27 Millionen Quadratkilometer solcher Landreserven vorhanden sind.[125] Das wäre ein Fünftel der eisfreien Flächen der Welt – Wälder, Naturschutzgebiete, Feuchtgebiete, Wüsten, landwirtschaftliche und besiedelte Flächen eingerechnet.[126]

Ist es wirklich vorstellbar, dass sich auf dieser Erde, deren landwirtschaftliche Flächen umkämpft sind und die teuer gehandelt werden, Brachland in der Größe Nordamerikas versteckt, das bloß noch keiner entdeckt hat?

Die Vorstellung, es gebe ein solches agrarisches Atlantis, hat etwas für sich. Das würde bedeuten, dass es noch genügend Platz gäbe auf der Welt für jede Menge Plantagen mit »nachhaltigen« Pflanzenrohstoffen. Exakt so argumentieren deren Befürworter: »Biokraftstoffe sollten so gefördert werden, dass Anreize (…) für die Nutzung degradierter Flächen bestehen«, steht in der Biospritrichtlinie der EU.[127]

Der damalige Präsident Indonesiens, Susilo Bambang Yudhoyono, hatte im Mai 2011 gleichzeitig mit einem Abholzmoratorium verfügt, dass Palmölplantagen nur noch auf degradierten Flächen expandieren dürften. Auch der WWF ist überzeugt davon, dass der Anbau von Palmöl unter solchen Umständen wirklich nachhaltig sein kann: »Diese degradierten Flächen stellen ein enormes Nutzungspotenzial dar und könnten den Druck auf Naturwälder beträchtlich reduzieren.«[128]

Doch wo soll diese Fläche sein? 70 Prozent der Wälder und des Agrarlandes werden in Indonesien bereits von Konzernen kontrolliert. Nationalparks und Wälder, die für Restaurationsprojekte vorgesehen sind, bilden fast den ganzen Rest.[129] Sogenanntes »degradiertes Land« wird vor allem von Kleinbauern,

Indigenen und Landlosen zur Subsistenzwirtschaft genutzt. Nicht nur in Indonesien, sondern in allen Ländern des Südens haben Millionen von Menschen auf solchen »degradierten« Flächen ihre Heimat.

In Tanjung Puting trifft die Strategie der »degradierten Flächen« auf die Ideologie menschenleerer Schutzgebiete. Eine gefährliche Mischung: Wenn Nationalparks eingerichtet werden, müssen fast immer Menschen weichen. Weltweit gibt es mehr als 100 000 Nationalparks und Naturschutzgebiete, sie bedecken 13 Prozent der gesamten Erdoberfläche.[130] Die »unberührte Wildnis« aber ist ein naturromantischer Mythos: denn 80 Prozent der biologisch vielfältigsten Gebiete der Welt sind gleichzeitig Heimat indigener Gemeinden – sie sind der Grund, dass es diese Paradiese bis heute überhaupt gibt.[131] Die Überzeugung aber, die Natur müsse ausgerechnet vor ihnen bewahrt werden, hat bereits geschätzte 130 Millionen Indigene weltweit zu Naturschutzflüchtlingen gemacht.[132]

Tanjung Puting war einer der ersten von 42 Nationalparks in Indonesien, die die Regierung nach und nach einrichtete.[133] Die Dayak, die den Wald bewohnten, wurden entweder in die Pufferzone außerhalb oder in Special Zones innerhalb, aber am Rande des Nationalparks umgesiedelt – unfreiwillig, oft mit Hilfe des Militärs. Die Einrichtung solcher Sonderzonen sind in Indonesien gesetzlich vorgeschrieben. Darin gibt es Schulen und eine Krankenstation, und die Leute bekommen ein bisschen Land, das sie bewirtschaften können. Doch fast immer führt eine solche Umsiedlung zur Verarmung der Gemeinden: Weil sich die Menschen dort nicht mehr selbst versorgen können wie zuvor im Wald, sind sie plötzlich auf Jobs angewiesen. Aber selbst die blühende Tourismusindustrie, von der sie angeblich profitieren sollen, hat nicht genug Arbeit für alle, vor allem keine gut bezahlte. Für den Bumitama-Konzern, der in und um den Nationalpark rodet, war es deshalb ein Leichtes, den verarmten Menschen dort ihr Land abzuschwatzen. Schließlich hat ein Regierungspräsident des Distrikts ihre Sonderzone zu jener Art unbewaldetem Land umgewidmet, das zu degradiertem Land und schließlich zu Palmölplantagen umgewandelt werden darf. Daraufhin hat die Palmölfirma mit dem Abholzen begonnen. Illegal: denn um Land im Nationalpark umzuwandeln, müssen sowohl das Forstministerium als auch die Regierung dazu befragt werden. Beides ist nicht geschehen.

8. Öko-Touristen im Affenzirkus

Der Tanjung Puting zieht jedes Jahr Tausende Besucher aus aller Welt an, vor allem wegen der Orang-Utans. Die Wildnis als Ökotourismusziel an westliche Wohlhabende zu vermarkten, gehört zum Konzept, Natur mittels abgeriegelter Nationalparks zu schützen. Nach dieser Logik ist der Tourismus das Beste, was der Natur passieren kann: denn wenn es um Geld (und Arbeitsplätze) ginge, hätte auch die Regierung ein Interesse, die Natur zu schützen. »Natur wird zum beliebig vernutzbaren Material: in der Wirtschaft zur Ressource und in der Freizeit zum ›Erlebnis‹, das schließlich ebenfalls Warenform annimmt«, kritisiert Klaus Pedersen in seinem Buch *Naturschutz und Profit*.[134] Während auf der einen Seite in den Ländern des Südens stetig wachsende Flächen für den exportorientierten Anbau von Cash Crops vereinnahmt werden, wird ein »Gegengewicht« der menschenleeren Wildnis in Nationalparks geschaffen. In beiden Modellen ist für lokale Bevölkerung und indigene Gemeinden nur Platz, wenn sie sich in marktwirtschaftliche Systeme einfügen. Entweder als Arbeiter auf den Plantagen, als Vertragsbauern, als Dienende im Tourismus oder in Naturschutzprojekten.

Business-NGOs nennen das »Partizipation« oder gar »Armutsbekämpfung«. Das lässt sich als Reaktion auf wachsende Kritik und entsprechende Studien verstehen, die belegen, dass Indigene in diesem Naturschutzregime kaum eine Rolle spielen oder dass Business-NGOs an der Vertreibung Indigener zur Errichtung von Nationalparks entweder indirekt beteiligt sind oder zumindest nichts dagegen unternehmen. Das wird vor allem transnationalen NGOs wie Conservation International (CI), The Nature Conservancy (TNC) und dem WWF vorgeworfen.[135] Heute hat jede Business-NGO, die in Schutzgebieten und Nationalparks tätig ist, auch »Gemeindeprojekte«.

Aber Indigene in Wertschöpfungsketten einzubinden, vermag deren Armut, die ja durch die Säuberungen für den Naturschutz erst entstanden ist, allenfalls zu lindern. Hinter der arroganten Floskel »Hilfe zur Selbsthilfe«, wie einige der Projekte sich beschreiben, verschwindet der Umstand, dass mit derartiger »Entwicklungsarbeit« einst unabhängige Gemeinden bevormundet, kontrolliert, in finanzielle Abhängigkeit und Unsicherheit getrieben und zu Befehlsempfängern degradiert werden. Mark Dowie beschäftigt sich in seinem Buch *Conservation Refugees* mit diesem »Festungsnaturschutz«. »In fast jedem Fall werden Indigene an das unterste Ende der Geldwirtschaft geschoben, wo sie als Parkranger (niemals als Aufseher), Pförtner, Kellner, Erntearbeiter verpflichtet werden, oder, wenn sie es schaffen, eine europäische Sprache zu lernen, als Guide für Ökotouristen«, schreibt er. Das meiste Geld verdienen nämlich lokale und internationale Eliten mit den Nationalparks, in deren »ungestörte Natur« sie Tausende »Ökotouristen« locken, während Indigene vor No-go-Areas stehen.[136]

»Unsere Schiffsreise entlang Borneos Südwestküste präsentiert außerordentliche biologische Vielfalt und eine einzigartige Fauna und Flora. Im Herzen des Malayischen Archipels gelegen beherbergt Borneo die ältesten ungestörten Gebiete tropischen Regenwalds der Welt. Inmitten dieses wilden grünen Reichs finden wir die letzten Orang-Utans, die nur auf dieser Insel heimisch sind.«[137] Das verspricht der US-amerikanische Reiseveranstalter Natural Habitat Adventures, der sich selbst als führenden Anbieter von »verantwortungsvollen Abenteuerreisen und Ökotourismus« beschreibt. Wer an diesen Reisen teilnehmen will, braucht allerdings einen sehr, sehr dicken Geldbeutel: Zehn Tage »Orang-Utan Borneo Adventure« kosten zwischen 9 550 und 19 990 Dollar – pro Person. Ohne Flug. Dafür werden die Ökotouristen dann aber auch auf einer Luxusyacht in die Wildnis geschippert und genießen die »unberührte Natur« in Luxus-Camps.[138] Partner dieser Reiseagentur für Champagner-Naturschützer ist, wer sonst, der WWF. Er hat Natural Habitat bereits zwei Millionen Dollar gespendet.

Der WWF erkannte 1996 in einer Grundsatzerklärung die Rechte indigener Völker an.[139] Darin steht allerdings auch ein bemerkenswerter Satz: »Der WWF behält sich vor, Aktivitäten, die seiner Ansicht nach für Arten oder Ökosysteme nicht nachhaltig oder nicht mit der Politik des WWF für gefährdete oder bedrohte Arten (…) zu vereinbaren sind, nicht zu unterstützen bzw. diese abzulehnen, selbst dann, wenn sie von indigenen Gemeinschaften betrieben werden.«[140]

So ist das nämlich mit den Eingeborenen: Nicht alle verhalten sich nach den Regeln des WWF. Manche Indigene sind nachgerade schlecht für das ökologische Gleichgewicht. Das kommt einer unterschwelligen Kriminalisierung schon ziemlich nahe. So formulierte es einmal ein Sprecher des WWF: »Das ist immer noch nicht heile Welt, und nicht alle Indigene sind liebe, nette, bessere Menschen.«[141] Ein Schelm, wer Böses dabei denkt, wenn weiße Männer aus dem Westen erklären, dass womöglich der eine oder andere schwarze Mann Dreck am Stecken hat. Aber natürlich werden 99,99 Prozent aller »nicht nachhaltigen Aktivitäten« von Palmöl- und Holzkonzernen begangen – und wenn man so will, auch von den »Ökotouristen«, die schließlich eine Menge CO_2 in die Luft blasen müssen, um überhaupt erst einmal am anderen Ende der Welt in den »letzten Naturparadiesen« herumtrampeln zu können.

Ein Festungsnaturschutz spielt Mensch und Natur gegeneinander aus und trägt dazu bei, dass noch mehr Natur zerstört wird. Das ist vielfach belegt.[142] Zuletzt 2014 von der NGO Survival International, die in ihrer Untersuchung »Parks Need Peoples« zu dem Ergebnis kommt, dass sich der Zustand von Nationalparks seit ihrer Gründung verschlechtert hat.[143] Das ist auch in Tanjung Puting der Fall: Bei der Gründung des Parks Anfang der Achtzigerjahre war illegaler Holzeinschlag kaum ein Problem. Ende der Neunzigerjahre dann wurden Teile des Parks von riesigen Bränden verwüstet. Die meisten Feuer aber wurden von Firmen zur Anlage industrieller Ölpalmen- und Holzplantagen gelegt.

In Desa Sekonyer begrüßt uns jetzt Bana. Der Dayak gehört zu den Millionen von Indigenen, die im Namen des Naturschutzes ihrer Heimat beraubt wurden. Das Dorf Desa Sekonyer hieß einmal Tanjung Harapan und lag auf der anderen Seite des Flusses Sekonyer im Nationalpark. Als die Regierung Banas Familie mit Hilfe des Militärs von dort vertreiben ließ, war der noch ein kleines Kind. »Es war eine harte Zeit. Ich kann mich daran erinnern, dass wir danach vier Mal umgezogen sind und uns monatelang nur von Cassava-Wurzeln ernährt haben«, erzählt Bana. Doch sie fanden keinen Wald mehr, der sie ernährt hätte. So wurden sie Reisbauern in Desa Sekonyer.

Wir sitzen auf der Veranda seiner hübschen hölzernen Lodge, die er gebaut hat, um sie an Touristen zu vermieten. Viel Glück hat er damit jedoch nicht: Als wir ihn besuchen, ist beste Reisezeit. Ungezählte Klotoks, traditionelle zweistöckige Holzboote, schippern Touristen auf dem Sekonyer-Fluss bis zur Küste der Javasee. Trotzdem hatte Bana nur drei Gäste in diesem Jahr. Das überdachte kleine Restaurant, in dem er uns Nudelsuppe serviert, während der mittägliche Tropenregen laut auf das Dach niederprasselt, ist leer. Er schaut nachdenklich auf den trägen braunen Fluss, auf dem die Touristen jeden Tag vor seiner Nase vorbeiziehen. Die meisten buchen mehrtägige Gruppenausflüge und übernachten in einer der größeren »Öko-Lodges«. Bana aber kann von seiner Lodge nicht leben. Er lacht und sagt, er müsse verkaufen, wenn das so weitergehe, und auch in den Palmölplantagen arbeiten. Der Konzern Bumitama Agri kratzt schon seit einiger Zeit an seiner Tür und will ihm sein Land abkaufen.

Das Palmöl, ja. Wenn man durch die Tropenbäume rund um die Veranda auf den Fluss und den Nationalpark am anderen Ufer schaut, könnte man das Elend außerhalb glatt für einen Moment vergessen. So wie die seligen Ökotouristen nichts davon mitbekommen, während sie sich im Nationalpark Orang-Utans, Regenwald und Indigene vorführen lassen.

Desa Sekonyer sieht aus wie ein Museumsdorf. Solarbetriebene Straßenlaternen, hübsch verziert, säumen den rot gepflasterten Weg, auf dem die Touristen in kurzen Hosen an den Hütten vorbeiflanieren. Davor sitzen die Dorfbewohner und versuchen, selbst gemachte Souvenirs zu verkaufen: geflochtene Körbe, aus Eisenholz geschnitzte Tiere, Orang-Utan-T-Shirts. Statt jedoch im Open-Air-Weltladen einzukaufen, fotografieren die Touristen das Eingeborenenidyll lieber. Hinter den Hütten von Desa Sekonyer sieht man Reisfelder, dahinter, für die Touristen unsichtbar, lassen sich die Palmölplantagen erahnen, durch die wir mit dem Motorrad gefahren sind. Nach und nach ist den Menschen hier ihre Lebensgrundlage weggebrochen. Nur noch ein Fünftel des Waldes, von dem sie lebten, ist übrig geblieben. Der Sekonyer Fluss, der die Menschen der Gegend einst mit Wasser und Fischen versorgte, ist mit Quecksilber aus illegalen Goldminen verseucht. Seit 2011 ist das Dorf in einen Palmölkonflikt verwickelt: Eine Tochter des RSPO-Mitglieds BW Group hat 22 Quadratkilometer ihres Landes illegal gerodet.

Auf einem verwitterten Holzschild steht »Trash Managment System. Supported by Orangutan Foundation International« (OFI). OFI betreibt die Orang-Utan-Auffangstation im Nationalpark und »Gemeindeentwicklungsprojekte«. Frauen sollen Halbtagsjobs bekommen: Abfall von den Haushalten abholen und Müll von den Wegen klauben, den Touristen dort hinterlassen. Müll, den es nicht gab, als die Gemeinde noch in ihrem Wald lebte, unbehelligt von Touristen. Indigene dürfen aber in einem anderen Projekt auch Kurse für traditionelle Musik, Tänze und Kampfkunst besuchen, »damit die Kunst vor dem Vergessen bewahrt wird«. Und natürlich, damit sie den Touristen eine Simulation indigener Kultur vortanzen können, während sie ihre wahre

Identität längst verloren haben. Früher waren sie Indigene, jetzt sind sie bloß noch Statisten in der großen Regenwaldshow.

Udin und ich lassen uns mit dem Boot in den Nationalpark auf der gegenüberliegenden Seite des Flusses bringen. Am Steg von Camp Leakey haben die Klotoks in zwei Reihen angelegt. In einer halben Stunde ist Fütterungszeit für die Orang-Utans. Ein Highlight jeder Dschungeltour. Camp Leakey wurde 1971 von Biruté Galdikas gegründet, sie leitet auch die Orang-Utan Foundation International. Die kanadische Zoologin gehört neben Dian Fossey und Jane Godall zu den berühmtesten Affenforscherinnen der Welt. Alle drei wurden von dem britischen Paläoanthropologen Louis Leakey, einem Vertreter des kolonialistischen Festungsnaturschutzers, dazu animiert, Menschenaffen zu erforschen.[144]

Wir folgen einer Armada von Touristen, die sich auf dem Holzsteg durch den Dschungel Richtung Fütterungsstelle bewegt. An einer Stelle hebt Udin die Zweige auseinander, dahinter sieht man bunte Holzskulpturen. Es ist der historische Friedhof von Desa Sekonyer. Nach einer halben Stunde stehen wir vor einer abgezäunten Holztribüne. »Schau, da oben sind sie«, flüstert Udin und zeigt in die Baumkronen, in denen hoch oben Orang-Utans sitzen und auf die Menschenmenge herunterschauen. Ein Wärter wuchtet Bananenstauden auf den Holzboden, und schon kommen die ersten Tiere von den Bäumen herunter und holen sich ihr Mittagessen. Ein junger Orang-Utan stopft sich Früchte in den Mund, bis er ihn nicht mehr zubekommt, und flitzt schnell wieder zurück ins schützende Blätterdach. »Recht hat er«, sagt Udin. Die Touristen halten mit Kameras und Smartphones auf die Affen, man hört beglücktes »Awww« und »Look!« und Gelächter. Udin setzt sich auf einen Baumstumpf abseits des Spektakels und beobachtet abwechselnd die Affen und ihr Publikum. Sein trauriger und wütender Blick spricht Bände. Ich setze mich neben ihn. »Weißt du, wie Nordin und ich das hier nennen?«, flüstert er mir ins Ohr. »Wir nennen es den Zirkus.«

6 000 Orang-Utans leben in Tanjung Puting. Teils frei, teils in der Auffangstation. Es sind zu viele, als dass sie sich selbst im Park ernähren könnten. Sie müssen gefüttert werden. Ich erinnere mich schon wieder an den Taxifahrer in Palang Karaya: »Die Reichen füttern jetzt die Orang-Utans mit Milch, wie die Babys. Wer aber füttert uns?«

Organisationen, die Orang-Utans retten, können großzügigen Spenden sicher sein. Niedliche Orang-Utan-Babys machen sich auf NGO-Plakaten besser als verarmte Indigene. Das Schicksal der klugen, lustigen Tiere in Indonesien, insbesondere auf Borneo, ist entsetzlich, keine Frage. Doch es ist eng mit dem der lokalen Bevölkerung verknüpft. Diese dabei zu unterstützen, ihren Wald zu behalten oder zurückzuerobern, würde auch den Orang-Utans helfen. Auffangstationen wiederum sind mittlerweile zu unfreiwilligen Partnern der Palmölindustrie geworden, indem sie verletzte, halb verhungerte oder verstörte Tiere von den Plantagen klauben. Aber längst weiß keiner mehr, wohin mit den vielen Tieren.

Manche bezeichnen die Orang-Utan-Retter als Müllabfuhr für die Palmölindustrie. Indem sie ständig die Tiere von den Plantagen holen, bringen sie die Firmen, die die Affenretter mittlerweile selbst rufen, aus der Schusslinie. Palmölkonzerne stehen ganz besonders dann am Pranger, wenn sie auf den Plantagen Orang-Utans getötet haben. Abgesehen davon steht es selbstverständlich unter Strafe. Die Orang-Utan Foundation ging zum Schutz der Affen sogar eine Partnerschaft mit Golden Agri ein, dem zweitgrößten Palmölkonzern der Welt, sowie mit dem indonesischen Forstministerium. Den Arbeitern der Golden Agri-Töchter, der Papierfirma PT APP und der Palmölfirma PT Smart, wollen sie den »humanen und respektvollen Umgang« mit Orang-Utans beibringen.[145]

Auch die Borneo Orang-Utan Survival Foundation (BOS) ist für ihre Nähe zur Palmölindustrie in die Kritik geraten. Die Organisation wurde 1991 von dem Niederländer Willie Smits gegründet, um kranke, verwaiste und verletzte Tiere zu retten. Heute ist sie die weltgrößte Organisation zum Schutz der Orang-Utans. Sie unterhält auf Borneo zwei Rehabilitationszentren für insgesamt 800 Tiere. Jenes in Nyaru Menteng nahe Palangkaraya sei so voll, dass es keine Tiere mehr aufnehmen könne, sagt die Journalistin Inge Altemeier: »Das ist ein Affenknast.« Der Gründer Willie Smits ist mittlerweile ausgestiegen. BOS Indonesien hat nämlich noch ein heikles Problem: Der Aufsichtsratsvorsitzende von BOS, Bungaran Saragih, war einmal Agrarminister in Indonesien und arbeitet seit mehr als 40 Jahren selbst für die Palmölindustrie. Er sitzt im Aufsichtsrat der Firmen Bakrie Sumatera Plantations[146] und PT Sawit Sumbermas Sarana, Tochter eines der größten Plantagenbetreiber Indonesiens.[147] Beide sind Mitglied am Runden Tisch für nachhaltiges Palmöl – so auch die Borneo Orang-Utan Survival Foundation. Bakrie Sumatera Plantations werden Landgrabbing und gewalttätige Vertreibungen in Nordsumatra vorgeworfen.[148] Für 95 Prozent des Landes, das die Firma nutzt, habe sie keine Erlaubnis der Regierung, heißt es in einem Untersuchungsbericht. Die Firma, die mit einem RSPO-Zertifikat ausgestattet ist, habe noch dazu ausgerechnet ein Orang-Utan-Habitat illegal abgeholzt.[149]

Am Abend sitzen Udin und ich in der kleinen Küche von Basuki, der uns diese Nacht beherbergt. Man kann durch die scheibenlosen Fenster in den großen Garten sehen, wo jede Menge verschiedenster Setzlinge wachsen. Seit Jahren ist Basuki dabei, den Wald in Tanjung Puting wieder aufzuforsten, der in den Neunzigerjahren den Waldbränden zum Opfer gefallen ist. Basuki arbeitet für die Friends of the National Park Foundation und kennt das Dilemma zwischen pragmatischer Hilfe für Indigene, Wald und Orang-Utans auf der einen, und dem Kampf gegen die Palmölindustrie auf der anderen Seite gut. Basuki hat vor zwei Jahren die Skelette von vier toten Orang-Utans gefunden, die auf der illegal gerodeten Plantage von Bumitama Agri vergraben waren. Wenn er davon erzählt, blitzen seine Augen immer noch wütend. Seine NGO hat deshalb eine Beschwerde beim RSPO eingereicht, die bis auf den heutigen Tag vor sich hin dümpelt. Trotzdem sagt er: »Ich persönlich finde es nicht richtig, Orang-Utans zu befreien und zu füttern. Das passiert ja alles nur wegen des Palmöls. Das ist das Problem.« Natürlich liebt Basuki die Orang-Utans. Er kennt viele Stellen im Wald, wo sie wirklich noch wild leben, und er ist gerne bei den Tieren. »Früher habe ich auch Touristen dorthin gebracht«, sagt Basuiki. »Heute fahre ich mit ihnen durch die Palmölplantagen, damit sie sehen, was hier wirklich los ist.«

9. Im letzten Märchenwald

Udin möchte mir eines der wenigen intakten Urwalddörfer zeigen, die es in Zentralkalimantan noch gibt. War ich schon entsetzt über das, was ich in den letzten beiden Tage gesehen habe, so ist das Ausmaß der Verwüstung kaum noch auszuhalten, das sich uns jetzt während der siebenstündigen Fahrt an die Grenze zu Westkalimantan zeigt. Nach jeder Kurve und nach jeder Hügelkuppe, die wir hinter uns lassen, steigt ein noch schlimmeres Bild empor. Plantagen wechseln sich ab mit just gerodeten Flächen, auf denen ausgeblichene Baumstämme herumliegen wie Mikado-Stäbchen. Nirgends ist auch nur ein Stückchen Regenwald übrig geblieben. Aus den Boxen im Auto dröhnt, schon wieder, »It's hard to say I'm sorry«, so, als könnte Peter Cetera sehen, dass hier nichts mehr gutzumachen ist. Wie hypnotisiert bringe ich meine Kamera zwischen den Albtraum vor dem Autofenster und mich, um ein wenig Distanz zu dem Wahnsinn zu gewinnen. Doch die gut 500 Fotos, die ich allein während dieser Fahrt mache, geben längst nicht das wieder, was ich sehe.

Einmal erhebt sich aus der mutlos machenden Ödnis ein bunt angemalter hölzerner Torbogen über die Straße. Darauf steht in Bahasa Indonesia der Name der Region, in die wir jetzt fahren. »Weißt du, was das heißt?«, fragt Udin. »Nein, was?« »Willkommen in einem weiteren Palmöldistrikt!« Er lacht.

Wann immer wir anhalten und aussteigen, brennt die Sonne unerbittlich auf uns herunter und es umfängt uns eine Stille, die so unerträglich ist, dass man sich die Ohren zuhalten möchte. Es sei denn, mit Palmfrüchten beladene Lkws oder mit Palmöl gefüllte Tanklaster donnern vorbei. Das ehemalige Paradies, jetzt ist es nur noch ein riesiges grünes Industriegebiet. Fast wirkt die Gegend, als wären wir auf einem fremden, unwirtlichen Planeten in einem Science-Fiction-Film.

Ich erinnere mich an einen Abend in Berlin. Vor einigen Monaten hatte ich dort eine Informationsveranstaltung zu Palmöl in Indonesien besucht. Dort unterhielt ich mich mit einem Aktivisten von Robin Wood. Ich erzählte ihm von meinem Plan, zu den Palmölplantagen nach Indonesien zu reisen. Er sah mich mit einem gequälten Blick an und sagte, dass er alles über Palmöl wisse, was man nur wissen könne. Aber dass er sich niemals, niemals den Wahnsinn vor Ort ansehen werde, »sonst kann ich nie wieder schlafen«. Jetzt verstehe ich, was er gemeint hat. Tatsächlich werde ich noch Monate nach meiner Reise von brennenden und abgeholzten Wäldern träumen. »Wie hältst du das nur aus?«, frage ich Udin, der betrübt in die Ferne schaut. Er zuckt mit den Achseln und sagt, das dürfe er sich gar nicht fragen. »Wir müssen ja weiter um unseren Wald, um jeden Baum kämpfen, das ist unsere einzige Chance.«

Gelegentlich fahren wir durch Dörfer. Vor vielen Hütten stehen Ölpalmensetzlinge. »Das ist eine ganz neue Strategie der Palmölfirmen«, sagt Udin: Bauern, die noch Land besitzen, kostenlos Ölpalmen vor die Tür zu stellen, damit sie diese auf ihrem Acker anpflanzen. Ein perfider Plan. »Dann roden die Bauern dafür freiwillig ihr Land – und wenn sie nicht zurechtkommen, weil sie keine Ahnung vom Palmölanbau haben, weil sie keine Möglichkeit haben, die Früchte schnell zu einer Mühle zu bringen oder weil sie längst verschuldet sind, weil es mindestens drei Jahre dauert, bis die Palmen Früchte tragen, – dann kommt die Firma und kauft ihnen das Land günstig ab.«

In manchen Gegenden sieht man bunte Lichterketten an provisorischen Hütten: Bordelle. Die Ausbreitung von Palmöl hat nicht nur eine Menge Menschen in Armut gestürzt, sondern gleichzeitig Wanderarbeiter aus ganz Südostasien angelockt. Tagelöhner, die über Monate, manchmal auf Jahre hinaus ihre Familien nicht mehr sehen. Unter diesen Verhältnissen gedeihen nicht nur Ölpalmen, sondern auch Zuhälterei und Prostitution.

Endlich verändert sich die Landschaft. Hügel werden zu Bergen und sind jetzt immer dichter bewaldet. Die Ölpalmenplantagen werden immer kleiner und weniger und verschwinden dann ganz. Stattdessen wächst Reis in den Tälern; umgeben von Bäumen leuchten die Felder golden.

Immer ursprünglicher wird die Tropenlandschaft, und atemberaubend schön. Es ist, als würde gerade jemand das Band mit dem Horrorfilm zurückspulen, den ich mir in den letzten Tagen ansehen musste. Als wäre alles wieder gut. Ich zögere lange mit der Frage, die sich umso mehr aufdrängt, je länger wir durch den Regenwald fahren. »Udin, sag, hat das früher überall so ausgesehen?« »Ja«, sagt Udin, »so hat es ausgesehen, bevor das Palmöl kam.«

Die Asphaltstraße endet, wir fahren weiter auf einem groben und steinigen Weg bergan in den Wald. Vor einer schmalen Brücke aus Bambus, die über einen Bergfluss führt, lassen wir das Auto stehen. Der Fluss plätschert aus dem Urwald heraus, alte Bäume neigen sich über klares Wasser und überdachen es mit ihren Baumkronen. Jenseits der Brücke sind die ersten Hütten von Sekombulan zu sehen. Eine feste rote Lehmpiste führt in das Regenwalddorf. Wir laufen vorbei an Holzhäusern ohne steinernes Fundament, traditionell gebaut auf Stelzen. Es ist später Nachmittag, und einige Dorfbewohner sitzen schon auf den Gartenstühlen ihrer Verandas und erholen sich vom Tagwerk. Andere ernten für das Abendessen in üppigen Gärten, wo Kräuter, Gemüse, Bananen-, Mango-, Guaven- und Durianbäume wachsen. Sogar Kokospalmen ragen in den Himmel – eine wichtige Eiweißquelle, die wegen des ubiquitären Palmöls in Indonesien fast versiegt ist. Hühner und Gänse wackeln über den Weg, kleine Schweine laufen grunzend über den Waldboden zwischen den Hütten, mitten auf der Straße säugt eine Hündin ihr Junges. Zwei Jugendliche auf dem Motorrad weichen ihr schwungvoll aus.

Brutus, der Dorfchef, trägt das blau-weiß-rote T-Shirt mit dem Aufdruck »Save our Borneo«, das Udin ihm mitgebracht hat. Er freut sich, weil es gut zu seiner blau-roten Sporthose passt. Brutus führt uns durch sein Dorf und zeigt uns Holzhäuser, deren Entstehungszeit sie bei uns zu begehrtem Altbau machen würde, denn sie sind zum Teil schon zweihundert Jahre und älter. Sogar echte historische Langhäuser gibt es hier noch. Eine Seltenheit, gerade in Indonesien; sorgfältig werden sie deshalb von den Dorfbewohnern immer wieder renoviert. Knapp 800 Menschen leben in Sekombulan, gemeinsam bewirtschaften sie 600 Quadratkilometer Wald.

»Wir haben Fruchtbäume, Gemüsegärten, Schweine und Geflügel. In unserem Waldgarten sammeln wir Honig, Wildkräuter, Medizinpflanzen, Kautschuk und Rattan. Das verkaufen wir auf lokalen Märkten«, sagt Brutus. »Wir haben alles hier, außer einem Supermarkt.« Der 35-Jährige grinst und macht eine kleine dramaturgische Pause: »Den brauchen wir nämlich nicht. Der Wald gibt uns alles, was wir brauchen.«

Die Gemeinde lebt seit Generationen frei und selbstbestimmt in und von einem intakten Wald, durch den wir jetzt schlendern. Es gibt Schulen im Dorf, am Straßenrand stehen Motorräder und auch ein Lkw. An manche Hüttenwand ist eine Satellitenschüssel geschraubt. Fast jeder hat ein Handy. Das Einzige, was fehlt, sagt Brutus, sei eine ordentliche Stromversorgung. Viele nutzen Diesel-Generatoren. Aber Brutus ist zuversichtlich, dass es eines Tages gelingen wird, ein Mini-Wasserkraftwerk zu bauen. Neben uns rauscht der Bergfluss, der das Dorf mit Trinkwasser versorgt und sich in vielen Mäandern um die Hütten schlängelt. Ich atme die feuchte Kühle ein, der würzige Geruch nach Wald und satter Erde mischt sich mit dem schweren Duft von Ylang-Ylang-Blüten. Zwischen den Bäumen scharren Hühner. Der feine Gesang der ursprünglichen Waldvögel ist die Hintergrundmusik für die lauten Solos ungezählter Tropenvögel. Wie Streicher stimmen langsam die Zikaden in das pompöse Urwaldkonzert ein, aus der Ferne hört man das ansteigende Rufen von Gibbons. Brutus' Kinder und ihre Freunde, die uns kichernd gefolgt sind, ziehen ihre T-Shirts aus, streifen die Schuhe ab und springen laut kreischend in den Fluss. Zwei Buben machen Handstand im Wasser. Es ist auch dieser glücklichen geografischen Lage geschuldet, dass dieses Dorf noch unbehelligt geblieben ist. Auf einem Berg gelegen und von einem Fluss umrundet, ist es nicht gerade die beste Lage für Palmölplantagen. Was nicht bedeutet, dass es keine Begehrlichkeiten gibt: »Erst vor zwei Tagen waren Leute im Dorf, die einen Platz für Palmölplantagen gesucht haben«, erzählt Brutus, »aber wir haben sie sofort weggeschickt. Niemand will hier Palmöl haben.« Brutus weiß nur zu gut, was der Palmölanbau anrichten kann. »Andere Dörfer haben uns gewarnt«, sagt er. »Dort haben die Palmölfirmen den Leuten alles Mögliche versprochen und ihnen dann doch einfach nur den Wald weggenommen. Das hat das Leben dieser Menschen ruiniert. Das darf uns nicht passieren.«

Die nächstgelegene Palmölplantage ist zwar 15 Kilometer entfernt und liegt in Westkalimantan. Doch Brutus macht sich trotzdem Sorgen um die Zukunft seines Dorfes. Er hat Angst, dass diese Plantagen das Wasser vergiften könnten. Außerdem sind es nicht nur die Palmölplantagen, die die Menschen und Wälder unter Druck setzen, sondern auch die Papier- und Zellstofffirmen, die aus Richtung Westkalimantan immer näher rücken. Und wo Papierfirmen gewütet haben, da wachsen irgendwann Ölpalmen.

Wir gehen weiter, bis Brutus vor einem mächtigen alten Baum stehenbleibt. Er sieht märchenhaft aus: Luftwurzeln ranken sich so um ihn, dass der Eindruck entsteht, er sei aus tausend dünnen Stämmen gedrechselt. Er ist einer der heiligen Bäume des Waldes und auch auf der Karte eingezeichnet, die uns Brutus zeigt. Die Dorfbewohner kartographieren gerade zusammen mit Landvermessern ihr Gebiet, um gewappnet zu sein, sollte ihnen jemand den Wald streitig machen wollen.

Ich bliebe gerne noch an diesem wunderbaren Ort, aber wir müssen zurück. Es hat gutgetan, dieses Dorf zu sehen, und doch ist es gleichzeitig furchtbar traurig. Vor zwanzig, dreißig Jahren noch haben alle Dayak auf Borneo so gelebt. Die allermeisten haben inzwischen ihr Paradies für immer verloren.

Als wir zurückfahren, dämmert es. Der tiefgrüne, fast schwarze Bergregenwald setzt sich dramatisch vom roten Abendhimmel ab. Wenigstens müssen wir heute keine Palmölplantage mehr sehen. Als wir sie erreichen, ist es zum Glück schon stockfinster.

Denn die einen sind im Dunkeln
und die andern sind im Licht
und man siehet die im Lichte
die im Dunkeln sieht man nicht.

Bertolt Brecht, *Dreigroschenoper*

II. SKLAVEN DER WELTRETTUNG

Wie Erntearbeiterinnen und -arbeiter im grünen Kapitalismus ausgebeutet werden

1. Das koloniale Erbe des Runden Tischs für nachhaltiges Palmöl

Man kommt nicht so ohne Weiteres in die Plantagen hinein. Wachposten sichern den Zugang an Schranken und Metalltoren. Hier wüsste Matius* einen Schleichweg, doch wir wählen den Haupteingang. »Du musst den ganzen Hokuspokus sehen«, findet Herwin, und so halten wir am blau getünchten Rolltor der Plantage von PT Rimba Mujur Mahkota. Ein Wachmann kommt ans Autofenster, sein Blick bleibt sofort an mir hängen. Was hat eine weiße Frau ohne Anmeldung auf einer Plantage zu suchen? Matius verwickelt den Wachmann in ein Gespräch, sie schwatzen und lachen, und schließlich geht das Tor auf. Der Wachmann winkt uns hinterher. »Wie hast du das jetzt geschafft?«, frage ich verblüfft. Matius: »Ich habe ihm gesagt, dass du eine Freundin von uns bist, die hier Urlaub macht und der ich versprochen

---

* Name geändert

habe, mein Land in der Plantage zu zeigen.« – »Und das hat er wirklich geglaubt?« Matius grinst und zuckt mit den Achseln. Ich bin in Nordsumatra, der Wiege des Palmölwahnsinns. Hier ließ die niederländische Kolonialmacht bereits 1911 die ersten Ölpalmen anpflanzen. Nachdem die holländischen Kolonialherren die Ölpalme aus Afrika eingeführt hatten, dehnten sie hier die Plantagen auf eine Fläche von der Größe Teneriffas aus.[150] Heute sind zwei Drittel der Insel Sumatra mit Palmölmonokulturen bedeckt. Doch längst handelt es sich beim »Palmölindustriellen Komplex«, wie ihn Oliver Pye vom Institut für Südostasienwissenschaften in Bonn bezeichnet, nicht mehr um das klassisch koloniale Modell: Es sind keine transnationalen Konzerne mit Sitz im reichen Norden, die Indonesien ihre Agenda aufzwingen. Das Palmölgeschäft wird heute vor Ort abgewickelt: von Industriekonglomeraten aus Malaysia und Singapur und wenigen indonesischen Konzernen. Unterstützt mit Staatskapital, agieren diese Firmen vor allem in Indonesien. Europäische und US-amerikanische Unternehmen und Regierungen sind nicht mehr Gebieter, nur noch Kunden.[151] Eines jedoch ist seit der Kolonialzeit unverändert: Millionen Tagelöhner werden entrechtet, unterdrückt und ausgebeutet. Sie schuften auf den Plantagen genauso wie einst die *Koelies*[152] unter ihren niederländischen Herrschern. Manches ist, man kann es sich fast nicht vorstellen, sogar noch schlimmer geworden: denn obwohl das Pflanzenöl sehr viel Geld ins Land spült, sind die Löhne der Palmölarbeiter im Vergleich zur Kolonialzeit sogar noch gesunken.[153]

Doch das Schicksal der fünf Millionen Plantagenarbeiterinnen und -arbeiter[154] findet vergleichsweise wenig internationale Aufmerksamkeit. Natürlich: Brennende Wälder und die traurigen Augen der Orang-Utans sind für Kampagnen wirkmächtige Bilder, die keiner erklärenden Worte mehr bedürfen. Viele Indigene, vor allem jene, die von NGOs in ihrem Kampf für ihr Land und ihre Rechte unterstützt werden, haben sich durch ihren Widerstand ebenfalls mediale Aufmerksamkeit erkämpft. Die Palmölsklaven aber leiden unsichtbar und leise. Ihr Elend ist tief in den Plantagen verborgen.

Genau dorthin begleite ich Herwin Nasution. Er leitet die indonesische Organisation Oppuk.[155] Das ist ein Begriff aus der Stammessprache der Indigenen in Mandailing. Er steht für ein Gesellschaftssystem, das die Lebensgrundlage der Menschen und ihr Verhältnis zur Natur bewahrt. Herwin setzt sich schon seit mehr als 20 Jahren für die Rechte von Arbeiterinnen und Arbeitern ein. Hier in Mandailing Natal unterstützt er mit Matius die Palmölarbeiter dabei, sich in Gewerkschaften zu organisieren. Zum Beispiel jene, die für PT Rimba Mujur Mahkota arbeiten. Darum ist Herwin, der mit seiner Familie eigentlich in der Provinzhauptstadt Medan an der Ostküste Nordsumatras lebt, extra an die Westküste gezogen.

Am sehr frühen Morgen sind wir in Sibolga aufgebrochen, Herwin, Matius, Renata Sandhi und ich, um nach Mandailing Natal zu fahren. Der Weg, der von Sibolga in den Süden führt, liegt am Rande des Nationalparks Batang Gadis mit seinen Vulkanen und Bergregenwäldern. Wir fahren über einen Bergpass, und nach jeder Kurve zeigt sich uns ein neues spektakuläres Panorama. Im Norden verbindet sich der Batang Gadis mit dem Nationalpark Gunung Leuser, dem größten Schutzgebiet in Indonesien, in dem die meisten Sumatra-Tiger, -Orang-Utans und -Nashörner leben. »Genieß es jetzt«, sagt Herwin trocken, »in zehn Jahren wird das alles ganz anders aussehen.«

Zwischen Sibolga und Batang Toru sieht man von Weitem einen Berg, der aussieht, als hätte jemand den Gipfel abgesäbelt.

Und wirklich: Er wird nach und nach abgetragen, durch Martabe, die größte Gold- und Silbermine der Welt. Sie gehört G-Resources, einer Firma aus Hongkong. Wie überall im Land, verdrängen auch auf Sumatra Minen und Palmölplantagen den Regenwald: G-Resources besitzt Konzessionen auf 1639 Quadratkilometern, die sich sogar in den Nationalpark hinein ausdehnen.[156] 7,5 Tonnen Gold holt die Firma jedes Jahr aus dem Berg. Am winzigen Flughafen in der malerischen Bucht von Sibolga stehen deshalb Dutzende schwer bewaffnete Soldaten, um die Goldkisten zu bewachen, die von hier in alle Welt verschickt werden. »Es gibt so viel Gold hier, aber kein Geld für eine ordentliche Straße.« Herwin flucht; wir rollen schon wieder im Schritttempo über ein kratergroßes Schlagloch.

Immer wieder stoßen wir auf improvisierte Straßensperren aus drei, vier Autoreifen oder Holzbrettern auf Eimern. Daneben stehen Männer und Kinder und versuchen, »Wegzölle« zu kassieren. Diese »Zöllner« wirken nicht bedrohlich, sondern verzweifelt; man kann ihre Angst sehen. Einige Wagenlenker, die vor uns fahren, hupen und scheuchen die Bettler von der Straße. Die räumen schnell die Barrikaden beiseite und bringen sich in Sicherheit. Herwin nimmt den Fuß vom Gas, wir geben jedem etwas.

Natürlich schmückt sich auch G-Resources mit hehren Öko- und Sozialprojekten, zum Beispiel mit einem »Lese-Garten« für Schüler und Care-Paketen für mangelernährte Kinder.[157] Dabei ist es das Gold, das die Menschen der Gegend arm und hungrig gemacht hat: Der Fluss und die Felder sind vergiftet, deshalb werden die Ernten immer schlechter. Also verkaufen die Bauern das Land, mit dem sie nichts mehr verdienen können. Irgendwann sind sie so mittellos, dass sich die ganze Familie als Tagelöhner in den Palmölplantagen verdingen muss.

Die Firma PT Rimba Mujur Mahkota, in deren Plantage wir gerade hineingelassen wurden, ist seit 2012 Mitglied des Runden Tischs für nachhaltiges Palmöl. Als wir die Plantage im Juni 2014 besuchen, befindet sich das Unternehmen gerade in der Zertifizierungsphase. Es soll das begehrte Siegel für nachhaltiges Palmöl erhalten, mit dem es sein Fett noch besser nach Europa verkaufen kann. PT Rimba Mujur Mahkota hat eine »Vision« – nämlich »eine optimale Produktion zu erreichen und Arbeitsplätze zu schaffen, die den Lebensstandard der Arbeiter und der umliegenden Gemeinden verbessern«.[158]

Am Eingang der Plantage wird gerade ein halbes Dutzend neuer Häuser aus Beton gebaut. Die fertigen Gebäude dahinter sind strahlend weiß getüncht, die Dächer und Fensterrahmen setzen sich leuchtend cyanblau davon ab. Hinter den Fensterscheiben sind helle Vorhänge zugezogen, an den Mauern sind Klimaanlagen befestigt. Vorgärten sind mit Bäumchen und bunten Blumen bepflanzt, vor manchen Häusern steht sogar ein Auto. Es wirkt wie eine sehr aufgeräumte amerikanische Vorstadtsiedlung der Mittelklasse. Ist es möglich, dass der Runde Tisch für nachhaltiges Palmöl hier tatsächlich Gutes bewirkt? Am Wegesrand reihen sich nagelneue Schilder aneinander. Eines weist mit Piktogrammen darauf hin, dass die Arbeiter Schutzkleidung, Ohrenschützer, Helm und Atemschutzmasken tragen müssen. Auf einem anderen zeigt ein Plastikpfeil die Gefahr für Waldbrände an. Heute: keine. Der Pfeil steht auf Grün. Am Rand der Palmenreihen sind an langen Stangen grüne Eimer angebracht – laut Hinweis auf dem Schild wird hier ökologische Schädlingsbekämpfung betrieben. Nicht weit von der Wohnsiedlung entfernt fahren wir über eine kleine Anhöhe. Darauf ist eine Art Picknick-Platz. »Regenhütte«, steht an dem hölzernen Dach über dem Tisch mit den zwei Bänken. Der Platz sieht neu und gepflegt aus, Zierpflanzen wachsen in einem kleinen, von Steinen umrundeten Beet. Ich bin verwirrt. »Herwin, wieso sieht das hier so picobello aus?« – »Ja, ja, ganz toll sieht das aus hier«, sagt er und kichert rasselnd. Er hört ein bisschen so an, wie ein in die Jahre gekommener Ernie aus der Sesamstraße. Als wir in die Plantage hineinfahren, sind bald keine Schilder und Hütten mehr zu sehen, nur noch öde Ölpalmen. Ein Motorrad kommt uns entgegen. Hinter dem Fahrer sitzt ein Kind, vielleicht elf, höchstens zwölf Jahre alt. Es trägt eine lange Metallstange auf der Schulter, an deren Spitze eine große gebogene Klinge in einem gelben Plastikschutz steckt. Mit dieser Sichel schneiden die Erntearbeiter die Fruchtstände von Palmen, die bis zu zwölf Meter hoch sind. Eine gefährliche, mühsame Arbeit: Oft verletzen sich Arbeiter, wenn die bis zu 50 Kilo schweren Früchte herunterfallen. Was hat das Kind hier zu suchen? Und warum trägt es das gefährliche Erntewerkzeug?

Wir sind schon sehr tief in die Plantage hineingefahren, als ein breiter Weg zu einer langen Reihe niedriger Holzbaracken führt. Hier parken keine Autos, und es gibt auch keine Vorgärten, in denen bunte Blumen wachsen. Stattdessen stehen eine Kiste im roten Straßenstaub, in der stinkende tote Fische in der Sonne trocknen, und ein Korb mit schmutzigem Reis, auf dem Fliegen sitzen. Die Türen führen in winzige, düstere Zimmer, wo zwischen spärlichem Mobiliar Matratzen und Decken auf dem Boden liegen. In diesen Räumen wohnen ganze Familien. In der Plantage von PT Rimba Mujur Mahkota leben mehr als 700 Menschen unter diesen elenden Bedingungen.

»Komm«, sagt Herwin und lotst mich durch den schmalen Durchgang hinter die Baracken. Die Rückseite des Elends raubt mir buchstäblich den Atem: Es stinkt bestialisch. Leere Konservendosen, Kanister, Plastikflaschen, Fetzen verblichener Folie, Glasscherben – der Boden ist übersät von Müll, auf dem ein Dutzend Kinder barfuß herumrennt. Der infernalische Gestank rührt von einem breiten Streifen Matsch her, über den Holzbretter als Stege gelegt und Schnüre gespannt sind, an denen Wäsche zum Trocknen hängt. Es ist eine große, offene Kloake, die da an der Rückwand der Baracken verläuft. Die Menschen hier haben nicht einmal ein Plumpsklo, geschweige denn Wasserspülung und auch kein fließendes Wasser.

Weil der nächste Brunnen mit Trinkwasser weit weg ist, benutzen viele das Flusswasser zum Waschen. Der träge braune Fluss verläuft parallel zum Scheißekanal. Wir gehen vor ans Ufer, wo der Pfad endet. Auf einem Schild steht in großen roten Lettern »Harap hati-hati awas!!! Ada Buaya«. Eine Warnung vor Krokodilen.

»Das Schild ist neu, und es kommt ein bisschen spät«, bemerkt Herwin. Denn an dieser Stelle des Ufers sind vor einer Woche zwei Frauen von einem Krokodil getötet worden. Sie hatten sich im Fluss gewaschen. Das Unglück ereignete sich am helllichten Tag und vor den Augen der Kinder. Herwin erzählt, dass die Männer, die hier leben, das Tier gejagt, getötet und die Überreste der Frauen aus dessen Bauch geschnitten hätten. Herwin sucht in seinem Handy. »Hier, das Video. Willst du es sehen?«

Auf den einfachen Holzbänken vor der Hütte sitzen vier Frauen: Sprüherinnen, die Pestizide auf der Plantage ausbringen. Das Gift tötet Unkraut, das an den Palmenstämmen wuchert. Anschließend rupfen die Frauen die verseuchten Pflanzenreste aus. Herwin sagt, hier würde mit Paraquat gearbeitet. Aber die Frauen wissen nicht, welches Gift sie verwenden. Nur dass sie bis zu zwölf Mal pro Tag die Kanister neu auffüllen müssen, die sie auf dem Rücken tragen. Sehr zögerlich antworten sie auf unsere Fragen. »Wir haben oft Ausschlag und Atembeschwerden«, sagt eine, die ihren Namen nicht nennen mag. »Aber wir wissen nicht, ob das wirklich vom Gift kommt«, ergänzt eine andere. Bekommen sie Schutzkleidung von der Firma? Eine Frau geht in die Hütte und holt ein schwarzes Stück Stoff mit Gummiband, das aussieht wie eine Schlafbrille. Sie legt es sich um Mund und Nase. »Wir kriegen einmal im Jahr so eine Maske von der Firma«, sagt sie. »Wenn sie kaputtgeht oder wir sie verlieren, dann müssen wir uns selbst eine neue kaufen.«

Zwischen 45 000 und 57 000 Indonesische Rupiah verdienen sie am Tag, das sind umgerechnet zwischen drei und vier Euro.

Wir haben kaum mit unserem Interview begonnen, da bremst ein Motorrad vor der Baracke. Ein Mann steigt ab und verhandelt mit Matius. »Verdammt«, flüstert Herwin und bedeutet mir, mein Notizbuch in die Tasche zu stecken. Wir setzen uns mit dem Mann an einen Tisch, Herwin und Matius versuchen Smalltalk zu machen. Bemüht, das höre ich auch ohne Sprachkenntnisse heraus. Schließlich steht Herwin auf und verabschiedet sich förmlich. »Wir hauen ab«, flüstert Herwin, »der ist von der Security.« Dachte ich mir doch, dass der Wachmann am Eingang die Geschichte von meinem schönen Urlaubstag in der Palmölplantage nicht geglaubt hat. Kein Wunder, dass die Frauen so verängstigt sind: Wer hier aufmuckt, kann schnell seinen Job verlieren.

Auf dem Rückweg fahren wir an der Krankenstation vorbei. Eine winzige Hütte, die sich mit einem Schild brüstet, auf dem »Poliklinik« steht. Es gibt aber nur eine Krankenschwester und eine Hebamme. Es ist vier Uhr nachmittags, und die Station ist geschlossen. Mindestens eine Stunde müssen die Menschen, die in den Arbeiterslums leben, zu Fuß hierherlaufen. Herwin erzählt, in anderen Plantagen seien Arbeiterinnen, bei denen es während der Geburt Komplikationen gegeben hätte, auf dem Weg zu so einer entfernten Krankenstation gestorben.

Wenn Palmölarbeiter auf der untersten Stufe der Wertschöpfungshierarchie stehen, dann sitzen die Arbeiterinnen im Keller. Ihre Arbeit beginnt morgens um vier und endet spätnachts. Sie haben drei Fulltime-Jobs: Sprüherin, Erntehelferin und Hausfrau. Bis zu 90 Liter Gift bringen die Frauen täglich auf den Plantagen aus. Der Umgang mit Pestiziden führt zu Hautkrankheiten und Vergiftungen, in manchen Fällen sogar zur Erblindung. Weil die Frauen keinen Anspruch auf Mutterschaftsurlaub oder gar Mutterschutz haben, arbeiten sie oft bis zur Geburt. Fehlgeburten und Missbildungen können die Folge sein.

Das Gift tötet fast alles, was auf den Plantagen kreucht und fleucht. Nur Mäuse und Ratten überleben – was wiederum Kobras anlockt. Schlangenbisse sind auf Palmölplantagen keine Seltenheit. Ganz zu schweigen von Hunger und Mangelernährung, unter denen die Menschen leiden, weil sie sich trotz harter und gefährlicher Arbeit nicht genug Essen leisten können. Diese ausweglose Situation vererbt sich direkt auf die nächste Generation: Kinder besuchen meist nur die Grundschule, alles andere wäre für ihre Eltern unerschwinglich. Abgesehen davon, dass weiterführende Schulen viel zu weit weg sind und außerhalb der Plantagen liegen. So bleibt den Töchtern und Söhnen später nichts anderes übrig, als sich ebenfalls auf den Plantagen zu verdingen.

In Nordsumatra gibt es Familien, die seit Generationen auf den Plantagen arbeiten – seit der Kolonialzeit.

PT Rimba Mujur Mahkota ist nicht das einzige Mitglied des Runden Tischs für nachhaltiges Palmöl, auf dessen Plantagen

Zustände herrschen, die fast schlimmer sind, als sie es im 19. Jahrhundert waren. Im November 2013 legte die NGO Sawit Watch! gemeinsam mit dem International Labour Rights Forum die Studie »Empty Assurances« vor. Dafür wurden drei Plantagen untersucht, die das RSPO-Siegel für nachhaltiges Palmöl besitzen und seit Gründungszeiten RSPO-Mitglied sind. Das Team stieß auf miserable Arbeitsbedingungen, erbärmlich niedrige Löhne, Menschenhandel, Zwangsarbeit, schwere Ausbeutung von Tagelöhnern und gefährliche Kinderarbeit.[159] Alle untersuchten Firmen verstießen dabei nicht nur gegen die Regeln des Runden Tischs für nachhaltiges Palmöl, sondern auch gegen Gesetze. Konsequenzen hatte das für die Firmen: keine.

»Auf die Einhaltung der Bestimmungen zum Schutz der Kontraktarbeiter wird streng geachtet werden.« Ein Satz, der in den Prinzipien des Runden Tischs stehen könnte, ja eigentlich in jedem Verhaltenskodex jedes x-beliebigen Konzerns. Tatsächlich aber ist er mehr als hundert Jahre alt und stammt aus der Thronrede von Königin Wilhelmina der Niederlande.[160] Er war Teil der »ethischen Politik«, die Den Haag während der Kolonialherrschaft in Indonesien proklamierte. Heute kann man ihn als zynisch empfinden, schließlich herrscht in der westlichen Welt weitgehend Einigkeit darüber, dass die Ausbeutungsverhältnisse auf den Plantagen der Kolonialzeit katastrophal und inakzeptabel waren. Doch bis heute haben sich die Verhältnisse nicht zum Besseren geändert. Königin Wilhelmina hat gewissermaßen nur den Staffelstab an den Runden Tisch für nachhaltiges Palmöl weitergereicht, der sein grünes Deckmäntelchen selbst über schlimmste Menschenrechtsverletzungen breitet.

2. Gefälligkeitsgutachten vom TÜV?

Bevor wir die Plantage verlassen, macht Matius noch einen Umweg. Mir ist es ein Rätsel, wie er sich in diesem Palmenlabyrinth orientieren kann. Doch jetzt sehen wir einen hohen schmalen Schornstein, der dicke Schwaden pechschwarzen Rauch ausstößt. Er gehört zur Palmölmühle, an der wir vorbeifahren. Hinter der Mühle ist ein randvolles großes Bassin, in das sich aus einem Rohr unablässige rotbraune Flüssigkeit ergießt. Auf der Oberfläche hat sich dicker, dunkelbrauner Schmodder abgesetzt; es stinkt furchtbar. Hier lagert die Mühle, in der die Palmfrüchte zu Öl gemahlen werden, ihr Abwasser. Eine höchst umweltschädliche Angelegenheit: Aus solchen Teichen entweichen große Mengen Methan in die Luft. Methan ist 25 Mal klimaschädlicher als Kohlendioxid. Mit jeder Tonne Palmöl fallen drei bis vier Kubikmeter belastetes Abwasser an und mehr als 40 Kubikmeter Methan.

Auf dem Weg zum Haupteingang passieren wir wieder den hübschen überdachten Picknickplatz. Unbenutzt, weil die Arbeiter kaum etwas zum Picknicken haben, und weil er weit weg von den Arbeiterslums liegt. Dieser »Hokuspokus«, wie Herwin die kosmetischen Aktionen des RSPO-Siegelanwärters am Morgen genannt hat, wirkt wie eine Verhöhnung der Arbeiterinnen und Arbeiter, die jeden Tag ein verborgenes Leben in Dreck, Gift und Hunger führen. Aber Kontrolleuren und Auditoren, die sich nicht allzu weit in die Plantagen hineinbewegen, gefällt so eine Inszenierung sicher sehr gut. Als wir die Plantage durch den Haupteingang verlassen, vorbei an den schönen Häusern, sagt Herwin: »Hier wohnen die Ingenieure und Techniker. Du hast nicht ernsthaft gedacht, dass hier die Arbeiter leben, oder?« Nein, natürlich nicht.

Vor dem Haus des Dorfchefs von Sikara-Kara 3 steht eine große hölzerne Tafel, weiß gestrichen, mit blauem Dach, wie die Häuser in der Plantage. »Bekanntmachung« ist darauf gepinselt, sechs DIN-A-4-große laminierte Zettel hängen dort, auf allen prangt rechts oben die Aufschrift »TÜV Rheinland«. Sikara-Kara 3 liegt neben der Plantage von PT Rimba Mujur Mahkota, die von der malaysischen Niederlassung des TÜV Rheinland gerade geprüft wird, ob sie alle Bedingungen erfüllt, um das RSPO-Siegel für nachhaltiges Palmöl erhalten zu können.

Das steht mehr oder weniger auf den Zetteln der großen Anzeigentafel, die die Firma im Garten des Dorfchefs aufgestellt hat. Aber lesen kann das von der Straße aus kein Mensch. Man muss erst den Hügel zum Haus hinauf steigen und sich mitten in das Gebüsch hinein stellen, hinter dem die Tafel steht. Selbst dann braucht man noch eine Leiter, denn der Holzpfosten, an den die Tafel angebracht ist, ist mindestens zwei Meter hoch. Ich stehe mitten im Gestrüpp und erkenne, dass da die acht Prinzipien des RSPO stehen und irgendwelche Hektar-Zahlen.

»Mit TÜV Rheinland als Partner für RSPO- und Lieferketten-Zertifizierung erreichen Sie national und international einen besseren Marktzugang, verbessern Sie Ihr Firmen-Image und Ihre Reputation, versichern Sie, dass Ihre Organisation Verantwortung für die Umwelt ernst nimmt und Projekte für die Bewahrung natürlicher Ressourcen und Biodiversität umsetzt.«[161] So wirbt der TÜV Rheinland für seine Dienstleistung. Er ist eines von 22 Prüfunternehmen, das der Runde Tisch für nachhaltiges Palmöl für die Zertifizierung zulässt. Seit 2009 hat der TÜV Rheinland 24 Palmölplantagen und sechs Palmöl verarbeitenden Unternehmen ein RSPO-Siegel ausgestellt. Er wird nicht vom Runden Tisch für nachhaltiges Palmöl beauftragt und bezahlt, sondern von dem Unternehmen, das zertifiziert werden will. Der TÜV Rheinland ist, anders als es sein Image nahelegt, das eher das einer Behörde ist, eine private Aktiengesellschaft und dementsprechend profitorientiert. Das Unternehmen weist einen Umsatz von 1,6 Milliarden Euro jährlich aus. Mehr als die Hälfte davon macht die technische Prüforganisation außerhalb Deutschlands. »Wir klären Fragen wie: Wurde Primärwald gerodet, um die Plantage zu errichten, oder werden natürliche Ressourcen bewahrt? Wie steht es um die Arbeitsbedingungen: Werden Mindestlöhne gezahlt oder werden Kinder zur Arbeit herangezogen?« Das erzählt eine Auditorin in der Titelgeschichte »Audits im Dschungel« in *Kontakt,* der Kundenzeitschrift des TÜV Rheinland.[162] »Ziel der Audits ist es, grundlegende Sozialstandards in der globalen Lieferkette bei der Fertigung von Waren sicherzustellen und deren Einhaltung zu überwachen«, heißt es auf der TÜV-Homepage.[163] Wenn das wahr wäre, dürfte PT Rimba Mujur Mahkota kein Siegel bekommen, so verheerend wie die Arbeits- und Lebensbedingungen dort sind. Und auch viele andere Unternehmen, die vom TÜV Rheinland zertifiziert wurden, hätten keines erhalten dürfen. Zum Beispiel nicht die Wilmar-Töchter PT Kerry Sawit und PT Mustika Sembuluh. Beiden hat »Save our Borneo« nachgewiesen, illegal abgeholzt zu haben. Bei PT Kerry Sawit hatte Sawit Watch! sogar Menschenhandel und schwere Ausbeutung entdeckt.[164] Dennoch hat der TÜV Rheinland beiden das RSPO-Siegel für nachhaltiges Palmöl ausgestellt. PT Mustika Sembuluh bekam es sogar, ohne dass TÜV Rheinland mit den betroffenen Gemeindemitgliedern gesprochen hatte.[165]

Die Audits des TÜV, die in der Regel fünf Tage dauern, werden lange zuvor öffentlich angekündigt. Die Inspektion der Plantage von PT Rimba Mujur Mahkota war bereits seit Anfang Mai avisiert, begann aber erst Mitte Juni.[166] Unternehmen haben also alle Zeit der Welt, ihre Plantage aufzuhübschen und Arbeiter einzuschüchtern, nichts Falsches zu sagen. Das heißt: Falls die Arbeiter überhaupt gefragt werden. Viele NGOs vermuten, dass Auditoren lediglich Dokumente prüfen, die ihnen von Seiten der Firma vorgelegt werden. Dem TÜV-Rheinland werden von NGOs schon lange Interessenskonflikte und Gefälligkeitsgutachten vorgeworfen. [167]

Besonders heftigen Anwürfen sah sich der TÜV Rheinland ausgesetzt, als die ARD-Polit-Sendung *Monitor* herausfand, dass der TÜV Rheinland auch eine Fabrik in Rana Plaza inspiziert und freigegeben hatte.[168] Zwei Jahre, nachdem der TÜV Rheinland die Fabrik zertifiziert hatte, stürzte das Gebäude in der bangladeschischen Hauptstadt Dhaka ein. Mehr als tausend Menschen starben bei dieser Katastrophe.

Die Kampagne Saubere Kleidung und die Christliche Initiative Romero warfen dem TÜV Rheinland vor, nichts unternommen zu haben, obwohl die Baumängel schon damals offensichtlich und die Fabriken überfüllt gewesen seien. Darüber hinaus hatten Arbeiterinnen von Überstunden berichtet, Schlägen und davon, dass sie von den Chefs dazu genötigt worden seien, nichts Schlechtes über ihre Arbeitgeber zu erzählen, andernfalls sie gekündigt würden. Der TÜV Rheinland bestritt alle Vorwürfe: Es habe sich um Sozialaudits gehandelt, mögliche bauliche Mängel des Gebäudes seien nicht Gegenstand der Untersuchung gewesen.[169] Der TÜV verfügte sogar eine Unterlassungserklärung gegen die Christliche Initiative Romero. Deren Anwalt aber konnte bestätigten, dass die Richtlinien des Auftraggebers vorschrieben, Gebäudesicherheit und Baugenehmigungen zu prüfen.[170]

Ein Motorrad hält an, und die zwei Männer, die darauf sitzen, lachen sehr über den seltsamen Anblick, den ich biete, als ich im Gestrüpp stehe. Der Dorfchef ist nicht zuhause. Aber einer der beiden Männer, Teguh,* will mit uns sprechen. Wir gehen in die Teestube ein paar Häuser weiter. 800 Menschen leben in Sikara-Kara 3. »Es sind jetzt ständig Leute bei uns im Dorf, aber sie erklären nichts. Sie haben nur dieses Schild aufgestellt«, sagt Teguh, er habe keine Ahnung, was der RSPO sei, niemand wisse das. »Es ist das Gleiche wie damals mit der Mühle: Niemand von uns wusste, dass sie eine bauen, wir haben davon erst erfahren, als sie da schon stand. Seitdem haben wir schlechte Luft und Moskitos. Dauernd hängt Staub in der Luft von den Lkws, und die Straßen sind kaputt«, schimpft er. Aber kaum einer habe Arbeit auf der Plantage bekommen. Dabei gäbe es viele gut ausgebildete Leute im Dorf, manche hätten studiert. »Wir haben uns immer wieder beworben, aber für die guten Jobs holen sie lieber ihre Leute aus Medan.« In Medan, der Provinzhauptstadt von Nordsumatra, ist auch der Firmensitz PT Rimba Mujur Mahkota.

PT Rimba Mujur Mahkota will nicht nur ein Siegel für nachhaltiges Palmöl, sondern auch seine Plantagen erweitern. Das Problem ist nur: Die zusätzlichen zehn Quadratkilometer Plantage sollen auf Land wachsen, das die Dorfbewohner für sich beanspruchen. »Das ist unser Land«, sagt Teguh und redet sich in Rage, »eigentlich gehört auch das Stück, auf dem die Firma ihren Eingang und ihren Security-Posten gebaut hat, uns.« Er erzählt, die Firma hätte den Leuten aus dem Dorf Geld für ihr Land geboten, aber bisher habe sich niemand auf einen Deal eingelassen. Teguh schweigt einen Moment. Er wirkt ein bisschen

---

* Name geändert

erschrocken über das, was er gerade gesagt hat. »Hört mal«, sagt er, »ich muss aufpassen. Wir wollen wirklich keinen Ärger haben. Aber warum reden die nicht mit uns?«

So steuert also PT Rimba Mujur Mahkota auf einen Landkonflikt zu, während die Firma gleichzeitig durch den Runden Tisch für nachhaltiges Palmöl zertifiziert werden soll. Das ist weniger widersprüchlich als folgerichtig: Wer Palmöl mit RSPO-Siegel verkaufen kann, hat einen besseren Zugang zum europäischen Markt. Und um den großen Palmöldurst der Europäer zu stillen, muss man eben mehr anbauen. Das ist dann »nachhaltiges Wachstum«. Und auch wenn sie illegal rodeten: Es wäre nicht das erste Mal. 2002 fand die indonesische NGO Walhi heraus, dass PT Rimba Mujur Mahkota eine von sechs Firmen war, die hier in Mandailing Natal 3 000 Quadratkilometer Wald illegal abgeholzt und abgebrannt hatte.[171]

Umar* hat sich zu uns gesetzt. Er zündet sich eine Kretek an und erzählt, dass kürzlich fremde Leute vor seiner Türe gestanden hätten, um ihm Zucker, Reis und Öl zu verkaufen. Auf den Päckchen habe der Name der Palmölfirma gestanden. Die hätten sie an hundert Leute im Dorf verkaufen wollen. »Aber die Bedingung war, dass man sich mit den Leuten von der Firma und dem Paket fotografieren lässt. Ich hab sie wieder weggeschickt.«

So etwas kommt also heraus, wenn BWLer mit glänzenden internationalen Abschlüssen in den CSR-Abteilungen ihrer glitzernden Konzernbüros die Köpfe zusammenstecken. Umar lacht. »Was für ein Unsinn! Die haben mir das für 25 000 Rupiah angeboten, im Laden kostet alles zusammen 33 000 Rupiah. Warum verschenken sie das nicht, wenn sie uns unbedingt was Gutes

---

* Name geändert

tun wollen?« – »Wir brauchen solche Almosen nicht«, wettert Teguh, »wir brauchen vernünftige Straßen und eine Karte, auf der unser Land verzeichnet ist.«

Wie undankbar! Dabei will die Firma doch nur hundert schöne Fotos mit lächelnden Gemeindemitgliedern, die von der lieben Firma einen Rabatt von umgerechnet 50 Cent auf Lebensmittelpakete bekommen haben. Die hätte man schön auf die Homepage stellen und im CSR-Bericht veröffentlichen können!

3. Nachwachsende Ressource Armut

In Matius' Holzhaus am Rand der Plantage bringt seine Frau Mita* gerade die Kinder ins Bett, als drei Männer den Raum betreten. Herwin und Matius haben Arbeiter aus der Plantage eingeladen; sie wollen sie für die Gewerkschaft gewinnen. Bakti*, Eddi* und Hanif* sind gekommen. Der vierte, Rio*, hält sich am Türrahmen fest. Er ist der jüngste von allen, doch die anderen Männer müssen ihn stützen. Jetzt sehe ich, dass sein linkes Bein von der Hüfte abwärts weit nach innen verdreht ist. Er stöhnt leise auf, als er sich auf den Boden setzt. »Ich habe starke Schmerzen, jeden Tag«, sagt Rio. Im April hatte der Lagerarbeiter einen Arbeitsunfall. Ein 50 Kilo schwerer Düngersack ist von einem fünf Meter hohen Regal auf ihn gefallen. »Ich war bewusstlos, meine Freunde haben mich in die Krankenstation gebracht. Aber dort habe ich nur Tabletten bekommen«, erinnert er sich. Die Firma weigerte sich, für seinen Arbeitsunfall Verantwortung zu übernehmen. Dabei hätte Rio ohne großen Aufwand geheilt werden können: Er hatte sich schlicht das Hüftgelenk ausgekugelt. Doch weil er sich die Behandlung im Krankenhaus

---

* Name geändert

nicht leisten kann, schleppt er sich seit Monaten mit einem kaputten Bein, das unentwegt schmerzt, durchs Leben. »Ich werde nie heiraten und eine Familie gründen«, sagt verzweifelt der 23-Jährige, der eigentlich sein Leben noch vor sich haben sollte. Jeden Tag lässt ihn die Firma in der Krankenstation antanzen, vor einer Woche aber haben sie ihm nahegelegt, dass er kündigen soll. Arbeiten kann Rio ohnehin nicht mehr, doch wenn er kündigt, ist er auch noch obdachlos: denn bislang lebt er in einer der Baracken, die wir heute gesehen haben. Vier Erwachsene, sechs Kinder auf engstem Raum. Es ist ein Albtraum. Rio hofft, dass Herwin etwas für ihn tun kann. Das ist der Grund, warum er sich seinen Kollegen angeschlossen und hierher geschleppt hat. Auch Bakti hofft das. Seine Mutter ist eine der beiden Frauen, die vom Krokodil getötet wurden. Die Firma habe ihm 50 000 Rupiah für die Beerdigung gegeben. Das sind umgerechnet drei Euro, weniger als ein Tageslohn. Aber Bakti will sich damit nicht zufriedengeben. Er will eine Entschädigung.

Alle Arbeiter, die in der Hütte sitzen, leben in den fürchterlichen Baracken, von denen wir am Nachmittag von der Security verjagt wurden. Ich nutze die Gelegenheit, meine Fragen loszuwerden, die ich den Frauen nachmittags nicht stellen konnte. Die Männer erzählen, dass sie mindestens 2,4 Millionen Rupiah (ca. 165 Euro) im Monat verdienen müssten, um davon leben zu können. Sie bekommen aber nur 1,5 Millionen Rupiah (ca. 103 Euro) – wenn es gut läuft. Aber das ist nicht ausgemacht. Das Unternehmen setzt ihnen ein Tagesziel, wenn sie das nicht erreichen, wird ihnen der Lohn gekürzt. »Wir müssen jeden Tag 60 Früchte ernten«, sagt Hanif. »60 Früchte? Aber das ist ja mehr als eine Tonne!«, frage ich ungläubig, »das schafft doch kein Mensch.« – »Nein, das schafft niemand alleine«, sagt Eddi, »wir müssen

unsere Frauen und Kinder dazuholen, damit sie uns helfen.«
Acht Jahre seien die Kinder, wenn sie zum ersten Mal mit auf
die Plantage kämen, um ihren Vätern bei der Ernte zu helfen.
»Erinnerst du dich an den Jungen, den wir heute in der Plantage
gesehen haben, der mit seinem Vater auf dem Motorrad saß?«,
fragt Herwin. Bei diesem Job handelt es sich sogar um gefährliche und ausbeuterische Kinderarbeit – und die ist nicht nur
laut RSPO-Kriterien verboten, sondern auch von der Regierung.
»Warum erhält eine Plantage das RSPO-Siegel, obwohl es dort
gefährliche Kinderarbeit gibt?«, frage ich Herwin. »Welche Kinderarbeit?, erwidert Herwin und lacht sein Ernie-Lachen. »Es
gibt keine Kinderarbeit, jedenfalls nicht auf dem Papier: Die
Frauen und Kinder werden ja nicht bezahlt, sie helfen den Männern doch freiwillig. So einfach ist das.«

Dieses perfide System der Zwangsarbeit sei auf Palmölplantagen üblich, sagt Herwin. Die Frauen und Kinder, die hier zu
gefährlicher und unbezahlter Arbeit gezwungen werden, gehören zu den geschätzt 36 Millionen Sklaven, die es heute auf der
Welt gibt.[172] Das sind mehr als jemals zuvor in der Geschichte,
und ihre Zahl steigt rasant an.[173] Menschen- und Arbeitsrechtsver-
letzungen finden am zweithäufigsten bei der Produktion landwirtschaftlicher Erzeugnisse statt[174] – dazu gehören Lebensmittel wie Bananen, Ananas, Kakao, Kaffee, Tee und andere Cash
Crops, die für den Export gedacht sind, Baumwolle und nachwachsende Ressourcen, aus denen Biosprit hergestellt wird. Armut und Hunger machen die Arbeiter so erpressbar, dass sie le-
bensgefährliche Jobs annehmen. Das riesige Reserveheer der
Tagelöhner und Landlosen, aus dem sich die Industrie jederzeit
bedienen kann, macht den Rohstoff Palmöl konkurrenzlos billig.
Armut und Ausbeutung sind keine unschönen Nebenwirkungen,

sie sind Geschäftsgrundlage und untrennbar mit dem Palmöl-business verbunden. So überrascht es nicht, dass der industrie-dominierte Runde Tisch keinen Übereifer an den Tag legt, um die Arbeitsbedingungen zu verbessern und höhere Löhne zu fordern. Denn das würde nicht nur die Profite der Palmöl- und Konsumgüter-Konzerne empfindlich stören, die Mitglied sind. Es würde womöglich auch die europäische Klimastrategie ins Wanken bringen, wenn das Öl plötzlich sehr viel teurer würde. Und so legitimiert der Runde Tisch mit seinem Nachhaltigkeits-siegel nicht nur Umweltzerstörung und Landgrabbing, sondern auch gesetzeswidrige Arbeitsbedingungen, Kinderarbeit, Men-schenhandel und Körperverletzung. Armut und Hunger sind auch im grünen Kapitalismus die wichtigste nachwachsende Ressource.

Die Frauen, die ihren Männer zu Hilfe kommen, haben zu die-sem Zeitpunkt ihre schwere Tagesarbeit bereits geleistet. Nach-dem sie stundenlang mit Kanistern auf dem Rücken giftige Pesti-zide versprüht und die Palmenstämme von Unkraut befreit haben, müssen sie jetzt die schweren Früchte herumwuchten, die ihre Männer von den Bäumen schneiden. Die harte körperliche Ar-beit ruiniert die Gesundheit der Frauen. Sandhi, die die Situa-tion der Arbeiterinnen auf den Plantagen untersucht, erzählt mir, dass die meisten früher oder später an Gebärmuttervorfall lei-den – und zwar an der extremen Variante, bei der sich der Uterus durch den Geburtskanal drückt und buchstäblich aus der Vagina herausfällt.[175]

Wenn sie das Tagesziel nicht erreichten, sagt Eddie, bekämen sie manchmal gar nichts. »Aber wie viel wir verdient haben, das erfahren wir erst am Ende des Monats.« So rackert sich meist seine ganze Familie ab. Und trotzdem: »Wir können uns kaum etwas zu essen kaufen. Wir essen Cassava-Blätter und getrockneten Fisch«, erzählt Hanif, »die Firma gibt uns Reis, aber das zieht sie vom Lohn ab. Wenn wir das Tagesziel nicht erreichen, dann bekommen wir auch keinen Reis.« Sogar Arbeitswerkzeug müssen sie selbst kaufen.

Der Runde Tisch für nachhaltiges Palmöl schreibt keinen existenzsichernden Lohn vor, sondern nur den staatlichen Mindestlohn, der nicht zum Leben reicht. Dass die Plantagenbetreiber den Arbeitern ordentliche Unterkünfte, medizinische Versorgung, Trinkwasser und Wohlfahrtszuschüsse gewähren sollen, dass diese sich ausreichend ernähren können sollen, das steht lediglich in den Empfehlungen. Das weiß auch PT Rimba Mujur Mahkota, denn laut TÜV Rheinland sei die Firma »bei jeder Konferenz des Runden Tischs für nachhaltiges Palmöl aktiv involviert« gewesen.[176] Vielleicht weiß die Firma deshalb so genau, dass Verstöße gegen die Vorgaben des Runden Tischs für nachhaltiges Palmöl ohnehin keine Konsequenzen haben.

Bakti, Eddi, Hanif und Rio wissen nicht, was der Runde Tisch für nachhaltiges Palmöl eigentlich ist. Auch ihre Kollegen nicht. »Ist denn irgend etwas anders geworden, seit PT Rimba Mujur Mahkota das RSPO-Siegel haben möchte? Haben sie euch neue Häuser versprochen? Ein besseres Gehalt? Haben euch Kontrolleure nach euren Arbeitsbedingungen gefragt?« Die Männer schütteln den Kopf.[177] Später erfahre ich von Herwin, der TÜV Rheinland habe nur mit den Mitgliedern der gelben Gewerkschaft SPKP gesprochen – einer nicht unabhängigen, von der Firma gegründeten Organisation, die die Arbeiter kontrolliert und überwacht, statt sie zu unterstützen.

Jeden Tag, wenn die Arbeiter acht Kilometer zur Arbeit gelaufen sind, wartet dort der Aufseher mit dem Morgendrill. »Der hat uns auch gesagt, dass die Firma ein Siegel bekommen will, mit dem sie Palmöl in die ganze Welt verkaufen kann. Davon würden auch wir profitieren. Aber wie, das hat er nicht gesagt, und was der RSPO ist, das hat uns auch nie einer erklärt«, sagt Bakti. »Dann haben sie noch gesagt, dass wir deswegen jetzt immer Schutzkleidung tragen sollen«, ergänzt Hanif.

Herwin reckt die rechte Faust in die Höhe und ruft: »Hidup buruh«. Und nochmal: »Hidup buruh.« – »Und jetzt alle: »Hidup Buruh! Serbundo! Merdeka!« Es lebe der Arbeiter! Frei! Es ist der solidarische Schlachtruf des Gewerkschaftsbündnisses Serbundo. Und als Herwin ihn zum vierten Mal und noch lauter ruft, da rufen alle mit. Alle vier, denn es sind nur vier Männer gekommen. Das mag wenig erscheinen angesichts der Tatsache, dass mehr als 700 Menschen auf der Plantage von PT Rimba Mujur Mahkota arbeiten. Aber vier sind ein Anfang.

4. Streik – der unsichtbare Elefant im Raum

»Im Moment gibt es keine Gegenmacht in Indonesien. NGOs und Zivilgesellschaft sind politisch marginalisiert, die haben keine Massenbewegung hinter sich«, sagt Oliver Pye. »Umwelt- und Bauernbewegungen können, wenn sie allein sind, der Wirtschaftsmacht kein Paroli bieten. Sie haben nur die Möglichkeit zu protestieren und zu hoffen, dass die Regierung eine andere Regulierungspolitik macht.« Pye lehrt am Institut für Südostasienwissenschaften in Bonn. Er beschäftigt sich schon lange mit den sozialen und ökologischen Folgen des Palmölanbaus in Indonesien und Malaysia sowie mit der Protest- und Arbeiterbewegung vor Ort.[178] »Aber Unternehmen zu bestreiken, hätte unglaubliche Wirkung.« Ein richtig großer Streik kann nicht nur die Fabriken lahmlegen, sondern auch den Export ernsthaft gefährden: Wenn die Palmölfrüchte nicht innerhalb von 24 Stunden verarbeitet werden, sind sie nicht mehr brauchbar. Eine Situation, die den Arbeitern eigentlich in die Hände spielen sollte. »Die Millionen Arbeiter, die wie in den Fabriken des 19. Jahrhunderts auch noch zusammenleben, sind ein potenzieller Machtfaktor. Ein Palmölstreik ist der unsichtbare Elefant im Raum«, sagt Pye. »Natürlich ist das ein großes Ziel. Aber so einfach ist das leider nicht«, sagt Herwin. Die Arbeiter seien skeptisch, misstrauisch und völlig isoliert auf der Plantage, fast ohne Kontakt nach draußen. Sie kriegen ihre Informationen ausschließlich von der Firma und haben Angst, die Arbeit zu verlieren.

Herwin, Matius und ich sitzen wieder im Auto. Wir sind auf dem Weg zu einer Gruppe von Arbeitern, die vor drei Monaten gestreikt haben. Mittags kehren wir in einem der wenigen Straßenrestaurants ein. Die Auswahl ist winzig, Gemüse gibt es keines, nur Fisch und Huhn. So muss ich mich mit einem Teller Reis mit Sambal Oelek begnügen. Der Palmölanbau ist eine der Hauptursachen für die Nahrungsmittelverknappung in Indonesien. Das Agrarland ist absurderweise darauf angewiesen, Reis und andere Lebensmittel zu importieren. Darunter leidet auch die Bevölkerung: Ihr Ernährungszustand hat sich verschlechtert. Mehr und mehr setzen sich die billigen Plastikpackungen mit Industrienudelsuppen durch, die ironischerweise mit Palmöl hergestellt werden.

Ich nutze die kleine Mittagspause und versuche, Desi Kusumadewi in Jakarta anzurufen. Sie leitet den Runden Tisch für nachhaltiges Palmöl in Indonesien, der Hauptsitz des RSPO ist in Kuala Lumpur in Malaysia. Ich will Desi Kusumadewi zum Interview treffen. Seit einer Woche versuche ich nun schon, einen Termin bei ihr zu bekommen. Auf meine zweite E-Mail hatte sie mir nach Tagen geantwortet, ich möge ihr ein paar meiner Fragen schicken. Doch seit ich ihr vor vier Tagen geschrieben habe, worüber ich mit ihr sprechen will, reagiert sie nicht mehr auf meine Mails, und auch telefonisch erreiche ich sie nicht mehr. Jetzt geht schon wieder eine Kollegin ans Telefon und sagt, Desi Kusumadewi sei nicht im Haus.

Von der Küste weg fahren wir wieder ins Landesinnere. Auch nach Tagen noch erschreckt mich die ungeheure Brutalität der Zerstörung. Einmal, als ich beim Anblick eines riesigen abgeholzten Hügels aufschreie, sagt Herwin: »Ja, ja. Das sind alles gute deutsche Maschinen, mit denen unsere Bäume gefällt werden.« – »O Gott. Entschuldigung!« – Herwin lacht. Aus dem Autofenster sehen wir jetzt, wie eine Fläche mit gerodetem Wald, aus der nur graue Baumstümpfe und dünne Stämme ragen, in Flammen aufgeht. Am Straßenrand stehen die Ölpalmensetzlinge in ihren schwarzen Plastikhüllen bereit, in Kürze gepflanzt zu werden.

Der Himmel zieht zu, als wir die streikenden Arbeiter erreichen. Zwischen den Ölpalmen sind notdürftig blaue Plastikplanen aufgespannt. In diesem Flüchtlingslager harren seit drei Monaten 29 Familien aus. Die Arbeiterinnen und Arbeiter der Firma PT Sago Nauli hatten im März fünf Tage gestreikt, weil ihnen ihr Arbeitgeber nicht einmal den staatlichen Mindestlohn bezahlte. Das indonesische Gesetz erlaubt Streiks nur bis zu fünf Tagen. Nach dem sechsten Streiktag hat der Arbeitgeber das Recht, sie hinauszuwerfen. Doch die Firma setzte schon vorher die 64 Familien auf die Straße und warf sie aus den Baracken der Plantage. Herwin zeigt mir auf seinem Handy ein Video davon, das einer der Streikenden heimlich aufgenommen hat: Man sieht, wie die Arbeiter verzweifelt mit den aggressiven Polizisten, Militärs und Securityleuten diskutieren, die ihnen die Firma auf den Hals gehetzt hat.

Es fängt zu regnen an, und wir folgen Amat* und seiner Frau Legi* in das provisorische blaue Plastikzelt. Die Luft ist stickig, Wasser tropft auf die Holzbretter am Boden. An manchen Stellen sind Plastiktüten vor die Risse in der Plane geklebt. Ein paar Plastikschüsseln stehen herum, ein bisschen Geschirr und Wasserkanister. In Kisten liegen wenige Kleidungsstücke, aber eigentlich ist die Familie mittellos.

»Gestern Nacht gab es einen furchtbaren Sturm«, sagt Legi, »es hat die Plane weggeweht, und da saßen wir im Regen.« Sie wirkt erschöpft, ihr Gesicht ist grau, Akne breitet sich auf ihren Wangen aus. Seit Wochen ernähren sie sich fast nur von Reis und getrocknetem Fisch. Nur einmal die Woche kommt ein Händler mit frischen Lebensmitteln vorbei, aber unter der heißen Plane hält das Gemüse gerade einmal zwei Tage. »Früher, als wir noch Arbeit hatten, konnten wir im Lebensmittelladen anschreiben lassen. Aber jetzt gibt uns niemand mehr Kredit.« Sie haben Asyl in einem Palmenwald bekommen, der am Rande der Plantage von PT Sago Nauli wächst und einer Gemeinde gehört. »Wir halten das nicht mehr lange aus«, flüstert Legi.

Amat hat acht Jahre bei PT Sago Nauli gearbeitet. Seit dem Streit ist die Plantage für ihn No-go-Area. Nicht mal als Tagelöhner bekommt er dort mehr einen Job. »Wir wollten bloß unser Recht. Aber die Firma hat überhaupt nicht mit uns geredet. Sie haben uns einfach rausgeschmissen.« Mittlerweile, sagt Amat, hätte ihnen die Firma eine kleine Entschädigung für die Kündigung angeboten. Aber sie wollten sie nicht akzeptieren. »Wir wollen, was uns zusteht«, ruft er jetzt kämpferisch, »wir gehen so lange nicht weg, bis wir unser Recht bekommen!«

---

* Name geändert

Sie hoffen zwar, dass sie mithilfe einer Gewerkschaft vor Gericht gehen können. Aber so ein Fall, sagt Herwin, kann sich über Jahre hinziehen. »Selbst wenn ihr Recht bekommt, wird die Firma vor den obersten Gerichtshof in Jakarta gehen.« Außerdem haben viele der Gekündigten die Entschädigung schon angenommen. Die Gruppe der Widerständigen wird immer kleiner. Es ist deprimierend. »Ja«, sagt Herwin, »das ist es. Wir brauchen viele, die sich organisieren. Sonst kann die Firma die Leute gegeneinander ausspielen.«

Auf dem Rückweg passieren wir das Waldstück, das wir in Flammen haben aufgehen sehen. Der Regen hat das Feuer gelöscht, und der verwüstete Flecken Erde dampft vor sich hin. Der nasse Rauchgeruch dringt bis ins Auto. Verkohlte Baumstämme ragen wie abgebrannte Streichhölzer aus dem schwarzen Boden, es sieht apokalyptisch aus. Der Regen wird stärker und die Schlaglöcher und Krater auf der Straße gleichen Seen. »Hoffentlich gibt es keinen Erdrutsch, dann sind wir aufgeschmissen«, sagt Herwin. Mir wird mulmig. Es gibt nur einen Weg zurück nach Simbolga. Und zwar den sehr langen, der an den Lehmhängen des Nationalparks vorbeiführt. Der Hinweg war schon bei Kaiserwetter stellenweise mühsam. Niemand weiß, was uns dort auf dem Rückweg erwartet.

Wir halten an einem Straßenrestaurant, steigen aus dem schlammverspritzten Geländewagen und rennen unter den dicken Tropfen hindurch in das offene Gebäude. Dort bestellen wir die gebratenen Nudeln, von denen Herwin schon im Auto geschwärmt hat. Der Regen donnert mit einem so ohrenbetäubenden Lärm auf das Blechdach, dass man schreien muss, um sein eigenes Wort zu verstehen. Selbst die Hühner, die eben noch unbeeindruckt auf der Veranda herumstolziert sind, verstecken sich jetzt unter den Tischen.

Von unserem Tisch aus blicken wir auf eine Palmölplantage jenseits der Straße. Kaum stehen die dampfenden Teller vor uns, fegt aus dem Nichts ein gewaltiger Sturm über die Plantage, der die Ölpalmen brutal hin und her wirft. Die nächste Böe ist so stark, dass sie mit einem riesigen Krach große Bleche vom Dach des Gebäudes gegenüber herunterreißt. Wir hören entsetzte Schreie, während der Sturm eine Wellblechplatte wie ein Stück Papier durch die Gegend weht, bis sie mit einem gewaltigen Rumms auf der Straße landet. Panik breitet sich in mir aus. Ich denke an Nachrichten von Sturmkatastrophen, an diese typischen Luftaufnahmen zerstörter Dörfer, die aussehen, als hätte jemand eine Packung Zahnstocher auf den Boden gekippt. So fangen solche Katastrophen an, denke ich, und versuche die Reaktionen der Einheimischen zu deuten.

Nach wenigen Minuten ist der Spuk vorüber. Die Palmen stehen wieder aufrecht in Reih' und Glied, als wäre nichts gewesen, der Regen ist nur noch ein Tröpfeln, und die Leute sammeln laut palavernd das Blech ein. Herwin schaufelt die restlichen Nudeln auf seine Gabel und sagt: »Das passiert oft in den Plantagen. Es gibt ja keinen Wald mehr, der den Wind vom Meer aufhalten könnte.« Solch ein Sturm war es auch, der den Plantagenflüchtlingen, die wir getroffen haben, mitten in der Nacht die Plane weggerissen hat. Wer weiß, ob sie nicht in diesem Moment wieder obdachlos geworden sind.

Im März 2015 schickt mir Herwin, der Held, ein kleines Video: Es zeigt eine Gruppe von Männern, sie recken ihre Fäuste und rufen »Hidup buruh – Hidup buruh – Hidup buruh! Serbundo! Merdeka!« Ich erkenne Bakti, Eddi, Hanif und natürlich Herwin und Matius. Sie strahlen. Es ist ihnen tatsächlich gelungen, bei

PT Rimba Mujur Mahkota eine Gewerkschaft zu gründen. Sie hat schon 200 Mitglieder und bereits zwei Streiks organisiert. Nicht dass sie leichtes Spiel hätten: Das Management setzt Gewerkschaftsmitglieder unter Druck und zwingt sie, jeden Samstag T-Shirts mit dem Aufdruck der firmeneigenen gelben Gewerkschaft zu tragen. Aber in Verhandlungen mit dem Anwalt der Firma ist es ihnen gelungen, dass Rio eine Entschädigung von 23 Millionen Rupiah für sein kaputtes Bein bekommen hat. Das ist immer noch nicht genug, um sich in einem Krankenhaus in Medan behandeln zu lassen – aber es ist das erste Mal, dass die Firma überhaupt für einen Arbeitsunfall zahlt. Auch die Familie von Bakti hat 21 Millionen Rupiah Entschädigung erhalten, weil die Mutter vom Krokodil getötet wurde. All das haben die Menschen erreicht, weil sie mit Hilfe der Gewerkschaft dafür gekämpft haben. Nicht, weil die Firma Mitglied am Runden Tisch ist.

Im November 2014, zehn Jahre nach seiner Gründung, hielt der Runde Tisch für nachhaltiges Palmöl sein Jahrestreffen in Kuala Lumpur ab. Herwins Organisation Oppuk und SawitWatch! versuchten auch diesmal wieder, das Thema Arbeitsrechte auf die Agenda zu bringen. Doch noch immer gibt es keine Arbeitsgruppe, die sich damit beschäftigt. Noch immer sitzt keine unabhängige Gewerkschaft am Runden Tisch.

Aber PT Rimba Mujur Mahkota hat jetzt das Siegel für nachhaltiges Palmöl.

Es ist immer möglich, jemanden aus dem Schlaf zu wecken.
Aber kein Lärm der Welt kann jemanden wecken, der nur so tut,
als würde er schlafen.

Jonathan Safran Foer, *Tiere essen*

III. KOLONIALISMUS MIT HERZ

Wie die Politik und NGOs die Lebensmittelindustrie grünwaschen

1. Terror in Sumatra

Der Wind schickt kleine Wellen über die Wasseroberfläche des Infinity-Pools, hinter dem sich Hochhäuser in den Himmel erheben. In den glitzernden Fassaden der Wolkenkratzer, die in Jakarta zu einem dichten Wald aus Glas und Stahl heranwachsen, spiegelt sich die Sonne. Von der Bar auf der Dachterrasse des Luxushotels hat man einen guten Blick über den Finanzdistrikt der indonesischen Hauptstadt. Aber der einzige Gast hier oben hat für diese erhebende Aussicht keinen Sinn.

Zusammengesunken sitzt der alte Mann auf einem mit weißem Leder bezogenen Lounge-Hocker. Dass er ein Fremdkörper im hippen Ambiente der Bar ist, erkennt man schon an der dicken braunen Daunenjacke, die er trotz der brütenden Hitze trägt. Sie ist ihm viel zu groß, und so ausgemergelt, wie der Mann ist, verschwindet er fast darin. Er hustet und schnäuzt sich immer wieder in das abgewetzte Handtuch, das über seiner Schulter hängt. Sein Gesicht ist eingefallen, und wenn er den Mund öffnet, um aus dem edlen weißen Porzellan Tee zu trinken, der mehr kostet, als er für einen Tag zur Verfügung hat, sieht man statt Zähnen nur braune Stümpfe.

Khori Kuris sitzt hier inmitten des Überflusses, weil er alles verloren hat: seinen Wald, seine Heimat, seine Gesundheit und seinen guten Freund. Er stammt aus Batanghari, einem Bezirk nahe der Provinzhauptstadt Jambi auf Sumatra und gehört dem Stamm der Suku Anak Dalam an, den »Kindern des Inneren«, Waldnomaden auf Sumatra. Deren Siedlungen in Bungku sind seit fast 30 Jahren Schauplatz eines der schlimmsten Landkonflikte in Indonesien, den der Palmölboom in diesem Land ausgelöst hat. 1986 begann die Palmölfirma PT Asiatic Persada den Wald der Suku Anak Dalam über Nacht illegal zu roden, um Palmölplantagen anzulegen. Obwohl sich die Menschen unerschrocken gegen die Bulldozer stellten und ihren »Wald der Ahnen« besetzten, holzte die Firma weiter unerlaubt ab. Ihr Regenwald ist heute einer Monokultur aus Ölpalmen gewichen, die eineinhalb Mal so groß ist wie München. PT Asiatic Persada ging mehrmals mit äußerster Brutalität gegen die Leute vor: Fünf Mal hetzte ihnen die Firma Sicherheitsleute, die bewaffnete Polizei-Einheit Brimob[179] und Soldaten auf den Hals.

Doch die Suku Anak Dalam kämpfen nach wie vor um ihr Land, das ihnen nach Indigenenrecht gehört. »Wir wollen unseren Wald zurück.« Das ist das Erste, was Khori sagt, noch bevor wir uns begrüßen. Er ist nach Jakarta gekommen, um bei der Anhörung der Menschenrechtskommission der indonesischen Regierung als Zeuge zu sprechen. Es ist das erste Mal, dass sich das Gremium mit den Verbrechen dieser Palmölfirma gegen die Indigenen von Bungku beschäftigt. Bis das geschah, musste allerdings erst ein Mensch sterben. Im März 2014 wurden bei einem weiteren Gewaltakt sieben Männer, darunter Khori, so furchtbar misshandelt, dass sie ins Krankenhaus gebracht werden mussten. Khoris Freund Puji starb dort an den schweren Verletzungen, die ihm Militär, Brimob und Security im Auftrag von PT Asiatic Persada zugefügt hatten.

Der Albtraum begann am Nachmittag des 5. März 2014. Der Landarbeiter Titus Halomoan Simanjuntak saß mit seiner Familie und einem Freund auf der Veranda seiner Holzhütte in der Siedlung Mentilingan in Bungku, als Militärpolizisten vor seinem Haus hielten. Sie zerrten ihn in ein Auto und brachten ihn auf das Fabrikgelände von PT Asiatic Persada. Die Militärs prügelten und traten den wehrlosen 26-Jährigen und beschuldigten ihn, ein Schild in Bungku aufgestellt zu haben, das Erntehelfer anstifte, Palmölfrüchte zu stehlen. »Es ist unser Land«, stand auf diesem Holzschild. Nicht Titus hatte es aufgestellt, sondern der Rechtsanwalt, der die Bauern des Dorfes bei einem Landrechtsstreit vertrat. Aber niemand wollte Titus auch nur anhören.

»Nachdem ich meine Kleider ausgezogen hatte, wurde mir von einem Militär befohlen, mein Gesicht auf den Fußboden zu drücken. Danach schlugen sie von hinten meinen Körper mit einem Stück Rattan, das etwa anderthalb Meter lang war und so dick wie ein Daumen, bis es ihnen langweilig wurde. Dann schlugen sie meine Hüfte mit einem Gewehr. Danach wurde mir befohlen, mich umzudrehen, und sie stellten sich auf meine Brust. (…) Danach schlugen sie mir mit dem Magazin des Gewehrs aufs Auge, auf meine Lippe und meine Zähne, bis ein Zahn herausbrach und die Lippe aufplatzte. Danach wurde mir befohlen, mich auf den Fußboden zu setzen, und einer der

Militärs pinkelte auf meine Brust. Dann wurde ich aufgefordert, das Blut abzulecken, das nun mit dem Urin vermischt auf dem Boden war.«

So steht es im Gedächtnisprotokoll, das Titus als Zeugenbericht aufschrieb. »Ereignisse, die mich heimgesucht haben zum ersten Mal in meinem ganzen Leben« lautet der Titel des Dokuments.[180]

Als Titus' Freunde, Familie und Angehörige der Suku Anak Dalam erfuhren, dass er entführt worden war, strömten sie zu Hunderten zur Fabrik von PT Asiatic Persada, um Titus' Freilassung zu fordern. Sie wurden mit Schüssen auseinandergetrieben. Nachdem seine Peiniger nach draußen gegangen waren, gelang es Titus, sich an ein Fenster zu schleppen. Dort wurde er Zeuge, wie ein Uniformierter seinem Freund Puji mit dem Gewehr gegen die Stirn schlug. Dann wurde Titus zur Krankenstation von PT Asiatic Persada gebracht. »Als wir bei der Klinik ankamen, (…) sah ich Puji, er wurde von zwei Leuten betrachtet, einem Security und einem anderen Menschen, der weiß uniformiert oder ein Angestellter der Klinik war, und er wurde auf die Ladefläche eines Autos geworfen, das normalerweise benutzt wird, um Palmöl zu transportieren. Ich habe gehört, wie Puji dort noch schrie vor Schmerz.« Es war das letzte Mal, dass Titus seinen Freund lebend sah. Um 19.30 Uhr wurde Puji – nach drei Stunden Fahrt – in einem Krankenhaus in der Provinzhauptstadt Jambi abgeliefert. Titus wurde dort ins Polizeikrankenhaus gebracht. Er trug Handschellen, als er dort vom Tod seines Freundes erfuhr: »Ich war so traurig und ich weinte, als mein Bruder mich umarmte, mit meinem Gesicht und meinem Körper voller Blut, und dort erhielt ich auch die Nachricht, dass Puji schon gestorben ist.«

Um 23.03 Uhr ist Puji tot. Laut Augenzeugen hatte er keine ausreichende medizinische Hilfe erhalten. Als der 36-Jährige starb, waren seine Hände und Füße immer noch gefesselt.

2. Der Held von Jambi

Woran erkennt man einen Helden? Das frage ich mich, als ich im Hotel in Jakarta auf Feri Irawan warte. Denn für viele Menschen in Sumatra ist der Vierzigjährige genau das: ein Held. Die Sitzung der Menschenrechtskommission ist beendet, Menschen strömen aus dem Raum, und einer sticht aus der Menge hervor: Er trägt Jeans, Jeanshemd und Trekking-Stiefel, sein Gang ist aufrecht und entschlossen, schulterlange schwarze Haare tanzen wild bei jedem Schritt, und seine braunen Augen funkeln energisch.

1974 wurde Feri Irawan als Sohn von Waldbauern in Karang Mendapo in der Provinz Jambi geboren. Damals war sein ganzes Dorf von Urwald umgeben. Den ließ der Palmölkonzern Sinar Mas 2003 innerhalb eines einzigen Tages abholzen. Sechs Jahre kämpfte Feri daraufhin an der Seite der Menschen in seinem Heimatdorf, bis es ihnen gelungen war, wenigstens sechs der zwanzig Quadratkilometer zurückzugewinnen, die Sinar Mas illegal abgeholzt hatte. Seitdem bewirtschaften die Bauern selbst Teile der Plantage, lassen andere wieder zu Wald verwildern und pflanzen Nahrungsmittel an. Sogar Tiger sind in den Wald am Fluss zurückgekehrt.

Seit mehr als 15 Jahren also engagiert Feri sich für die, denen die Holz- und Palmölindustrien Land und Rechte geraubt haben. Seine NGO heißt Perkumpulan Hijau – »Die grüne Bewegung«. Zusammen mit Indigenen und Kleinbauern erstellt der studierte

Bauingenieur und Landvermesser Karten, um Besitzrechte beweisen und gegen den Landraub vor Gericht ziehen zu können. Immer wieder sind sie mit diesen Karten nach Jakarta gefahren, aber immer wieder mussten sie sich dort von den Behörden anhören, dass schon jemand anders Landtitel für ihre Grundstücke hat.

Feri gilt zudem als Kopf des Widerstandes der Suku Anak Dalam in Bungku, deshalb hat er Khori Kuris zur Anhörung nach Jakarta begleitet. Das tödliche Drama von Bungku hat auch sein Leben verändert. Denn er ist neben Titus und Khori Hauptzeuge des Mordes an Puji. Er war sofort zur Stelle, als die Gewaltopfer ins Krankenhaus gebracht wurden. Dort befragte er Zeugen, sicherte Fotos und Handyvideos, die die Gesichter der Schläger zeigen, fotografierte die Verletzten und den toten Puji im Krankenhaus. Er barg sogar Pujis Leichnam aus dem Krankenhaus, bevor ihn die Schergen von PT Asiatic Persada verschwinden lassen konnten, und zeigte das Verbrechen bei der Polizei an. Die Beweise und die Polizeiakten verteilte er an alle relevanten Stellen und NGOs in Indonesien. Seither wird er bespitzelt und bedroht.

Sechs Tage später war Feri mit den sechs überlebenden Gewaltopfern auf der Flucht vor Militär und Geheimdienst. »Wir haben unter freiem Himmel geschlafen und alle vier Stunden unseren Aufenthaltsort gewechselt, tagelang haben wir unsere Frauen und Kinder nicht gesehen«, erzählt er.

Doch in Bungku ging der Terror von PT Asiatic Persada gegen die Suku Anak Dalam und Bauern auch nach dem Mord an Puji weiter. Fünf Tage später gelang es einigen Indigenen und Kleinbauern, auf ihr Land zurückzukehren und dort ein Lager zu errichten. Am 17. März, zwölf Tage nachdem Puji totgeschlagen wurde, stürmten abermals Soldaten das Lager, zerstörten Zelte und verjagten die Menschen gewaltsam und gnadenlos.

»Dieses Land«, sagt Feri, »schützt die Palmölfirmen und ihre Söldner, nicht die Opfer.« Es ist Mitte Juni, und in seinem Büro steht die Hitze. Ich hatte Feri bereits Anfang April geschrieben, aber nicht mit einer Antwort gerechnet. Zu dieser Zeit war er mit Titus in Jakarta und beantragte Zeugenschutz für ihn. Für sich selbst lehnt er einen solchen ab. Zeugenschutz würde bedeuten, dass er sein Engagement aufgeben müsste. Aber Feri sieht sich als Kämpfer, nicht als Opfer. Der Kampf gegen die Palmölindustrie und ihre Verbrechen ist seine Lebensaufgabe – genauso wie für Nordin und Udin von Save our Borneo, mit denen er befreundet ist. Nach zwei Wochen schrieb mir Feri, dass er mich bei meinen Recherchen in Bungku unterstützen werde: »Wir wollen, dass die Öffentlichkeit weiß, dass Menschenrechtsverletzungen und die Zerstörung der Umwelt das Markenzeichen des Palmölgeschäfts geworden sind.«

Während Feri in Jakarta untergetaucht war, stellten Soldaten sein altes Büro auf den Kopf. Deshalb ist er mit seiner NGO Perkumpulan Hijau umgezogen. In seinem neuem Büro sieht es noch etwas leer und provisorisch aus, aber die Wände sind schon voll von verstörenden Bildern – wie um zu zeigen, warum er seinen gefährlichen Kampf weiterführen muss: großformatige Fotos zeigen Männer mit Schussverletzungen. »Korban Penembakan Brimob Polda«, steht in bluttriefenden Buchstaben darüber, »Opfer der Schüsse von Brimob-Polizisten«.

Feri war oft genug Zeuge der Brutalität, zu der die Palmölmafia fähig ist. Und trotzdem ist er immer noch fassungslos darüber, dass dieser Mord geschehen konnte. Er sucht in seinem

Handy und hält mir wortlos Fotos unter die Nase, die er im Krankenhaus vom toten Puji gemacht hat. Sein Leichnam liegt auf dem Boden, der Oberkörper übersät von Striemen und blauen Flecken, die Augen zugeschwollen, das Gesicht voller Beulen und Wunden, die Füße gefesselt.

Für Feri und viele andere Palmöl-Aktivisten ist der 5. März 2014, an dem Puji ermordet und seine Freunde gefoltert wurden, wie eine Zäsur: Sie wissen nun sicher, dass für die Palmölindustrie ein Menschenleben nichts zählt. »Limited time only« steht auf dem roten T-Shirt, das Feri trägt.

»Ich muss jetzt sehr vorsichtig sein«, sagt er, »ich gehe nirgends mehr alleine hin.« Wie sehr er unter Beobachtung steht, wie wenig er noch weiß, wer Freund und wer Feind ist, merke ich, als ich mit ihm in Jambi unterwegs bin. Als wir abends zusammen mit einem NGO-Kollegen in einem Restaurant beim Essen sitzen, erregen wir die Aufmerksamkeit einiger Männer, die, teils uniformiert, am Tisch in einer Ecke des Raumes sitzen. Es sind Polizisten und Militärs. Feri setzt sich zu ihnen an den Tisch, es gibt großes Hallo, sie palavern und lachen laut. Wüsste man nicht, wie angespannt Feris Situation ist, würde man glauben, das wäre eine lustige Runde von lauter guten Kumpels. Als er wieder zurückkommt, hören die Männer nicht auf, uns anzustarren. Mich macht das nervös.

»Was gucken die denn so?«, frage ich. Feri grinst. »Ich habe erzählt, dass du eine berühmte Schauspielerin aus Deutschland bist, die hier Urlaub macht.« Wir müssen beide lachen. Erst später kommt mir in den Sinn, dass Feri damit vielleicht versucht hat, mögliche Verfolger auf Distanz zu halten.

3. Wilmar, Weltbank, Unilever: die Troika am Runden Tisch für nachhaltiges Palmöl

Wenn man von Jakarta nach Jambi fliegt und eine halbe Stunde vor der Landung aus dem Fenster schaut, sieht man unter sich eine gleichförmige Fläche, die aussieht wie grün gestrichen. Nur ein paar braune Linien, die im rechten Winkel zueinanderstehen, lösen die Fläche in Quadrate auf. In Sumatra haben sich die Palmölplantagen als Erstes und besonders schnell ausgebreitet. Allein zwischen 2000 und 2013 wurde eine Fläche doppelt so groß wie die Schweiz gerodet. Weniger als ein Viertel der Primärwälder von Sumatra sind vom Abholzungsboom verschont geblieben. Besonders drastisch ist die Situation in der Provinz Jambi: Dort wurde fast die Hälfte des Primärwaldes abgeholzt.

Die massive Expansion des Palmöls hat die Ernährungslage der Menschen in Jambi, vor allem auf dem Land, dramatisch verschlechtert. Für die Indigenen, deren Lebensraum von Plantagen verdrängt und zerstört wird, ist die Situation mitunter lebensgefährlich geworden. Zwischen Januar und März 2015 sind elf Angehörige des Stammes der Orang Rimba in Jambi an Hunger und Infektionskrankheiten gestorben. Nicht nur, dass sie kaum mehr Nahrung fanden – auch ihre Wasserquellen waren mit Industrieabwässern verschmutzt.[181] Wer noch Land hat, wie die Suku Anak Dalam von Bungku, der verteidigt es mit seinem Leben.

In Sumatra begann auch der 1991 gegründete Konzern Wilmar International mit 71 Quadratkilometern Palmölplantage sein zerstörerisches Geschäft. Heute ist Wilmars Fläche in Sumatra 20 Mal so groß.[182] Der brutale Landkonflikt in Bungku ist nur einer von hundert, in die Wilmar verwickelt ist. Wilmar hat die Firma PT Asiatic Persada 2006 gekauft – und damit auch die Landkonflikte, in die die Firma damals schon seit zwanzig

Jahren verstrickt war.[183] Nach der Übernahme der Firma durch Wilmar verschärfte PT Asiatic Persada die Gewalt gegen die Widerständigen. Im Juli 2010 ließ die Wilmar-Tochter 16 Bauern in Bungku verhaften. Sie warf ihnen vor, Palmölfrüchte von der Plantage gestohlen zu haben. Monatelang saßen die Bauern im Gefängnis. Die Kriminalisierung der Indigenen und Kleinbauern hat bei PT Asiatic Persada Methode: Bis zum Oktober 2011 ließ das Unternehmen 85 Mal Kleinbauern und Indigene verhaften.[184] Wilmar behauptete, dass die meisten Siedler der PT Asiatic Persada Plantage keine Indigenen, sondern »skrupellose Opportunisten« seien, die den Landkonflikt für ihre kriminellen Machenschaften ausnützen würden. Nur »echte« Suku Anak Dalam könnten Ansprüche stellen, das seien aber »weniger als 20 Prozent«. Nachzulesen im Firmenmagazin *Wilmar CSR Tribune*. In derselben Ausgabe verkündet der Konzern stolz, dass die Tochterfirma PT Mustika Sembuluh als erste Plantage in Kalimantan was erhalten habe? Genau: das RSPO-Siegel für nachhaltiges Palmöl.[185]

Im August 2011 hetzte die Wilmar-Tochter den lästigen Widerständigen die Kampftruppen von Brimob auf den Hals. Die Polizisten stürmten die Siedlungen in Sungai Beruang, schossen in die Menge, verletzten einen Mann, Basri bin Marcus, schwer und verjagten die Menschen von ihrem Land. Über Tage riegelte Brimob das Gelände ab, kein Bewohner der Siedlung – auch keine Journalisten und NGOs – kam mehr durch. Als die Menschen zurückkehrten, fanden sie ein Schlachtfeld aus geborstenen Holzlatten, zerbrochenen Wellblechplatten, entwurzelten Bäumen und kaputten Möbeln vor.[186] Während ihrer Abwesenheit hatten Firmenangehörige und Brimob 83 Häuser samt Mobiliar und Besitz der Bewohner mit Bulldozern planiert.

Als in den Siedlungen von Bungku Polizeibrigaden auf Zivilisten schießen und ihre Häuser platt walzen, ist Wilmar bereits seit sechs Jahren Mitglied am Runden Tisch. Dessen Präsident ist damals Jan Kees Vis von Unilever; Vizepräsident ist Jeremy Goon, der die Abteilung für Unternehmensverantwortung bei Wilmar leitet. Der wichtigste Rohstoff, den Unilever in wachsenden Mengen verbraucht, ist eben: Palmöl. Mehr als 1,5 Millionen Tonnen bezieht der Großkonzern jedes Jahr für Rama, Lätta, Becel, Knorr-Produkte, Langnese-Eis, Waschmittel und Dove-Duschgel. Allein die Tatsache, dass ein Manager des größten Palmölkonzerns der Welt und ein Manager des größten Palmöl-Einzelverbrauchers der Welt den Runden Tisch leiten, spricht Bände: Hier firmiert der Bock als nachhaltiger Gärtner, hier wird der Elefant im Porzellanladen zum Geschäftsführer berufen.

Nur wenn sich »die Großen« gemeinsam »an einen Tisch« setzen, wenn »alle an einem Strang« ziehen, dann würde sich etwas ändern, so lautet das Credo von Politik, Wirtschaft und vieler NGOs. Genauso gut könnte man dem Elefanten im Porzellanladen mit einem Schlaflied kommen und hoffen, dass er nach etwas gutem Zureden von dem ablässt, was seinen Wesenskern ausmacht: sich aufzuführen wie ein Elefant im Porzellanladen.

Dabei ist der Glauben an die Wirksamkeit einer solchen »Zusammenarbeit« umso größer, je mächtiger und umstrittener die Konzerne sind, je schmutziger ihr Kerngeschäft und je spektakulärer die Widersinnigkeit dieses Vorhabens ist: Gerade die dreisteste Behauptung ist die, die am bereitwilligsten geglaubt wird.

Im August 2011 reichten die NGOs Forest Peoples Programme, Robin Wood, Setara Jambi und Sawit Watch! Beschwerde beim Runden Tisch für nachhaltiges Palmöl und bei Wilmar ein. Doch Wilmar wies alle Vorwürfe zurück: Niemand sei verletzt, niemand sei gehindert worden, die Dörfer zu betreten. Es gebe keinen Landkonflikt, sondern »einen Fall von organisiertem Verbrechen«, die zerstörten Häuser seien illegal errichtet worden.[187]

Wilmar beauftragte den TÜV Rheinland damit, die Vorfälle zu untersuchen. Der Konzern ist ein guter Kunde des Kölner Unternehmens: Bis August 2011 hatte die Prüforganisation sechs Tochterfirmen und Plantagen von Wilmar mit dem Nachhaltigkeitssiegel versehen.[188] Das Gutachten des TÜV Rheinland über den Gewaltakt auf der PT-Asiatic-Plantage fiel wieder ganz im Sinne von Wilmar aus: Die zerstörten Hütten seien temporär und illegal gewesen, heißt es. Die Schießereien von Brimob und den Verletzten Basri bin Marcus sowie die Gewalt gegen die Dorfbewohner lässt das Gutachten unter den Tisch fallen.[189] Vertreter von Robin Wood reisten kurz darauf selbst nach Bungku. Sie fanden heraus, dass sämtliche Bewohner und Augenzeugen des Überfalls am Tag des TÜV-Besuchs auf einer Demonstration in Jakarta waren und also gar nicht hätten befragt werden können. Andere Zeugen aus den Siedlungen wiederum seien in Anwesenheit von Simon Siburat, einem Nachhaltigkeitsmanager bei Wilmar, gehört worden, was sie verständlicherweise eingeschüchtert hätte.[190] Überhaupt seien die vom TÜV Rheinland beauftragten Leute ständig in Begleitung von Wilmar-Mitarbeitern und Militär gewesen.

»Wir stehen zu allem, was wir im vorherigen Schreiben dargelegt haben, was der TÜV Report jetzt beweist.« Mit diesen triumphierenden Worten schickte Jeremy Goon den TÜV-Bericht am 29. September 2011 per E-Mail an den Runden Tisch und an die NGOs, die sich des Falls angenommen hatten.[191] Auch für Unilever war der Bericht ein Triumph. »Nach eingehender Analyse sind wir der Auffassung, dass Ihre bisherige Darstellung der Vorgänge sachlich falsch ist«, schrieb Unilever am 6. Oktober 2011 den NGOs.[192]

Ein wesentliches Detail des TÜV-Berichts schienen Wilmar, RSPO und Unilever überlesen zu haben: Das Untersuchungsteam stellte zweifelsfrei fest, dass auf der Plantage von PT Asiatic Persada seit Jahren ein Landkonflikt tobte. Solange der nicht gelöst sei, werde diese kein RSPO-Siegel für nachhaltiges Palmöl erhalten. Ärgerlich für Wilmar und seinen Großkunden Unilever, der drei Jahre zuvor öffentlich angekündigt hatte, bis 2015 ausschließlich nachhaltig zertifiziertes Palmöl verwenden zu wollen.[193]

Doch die zynische Botschaft an die Welt, die sich hinter den Apologien von Wilmar, TÜV Rheinland, RSPO und Unilever versteckt, lautete: Wir glauben diesen Eingeborenen kein Wort. Man hört ihnen besser gar nicht zu. Sie sind die eigentlichen Kriminellen.

Mit dieser schamlosen Täter-Opfer-Umkehr wollten sich auch NGOs wie Forest Peoples Programme und Sawit Watch! nicht zufrieden geben. Sie untersuchten den Fall erneut. Die Ergebnisse der Untersuchung wurden im November 2011 veröffentlicht, und sie bestätigten nicht nur einmal mehr die Gewalt gegen die Siedler, deren systematische Vertreibung und die Zerstörung ihrer Häuser, sondern auch, dass PT Asiatic-Personal Hand in Hand mit Brimob arbeitete: Mitarbeiter und Manager der Firma hätten den Polizisten Befehle erteilt und ihnen beim Zerstörungswerk geholfen. Sie hätten Dorfbewohner, die ihr Hab und Gut retten wollten, geschlagen, und wurden von Zeugen gefilmt, wie sie deren Hütten plünderten.[194]

Man sollte meinen, dass dieser Skandal endlich ausgereicht hätte, den Konzern Wilmar wenigstens temporär vom Runden Tisch auszuschließen. Oder zumindest Unilever bewogen hätte, die Lieferbeziehungen zu ihm einzustellen – wenigstens so lange, bis der Konflikt auf der Plantage von PT Asiatic Persada endlich beigelegt ist. Das forderten auch die NGOs in ihrem Bericht. Aber nichts dergleichen passierte.

Im November 2011 legte der NGO-Zusammenschluss schließlich Beschwerde bei der Ombudsstelle der International Finance Corporation (IFC) der Weltbank ein. Es war die dritte Beschwerde innerhalb von vier Jahren, die gegen Wilmar wegen Landraub und Umweltzerstörung dort einging.[195] Denn es war die Weltbanktochter, die Wilmar zum Giganten hochgepäppelt hat: Sie förderte den Palmölkonzern mit Krediten und Garantien von insgesamt 146 Millionen Dollar. Mehr als die Hälfte des Geldes floss in dessen Geschäft in Indonesien.[196]

Aber erst nach der dritten Beschwerde begannen Anfang 2012 schließlich langwierige Verhandlungen zwischen den IFC-Schlichtern, den Suku Anak Dalam, den NGOs und der Wilmar-Tochter PT Asiatic Persada.

4. Das Unilever-Imperium

Neben dem Kreuzfahrtterminal am Hamburger Hafen liegt ein monströses, futuristisches Gebäude aus Glas und weißem Stahl. Es sieht aus, als hätte ein überdimensionierter Luxusliner die Anlegestelle verfehlt und wäre am Elbufer auf Grund gelaufen.

Das ist das Unilever-Haus, das mit Preisen überschüttet wurde: »World Architecture Festival Award 2009«, »World Location Award« in der Kategorie Nachhaltigkeit und Innovation, Hafencity-Umweltzeichen für »vorbildlich nachhaltiges Bauen«. Das Unilever-Haus ist ein ähnlich größenwahnsinniger Protzbau wie die Elbphilharmonie, eines der teuersten Hochhäuser der Welt, auf das man von der deutschen Unilever-Zentrale eine besonders gute Aussicht hat. Gut möglich, dass dieser »Elbblick statt Tunnelblick« (Homepage)[197] ein wenig die Weltsicht verschoben hat.

Um sie wieder gerade zu rücken, sind Feri, Nordin und Udin nach Hamburg gekommen. Sie haben Ida, Bidin und ihren kleinen Sohn Agung mitgebracht, allesamt aus dem Dorf, das Wilmar, Hauptpalmöllieferant von Unilever, hat kurz und klein hauen lassen. Auch Zainal Aibidin, Anwalt der Kleinbauern und Indigenen in Jambi, ist mitgekommen. Am 14. Dezember 2011 stehen sie vor der Unilever-Zentrale in Hamburg. »In Unilever-Produkten steckt unser Blut und Leid« und »Unilever – Landraub zum Frühstück« steht auf den Schildern, die sie in die Höhe halten. Der Wind peitscht die graue Elbe und pfeift eisig um das klimafreundliche Gebäude. Die dick eingepackten Indonesier frieren, doch die Türen bleiben den weit gereisten Aktivisten verschlossen. Der hilflose Sicherheitsdienst murmelt etwas von einer Betriebsfeier, und die Unilever-Mitarbeiter schauen ratlos aus den Fenstern.

Vor Wut reißen sich Feri und Bidin die Kleider vom Leib. »Wilmar Crimes«, steht auf Feris Bauch, der sich in der Kälte rötet, »Unilever, gebt unser Land zurück«, steht auf seinem Rücken, rote Farbflecken an seinen und Bidins Armen deuten Blut an. Schließlich wagt sich Unilever-Sprecher Merlin Koene zu den Demonstranten heraus und lächelt in die Kameras der versammelten Presse. Mit großer Geste zieht er sein Jackett aus und will es dem schlotternden Bidin um die Schultern legen. Aber der weist ihn zurück: »Euer Palmöllieferant Wilmar hat unser Land geraubt, unseren Wald und unsere Häuser zerstört und auf uns schießen lassen. Er hat uns zu Bettlern gemacht!« Unilever weiß da natürlich längst von Wilmars Verbrechen. Das Nachrichtenmagazin *Der Spiegel* zitiert eine interne Mail, die Koene an die Unilever-Mitarbeiter geschrieben hatte: »Die uns vorliegenden Untersuchungen zeigen, dass es in Jambi, Indonesien, in der Tat zu unrechtmäßigen Handlungen eines unserer Lieferanten gekommen ist.«[198] Zwei Wochen zuvor, Ende November, hatte außerdem Harry Bouwer, damals Unilever-Chef für Deutschland, Österreich und Schweiz, heute Geschäftsführer für Lebensmittel global, zugesagt, sich sofort für die Gewaltopfer einzusetzen. Aber nichts passierte.

Schließlich beugt sich Koene dem Druck und hört sich die Forderungen der Demonstranten aus Jambi an.[199] Sie fordern ihr Land zurück sowie Entschädigung für Häuser, Hausrat und dafür, dass sie das Land, das ihnen PT Asiatic Persada vor Jahren genommen hat, seitdem nicht nutzen konnten. Koene verspricht: »Wir werden mit Wilmar Kontakt aufnehmen und den Konzern drängen, die zerstörten Häuser wieder aufzubauen – und zwar dort, wo die Leute wohnen wollen.« Sollte der Konzern darauf nicht reagieren, würde Unilever die Geschäftsbeziehungen zu Wilmar überdenken.[200] In einem Monat werde Unilever einen Bericht darüber vorlegen, wie weit der Aufbau der zerstörten Siedlungen vorangekommen sei.

Die vereinbarte 30-Tage-Frist verstreicht. Unilever legt den versprochenen Bericht nicht vor. Wilmar hat kein einziges Haus wieder aufgebaut. Die Lage vor Ort spitzt sich weiter zu. Doch

Unilever verweist nur auf den stockenden Schlichtungsprozess mit der International Finance Corporation und bezieht weiter Palmöl von Wilmar, als wäre nichts gewesen.

Unilever ist der größte Konsumgüterkonzern der Welt. 170 Milliarden Produkte von 400 Marken verkauft Unilever jedes Jahr und macht damit einen Umsatz von 50 Milliarden Euro.[201] Knorr ist die größte und vor allem in Deutschland beliebte Unilever-Marke: eine Milliarde Knorr-Produkte landen jedes Jahr in den Einkaufswagen der Bundesbürger. Würde man alleine die Knorr-Fix-Tüten, die jedes Jahr gekauft werden, aneinanderlegen, könnte man damit die Welt umrunden.[202] Betrachtet man die meterlangen Supermarktregale, die mit Tütennahrung gefüllt sind, so scheint es, als bedeute das Menschenrecht auf Nahrung, dass man zwischen Knorr Fix Bolognese, Bolognese Arrabiata, Bolognese Mozarella und Bolognese XXL wählen können muss.

Dabei stecken in allen Pulverbeuteln dieselben minderwertigen Zutaten: Stärke, Salz, Zucker, Zusatzstoffe, Aromen, Farbe – und Palmöl. Palmöl ist im übertragenen Sinne das Benzin der Lebensmittelindustrie, die allein 70 Prozent des weltweit gehandelten Palmöls verbraucht. Und ihr Bedarf steigt – nicht nur, weil die Konzerne wachsen und ihr Pulvergeschäft auf sogenannte Schwellen- und Entwicklungsländer ausdehnen. Heimische Fette wie Rapsöl sind für sie zu teuer geworden, seit sie im Tank für den Klimaschutz verbrannt werden.

Gesundheitsschädlich sind nicht nur die vielen Zusatzstoffe, Aromen und Farbstoffe, ohne die die künstliche Ernährung unansehnlich und ungenießbar wäre,[203] sondern auch das Palmöl selbst. Es besteht fast zur Hälfte aus gesättigten Fettsäuren, die bekannt dafür sind, dass sie Übergewicht und ernährungsabhängige

Krankheiten verursachen können. Außerdem enthält Palmöl Fettsäureester, einen Stoff, der internationalen Studien zufolge Krebs auslösen kann.[204]

Und das ist der eigentliche himmelschreiende Irrsinn: Für Plastikessen, das krank und dick macht und das in Wahrheit kein Mensch braucht, werden in Südostasien die letzten Wälder gerodet, Menschen enteignet, massakriert, in Hunger und Elend getrieben und sogar umgebracht.

Die Geschichte von Unilever reicht bis ins 19. Jahrhundert zurück. Die Vorläufer des Großkonzerns sind die niederländische Margarine Unie und der britische Seifenhersteller Lever Brothers Ltd., der statt Talg Palmöl zur Herstellung von Seife nutzte. Das galt damals als Innovation. Für ihre Sunlicht-Seife – eines der ersten Markenprodukte der Welt – bezogen sie Palmöl aus den britischen Kolonien in Westafrika. Weil das nicht ausreichte, unterzeichneten die Vorväter von Unilever, James und William Lever, 1911 einen Vertrag mit der belgischen Kolonialbehörde. Diese erlaubte ihnen exklusiv, Ölpalmen in den kongolesischen Wäldern anzubauen – und zwar auf einer Fläche, die schon damals mehr als doppelt so groß wie das Heimatland Belgien war. Land, das den Menschen dort selbstredend geraubt worden war. Der belgische König Leopold II. hatte Abholzkonzessionen verteilt, und die Lizenz zur Vertreibung, Versklavung und Ausrottung von Menschen war gleich inklusive. Während William Lever zuhause für seine Arbeiter die denkmalgeschützte Gartenstadt Port Sunlight im Tudor-Stil errichten ließ, beutete er die Plantagensklaven in Afrika gnadenlos aus. Bis zur Unabhängigkeit war Belgisch-Kongo das Palmölzentrum der Welt. Das Zentrum für den Handel und die Ölfabrik Huileries di Congo

Belge lag in Lusanga, das die Brüder in Leverville umbenannten, wie die Stadt bis zum Ende der Kolonialzeit hieß.[205] 1930 schließlich schlossen sich Margarine Unie und Lever Brothers Ltd. zu Unilever zusammen – der erste Großkonzern der Welt war entstanden.

2009 verkaufte Unilever die riesigen Palmölplantagen in der Demokratischen Republik Kongo an Feronia Inc. Die Firma ist, Zeichen für Seriosität weltweit, auf den Kaimaninseln registriert und macht gute Geschäfte mit Ackerland und Palmölanbau. Natürlich nur mit den allerbesten Absichten: »Transforming Agriculture in Africa to feed our growing world«, lautet das Motto.[206] Bis 2008 besaß Unilever auch noch Plantagen in Elfenbeinküste. Als das Unternehmen PALMCI, an dem Unilever damals Anteile besaß, jeden Tag 20 Hektar des Tanoé-Sumpfwaldes abholzte und trockenlegte, um Platz für Ölpalmen zu schaffen, gingen Umweltorganisationen auf die Barrikaden. Unilever verteidigte das Projekt zunächst, dann verkaufte der Konzern seine Anteile an PALMCI aber doch lieber und war damit gleichzeitig seinen Ärger mit den Regenwaldschützern los.[207] Weitere Palmölplantagen in Westafrika verkaufte Unilever an, man ahnt es: Wilmar International.[208]

Auch in Südostasien besaß Unilever Palmölplantagen, die zum Teil noch aus der Kolonialzeit stammten. 2003 verkaufte der Konzern eine 200 Quadratkilometer große Plantage in Malaysia für 152 Millionen Euro an eine Tochter des IOI-Konzerns, der heute zu den Lieferanten von Unilever gehört.[209] Kurz darauf gründete Unilever mit dem WWF den Runden Tisch. »Unilever hat immer sehr strategisch und vorausschauend gehandelt«, sagt Marianne Klute vom Denkhaus Bremen. »Die hatten das Palmölszenario, also den Boom und die Folgen, offenbar schon früh im Kopf.« Und so gehört Unilever auch zu den Ersten, denen es gelungen ist, ihr schmutziges Kerngeschäft ins rechte Licht zu rücken – und es als »nachhaltig« zu adeln.

5. Die Wunder des Tütensuppenheilands

2010 ließ der neue Unilever-Chef Paul Polman verlauten, er wolle den Umsatz des Konzerns bis 2020 auf 80 Milliarden Euro verdoppeln. Für Schlagzeilen sorgte aber nicht der präpotente Größenwahn, mit dem sich neue Bosse gern der Welt vorstellen (hat man schon mal einen sagen hören, er wolle den Umsatz halbieren?). Dazu musste der Ex-Nestlé-Manager schon mit einem viel größeren Wunder aufwarten. Nämlich diesem: »In einer unsicheren und unbeständigen Welt können wir unsere Vision der Verdoppelung unseres Geschäfts nicht erreichen, ohne dabei unseren ökologischen Fußabdruck zu verringern und unseren positiven sozialen Einfluss zu steigern.«[210] Weltrettung durch Tütensuppen? Dafür braucht man vermutlich einen starken Glauben. Und wahrhaftig: Polman wurde fortan von der Branche als »Messias« bezeichnet, die Medien verbreiteten seine Legenden und trieben die Heiligsprechung des Konzerns voran.[211]

2010 legte Unilever den »Sustainable Living Plan« als »Blaupause für nachhaltiges Wachstum« vor.[212] Der durch Unilever-Produkte verursachte Abfall, Treibhausgasausstoß und Wasserverbrauch sollte halbiert werden, die Menschenrechte in den Arbeitsprozessen und entlang der erweiterten Lieferkette verbessert und alle landwirtschaftlichen Rohstoffe zu 100 Prozent nachhaltig eingekauft werden. Hui! Geht es noch größer? Logo: »Bis 2020 werden wir eine positive Auswirkung auf das Leben von 5,5 Millionen Menschen haben.«Wirklich, so steht das auf der Homepage:»werden«!

Unter Aktienhändlern und den Opfern von Trickbetrügern gibt es eine alte Faustregel: Wenn etwas zu gut klingt, um wahr zu sein, dann ist es das eben oft auch: nicht wahr. Allerdings gilt heute alles, was nicht an Gutgläubigkeit grenzt, sofort als negatives Denken, und so wurde auch Unilever für die bloße Ankündigung dieses Spitzenplans nicht etwa von der Weltgemeinschaft schallend ausgelacht, sondern selbstverständlich im selben Jahr zum ersten Mal mit dem Deutschen Nachhaltigkeitspreis ausgezeichnet.[213]

»Unilever stellt wirtschaftlich erfolgreich Produkte her, die (…) dem Gemeinwohl dienen, und richtet dabei sein Handeln konsequent so aus, dass es zu dauerhaftem Erfolg und gleichzeitig zur Schonung von wertvollen Ressourcen beiträgt.« Diese dreiste Behauptung stammt nicht etwa aus einer Pressemitteilung des Konzerns, deren Job es wäre, dick aufzutragen. Nein: Die Jury des Deutschen Nachhaltigkeitspreises hat Unilever dieses Spitzenzeugnis ausgestellt, ohne dass der Konzern auch nur einen einzigen Nachweis erbringen musste.[214]

Unilevers spektakuläre Ankündigung und die entsprechenden Vorschusslorbeeren lassen Kritik fast kleinlich erscheinen. Solche Saulus-Paulus-Geschichten haben einfach größeren Unterhaltungswert als das ständige Gejammer der Umweltschützer. Unilever will das Leben von einer Milliarde Menschen verbessern, Menschenskinder! Da kommt ihr und beschwert euch über das bisschen Regenwaldsterben? »Was kann man dagegen tun, dass knapp eine Milliarde Menschen hungert?« Solche Fragen bekommen heute Bosse wie Paul Polman gestellt, der weiß, dass er darauf besser nicht antwortet: »Dann sollen sie halt Tütensuppen essen«, bevor die nächste kritische Pressefrage folgt: »Wären Sie nicht besser in der Politik, bei der UNO oder irgendeiner einflussreichen NGO aufgehoben?« Und der Tütensuppenheiland spricht: »Unilever ist die größte NGO der Welt.«[215]

Nebelkerzen werfen, Unmögliches versprechen und die Begriffe und Bilder besetzen, die für Weltrettung stehen: Indem sie ihr die Sprache nehmen, gelingt es Konzernen wie Unilever, Kritik auszuschalten. Selbst der kritische britische Autor Fred Pearce, der in seinem Buch *Landgrabbing* die düstere Kolonialvergangenheit der Unilever-Vorväter in Afrika beschreibt, wirkt nach einem Gespräch mit Polman wie erleuchtet: »Ich ging zurück auf die Straße, benommen von den Worten, aber optimistischer als ich je nach Begegnungen mit den üblichen Umweltschutz-Größen war. Hier hat ein Mann mehr über Lösungen gesprochen als über Probleme, lieber grünes Wachstum als Selbstverleugnung. (…) Manche Umweltschützer nehmen die Idee nicht ernst, dass Polman jemals seine Versprechen halten könnte. Aber vielleicht ist in der realen Welt der Einsatz von Unternehmen erforderlich, um grüne Ziele zu erreichen – mit allen Kompromissen, die nötig sind.«[216]

Die Frage ist nur: Wer wird da »Kompromisse« machen müssen? Etwa Unilever, die ihren zweistelligen Milliardenumsatz verdoppeln wollen? Oder am Ende doch nur wieder diejenigen, die unter den Folgen dieser Expansion zu leiden haben?

Auch wenn es noch so schön klingt: Gerade in der »realen Welt« wird der Unilever-Plan nicht aufgehen. Denn das ist schlechterdings unmöglich. Unilever kauft jedes Jahr acht Millionen Tonnen landwirtschaftliche Produkte ein. Den größten Anteil daran haben Palmöl, Soja und Rindfleisch. Allein für die Produktion dieser Produkte wird schätzungsweise die Hälfte des Regenwaldes der Welt vernichtet.[217] Die Ausdehnung landwirtschaftlicher Flächen für den Anbau von Futtermitteln, Biosprit und anderen pflanzlichen Rohstoffen für die Konsumgüterindustrie ist für drei Viertel der globalen Entwaldung verantwortlich.

Kein Konsumgüterkonzern der Welt verarbeitet so viel Palmöl wie Unilever. Unilever verbraucht weit mehr Palmöl als Nestlé (410 000 Tonnen), Procter&Gamble (530 000 Tonnen), Ferrero (150 000 Tonnen), Ikea und Kraft Foods (je 30 000 Tonnen) zusammen: 1,52 Millionen Tonnen Palmöl stehen bei dem niederländisch-britischen Konzern jährlich auf der Rechnung. Dazu kommen Kakao (Magnum-Eis) und Tee (Lipton), angebaut auf Plantagen in Afrika, auf denen die Arbeitsbedingungen mies sind und die Einkommen der Bauern und Arbeiter so niedrig, dass sie davon nicht leben können. Wenn Unilever also wachsen und seinen Umsatz verdoppeln – sprich: noch mehr Produkte verkaufen – will, dann braucht der Konzern nicht weniger von diesen hochproblematischen Rohstoffen, sondern mehr. Sehr viel mehr sogar.

Wie um alles in der Welt soll es möglich sein, gleichzeitig zu wachsen, die Umweltschäden zu halbieren und auch noch die Armut zu reduzieren, wo doch beides die direkten Folgen der Produktion sind? Dazu bräuchte es schon ein ziemlich großes Wunder. Und das hat die Industrie gleich selbst vollbracht: Nachhaltigkeitssiegel.

6. Aufforsten im Siegelwald

Fast alle Markenkonzerne geben heute an, bis zu einem bestimmten Zeitpunkt problematische Rohstoffe wie Palmöl, Soja, Zucker, Tropenholz, Papier, Kaffee, Kakao, Tee oder Baumwolle zu

100 Prozent aus »nachhaltigen Quellen« zu beziehen. Als Nachweis für ihre Nachhaltigkeit dienen der Industrie entsprechende Siegel. Nicht etwa das staatlich anerkannte Bio-Siegel für den ökologischen Anbau, wo die Einhaltung der Vorgaben geprüft wird. Auch nicht das Fairtrade-Siegel, das ebenfalls verbindliche Standards vorschreibt. Beides sind – bei aller Kritik, die es an der tatsächlichen Umsetzung und Auswirkung gibt – strenge Siegel für ein Nischensegment: Der Marktanteil von Bioprodukten in Deutschland liegt bei vier Prozent, der von Fairtrade-Produkten zwischen ein und zwei Prozent.

Großkonzerne aber setzen, um ihre angekündigten Ziele des »nachhaltigen Wachstums« zu erreichen, auf Siegel, die sie selbst entwickelt haben oder die von industriefreundlichen Initiativen für den wachstumsgetriebenen Massenmarkt eingeführt wurden. Wie zum Beispiel das RSPO-Siegel für nachhaltiges Palmöl. Unilever und die Konkurrenz haben sich mit solchen Siegeln und Mitgliedschaften an Runden Tischen nahezu lückenlos eingedeckt. Besonders fleißig ist dabei Unilever: Der Konzern hat nicht nur den Runden Tisch für nachhaltiges Palmöl mitbegründet, sondern auch den Runden Tisch für verantwortungsvolles Soja (RTRS), der nach demselben Muster gestrickt ist wie der RSPO: 80 Prozent der Mitglieder stammen aus der Soja-Industrie und ihren Abnehmern.[218] Dabei hat der Anbau von Soja für Argentinien und Brasilien mindestens so dramatische Folgen wie der Anbau von Palmöl für Indonesien. Neben der Rodung riesiger Regenwaldgebiete, der Bepflanzung wertvoller Savannen mit Monokulturen, der illegalen Landnahme, der Vertreibung und Enteignung von Kleinbauern und Indigenen sind weite Teil des Landes derart pestizidverseucht, dass die Menschen todkrank und die Böden völlig unbrauchbar sind.[219]

Initiiert hat den Runden Tisch für nachhaltiges Soja der WWF, der, wie Unilever, im Vorstand vertreten ist.[220]

Mittlerweile gibt es eine schier unüberschaubare Menge solcher »Runden Tische« oder Industrieinitiativen, die Nachhaltigkeitssiegel für Problemrohstoffe verleihen oder Standards dafür aufstellen. Es gibt sie für Aquakulturen, Zuckerrohr, Baumwolle, Kaffee, Kakao, ja selbst für Kohle.[221]

In keiner dieser Industrieinitiativen geht es darum, *weniger* dieser Rohstoffe zu verwenden. Alle sind auf Wachstum ausgerichtet, auf Expansion und Ertragssteigerung. Deshalb sitzen auch an allen Runden Tischen dieselben Unternehmen: Die Mitgliedschaft im Nachhaltigkeitsclub garantiert ihnen krisensicheren Zugriff auf steigende Mengen von Palmöl, Soja, Kakao, Kaffee, Tee, Baumwolle, Fisch oder Kohle. Wenn heute also nahezu sämtliche Wirtschaftsbosse sagen, dass Wachstum ohne Nachhaltigkeit gar nicht möglich sei, dann ist das nicht gelogen. Denn Nachhaltigkeit ist nur ein wohlklingenderes Wort für Systemerhalt. Es geht nämlich keineswegs um ökologische und soziale Gerechtigkeit. Sondern darum, Natur und Klima nur so weit zu schützen, wie es nötig ist, um das Wirtschaftssystem, das auf Ausbeutung von Mensch und Natur gründet, so lange wie möglich zu erhalten. Es ist, mit anderen Worten: Kolonialismus mit Herz und, im wahrsten Sinne des Wortes, TÜV-Plakette.

Einen besonders wohlklingenden Namen hat sich die Rainforest Alliance gegeben. Eine Allianz, also eine Gemeinschaft für den Regenwald, das verheißt Schutz unter dem Dach großer, alter Bäume. Hoffentlich Regenwaldallianz-versichert! Die US-amerikanische Organisation zertifiziert den Kakao für das Magnum-Eis und den Tee für die Marke Lipton von Unilever. Das Budget der Organisation, die bei Großunternehmen sehr beliebt ist, stammt aus Konzern-, Privat-, Regierungs- und Stiftungs-spenden und steigt rasant.[222] Während die Einnahmen 2008 noch 18,1 Millionen Dollar betrugen, waren es fünf Jahre später schon 46,6 Millionen. Vielleicht gründet das Ansehen der Rainforest Alliance in der Zusammensetzung des 18-köpfigen Direktoriums, das vor allem aus Konzernmitarbeitern, Risikomanagern, Unternehmensberatern, Finanzdienstleistern und dem Top-Model Gisèle Bündchen besteht.[223] Dabei ist die Rainforest Alliance, die auch Mitglied am Runden Tisch für nachhaltiges Palmöl ist, durchaus umstritten: Wiederholt werden auf zertifizierten Plantagen Verstöße selbst gegen die niedrigsten Standards aufgedeckt. Zuletzt auf den Teeplantagen, die Unilever für seine Marke Lipton betreibt. Für seine Arte-Reportage *Der faire Handel auf dem Prüfstand* hatte der Filmautor Donatien Lemaître eine solche in Kenia besucht und haarsträubende Zustände gefunden: Krankenstationen und Schulen waren für Saisonarbeiter tabu, dafür gab es Supermärkte, die ausschließlich Unilever-Produkte anboten. Eigene Produkte in kleinen Packungen an Arme zu verkaufen, um auch noch dem mittellosesten Plantagenknecht den Hungerlohn aus der Tasche zu ziehen – das versteht Unilever offenbar als »Armutsbekämpfung«.[224]

Abgesehen davon, dass die Menschen, die im Akkord auf der von der Rainforest Alliance zertifizierten Lipton-Plantage arbeiten, von den Löhnen kaum leben können: Es sollen Frauen von Aufsehern sexuell belästigt und sogar vergewaltigt worden sein. Doch Beschwerden würden nicht ernst genommen. Dabei gibt es speziell für Querulanten sogar eine Beschwerde-Hotline auf dem Gelände, eine Art Telefonzelle mitten auf dem Platz: so dass nicht nur jeder, der eine Klage vorbringen wollte, den Aufsehern sofort auffiele (und zur Strafe dann im Zweifel in einer

Ecke der Plantage eingeteilt würde, wo es nichts zu pflücken gibt). Die Hotline ist auch, man glaubt es kaum: kostenpflichtig und englischsprachig. Ein Witz.[225] Doch die Rainforest Alliance gilt als größte Konkurrenz zur Fairtrade Labelling Organization, der Dachorganisation für den Fairen Handel. Sie verleiht ihr Siegel mit dem grünen Frosch für landwirtschaftliche Produkte, die auch das Kerngeschäft des Fairen Handels sind: Kakao, Kaffee, Tee, Ananas, Bananen und Blumen. Die Rainforest Alliance hat, wie ihre Marken-Kunden (neben Unilever Chiquita, Dole, Jacobs, Lidl, Mc Donald's, Tchibo), vor allem Ertragssteigerung im Blick. Genau das aber verträgt sich nicht mit strengen Bio-Standards, welche, anders als die Rainforest Alliance, Monokulturen, Pestizide, Mineraldünger und Gen-Saatgut verbieten. Und es verträgt sich nicht mit dem Fairen Handel, der Kooperativen qua Mindestpreis, Sozialprämie und Vorfinanzierungen vor den schlimmsten Auswirkungen des Welthandels schützen will und selbst damit noch lange nicht für Gerechtigkeit sorgen kann.[226]

Gewachsen ist die Rainforest Alliance, die sich mit schönen Fotos von glücklichen Armen und rührseligen Worten genauso geriert wie die Weltläden, ziemlich schnell: Die Menge des mit grünem Froschsiegel angebauten Kakaos stieg von 98 417 Tonnen in 2011 auf 405 608 Tonnen 2012. Die bewirtschaftete Agrarfläche stieg von 1 540 auf 6 415 Quadratkilometer Land. Bei zertifizierten Kakaoprodukten ist die Rainforest Alliance bereits Marktführer. Und die Geschäftsführer von Unilever freuen sich, dass sie ihr »Ziel« erreicht haben, bis Ende 2013 bereits 70 Prozent des Kakaos für Magnum »nachhaltig« beschafft zu haben.

Und was bedeutet das für die Kakaobauern? Leider nicht viel. Zwar behaupten Industrie und die ihr gewogenen Siegelorganisationen stets, dass die Ertragssteigerung automatisch zu einem höheren Einkommen führe. Doch der Bericht zur Lage der Kakaobauern, der alle zwei Jahre von Gewerkschaften und NGOs veröffentlicht wird, bleibt ernüchternd. Laut Cocoa Barometer 2015 hat sich die Situation der Kakaobauern in Afrika trotz der vielen neuen Initiativen nicht verbessert. Obwohl der Marktanteil zertifizierter Schokolade seit der ersten Veröffentlichung des Cocoa Barometers 2009 von zwei auf fast 16 Prozent gestiegen ist und die meisten großen Konzerne angeben, freiwillig bis 2020 nur noch zertifizierten Kakao zu beziehen, leben die meisten Kakaobauern in Afrika weit unterhalb der Armutsgrenze.[227]

Allerdings prangen mittlerweile so viele Labels, Siegel und Auslobungen auf Produkten, die dem Kunden beim Kauf ein gutes Ökogewissen machen sollen, dass selbst Verbraucherschützer den Überblick verloren haben. Die Schätzungen bewegen sich zwischen 500 und 1000. »Die Flut der Siegel ist gekoppelt an ein riesiges, unüberschaubares Angebot. Wie soll man sich da entscheiden? Das meiste ist austauschbar, braucht aber trotzdem ein Alleinstellungsmerkmal. Das kann so ein Siegel sein«, sagt Frank Waskow von der Verbraucherzentrale Nordrhein-Westfalen. Unternehmen, die praktisch Identisches herstellen, zum Beispiel Tütensuppen, leben von der Distinktion. Nachhaltigkeitssiegel können für sie ein Wettbewerbsvorteil sein. Wenn man in die Flut der Siegel eintaucht, stellt man schnell fest, dass die vielen neuen Siegel keineswegs Lücken schließen, also Produkte und Dienstleistungen zertifizieren, für die es bislang keine Auszeichnung gab. Vielmehr tauchte eine Reihe zusätzlicher Siegel auf, die Ähnliches versprechen, wie die etablierten Siegel Bio oder Fairtrade, die Produkte aber nicht teurer machen. Die schiere Menge an Nachhaltigkeitsversprechen auf Alltagsprodukten – und seien diese noch so offensichtlich umweltschädlich – erfüllt zusätzlich eine andere Funktion: Es entsteht der Eindruck, alles, was man kaufen kann, sei gut.

Davon profitieren insbesondere Markenfirmen. In gleichem Maße, wie sie zur Zielscheibe von Kritik wurden – unter anderem durch Klassiker der Konzernkritik wie Klaus Werner-Lobos *Schwarzbuch Markenfirmen* oder Naomi Kleins *No Logo* –, so konkurrieren sie heute um ihren nachhaltigen Ruf. Denn es ist die Marke, die den Unternehmenswert ausmacht. Und Kunden bleiben ihren Marken treu. Wenn die auch noch versprechen, grün zu sein: perfekt!

Es klingt paradox, aber gerade so schwache neue Siegel wie das der Rainforest Alliance stärken bekannte Marken viel mehr als große, bewährte Siegel wie Bio oder Fairtrade das tun könnten. Nicht nur, weil es den Konzernprofit empfindlich schmälern würde, wenn sich Großkonzerne auf ökologisch produzierte und fair gehandelte Rohstoffe verlegen würde. »Unternehmen agieren hochgradig narzisstisch. Wenn sie sich starken Siegeln anschließen, schließen sie sich auch einer anderen Ideologie an«, sagt der Markensoziologe Klaus-Uwe Hellmann. »Aber vor allem wissen sie, dass der Kunde selber nicht konsequent ist. Warum sollten sie sich hohe Kosten und Einschränkungen aufbürden? Da nehmen oder erfinden sie doch lieber ein Siegel, das ihnen als Alleinstellungsmerkmal dient. Das bewerben sie mit ihren Mitteln – mit schönen Bildern und Geschichten. Mit den neuen Labeln ist das so eine Art Mimikry: Unternehmen kopieren Siegel, die das vorbildlich machen. Wer schaut denn im Ernst auf die Internetseite und recherchiert, was wirklich dahinter steckt?«[228]

»Genießen Sie weiterhin Ihre Lieblingsmarken!«, steht auf der Homepage der niederländischen Labelorganisation UTZ certified.[229] Diese verspricht eine »unabhängige Garantie, dass Ihre Lieblingsmarken Verantwortung übernehmen«.[230] Wie die Rainforest Alliance zeichnet auch das UTZ-Siegel – mit dem Motto: »Better farming. Better future« – vor allem die Kernprodukte des Fairen Handels aus: Kaffee, Kakao und Tee. Auch die 2002 gegründete Organisation arbeitet insbesondere mit multinationalen Konzernen, darunter Aldi, Edeka, Ikea, Lidl, Mars, Nestlé und Rewe, und setzt auf Ertragssteigerung und »Effizienz«. UTZ-Sprecherin Monique van Wijnbergen erklärt das Konzept so: »Wir glauben, dass sich Konsumenten für eine bestimmte Marke entscheiden. Sie wollen sich nicht für ein anderes nachhaltigeres Produkt entscheiden. Die Multinationals glauben ebenfalls an ihre starken Marken. Unser Label ist eine Verbesserung ihrer Marke, wir sind dazu da, diese zu ergänzen.« Doch UTZ certified gilt als schwächster Standard überhaupt, schwächer noch als der der Rainforest Alliance. Laut Greenpeace werden auf UTZ-Plantagen 116 Pestizide eingesetzt, außerdem erlaubt UTZ Gentechnik.

Siegel und nachhaltige »Zukunftsstrategien« spielen auch für angeblich »grüne Geldanlagen« eine wichtige Rolle, hinter denen sich meist hoch umstrittene Rohstoff-Fonds verbergen. Sogar die öko-soziale GLS Bank beruft sich auf den Runden Tisch für nachhaltiges Palmöl: 2013 legte sie erstmals einen Aktienfonds für ihre besserverdienenden Kunden auf und versprach »ethisches Investment«. Doch zu den angeblich öko-sozialen Unternehmen, die darin aufgeführt sind, gehört der Düsseldorfer Chemiekonzern Henkel.[231] »Bis 2015 will Henkel seine gesamte Produktion auf nachhaltig erwirtschaftetes Palmöl umgestellt haben.« Solche angekündigten »Bemühungen« reichen offenbar selbst der GLS-Bank mittlerweile aus.[232]

Oder eben der Jury des Deutschen Nachhaltigkeitspreises. Im November 2012 wurde Unilever für seine vollmundigen Versprechen schon zum zweiten Mal für die Auszeichnung nominiert. Bewiesen hatte der Konzern aber nur, dass er sich keinen Deut um die Menschenrechtsverletzungen seines Palmölhauptlieferanten Wilmar schert. Deshalb appellierten Robin Wood und Rettet den Regenwald vehement an die Jury, den Preis nicht an Unilever zu vergeben.[233] Günter Bachmann, Vorsitzender der Jury und Generalsekretär des Rats für Nachhaltige Entwicklung der Bundesregierung, rechtfertigte die Nominierung vor den NGOs gleich auf sechs Seiten.

Das Erschreckende an seinem Plädoyer ist, dass Bachmann zwar zu Protokoll gibt, über die verheerenden Folgen des Palmölanbaus und die Vergehen von Unilevers Hauptlieferanten Wilmar zum Beispiel in Bungku genauso gut Bescheid zu wissen wie um die »gravierenden Probleme und Missstände« am Runden Tisch für nachhaltiges Palmöl. Trotzdem hält er die Strategie, Unilever immer weiter zu belohnen, für sinnvoll: schließlich kaufe die Firma große Mengen nachhaltig zertifiziertes Palmöl. Außerdem habe Unilever »glaubwürdig dargelegt, dass man Beschwerden und Unregelmäßigkeiten nachgeht und Lerneffekte anstrebt.« Vielleicht den »Lerneffekt«, dass man selbst dann mit Preisen überschüttet wird, wenn man seinem Hauptlieferanten schlimme Menschenrechtsverletzungen durchgehen lässt? Und dass sich die Laudatoren nicht einmal von fundierter und öffentlicher Kritik davon abbringen lassen?

»Das RSPO-Siegel fundamental als Greenwashing abzutun, erscheint mir nicht mehr zeitgemäß«, urteilt Bachmann, »[Ich] hoffe für die Zukunft, dass auch Robin Wood und Rettet den Regenwald gemeinsam mit den schon beteiligten Umweltverbänden im Sinne der Nachhaltigkeit wirksam wird.« Genau. Setzt euch brav an den Tisch und haltet den Schnabel, wenn die Großen reden. Trotz aller Kritik – auch in den Medien – erhält Unilever im Dezember 2012 den Preis.

7. Tödliches Spiel auf Zeit

In Bungku vergehen Monate, ohne dass die Verhandlungen zwischen der Wilmar-Tochter PT Asiatic Persada, den beteiligten NGOs und der International Finance Coporation zu einem Ergebnis kommen. Dann hat Wilmar offenbar genug und verkauft im April 2013 PT Asiatic mitten im Schlichtungsprozess an die Ganda Group. Deren Besitzer ist allerdings ein Bruder des Wilmar-Gründers Martua Sitoris. Ein Deal in der Familie also, wie er übrigens schon einige Male zuvor ähnlich getätigt wurde, wenn sich Wilmar der dunklen Flecken auf der grünen Weste entledigen wollte. Erstmals in 25 Jahren gibt es Verhandlungen im ältesten und hartnäckigsten Landkonflikt, da begeht Wilmar Fahrerflucht. Selbstverständlich hat auch das keine Konsequenzen am Runden Tisch für nachhaltiges Palmöl. Der neue Besitzer, der dort kein Mitglied ist, bricht die Verhandlungen im Herbst 2013 ganz ab. Wilmar beteuerte zwar beim Verkauf von PT Asiatic Persada an die Ganda Group, von dieser kein Palmöl mehr zu beziehen. Doch es gibt stichhaltige Hinweise darauf, dass das Öl der Gewaltplantage weiter bei Wilmar landet – und beim Konzern PT Musim Mas, der ebenfalls zu den Unilever-Lieferanten gehört und das Siegel für nachhaltiges Palmöl besitzt.[234]

Beinahe zur selben Zeit, am 3. September 2013, versammeln sich in Berlin, Sonnenallee 225, Demonstranten vor dem Luxushotel Estrel. Sie halten ein Banner hoch, auf dem groß »Umweltzerstörung« steht. Das U ist dem blauen Unilever-Markenzeichen nachempfunden. Ein Mann im Orang-Utan-Kostüm hält ein Schild: »Mir qualmt der Pelz. Stopp Brandrodung!« Er steht neben der Attrappe eines abgesägten Baumstamms. Die Protestaktion der NGOs Rettet den Regenwald, Robin Wood, Gesellschaft für bedrohte Völker, Urgewald und Watch Indonesia! richtet sich gegen die Veranstaltung im Hotel. Dort hält der Runde Tisch für nachhaltiges Palmöl gerade seinen ersten Europagipfel ab. Er soll die Nachfrage nach RSPO-zertifiziertem Palmöl in Europa ankurbeln. 260 Gäste sind gekommen, darunter Vertreter von Aldi, Bahlsen, BASF, Beiersdorf, Cargill, Deutsche Bank, Edeka, Henkel, Kaufland, Musim Mas, Rewe, Shell, Sime Darby, Syngenta, Unilever, Wilmar und WWF.

Der Konferenzsaal ist gelb und blau ausgeleuchtet, die Farben der EU zieren auch das lieblose Logo, einen blau-gelben Kreis. Darrel Webber betritt die Bühne. Der Malaysier ist Generalsekretär des RSPO; zuvor war er beim WWF und davor, eine interessante Karriere: beim Ölkonzern Shell beschäftigt. »Ich bin hocherfreut, dass so viele Leute gekommen sind und dass das Interesse an dem wichtigen Thema nachhaltiges Palmöl für Europa so groß ist«, begrüßt er die Gäste. Die meisten RSPO-Mitglieder kommen aus Deutschland. Kein anderes europäisches Land importiert so viel Palmöl. Es ist also quasi ein Heimspiel für Webber, er strahlt und versprüht gute Laune. Ganz im Unterschied zum Abend davor, als er sich, mit finsterer Miene, auf dem Podium von Brot für die Welt einen Vortrag der indonesischen NGO Sawit Watch! über die Folgen des Palmölanbaus und über die 5 000 Landkonflikt anhören musste, von denen er nichts gewusst haben will.

Sawit Watch! gehört auch zum NGO-Konsortium, das sich für die Gewaltopfer von Bungku einsetzt. Zurück in Indonesien wird Bondan Adryianu, der den Vortrag gehalten hatte, einen wütenden Brief von Webber erhalten. Der RSPO-Generalsekretär wird sich darüber beschweren, dass ein RSPO-Mitglied es gewagt hat, den Runden Tisch für nachhaltiges Palmöl öffentlich zu kritisieren. RSPO-Mitgliedern wie Wilmar, die öffentlich Menschenrechte verletzen, schreibt er solche Brief vermutlich nicht.

Aber mit so unschönen Dingen wie Kritik muss sich Darrel Webber heute nicht abgeben. Die Demonstranten bleiben schön draußen im kalten Berliner Nieselregen. Schließlich müssten sie knapp 1 000 Euro Eintritt zahlen, sollten sie sich dazu entschließen, hereinzukommen.[235] Die Gäste des RSPO-Gipfels sind nicht angereist, um den RSPO zu kritisieren, sondern um mit seiner Hilfe die Kritik von ihren palmölverarbeitenden Unternehmen abzuwenden. »Der RSPO tritt in eine neue Phase der Arbeit ein, die sich an Konsumenten und Konsumgütermärkte richtet«, sagt Webber. Da spitzen vor allem die Lebensmittelhersteller ihre Ohren. Denn sie müssen vom 13. Dezember 2014 an angeben, dass ihre Produkte Palmöl enthalten. Laut der EU-Lebensmittelinformationsverordnung ist die unspezifische Bezeichnung »Pflanzenfett« dann nicht mehr zulässig. Dahinter aber verbarg sich bislang fast immer: Palmöl. Mit dem RSPO-Siegel versuchen die Konzerne, einen Imageschaden oder gar Konsumboykott abzuwenden. Denn mittlerweile hat sich auch unter weniger kritischen Konsumenten herumgesprochen, dass Palmöl niedliche Orang-Utans killt. Palmöl hat einfach keinen guten

Ruf. Das dürfte auch der Grund sein, warum die Zahl der Mitglieder des RSPO in kurzer Zeit rasant gewachsen ist.

Webber beendet sein Grußwort pathetisch mit einer Einladung zu einer »Reise der nachhaltigen Entwicklung von Palmöl«. Und ja, die Hochglanzbroschüren der Palmölproduzenten, in denen die Besucher an den Ständen im Foyer des Hotels blättern, sehen fast aus wie Reisekataloge. Nahezu idyllisch wirken die Fotos der sattgrünen Ölpalmen, zwischen denen eigentlich nur noch die Hängematten fehlen und der weiße Sandstrand.

Eine Frau im weißen Blazer moderiert die erste Diskussionsrunde. Einer der Teilnehmer, ein französischer Unternehmer, erklärt, wie absolut unverzichtbar Palmöl für seine Firma ist, die so unglaublich bedeutende Dinge wie Tiefkühlteig herstellt. Ludger Breloh, bei Rewe Bereichsleiter für nachhaltige Produkte, appelliert predigerhaft an »die Menschen hier in diesem Raum, das Richtige zu tun. Wir müssen unsere Produkte ändern, um den Palmölmarkt zu verändern!« Da will Rewe gerne Vorbild sein: »Wir sind im Hinblick auf unsere Palmölstrategie der nachhaltigste Akteur im deutschsprachigen Raum«, sagt Breloh und meint damit, dass der WWF Rewe, die größte Handelskette Europas, auf den ersten Platz der WWF-Score Card gesetzt hat, weil sie so viel zertifiziertes Palmöl kauft – schließlich laufen dort ja auch täglich Millionen Produkte über das Kassenband, die Palmöl enthalten.[236]

Unilever-Manager Jan Kees Vis sitzt ebenfalls in der Runde. Er sagt: »Unilever allein hat keinen Einfluss auf die Welt.« Ach – jetzt doch nicht? Das klang beim Tütensuppenheiland doch noch ganz anders? Als Kees Vis gefragt wird, was denn die Auswirkungen des Runden Tischs für nachhaltiges Palmöl seien, antwortet er: »Bis jetzt kann man keine Effekte vor Ort sehen.« Es ist wahrscheinlich der einzige wahrhaftige Satz, der an diesem Tag fällt. Doch er geht unter im Motivationsgeplärr, in das auch die Bundesregierung eingestimmt hat. Sie ist den Konsumgüterkonzernen bei der Imagepflege gerne behilflich.

Am Tag vor der RSPO-Konferenz ist im Berliner Büro der Gesellschaft für internationale Zusammenarbeit (GIZ) die Gründung des Forums für nachhaltiges Palmöl (FONAP) gefeiert worden. Dieses setzt sich zum Ziel, mit der Industrie »gemeinsam tragfähige Lösungen für die Verbesserung der Praktiken im Palmölsektor zu erarbeiten«.[237] Auch diese Initiative will nicht den Verbrauch des problematischen Rohstoffs reduzieren – denn zu den Gründungsmitgliedern gehören genau die Konzerne, die riesige und wachsende Mengen Palmöl brauchen: Unilever, Henkel und Rewe. Man will deutsche Firmen dabei unterstützen, 100 Prozent »nachhaltiges« – sprich: mit RSPO- oder einem anderen Siegel versehenes – Palmöl zu beziehen. Für den grünen Anstrich sorgt der WWF. Er ist die einzige NGO im Forum, das fast eine Miniaturausgabe des Runden Tischs für nachhaltiges Palmöl ist: Auf eine NGO kommen rund 30 Unternehmen, darunter Bahlsen, Beiersdorf (Nivea), Edeka, Kaufland, Lidl und Nestlé, aber auch Naturkosmetikfirmen wie Annemarie Börlund und Weleda.[238]

Angesiedelt ist die deutsche Palmöllobby bei der Gesellschaft für internationale Zusammenarbeit. Die GIZ ist mit 17 000 Beschäftigten und Einnahmen von jährlich mehr als zwei Milliarden Euro die größte Entwicklungshilfeorganisation der Welt. Sie ist das Ergebnis der umstrittenen Fusion der Deutschen Gesellschaft für Technische Zusammenarbeit (GTZ), dem Deutschen Entwicklungsdienst (DED) und der Internationalen Weiterbildung und Entwicklung GmbH (InWEnt) im Jahr 2011. Die Einrichtung der GIZ gilt als größte Reform des damaligen Entwicklungshilfeministers Dirk Niebel (FDP). Der wollte erst das Entwicklungshilfeministerium abschaffen, dann entschied er sich jedoch dazu, auch noch die letzten solidarischen Ansätze aus der Entwicklunghilfe zu tilgen. Niebel baute das Ministerium zum Förderverein für deutsche Industrieinteressen um.

Fast eine Dreiviertelmillion, genau 711 786 Euro, stehen dem Forum für nachhaltiges Palmöl zwei Jahre lang für Veranstaltungen, Fortbildungen und Mitgliederberatung zur Verfügung. Henkel, Rewe und Unilever haben je 100 000 Euro in die Gemeinschaftskasse gezahlt. Doch der größte Anteil, mehr als die Hälfte, ist öffentliches Geld: Das Bundesministerium für Ernährung und Landwirtschaft fördert die Industrie-Initiative mit 411 786 Euro.[239] Gegen das steuerfinanzierte Greenwashing protestieren beim Gründungstreffen ebenfalls Rettet den Regenwald, Robin Wood, die Gesellschaft für bedrohte Völker, Urgewald und Watch Indonesia! »Statt sich mit der Palmölindustrie zusammenzutun, sollte die GIZ den Menschen in Indonesien helfen, das geraubte Land zurückzuerlangen«, sagt Marianne Klute vom Denkhaus Bremen.

FONAP hält Kritikern entgegen, den Runden Tisch für nachhaltiges Palmöl verbessern zu wollen.

Zum Beispiel wolle man den Anbau auf Torfböden und die Verwendung gefährlicher Pestizide stoppen, der Palmölindustrie strengere Reduktionsziele für Treibhausgase auferlegen und die Beschwerdeverfahren transparenter machen. Die Forderungen sind in die fernere Zukunft gerichtet. Damit wird auch hier die Expansion schöngeredet. Ohnehin: Wie viel Druck können ausgerechnet Unternehmen aufbauen, die Interesse am Zugang zu noch mehr Palmöl haben? Warum darf Unilever im Lenkungsausschuss dieses steuerfinanzierten Gremiums sitzen, obwohl der Konzern nichts gegen die Menschenrechtsverletzungen seines Hauptlieferanten Wilmar unternommen hat?

Das will ich nach meiner Rückkehr aus Indonesien FONAP fragen. Ich bitte via GIZ um ein persönliches Gespräch mit dem FONAP-Generalsekretär Daniel May. Doch für ein Interview steht May selbst nicht auf eingehende Nachfragen zur Verfügung. Ich reiche also meine Fragen schriftlich ein. Widerwillig: denn für mich als Journalistin bedeutet das, dass ich mein Gegenüber weder mit kritischen Fragen überraschen noch nachbohren kann. Ich weiß noch nicht einmal, wer auf meine Fragen antwortet. Ziemlich intransparent also für das Forum, das doch, so steht es jedenfalls mehr als ein Dutzend Mal auf der Homepage, transparent sein will. Wie erwartet erhalte ich auf meinen fünfseitigen detaillierten Fragenkatalog eine oberflächliche PR-Antwort, kaum eine meiner Fragen wird beantwortet. Eine Stellungnahme, die ich von der steuerfinanzierten Behörde zu Unilever und den Umwelt- und Menschenrechtsvergehen seines Hauptlieferanten Wilmar erbeten hatte, gibt es nicht. Stattdessen leitet die GIZ meinen Fragenkatalog einfach ungefragt an Unilever weiter. Aber auch der Weltretterkonzern Unilever, dem ich ebenfalls die Fragen schriftlich geschickt hatte – er stand für ein mündliches Interview nicht zur Verfügung –, schickte mir nach fünf Wochen und wiederholter Aufforderung eine ähnliche PR-Antwort. Zuvor allerdings hatte sich Unilever-Sprecher Merlin Koene bei der Chefredaktion des Magazins beklagt, für die ich gerade einen Palmölreport schrieb. Er fühle sich von all den Fragen ganz erschlagen. Er habe das Gefühl, egal, was er darauf antworte, es würde ihm negativ ausgelegt werden. Und vom RSPO habe ich bis heute überhaupt keine Antwort auf meine Anfrage nach einem Interview bekommen.

8. Greenpeace im Wandel?

Im Foyer des Estrel-Hotels in Berlin verteilt Greenpeace Ansichtskarten. »Greetings from the Forest« steht quer über die vier Fotos geschrieben, die das Schreckensszenario zeigen: abgeholzte Flächen neben Regenwaldresten, Menschen mit Mundschutz in Rauchschwaden, verkohlte Baumstümpfe und ein mit Palmölfrüchten beladener Lkw. Die Grüße aus der düsteren Realität des Palmölwahns gehen an die Mitglieder des Runden Tischs für nachhaltiges Palmöl. Zum europäischen RSPO-Gipfel hat Greenpeace die Studie »Certifying Destruction« über die verheerenden Waldbrände vorgelegt, die im Juni 2013 in der Provinz Riau in Sumatra wüteten. 39 Prozent der Feuer seien auf Konzessionen von RSPO-Mitgliedern entstanden. »Was hat das mit Ihnen zu tun? Nun, wenn Sie nicht wollen, dass Ihr Palmöl damit in Verbindung gebracht wird, müssen Sie sicherstellen, dass Sie über den RSPO hinaus gehen«, steht auf der Rückseite der Karte.

Greenpeace kritisiert den Runden Tisch für nachhaltiges Palmöl seit Jahren als Greenwashing. Die Wirkungslosigkeit der Industrieversammlung hat die NGO schon in vielen Studien vor Ort nachgewiesen und Kampagnen dagegen entwickelt. Das hat Gewicht, denn Greenpeace ist eine der größten und bekanntesten Umweltschutzorganisationen der Welt. Unvergessen die Bilder der Achtzigerjahre, als die »Regenbogenkämpfer« in Schlauchbooten riesigen Walfangflotten trotzten. Mit solchen spektakulären Aktionen lieferte die 1971 in Vancouver gegründete Organisation viele Symbolbilder, die wesentlichen Anteil daran hatten, dass Umweltzerstörung vom Nischen- zum Mainstream-Thema geworden ist. Anders als der WWF, der von Adeligen, Millionären, Großwildjägern und Industriellen gegründet wurde,[240] ist Greenpeace aus der Zivilgesellschaft entstanden.

Und im Unterschied zum WWF stellt Greenpeace in Kampagnen Konzerne an den Pranger, so auch Mitglieder des Runden Tischs für nachhaltiges Palmöl. Zum Beispiel immer wieder Wilmar und seine Kunden.

Deswegen glaube ich, mich verhört zu haben, als in der nächsten Podiumsdiskussion Jérôme Frignet, Waldexperte von Greenpeace Frankreich, sagt, Greenpeace sei »keine Anti-Palmöl-Organisation« und auch nicht »anti RSPO«. Greenpeace hat, obwohl selbst nicht am Runden Tisch für nachhaltiges Palmöl vertreten, zusammen mit RSPO-Mitgliedern wie dem WWF und den drei Palmölkonzernen Agroplam (Brasilien), Daabon (Kolumbien) und New Britain Palm oil die Palmoil Innovation Group (POIG) gegründet, eine Art »RSPO plus«. Gemeinsam wolle man den RSPO als Basis-Standard weiterentwickeln und die RSPO-Mitglieder zu weiteren freiwilligen Zugeständnissen überreden. Aber auch diese »Reise in Richtung nachhaltiges Palmöl« soll nicht dahin gehen, die Expansion generell zu stoppen, wie das die lokalen Protestbewegungen fordern.

»Wir halten es für illusorisch zu glauben, das Palmöl würde verschwinden, wenn wir das sagen. Wir sind nicht gegen Palmöl, sondern suchen nach realistischen Möglichkeiten, wie man den Wald und die Torfböden, die noch da sind, erhalten kann. Entscheidend ist dabei, die Rechte und Bedürfnisse der lokalen Bevölkerung von Anfang an als gleichberechtigte Forderungen mit in den Prozess einfließen zu lassen«, bestätigt Gesche Jürgens. Sie ist Waldexpertin bei Greenpeace Deutschland.

Zwar kämpft Greenpeace auch gegen Agrartreibstoffe, um, so Jürgens, »den Druck von den Wäldern zu nehmen«. Aber den wachsenden Massenmarkt, die Großkonzerne samt ihren überflüssigen Produkten, ja, das System stellt Greenpeace nicht in

Frage. Das mag vielleicht damit zu tun haben, dass die Spender, die Greenpeace zum Global Player gemacht haben, zu einem großen Teil aus der Mittelschicht stammen. Und die will Erfolge sehen – je spektakulärer, desto besser. Wie viel Radikalität und Kapitalismuskritik könnte man diesem konsumfreudigen Milieu also zumuten? »Die POIG wird beweisen, dass die Industrie die Verbindung zwischen Entwaldung, Menschen-, Land- und Arbeitsrechtsverletzung und Palmölproduktion kappen kann, indem sie anspruchsvolle Standards aufstellt und umsetzt«[241], heißt es in der Satzung. Die Entkopplung von Wachstum und Naturverbrauch also. Doch die verheerenden Auswirkungen, die Greenpeace und Co hier mit neuen Standards für eben auch neue Plantagen bekämpfen wollen, sind untrennbar mit der Expansion verbunden, die alle Unternehmen planen. Zu den Unterstützern gehören auch hier Edeka, Ferrero, Rewe und Tesco, die samt und sonders auf wachsende Mengen Palmöl angewiesen sind.

»Wir sind sehr strikt bei den Kriterien, damit nicht so etwas herauskommt wie ein RSPO mit i-Tüpfelchen. Aber natürlich geht währenddessen die Regenwaldzerstörung weiter, und in der POIG haben wir nur drei kleinere Produzenten offiziell dabei. Das ist noch lange nicht die Veränderung, die wir dringend brauchen«, räumt Jürgens ein. Tatsächlich sind die weiterentwickelten RSPO-Standards der POIG strenger – aber sie sind freiwillig. Greenpeace hofft, dass die Branche nachzieht, »wenn Unternehmen zeigen, dass es möglich ist, Palmöl sauber und fair herzustellen«. Damit ist schon der RSPO gescheitert. Wieso sollten Palmölkonzerne, die gegen die Minimalstandards des RSPO verstoßen, freiwillig *noch* strengere Standards einhalten? Wieso sollten Wilmar & Co, die keine Strafe fürchten müssen, wenn sie das

Gesetz brechen, Angst vor Greenpeace haben? Und was bedeutet der Kuschelkurs mit den Konzernen für die Glaubwürdigkeit von Greenpeace?

Gesche Jürgens sagt, sie sei selbst hin und her gerissen. »Es ist eine Gratwanderung. Aber wir rücken nicht von unseren Grundprinzipien ab. Wenn unsere hohen Standards, die wir ausgehandelt haben, umgesetzt werden, kann das zu einer großen Veränderung führen. Trotzdem müssen wir uns immer fragen: Verfolgen wir mit diesem Kurs immer noch, was wir wollen, oder geben wir denen ein grünes Feigenblatt? Das wäre für Greenpeace fatal – aber ich glaube, dass wir auf einem ganz guten Weg sind.«

»Name and Shame« ist ein bewährtes Kampagnenkonzept von Greenpeace. Die NGO weist einem Markenkonzern Sauereien nach, stellt ihn öffentlich an den Pranger und nutzt die verlässlich folgende Empörung, um den Konzern an den Verhandlungstisch zu zwingen. »Das schmutziges Geheimnis von Procter&Gamble«, hieß die Greenpeace-Kampagne gegen den Markenkonzern und Wilmar-Kunden, die 400 000 Leute mit einer Protestmail an Procter&Gamble unterstützten. Der Konzern reagierte, präsentierte eine eigene Waldschutzrichtlinie und kündigte an, bis 2020 »schmutziges Palmöl aus den Produkten zu verbannen«. 250 Konsumgüterkonzerne hatte Greenpeace 2013 zu einer »besseren« Palmölbeschaffung bewegen wollen. Neben Procter&Gamble haben auch Ferrero, L'Oreal, Mars, Nestlé und Unilever ähnlich wohlklingende Palmöl-Strategien veröffentlicht, und ähnlich der Score Card des WWF hat Greenpeace daraus ein Ranking gemacht: die »Tiger Challenge«.[242]

Allerdings handelt es sich bei diesen »Meilensteinen für den Schutz des Regenwaldes« (Greenpeace) nicht um reale Änderungen, sondern um Ankündigungen.[243] »Wenn eine Firma sagt, wir verpflichten uns dazu, schmutziges Palmöl aus unseren Lieferketten zu verbannen, würdigen wir das im ersten Schritt. Im zweiten müssen wir sehen, dass sie das auch tatsächlich tun. Deshalb müssen wir viel stärker auf Rückverfolgbarkeit achten und dokumentieren, wo die Konzessionen liegen, wem sie gehören und was darin passiert. So dass man nachweisen kann, wer verantwortlich ist«, sagt Jürgens.

Solche öffentlichen Vorschusslorbeeren untergraben allerdings auch Kritik. Im Februar 2015 kritisierte das *Greenpeace Magazin* den Süßwarenkonzern Ferrero wegen Kinderarbeit und verheerender Arbeitsbedingungen bei der Kakao- und Haselnussernte für die Nutella-Zutaten sowie wegen der Verwendung von Regenwald zerstörendem Palmöl und rügte das Greenwashing des RSPO. Ferrero reagiert mit einem schriftlichen Statement: Man wundere sich über die Anschuldigungen, wo doch Greenpeace International Ferrero noch im November 2013 für seine vorbildliche Palmölpolitik gelobt habe.[244]

Applaus für Absichtserklärungen macht Unternehmen unangreifbar und liefert ihnen das perfekte Alibi: Jedes noch so winzige Versprechen gilt als »Schritt in die richtige Richtung«. »Für uns ist der RSPO ein Weg, nicht das Ziel. Fundamental zu sagen, das ist nicht perfekt, ist keine Lösung«, sagt Henkel.[245] »Der RSPO ist nicht perfekt«, sagt der WWF. »Der RSPO ist nicht die perfekte Lösung. Aber wir können nicht auf die perfekte Lösung warten«, sagt Darrel Webber vom RSPO, sagen alle. Soll heißen: Wir sind dran! Alles wird gut!

»Die transnationalen NGOs haben keinen Einfluss auf die Politik vor Ort, also versuchen sie, über die Lieferketten etwas zu ändern. Die Idee, dass man kritische Käufer und damit die

Unternehmen unter Druck setzt, damit sie irgendwelche Standards umsetzen, das führt dann zu genau solchen Sachen wie dem RSPO«, sagt der Südostasienwissenschaftler Oliver Pye. »Diese Vorstellung, man könne ›von innen heraus‹ etwas ändern, entsteht aus Machtlosigkeit. Aber aus Sicht der NGO ist das super: Die sitzen am Tisch mit denen, die die Macht haben, und können ihr Anliegen einbringen. Eigentlich steht in den RSPO-Prinzipien ja alles drin, was NGOs haben wollen.« Pye hält diesen Ansatz für falsch. »Es ist kein Widerstand, sondern eine Top-Down-Strategie. Man redet mit Managern, damit sie ihre Ausbeutungspraxis verändern. Aber das sind nicht die Strategien der transnationalen und lokalen sozialen Bewegungen.«

Greenpeace hat mit ihrer Palmöl-Kampagne nicht nur Konsumgüterkonzerne wie Ferrero, Nestlé, Unilever, Mars, L'Oreal, Procter & Gamble und Colgate-Palmolive zu öffentlichen »Null Abholzung«-Statements bewegt, sondern auch umstrittene Papier- und Palmölkonzerne in Indonesien. Darin kooperiert Greenpeace Indonesien mit dem Papier- und Zellstoffkonzern Asia Pulp and Paper (PT APP) des Palmöl-Giganten Sinar Mas, der allein 20 000 Quadratkilometer Tropenwald vernichtet haben soll, und Golden Agri Ressources, ebenfalls eine Sinar-Mas-Tochter.[246] Und – Tusch, Trommelwirbel, Konfetti – im Dezember 2013 veröffentlichte auch der Wilmar-Konzern seine »No deforestation. No peat. No exploitation.«-Strategie. »You did it!«, jubelte Greenpeace International daraufhin und lobte den Wilmar-Konzern öffentlich: »Das könnte ein riesiger Gewinn für Indonesiens Wälder sein«[247]. Die Kritik, die Greenpeace trotzdem und immer weiter äußerte, dürfte aber im medialen Freudentaumel über diese schier unglaubliche Wandlung eher untergegangen sein. Die interessante Nachricht war ja nicht, dass Greenpeace Konzerne kritisierte, das tun sie schließlich immer. Die Nachricht war, dass Greenpeace sie lobte.[248]

»Welche Legitimation haben eigentlich WWF, Greenpeace und die anderen internationalen Umweltkämpfer, wenn sie in Indonesien Abkommen mit notorischen Umweltverbrechern schließen? Wurde im Vorfeld mit der betroffenen Bevölkerung gesprochen, die Landrechtskonflikte mit Wilmar, APP und Co. austrägt? Gab es also so was wie ›Free Prior Informed Consent‹?«, fragt Peter Gerhard vom Denkhaus Bremen, der lange für Robin Wood gearbeitet hat, in seiner Kritik an der »Metamorphose der Raubbaukonzerne«.[249] Zwar kommt die Palmöl-Strategie nicht aus dem Norden, sondern von Greenpeace Indonesien. Doch lokale Aktivisten, Bewegungen und NGOs wie Save our Borneo und Perkumpulan Hijau stimmen in den Jubel nicht ein. Im Gegenteil: Wen auch immer ich während meiner Reise in Indonesien auf Greenpeace anspreche, reagiert wütend. »Wenn Firmen die Legitimation von Greenpeace haben, dann können sie alles machen«, sagt Feri Irawan.

Womöglich war der Verkauf von PT Asiatic Persada sogar Teil von Wilmars Strategie, sich künftig als Regenwaldretter zu inszenieren. Doch nur ein halbes Jahr, nachdem Wilmar seinen Anti-Abholzungsplan verkündet hatte, wies die NGO Greenomics in einer Untersuchung mittels Satellitenbildern nach, dass Tochterfirmen und Zulieferer von Wilmar weiter in sensiblen Gegenden abholzten.[250] Im Februar 2015 wurde auf einer Plantage von PT APP in Jambi zum dritten Mal ein Dorfbewohner von den APP-Sicherheitsleuten zu Tode geprügelt. Indra Pelani, der Aktivist, wurde gerade einmal 23 Jahre alt. Daraufhin brach Greenpace die Zusammenarbeit mit PT APP ab – wofür die Firma öffentlich Verständnis zeigte.[251]

Müssten sich Greenpeace und andere NGOs, die mit Unternehmen arbeiten, nicht fragen, wie sinnvoll solche Kooperationen sind? Wäre es nicht – mit dem vielen Geld im Rücken – sinnvoller, intensiv die lokalen sozialen Bewegungen in ihrem Kampf zu unterstützen, statt Firmen, die nur ein einziges Interesse haben, nämlich steigenden Profit?

Wenige Wochen nach der Hurra-Veranstaltung in Berlin, im November 2013, zieht die Karawane weiter: zum elften Jahrestreffen des Runden Tischs für nachhaltiges Palmöl nach Medan. Es gibt schon wieder einen Anlass, sich selbst auf die Schultern zu klopfen: Die neuen Prinzipien und Kriterien werden vorgestellt. Rund 2 000 RSPO-Mitglieder reisen in die Provinzhauptstadt von Sumatra – aber noch mehr Demonstranten. Es ist ein großer, gemeinsamer Wutausbruch, der sich da Bahn bricht: 3 000 Aktivisten, Arbeiter, Gewerkschafter, Kleinbauern und Indigene demonstrieren vor dem Luxushotel Santika. »RSPO – Round Table Sustainable Predator Organization«, steht auf einem Schild, das Nordin in die Höhe hält, »Runder Tisch nachhaltiger Räuber«. Herwin, der Arbeiterkämpfer, ist auch gekommen – und mit ihm zehn Gewerkschaften. Auch Feri ist da, zusammen mit den Suku Anak Dalam aus Jambi. Die Demonstranten fordern, dass der RSPO endlich Konsequenzen zieht und Wilmar sämtliche Nachhaltigkeitszertifikate wegnimmt und die Mitgliedschaft beendet. Manche halten Transparente hoch, auf denen »VOC = Wilmar« steht. Das Kürzel VOC ist in Indonesien ein Symbol für Kolonialisten – es bezieht sich auf die koloniale niederländische Handelsgesellschaft VOC (Vereinigte Ostindische Kompanie).[252] Der Protest wird schlicht ignoriert.

Einen Monat später, im Dezember 2013, überfallen 1 500 Soldaten die Siedlungen in Bungku, zerstören fast 300 Häuser und
vertreiben die Suku Anak Dalam. Hunderte Männer, Frauen und
Kinder ziehen nach Jambi und kampieren vor dem Gouverneurs-
palast, doch die Polizei verjagt sie nach 65 Tagen. Ein Vierteljahr
später gibt es den ersten Toten.

9. Die Tragödie von Bungku

Auf dem Boden der Holzhütte sitzt eine junge Frau und wiegt
ein kleines Mädchen in den Schlaf.

Arti* ist 29 Jahre alt und seit 100 Tagen Witwe. Ihre fünf Monate alte Tochter Gemasti wird ihren Vater niemals kennenler-
nen. Als sie ihn totgeschlagen haben wie einen Hund, war sie
noch ein Säugling. »Wenn Puji an einer Krankheit gestorben
wäre oder bei einem Unfall, dann könnte ich damit leben«, sagt
Arti, »aber sie haben ihn mir geraubt.« Sie legt das schlafende
Kind in ein Tuch, das an einer Springfeder von der Decke hängt,
und schubst es zärtlich an. Dann steht sie auf, um mit ihren
Schwestern die Trauerzeremonie für Puji vorzubereiten. Vor
einigen Monaten, als die Situation in Bungku immer brenzliger
wurde, war Arti mit Puji, ihrem zweiten Mann, vorübergehend
ins Haus ihrer Eltern gezogen. Mit den fünf Kindern, zehn, neun,
sechseinhalb, fünfeinhalb, fünf Monate, zwei aus Pujis und zwei
aus Artis erster Ehe, sowie ihrer gemeinsamen Tochter Gemasti,
lebt sie dort noch immer auf engstem Raum in der Hütte am
Rande einer Palmölplantage. Ihr Vater, er ist Handwerker, muss
jetzt acht Personen versorgen; es mangelt an allem, es gibt nicht
einmal ein Klo.

---
* Name geändert

Arti* und ihre beiden Schwestern tragen Teller mit Essen und Gläser mit Wasser ins Schlafzimmer und stellen sie auf das Bett. Arti zündet Kerzen an. Der hellblaue Vorhang, der den winzigen Raum vom Rest der kleinen Holzhütte abtrennt, schließt sich hinter den drei Frauen; man hört, wie sie leise murmeln. Es ist ein alter Brauch, mit den Toten zu essen und zu trinken, als wären sie anwesend. In Batanghari, wo auch Bungku liegt, ist Puji allgegenwärtig. »Puji ist jeden Tag nach Bungku gefahren, um nach seinem Land und seinen Freunden zu sehen«, erzählt Arti. Wenn sie mit ihrer hellen, melodischen Stimme spricht und die Vokale dabei langzieht, klingt es wie ein trauriges Lied. »Er ist immer um die gleiche Zeit gefahren, aber an diesem Tag ist er früher los als sonst«, sagt sie. »Wäre er gegangen wie immer, dann würde er noch leben.«

An jenem 5. März 2014 ist Arti mit den Kindern alleine. Als sie am nächsten Morgen erwacht, ist Puji nicht zurückgekehrt. Die erste Nachricht, erzählt Arti, sei von ihrem Onkel gekommen: Puji habe einen Motorradunfall gehabt und sei in Jambi im Krankenhaus. Sie fährt sofort dahin. Eine aufgebrachte Menschenmenge hat sich versammelt, in der sie viele Gesichter aus Bungku erkennt. »Die Leute waren sehr aufgeregt, schärften mir aber ein, ich solle Ruhe bewahren. Ich habe gar nicht verstanden, was sie damit meinen.« Weiter vorne sieht sie Puji auf dem Bett liegen; er sieht aus, als würde er schlafen. Erst als die Polizei etwas von »Autopsie« erzählt und sie daran hindert, zu ihm zu gehen, begreift sie, dass ihr Mann tot ist.

Arti und Puji hatten davon geträumt, bald ein gemeinsames Haus für sich und ihre Familie zu bauen. Mit 29 Jahren steht Arti jetzt vor den Trümmern ihre Zukunft. Pujis Motorrad hat immer

---

* Name geändert

noch die Polizei, seither ist sie nicht mehr mobil. Das Land, das Puji in Bungku gehört, betrachtet die lokale Regierung als Besitz von PT Asiatic Persada. Von PT Asiatic Persada aber hat Arti kein Sterbenswort gehört. »Sie haben nicht einmal Beileid gewünscht«, sagt sie bitter. Auf Entschädigung oder auch nur Hilfe der Regierung wartet sie bislang vergeblich. Sie weiß nicht, wovon sie leben und wie sie die Kinder durchbringen soll. Der älteste Sohn von Puji schweigt, seit der Vater tot ist. »Wo ist mein Papa?« Das fragt der Jüngere jeden Tag. Er kann nicht verstehen, dass der niemals wieder kommen wird.

Ein Leben mit 36 Jahren ausgelöscht und eines so gut wie vorbei mit nur 29 Jahren, denke ich, als wir zurückfahren, vorbei an dem winzigen Friedhof auf der kleinen Anhöhe, auf dem Puji begraben liegt. Erschlagen für Tütensuppen, Tiefkühlpizza und den europäischen Klimaschutz. Und an den Autofenstern ziehen schon wieder die verfluchten Ölpalmen vorbei.

Wir fahren nach Bungku. Dabei passieren wir die Stelle, an der die Wachleute und Militärs Titus, Khori Kuris und seine Freunde misshandelt und Puji die tödlichen Verletzungen zugefügt haben. Nicht weit davon steht ein Wachhäuschen mit Schranke. Es wurde neu gebaut, um den Weg zu den Dörfern zu versperren, aus denen die Suku Anak Dalam gewaltsam vertrieben wurden.

Das Flüchtlingscamp der Suku Anak Dalam liegt am Rand der Plantage zwischen Ölpalmen voller Straßenstaub. Im Juni 2014 leben hier mehrere Hundert Menschen. Sie hausen in notdürftigen Hütten und unter Plastikplanen. Manche von ihnen schlafen im Straßengraben oder auf der Erde zwischen Ölpalmen. Pujis Freunde sitzen auf zusammengezimmerten Brettern. Man sieht ihnen an, wie ihnen die Situation zusetzt. Viele von ihnen sind traumatisiert. Sie leben ein ungesundes Leben, zu wenig zu essen, zu wenig Wasser. Aber was sie zusammen hält, ist ihr Kampf für Gerechtigkeit. »Wir wollen unser Land zurück«, sagt Ardani, der charismatische Anführer, erhobenen Hauptes.

Gerade hat er erfahren, dass die vier Security-Leute, die seine Freunde geschlagen und Puji getötet haben, vielleicht nur eine Gefängnisstrafe von zehn Monaten bekommen. »Zehn Monate dafür, dass sie einen Menschen getötet haben.« Ardani ist wütend. Hinter ihm haben die Leute eine Bühne aufgebaut. Morgen wollen sie ein Fest geben für den toten Puji und seine Familie.

»Früher gab der Wald uns alles, was wir brauchten, auch Medizin. Wir waren reich und sicher«, sagt Ardani. Aber jetzt sind die Menschen so gut wie mittellos. Nicht nur, dass ein Schlagbaum und ein Security-Posten die Leute davon abhält, in ihr Dorf zurückzukehren: Die Firma hat auch einen Wassergraben schaufeln lassen. Jetzt können die Kinder nicht einmal mehr in die Schule gehen. Wie sie sich versorgen sollen, wissen sie nicht. Manche versuchen, Palmölfrüchte zu verkaufen, doch wenn sie kein Geld haben, um die Security zu bestechen, werden sie als Diebe verhaftet. Ardani selbst saß dafür schon mehrere Monate im Gefängnis. Und einmal dafür, dass er die Gemeinde aufgewiegelt habe. Er grinst, als er das erzählt, sein Widerstand ist ungebrochen, trotz allem.

Wir reden noch keine Viertelstunde, schon hält ein Soldat auf einem Motorrad neben uns an. Ich werde nervös. Ich habe keine Genehmigung, diese Plantage zu betreten, auf der einer der brutalsten Landkonflikte Indonesiens tobt. Der Soldat setzt sich in die Runde, und die Gespräche ersterben. Er will und will nicht gehen, bleibt auch noch zum Essen, das die Menschen, die nichts haben, ihren Gästen auftischen. Als er sich endlich auf sein Motorrad schwingt und wegfährt, ist es bereits dunkel.

Das Knattern des Motorrads verhallt in der Ferne, die Leute atmen auf. Ardani beobachtet die Kinder, die zwischen den Zelten herumtoben. »Es tut weh, sie zwischen den nutzlosen Ölpalmen aufwachsen zu sehen.« Das Wissen, wie man mit und von der Natur lebt und die Wälder der Ahnen erhält, ist ab dieser Generation verloren. Wahrscheinlich wird auch den Jungen nichts anderes übrigbleiben, als sich gegen Hungerlohn in den Palmölplantagen zu verdingen. Als wir uns zum Abschied umarmen, flüstert mir Ardani ins Ohr: »Du musst den Leuten bei dir sagen, dass sie kein Palmöl von Asiatic Persada kaufen dürfen. Die haben unser Land gestohlen!«

Und doch schöpften die Suku Anak Dalam in Bungku neuen Mut. Im Oktober 2014 gelang es Feri Irawan, die Widerständigen wieder zusammenzuführen. In Jambi begannen sie ihren langen Marsch für Gerechtigkeit. Zu Fuß und mit dem Schiff legten sie in 43 Tagen 1 000 Kilometer nach Jakarta zurück und schlugen ihr Lager vor dem Präsidentenpalast auf. Nach der Wahl in Indonesien im Sommer 2014 lag große Hoffnung auf dem neuen Präsidenten Joko Widodo, der als eine Art Barack Obama Indonesiens im Oktober sein Amt angetreten hatte. Viele NGOs und Aktivisten unterstützten »Jokowi« und seine Demokratische Partei des Kampfes Indonesiens. Er gehört nicht dem Militär an wie sein Gegner Prabowo Subianto: Der Ex-General und Schwiegersohn des Diktators Suharto war in Menschenrechtsverbrechen verwickelt. Jokowi aber ist Forstwirt und Unternehmer, er war Gouverneur von Jakarta und Bürgermeister seiner Heimatstadt Surakarta. Er fand viel Anerkennung für seinen demokratischen Politikstil. Für gute Stadtplanung, Umweltschutz und den Kampf gegen Korruption wurde er ausgezeichnet. Die Aktivisten ließ vor allem sein Versprechen aufhorchen, das Land endlich zu kartografieren. »Ein Land, eine Karte«: Im Kampf um Landrechte könnte das ein Meilenstein sein.

Im März 2015 sitzen die Suku Anak Dalam noch immer vor dem Palast, doch der Präsident ignoriert die Demonstranten. Stattdessen verkündete der – nun: ehemalige – Hoffnungsträger der Regenwaldkämpfer einen Wahnsinnsplan: Die indonesische Regierung werde Biosprit für den heimischen Markt mit mehr als einer Milliarde Dollar fördern. In Indonesien könnte der Kampf bald nicht mehr um die letzten Wälder gehen. Sondern um die letzten Bäume.

Gewalttaten muss man alle auf einmal begehen, damit sie weniger empfunden werden und dadurch weniger erbittern.

Niccolò Machiavelli, *Der Fürst*

IV. KLIMASCHUTZ GEGEN MENSCHENRECHTE

Wie Industrienationen die Wälder der Welt per Emissionshandel unter sich aufteilen

1. REDD+: Hoffnung für den Wald?

Hyloscirtus princecharlesi hat lange Arme, Beine, Finger und Zehen; sein schwarz glänzender, graziler Leib ist mit orangeroten Punkten übersät. Es ist ein hübsches Baumfröschlein, das der ecuadorianische Wissenschaftler Luis A. Coloma 2012 an einem Fluss im Regenwald entdeckt hat. Doch die Amphibie ist so bedroht wie ihre Heimat, denn Holz- und Bergbaukonzerne rücken den Nebelwäldern von Ecuador zu Leibe. Coloma hat das Tierchen nach Prinz Charles getauft, denn der Fürst von Wales und Herzog von Cornwall ist der Welt als Naturschützer und Regenwaldretter bekannt. Statt des Vereinigten Königreichs regiert er die Blumen und Bäume in seinen Gärten Highgrove, Clarence House und im schottischen Balmoral. Da gibt es Wälder, Blumenwiesen, Obstbäume und Gemüsegärten, die Charles ökologisch bewirtschaften lässt. Charles sagt, er würde mit den Blumen und Bäumen sprechen, sie seien ihm wie Kinder, sein eigen Fleisch und Blut, dem er beim Wachsen zusehe.

»Sie wissen vielleicht, dass Prinzen und Frösche eine alte Verbindung haben«, sagt Charles und lächelt sanft ironisch in die Kamera. In einem Imagefilm der britischen Zeitung *The Guardian* stellt er The Prince's Rainforest Project vor, dessen Symbol ein Regenwaldfrosch ist.[253] Der Prinz hat bereits 19 Natur- und Artenschutzorganisationen gegründet und ist Präsident des WWF Großbritannien. Seit 2007 hat er auch noch ein eigenes Regenwaldprojekt. Die Idee ist, den Bäumen einen Wert zu geben, sodass es finanziell lohnenswerter ist, sie zu erhalten, als sie zu fällen. Er sammelte Geld, bestellte Politiker wie Angela Merkel, Nicolas Sarkozy und Hilary Clinton in seinen Palast, um sein Rettungsprogramm vorzustellen. Er reiste nach Brüssel, um der EU-Kommission zu erklären, dass die Regenwälder lebendig wertvoller sind als tot. Für seine Mission tat sich der Prinz nur mit den Besten zusammen: dem Ölgiganten Shell, dem Bergbaukonzern Rio Tinto, McDonald's, den Banken Morgan Stanley, Goldman Sachs und der Deutschen Bank, dem Hedgefondsanbieter Man Group und der größten Börse für den Handel mit CO_2-Zertifikaten, European Climate Exchange.[254]

Im November 2008 stapft der royale Regenwaldretter durch ein Stück Dschungel in Sumatra. Mit seinem beigen Tropenanzug, das Hemd mit den aufgesetzten Taschen in der Taille gegürtet, und mit seinem Spazierstock mit dem edel verzierten Knauf wirkt er wie ein Kolonialherr aus längst vergangenen Zeiten, der in die Gegenwart katapultiert wurde. Genauer: nach Bungku. Denn der Waldrest wächst neben der Palmölplantage von PT Asiatic Persada in Jambi und soll geschützt werden. Hutan Harapan heißt das Regenwaldprojekt, Wald der Hoffnung. 1000 Quadratkilometer Wald, der sich über die zwei Provinzen Jambi und Südsumatra erstreckt, sollen vor der Abholzung geschützt und eine Fläche halb so groß wie der Chiemsee darin wieder aufgeforstet werden. Das Projekt wurde 2001 gemeinsam von der indonesischen Naturschutzorganisation Burung Indonesia, der britischen Royal Society for the Protection of Birds (RSPB), der Business-NGO Birdlife International und dem Naturschutzbund Deutschland (Nabu)[255] ins Leben gerufen und von 2009 bis 2013 umgesetzt. Es ist eines der 400 Klima- und Biodiversitätsschutz-Programme in sogenannten Schwellen- und Entwicklungsländern, die die Internationale Klimaschutzinitiative der deutschen Bundesregierung unterstützt:[256] Das Bundesumweltministerium hat das Vorhaben in Sumatra über die bundeseigene Kreditanstalt für Wiederaufbau (KfW) mit 7,5 Millionen Euro gefördert.

Hutan Harapan ist ein Pilotprojekt: Es wird kein Primärwald geschützt, sondern Sekundärwald. Bis 2007 gab es dort eine Lizenz für den Einschlag von Tropenholz. 2004 führte die indonesische Regierung die »Ecosystem Restoration Licence« für wirtschaftlich genutzte Wälder ein, für die nun auf solchen Flächen Lizenzen zum Waldschutz erworben werden können. Abholzung und Monokulturen wie Palmöl sind auf diesen Flächen dann verboten. Das Harapan-Gebiet ist das erste, das diese Lizenz erhalten hat – für einhundert Jahre. Halter der Lizenz ist das Unternehmen PT Restorasi Ekositem Indonesia, kurz: PT REKI, das dafür gegründet wurde.

Hier also pflanzt His Royal Highness am zweiten November 2008, klickklickklick, symbolisch und kamerawirksam, den ersten Eisenholzbaum. Illegal, genau genommen. Denn für das Projektgebiet in der Provinz Jambi gibt es zu dieser Zeit noch gar keine Lizenz. Aber wer wollte schon nickelig werden, wenn die Reichen endlich anpacken, um das Klima zu retten?

Zur selben Zeit baut Pak Pauzi nicht weit entfernt ein Haus für seine Familie in Simpang Macan Luar. Legal. Er gehört zu den Suku Anak Dalam, genauer: zum Stamm der Batin Sembilan, der dort schon zu Kolonialzeiten vom Wald lebte. Seit Generationen jagten und fischten sie in den neun Flüssen, pflanzten Obstbäume an, Durian, Mango und Jackfrüchte, sie hatten Bananen, Gemüse, Süßkartoffeln und Reisfelder, gelegentlich fällten sie Bäume für Feuerholz oder für den Bau ihrer Hütten. Sie sammelten Honig und Rattan und bauten Gummibäume an.

Ihr Wald soll jetzt der Wald der Hoffnung sein. Aber die Indigenen und Kleinbauern dürfen sich keine Hoffnung machen: Denn im Namen des Klima- und Naturschutzes wird ihnen das traditionelle Bewirtschaften ihres Waldes verboten. Keiner hat sie um Erlaubnis gefragt, wie es das Prinzip des Free Prior and Informed Consent (FPIC) vorsieht. Pak Pauzis Haus auf dem Land, das ihm per Gewohnheitsrecht gehört, ist noch nicht fertig, da wird er von Militärs bedroht. Die Soldaten raten ihm, das Haus abzureißen und zu verschwinden. Pak Pauzi flieht mit seiner Familie zu Verwandten. Nach ein paar Tagen kehren sie schließlich zurück. Es gibt keinen anderen Ort, an dem sie leben könnten. Denn Simpang Macan Luar liegt auf der Grenze zwischen der Plantage von PT Asiatic Persada, auf der seit Jahren der Landkonflikt mit den Suku Anak Dalam tobt, und dem neu ausgewiesenen Schutzgebiet, in dem ebenfalls keine Menschen erwünscht sind. Schon gar keine, die dort so leben wollen, wie es ihrer Tradition entspricht.

Im Harapan-Wald sollen binnen 30 Jahren zehn bis 15 Millionen Tonnen CO_2 gespeichert werden werden. Das ist so viel, wie die deutsche Bundesregierung zwischen 2005 und 2012 der Industrie jährlich an Emissionszertifikaten – sogenannten Verschmutzungsrechten – geschenkt hat. Auch der Harapan-Wald könnte einmal dem Emissionshandel dienen. Die aus dem Projekt gewonnenen Erkenntnisse »liefern wichtige Informationen zur Entwicklung einer REDD+ Strategie für Indonesien und andere globale Regenwaldgebiete«, heißt es bei der Internationalen Klimainitiative.[257] Hutan Harapan soll Modell für weitere 2400 Quadratkilometer tropischer Wälder in Indonesien sein, »die zurzeit weder aktiv bewirtschaftet noch geschützt werden.« REDD+ ist die Abkürzung für »Reducing Emissions from Deforestation and Forest Degradation« (Reduktion von Emissionen aus Entwaldung und Schädigung von Wäldern). Das bedeutet, dass die Erhaltung oder Aufforstung von Wald im Süden finanziell belohnt wird, indem Industrieländer oder Unternehmen dort Emissionszertifikate kaufen, um ihren gewaltigen CO_2-Ausstoß auszugleichen.

Grundsätzlich klingt die Idee, dass die Verursacher des Klimawandels den Walderhalt finanzieren, nicht schlecht. Sie stammt von den Regenwaldnationen, darunter Indonesien und Papua. Doch dann bemächtigte sich die Weltbank des Konzepts, die weltweit Milliardenkredite in gigantische Projekte investiert hat, die ihrerseits eine massive Abholzung von Wäldern zur Folge hatten. Auf dem UN-Klimaschutzgipfel 2007 in Bali verkündete die Weltbank, mit REDD+ »einen Wald-Kohlenstoff-Markt zu starten, der das ökonomische Gleichgewicht zugunsten des Waldes verschiebt.« Es soll für die Länder, in denen die meiste Abholzung stattfindet, lohnenswerter sein, Wälder zu schützen als sie zu zerstören. Wälder müssten dafür in den Emissionshandel einbezogen werden.[258] Genau genommen geht es der Weltbank also nicht um einen generellen Entwaldungsstopp – sondern um die Dienstleistung von Bäumen als Kohlenstoffspeicher, die in der

Finanzlogik der Bank klarerweise bezahlt werden muss. Beim Klimagipfel in Cancún 2010 haben sich 194 Länder, die der Klimaschutzkonvention der UN beigetreten sind, auf den REDD+-Mechanismus geeinigt.

2. Natur als Rechnungsposten

»Derzeit bezahlt niemand für die Leistungen, die uns Ökosysteme bieten. Deshalb bekommen Menschen, die diese Systeme erhalten sollen, auch kein Geld dafür. Es fehlt also ein wirtschaftlicher Anreiz, das Richtige zu tun«, sagt Pavan Sukhdev.[259] Der Manager der Deutschen Bank wurde 2007 von Bundesregierung und EU-Kommission beauftragt, den ökonomischen Wert der Biodiversität zu berechnen. 2006 hatte der damalige Chef-Ökonom der Weltbank, Nicholas Stern, berechnet, dass die Kosten, die der Klimawandel verursacht, höher sein werden als die Investitionen in den Klimaschutz. Seine Prognose: Die weltweite Wirtschaftsleistung könnte um bis zu 20 Prozent sinken. Solche Botschaften schrecken kapitalistische Regierungen mehr auf als die Aussicht auf Naturkatastrophen und Millionen Tote in den Ländern des Südens.

Dass man der Natur und ihren Dienstleistungen einen monetären Wert geben müsse, um sie schützen zu können, ist das Hohelied der Green Economy. Die Natur würde nur deshalb zerstört und ausgebeutet, weil ihre »Dienstleistungen«, also etwa die Bereitstellung von Luft, Wasser, Nahrung und Medizinalpflanzen, ihre Fähigkeit, das Klima zu bewahren und vor Hochwasser zu schützen, aber auch die Freizeitvergnügen, kostenlos seien und damit »nichts wert«. Das zeichnet ein zweifelhaftes Gesellschaftsbild: Der Mensch handelt nur, wie er soll, wenn es sich für ihn »lohnt«. »Die neue Ökonomie der Natur erweitert den Homo

Oeconomicus um die Natura Oeconomica«, schreibt Barbara Unmüßig von der Heinrich-Böll-Stiftung in ihrem kritischen Essay »Vom Wert der Natur«.[260] Es ist ein neoliberales Konzept: Die öffentlichen Kassen sind leer, Naturschutz ist teuer, Regulierungen, die zu einer realen Einsparung von CO_2 in den Industrieländern führen, sind für deren Regierungen und Unternehmen nicht verhandelbar. Wenn aber die Natur selbst Quelle des Profits wird, schließen sich Wachstum und Klimaschutz, Ökonomie und Ökologie nicht aus, sondern bedingen sich gegenseitig: eine Win-win-Situation, die Optimismus verbreiten soll. Tatsächlich macht die Idee vom »Naturkapital« Natur zu einem Wirtschaftssubjekt, das mit seinen »Dienstleistungen« zu einem bestimmten Preis auf einem Markt konkurrieren muss. »Es hat Sinn, weil wir erst dann abschätzen können, wie viel es uns beispielsweise kostet, eine Straße durch einen Wald zu bauen. Denn wenn wir dadurch den Wald verlieren, sind das ökonomisch betrachtet Kosten, die bisher in keiner Rechnung auftauchen«, sagt Pavan Sukhdev. Die Monetarisierung der Naturleistungen soll es möglich machen, Kosten und Nutzen solcher Entscheidungen gegeneinander abzuwägen. »Trade off« nennt sich das Instrument – da orientiert sich der grüne Kapitalismus sprachlich ganz an der Phantasiewelt Börse. Und genauso phantastisch ist die Idee, mit solchen Effizienzberechnungen zum »richtigen« Ergebnis zu kommen. Wie ausgemacht ist es, dass der Erhalt von Ökosystemen immer lohnenswerter ist? Wenn ein Moorgebiet zur Disposition steht, weil darauf ein Hotel mit Golfanlage geplant ist, ein Flughafen, ein Gewerbegebiet, oder wenn Erdöl dort gefunden wird: Was ist wohl finanziell rentabler? Und für wen?

CO_2 ist die Währung des grünen Kapitalismus. Auf Empfehlung der Europäischen Union hat eine Tonne CO_2 den Wert von

70 Euro. Mit dieser Zahl arbeitet auch das Umweltbundesamt, um externe Kosten zu berechnen. Damit sind soziale oder ökologische Auswirkungen gemeint – etwa Luft- und Wasserverschmutzung, Lärmbelastung oder der Ausstoß von Treibhausgasen – die Kosten verursachen, aber kein betriebswirtschaftlicher Rechnungsposten des verursachenden Unternehmens sind. Externe Kosten werden nicht von den Unternehmen beglichen, sondern von der Allgemeinheit. Würden die Verschmutzer für ihre Schäden bezahlen müssen, würde schädliches Wirtschaften so teuer, dass es nicht mehr rentabel wäre. Es würde eine große Einschränkung für Energie-, Auto-, Flug-, Lebensmittel- und Agrargroßunternehmen bedeuten, die die größten Treiber von Umwelt- und Klimazerstörung sind. Doch wollte man die Unternehmen dazu zwingen, diese Kosten zu schultern, müsste zunächst einmal ein entsprechendes Gesetz gemacht werden – gegen, wie zu erwarten wäre, immensen Widerstand der Industrie. Weil ein solches Gesetz also nicht durchsetzbar ist, soll die Naturökonomie jenseits von Ordnungspolitik funktionieren. Als Marktmechanismus. Doch so wie das älteste ökonomische Instrument, der Emissionshandel, untergräbt ein solcher jede wirkungsvolle Klimapolitik. Der weltweit erste und größte Emissionsrechtehandel ist der der Europäischen Union (EU ETS). Er trat 2005 in Kraft und gilt für Energie- und Industrieunternehmen. Die EU-Kommission legt jedes Jahr fest, wie viele Tonnen Treibhausgase insgesamt in die Atmosphäre entlassen werden dürfen. Dafür gibt es die entsprechende Menge an Zertifikaten, die Unternehmen von der EU erhalten. Stoßen sie mehr aus, müssen sie Rechte von anderen Unternehmen kaufen, die weniger ausstoßen. So weit die Theorie.

Tatsächlich gelang es den Lobbyisten der europäischen Wirtschaft, die EU-Kommission zu überreden, sehr viele Zertifikate kostenlos an die Industrie zu verteilen. Der deutschen Wirtschaft zum Beispiel wurden mehr Verschmutzungsrechte zugeteilt, als sie überhaupt Kohlendioxid erzeugte. Das führte dazu, dass der Börsenpreis für die Zertifikate derart in den Keller rauschte, dass das Zertifikat für eine Tonne CO_2 teilweise nur noch Cents kostete.[261] Wohl wissend, dass zu niedrige Preise das Konzept ruinieren, setzte »Klimakanzlerin« Merkel in der EU durch, dass ausgerechnet die energieintensiven Industrien bis 2020 jede Menge Verschmutzungsrechte nachgeworfen bekommen sollen. So ist das in der Green Economy: Kaum sind Wachstum und Profite gefährdet, rutschen Umwelt- und Klimaschutz ans Ende der Prioritätenliste. Das Problem an Marktmechanismen: »Freie Märkte« existieren nicht. Die Industrie setzt ihre Interessen immer ordnungspolitisch durch. Es ist eine Frage von Macht und Interessen – nicht von Angebot und Nachfrage. Selbst wenn das Modell »funktionieren« würde: Es ist an die Zerstörung von Natur und Klima gekoppelt. Die Verschmutzer werden nicht bestraft, sondern können sich ihr Recht auf Zerstörung kaufen.

Doch mit wem ist dieses vermeintliche Recht ausgehandelt worden? Sind es die Menschen in Bangladesch, die für die Folgen des Klimawandels mit ihrem Leben bezahlen, die das Recht auf Verschmutzung der Atmosphäre zu Markte tragen? Oder Indigene in Regenwaldnationen, deren Wald nun den Zerstörern als CO_2-Deponie dienen soll?

»Der Handel mit CO_2-Zertifikaten oder anderen monetären Ökosystemdienstleistungen setzt in der Regel Privateigentum an diesen ›Naturdienstleistungen‹ voraus. So stellt sich die Frage, wem der Wald mit dem CO_2-speichernden Baum, der Boden, das Moor oder gar die Luft gehören?«, fragt Barbara Unmüßig.[262] Die Ökonomisierung der Naturdienstleistungen, die hinter dem

REDD+-Mechanismus steckt, ist gleichzeitig eine Privatisierung der Natur. Industrieländer eignen sich Wälder in sogenannten Schwellen- und Entwicklungsländern an, um damit künftig Geld zu verdienen.

Thomas Fatheuer, der ehemalige Leiter des Büros der Heinrich Böll Stiftung in Brasilien und Autor des kritischen Buchs *Neue Ökonomie der Natur*, bezeichnet REDD+ als »größten Top-Down-Ansatz der Geschichte internationaler Umweltfinanzierung«.[263] Es folgt den Profitinteressen der Industrieländer, die ihre Emissionen nicht senken wollen, und weckt Begehrlichkeiten bei den korrupten Eliten in den Ländern des Südens und kriminellen Geschäftsleuten. Schon heute gibt es sogenannte »Carbon Cowboys«, die unter dem Vorwand der »Kohlenstoffspeicherung« und dem Versprechen »grüner Jobs« Indigenen das Land abschwatzen. Zweifelhafte Berühmtheit erlangte etwa der australische Immobilienhai David Nilsson, der im Amazonasgebiet von Peru Yagua-Indianern Geld, Arbeit, Bildung und Gesundheitsversorgung versprach, wenn sie ihm ihren Wald für ein REDD+-Programm überließen. Nilsson soll später versucht haben, die Verträge an Palmölfirmen zu verkaufen.[264] Wo mit etwas Unsichtbarem gehandelt wird, sind Betrüger nicht weit.

Bis heute gibt es keine internationalen Richtlinien für die Umsetzung von REDD+. Ebenso wenig ist klar, wie der globale Mechanismus finanziert werden soll: durch staatliche Mittel oder aus privaten Quellen – also aus Spenden, Kompensationsprogrammen, »Waldaktien« oder dem Emissionshandel. Aber bereits heute gibt es rund 2000 freiwillige Projekte weltweit, die sich auf die Teilnahme an REDD+ und die zu erwartenden Investitionen in Milliardenhöhe vorbereiten.[265] Viele der Pilotprojekte werden mischfinanziert von Staaten, dem Weltbankprogramm

Forest Carbon Partnership Facility, dem REDD+-Partnerschafts-programm[266] der Vereinten Nationen, der Gesellschaft für internationale Zusammenarbeit (GIZ) sowie von Konzernen wie Allianz, BP, Gazprom, Shell, Singapore Airlines und der Walt Disney Company. Deutschland gehört zu den größten Geldgebern für REDD+. Um die Umsetzung vor Ort kümmern sich Naturschutz-Multis wie die Rainforest Alliance, Birdlife International, Conservation International, The Nature Conservacy und der WWF, die auch an der umstrittenen Errichtung von Nationalparks beteiligt sind. Weil es sich um freiwillige Projekte handelt, sind auch die Kriterien – vor allem was die Rechte Indigener und lokaler Gemeinden angeht – unverbindlich. Wenn CO_2 nur eine Ware ist wie Palmöl, Soja, Kohle, Mineralien oder Holz, wird REDD+ den Druck auf Indigene und Kleinbauern verstärken. Zum Landgrabbing für Plantagen und Minen gesellt sich das Greengrabbing für Natur- und Klimaschutzprojekte. Viele NGOs, Kleinbauerninitiativen und soziale Bewegungen lehnen den Mechanismus REDD+ deshalb ab. Ohnehin ist fraglich, ob damit überhaupt Biodiversität geschützt wird: Die Definition von Wald im REDD+-Modell lehnt sich an die FAO-Definition an. Danach muss Wald eine Mindestfläche von einem halben Hektar haben, die nur zu einem Zehntel von Baumkronen bedeckt sein muss. Die Bäume müssen mindestens fünf Meter hoch werden. Zwischen Naturwald, Nutzwald und Plantage wird nicht unterschieden.[267] Wenn es nur um die geldwerte Dienstleistung Kohlenstoffspeicherung geht, könnte die Umwandlung von Wäldern hoher Biodiversität oder von sogenannten degradierten Flächen, die von Landlosen genutzt werden, in Plantagen durch REDD+-Projekte finanziert werden. Kein Witz: Die indonesische Regierung wollte durchsetzen, dass Palmölplantagen im REDD+-

Mechanismus berücksichtigt werden. Damit würde es Palmölkonzernen, die mit Klimazerstörung Milliarden verdienen, auch noch erlaubt, mit dem Zertifikathandel ihren Reibach zu machen.

3. Vertreibung für den Klimaschutz

Die Menschen, klagt Prinz Charles in seinem Buch *Harmonie. Eine neue Sicht der Welt*, hätten »mit dem wachsenden Wohlstand und technischem Fortschritt vergessen, dass das Leben im Einklang mit der Natur die Welt bedeutet«. Am selben Tag, als er den ersten Baum in Bungku pflanzt und das Schicksal derer besiegelt, die nichts anderes wollen, als im Einklang mit der Natur zu leben, hält Prinz Charles bei den Batin Sembilan Hof. Auf den Fotos sieht man einen strahlenden Monarchen im Tropenanzug zwischen Eingeborenen – königliche Folklore wie einst die Großwildjagd in den Kolonien. Heute ist die Ignoranz gegen Indigene und ihre Entrechtung unter einem grünen Mantel verborgen. Prinz Charles' Auftritt hat viele Indigene, Kleinbauern und lokale Bewegungen in Bungku verärgert. Denn bereits die Ankündigung des Harapan-Projekts sorgte für Landkonflikte mit den Batin Sembilan und Kleinbauern. In REDD+-Projekten wird Indigenen nur dann eine Daseinsberechtigung zuerkannt, wenn sie darin klimaschutzrelevante Arbeit verrichten. Damit ist nicht ihre Lebensweise gemeint, die dazu geführt hat, dass überhaupt noch Wald zum Schützen da ist. Sondern eine Leistung, die sich in einem monetären Gegenwert ausdrücken lässt: eine messbare Reduzierung von CO_2, die man verkaufen kann. Würde REDD+ funktionieren, müsste es wirtschaftlich rentabler sein, Wald zu erhalten als darauf Plantagen anzulegen oder Rohstoffe aus dem Boden zu holen. Doch das ist natürlich nicht der Fall: Plantagen, Minen und der Handel mit Holz, Papier, Mineralien, Öl, Kohle, Gold, Palmöl, Baumwolle, Soja ist für die globale Agrar-, Lebensmittel- und Konsumgüterindustrie lukrativer. Auf der ganzen Welt werden weiterhin Bergbau- und Plantagenkonzessionen vergeben. Wenn die indonesische Regierung jetzt auch noch in ein riesiges lokales Biospritprogramm investieren will, würden weitere 90 000 Quadratkilometer in Palmölplantagen umgewandelt werden. Dazu kämen etliche tausend Quadratkilometer Fläche für Zuckerrohr und Sagopalmen. Die Treiber der Entwaldung aber bleiben von REDD+ unberührt: Der Schaden, den sie anrichten, soll nicht vermieden, sondern nur ausgeglichen werden. Auf Kosten, wieder einmal, der Kleinbauern und Indigenen, die jetzt als Waldschädlinge ins Visier genommen werden. Eine absurde Täter-Opfer-Umkehr: Während die Verschmutzer belohnt werden, sehen sich die Bewahrer des Waldes kriminalisiert. Sie will man in »Aufforstungsprogrammen« zu Dienstleistern des grünen Kapitalismus machen. Indigene sollen nun als Tatortreiniger die durch den Norden angerichteten Umweltschäden beseitigen und gegen Klimazerstörung Bäumchen pflanzen.

»Problematisch ist, dass die Förderung indigener Völker und lokaler Gemeinschaften immer stärker davon abhängig wird, dass sie in eine REDD+-Konzession eingebunden werden«, schreibt Fatheuer.[268] Wenn es in solchen Projekten nicht darum geht, den Wald zu schützen, indem man Indigene und Kleinbauern unterstützt, Landrechte zu bekommen, und von Plantagenfirmen gestohlenes Land zurückzuerobern, dann ist für diese Bevölkerungsgruppen kein Platz mehr. Sie stören nur in der Wertschöpfungskette.

Laut Weltbank besitzt fast die Hälfte der Indonesier keine verbrieften Landrechte. Die Regierung geht davon aus, dass die meisten Indigenen auf Staatsland leben, und behält sich vor, dieses an Holz-, Bergbau-, Palmöl- und Papierunternehmen zu vergeben. Die Enteignung für Projekte im nationalen Interesse ist einfach: Man schafft Fakten und vertreibt die Menschen mit Gewalt. Das gilt auch für Klimaschutzprojekte. Allein in Indonesien gibt es derzeit 67 freiwillige REDD+-Projekte, die mit fast 200 Millionen Dollar finanziert werden.[269] Doch seit den ersten Projekten 2008 haben laut Serikat Petani Indonesia, dem indonesischen Ableger der internationalen Kleinbauernbewegung La Via Campesina Bauern und Indigene den Zugang zu 266 000 Quadratkilometern Land und Wald verloren – eine Fläche fast so groß wie Belgien.[270]

Die Hälfte des Projektgebiets von Hutan Harapan liegt in der Provinz Jambi. Ursprünglich war es das Wandergebiet der Suku Anak Dalam. Dann wurde es zum Transmigrasi-Gebiet. Ende der Sechzigerjahre startete Militärdiktator Suharto sein umstrittenes Umsiedlungsprogramm. Bis zum Ende seiner Herrschaft 1998 wurden 65 Millionen Indonesier auf alle Inseln verteilt. Die Menschen, die »zu viel« auf der Insel Java wurden, wo die beiden Großstädte Jakarta und Surabaya liegen, wurden in den Dschungel geschickt. Das Gleiche widerfuhr allen Einwohnern, die dem Bau von Autobahnen, Flughäfen oder der Errichtung von Nationalparks »im Weg« standen, aber auch den Regimekritikern. Die Weltbank unterstützte das Programm mit 600 Millionen Dollar – und auch die Bundesregierung beteiligte sich via KfW an den Kosten für die Völkerwanderung, die von einem Ausbau der Infrastruktur begleitet wurde. Bis 2007 hatte der staatliche Papierkonzern PT Asialog auf diesem Gebiet eine Lizenz zum Abholzen und setzte den Landraub fort. Seit 2008 nun beanspruchen internationale Klimaschützer den Wald für sich.

Als PT Asialog 2003 die gerodeten Flächen sich selbst überließ, kamen Kleinbauern aus ganz Indonesien. In einem Land, in dem es mehr Platz für Plantagen als für Menschen gibt, spricht es sich schnell herum, wenn noch irgendwo ein Ort zum Leben entdeckt wird. Viele waren Mitglieder der Kleinbauernorganisation Serikat Petani Indonesia (SPI). Es gehörte zum Konzept von La Via Campesina, dass landlose Kleinbauern sogenannt »degradiertes« Land besetzen, um sich dort selbst zu versorgen. Die Landlosen machten die Ödnis urbar, legten Reisfelder und Gemüsegärten an und bauten Holzhäuser. Manche von ihnen pflanzten Ölpalmen und Gummibäume, um sich etwas dazuzuverdienen. Tausende lebten da, wo der Wald der Hoffnung wachsen sollte. Für PT REKI waren sie »Eindringlinge«, »illegale Siedler« und »Holzdiebe«. Die sollten weg.

Ich sitze mit Feri Irawan im Büro der indonesischen CAPPA Foundation in Jambi. Zusammen mit anderen NGOs, darunter Feris Perkumpulan Hijau, unterstützt sie den Kampf der Klimaschutzopfer von Hutan Harapan. Sie hilft ihnen, ihr Land zu vermessen, organisiert Kampagnen und verhandelt mit der Firma PT REKI sowie mit den Regierungsstellen. Es ist, wie immer, ein zäher Kampf. Feri ist wütend auf die erneute Zusammenarbeit zwischen Regierung, Unternehmen, Naturschutzmultis und internationalen Geldgebern, die wieder einmal über die Köpfe der lokalen Gemeinschaft hinweg bestimmen dürfen. »Es ist ein Ökosystem-Syndikat, das unsere Welt in Nationalparks und Plantagen aufteilt und die Bevölkerung einfach ignoriert«, sagt er. Wir sitzen über einer Karte, in der die Krisenherde eingezeichnet sind. Umi Syamsiatun von CAPPA zeigt auf die Stelle, wo der Konflikt begann, sobald PT REKI 2010 die Konzession hatte: In Kunangan Jaya I, dem Gebiet der Transmigranten und Kleinbauern. Sicherheitsleute von PT REKI, Ranger und die Waldpolizei SPORC begannen schon im Oktober 2010, die Kleinbauern dort zu bedrohen, zu verjagen und die Bauern als Holzdiebe zu verhaften. Als CAPPA mit anderen NGOs und Aktivisten daraufhin eine Kampagne entwickelte und eine Demonstrationen mit den Bauern organisierte, erklärte sich PT REKI im August 2012 zu Gesprächen bereit. »Harapan Rainforest beginnt friedlichen Dialog mit den Holzdieben«, lautete die herablassende Überschrift auf der Projektseite.[271] »Diese erneute Kriminalisierung empfanden die Leute als sehr verletzend«, sagt Umi, »wir haben nicht den Eindruck gewonnen, dass es der Firma ernst ist mit der Vermittlung.« Tatsächlich wurde daraus nichts. Schon im Oktober 2012 war von Verhandlungen keine Rede mehr, der neue Geschäftsführer von PT REKI hatte den Kontakt abgebrochen. Im November 2012 besuchte der damalige Forstminister Zulkifli Hasan das Harapan-Projekt in Jambi und sagte: »Die Landbesetzer müssen aus dem Wald entfernt und umgesiedelt werden. Ich lasse nicht zu, dass das Erholungsprogramm für den letzten Tieflandregenwald in Sumatra misslingt.«[272] Aber die Menschen blieben auf ihrem Land. Wo sollten sie auch hin?

Abermals rückte die Waldpolizei SPORC an und forderte die Kleinbauern auf, Häuser und Land zu verlassen. Zur selben Zeit aber trafen sich Vertreter der Kleinbauernbewegung SPI mit Zulfikli Hasan und vereinbarten, dass das Forstministerium SPORC anweisen würde, die Vertreibung der Bauern zu stoppen. Im Gegenzug versprach SPI, die Bauern würden keinen Wald mehr einschlagen. Doch nur zwei Tage später, noch während der

Verhandlungen, rückte SPORC mit 150 Bulldozern an. Sie walzten die Barrikaden nieder, die die Bauern errichtet hatten, und zündeten SPI-Büro und das Haus des lokalen Bauernführers an. Die Menschen versuchten, das Feuer zu löschen, doch das Gebäude brannte völlig nieder. Dianto Bachiari von der indonesischen Menschenrechtskommission stellte nach einem Besuch vor Ort fest, dass dort Menschenrechte verletzt worden waren: »Die Menschen waren traumatisiert. Sie konnten wochenlang nicht arbeiten, und die Kinder konnten nicht mehr in die Schule.«[273] Umi reicht mir Fotos: Sie zeigen die Hundertschaft bewaffneter Polizisten, den Bulldozer, protestierende Menschen und das lichterloh brennende Haus. Sie unterscheiden sich kaum von den Bildern, die mir Feri von den gewalttätigen Überfällen auf die Suku Anak Dalam in der Plantage von PT Asiatic Persada gezeigt hatte. Nur dass hier der Aggressor nicht ein mafiöser Palmölkonzern ist, sondern die Umsetzungsfirma für ein Wald- und Klimaschutzprogramm, das international finanziert wurde. Es dauerte fast eineinhalb Jahre, bis sich PT REKI im Juni 2014 auf neue Verhandlungen einließ.

4. CO_2-Sklaven und vogelfreie Kleinbauern

»Wir werden nicht fortgehen, bis wir sterben«, sagt Matsamin atemlos. Er ist Batin Sembilan und lebt in Simpang Macan Luar. Etwa 200 Leute sind dort zuhause. Sie sitzen in der Falle: Fast das ganze Schutzgebiet ist von Palmölplantagen umgeben. Drei Stunden ist Matsamin nach Jambi gereist. Denn wir können ihn nicht in seiner Siedlung besuchen, PT REKI hat sie abgeriegelt. Ohne offizielle Erlaubnis kommt keiner rein. Auch Edi Zuhdi, der Leiter von CAPPA, und die anderen NGOs, die die Indigenen in Simpang Macan Luar vertreten, haben kaum Zugang zu den Leuten dort und müssen sie meist außerhalb treffen. Sie unterstützen die indigene Gemeinde, weil es auch dort zu Vertreibung und Einschüchterungen gekommen war. Im Dezember 2012 gab es erste Gespräche mit PT REKI. Doch nachdem CAPPA mit den Batin Sembilan deren Land vermessen hatten, brachen Letztere diese Gespräche ab. PT REKI habe dies als »betrügerischen Akt« verstanden und warf den NGOs vor, sie wollten nur provozieren. Ihnen soll sogar unterstellt worden sein, Indigene zu schmieren, damit sie demonstrieren. Dabei sind es die Batin Sembilan, die den NGOs das Mandat gegeben hatten, die Verhandlungen zu führen – weil sie festgestellt hatten, dass zwischen ihnen und der Firma keine Gespräche auf Augenhöhe möglich waren. »Die Situation ist immer noch angespannt«, sagt Edi. Zwar gibt es noch Verhandlungen, doch die Batin Sembilan fühlen sich hingehalten.[274] Matsamin ist wütend. »Es ist wie im Gefängnis, dabei haben wir nichts gemacht.« Fast jeden Tag kämen Menschen ins Dorf, um sie zu kontrollieren. Sie müssten bei allem, was sie auf ihrem Land tun, um Erlaubnis fragen und würden ständig aufgefordert, irgendwelche Erklärungen zu unterschreiben. Bevor die Waldretter kamen, hatten sie Reisfelder angelegt und Obstbäume gepflanzt. Natürlich, dafür muss man Bäume fällen. Aber was ist das im Vergleich zu den gigantischen Entwaldungen, die den Weg für Plantagen frei machen? »Jetzt dürfen wir keine Reisfelder anlegen, sonst kommen wir ins Gefängnis«, sagt Matsamin. »Manchmal erlauben sie uns, Bäume für ein Haus zu fällen, aber nicht die, die wir wollen.«

Die Betreiber von Hutan Harapan sehen das naturgemäß anders. Zu der Gemeinschaft in Simpang Macan Luar habe man ein gutes Verhältnis: »Wir haben sie immer unterstützt, wenn wir konnten. (...) PT REKI stellt ihnen kostenlos Schulunterricht, sanitäre Anlagen, Gesundheitsversorgung und Job-Möglichkeiten zur Verfügung. (...) Wir haben keine Belege gefunden, dass diese NGOs den Batin Sembilan irgendetwas zur Verfügung gestellt hätten«, schreibt pampig das Hutan Harapan Management.[275] »Welche Schulen?« fragt Matsamin wütend. »Einmal die Woche kommt jemand und macht eine halbe Stunde Unterricht. Das brauchen wir nicht, wir brauchen unseren Wald.« Die Wasserklosetts(!), die sie ihnen hingestellt hätten, könne keiner brauchen. »Wir haben ja gar kein Wasser dafür!« sagt Matsamin. Er schüttelt lachend den Kopf und fügt an: »Sie erlauben uns nur zu scheißen, aber nicht zu essen.«

Die »Job-Möglichkeiten« werden auch vom Naturschutzbund und von der Klimaschutzinitiave der Bundesregierung als Projekterfolg gefeiert.[276] Die »neuen nachhaltigen Formen der Existenzsicherung und alternative Einkommensquellen« sind die grüne Variante der Zivilsierung der Wilden: Um die zerstörten Flächen des Hutan Harapan aufzuforsten, werden von Indigenen in Baumschulen Setzlinge für Tropenbäume herangezogen. Weil sie, im Gegensatz zu den internationalen Naturschutzeliten, das wirkliche Wissen der Wälder haben, werden sie losgeschickt, um Samen und Setzlinge von Tropenbäumen zu sammeln. Und damit auch noch intellektuell ausgebeutet. Die Setzlinge sollen sie zehn Monate lang aufziehen. Dafür werden sie bezahlt – aber leben können sie davon nicht: pro Setzling, den man pflanzen kann, bekommen sie laut CAPPA 1 000 Indonesische Rupiah, das sind sieben Cent. Aber nicht alle Setzlinge überleben, in der Regel kommen nur 70 bis 80 Prozent durch. Im Schnitt verdienen die Familien damit 1,05 Millionen Rupiah im Monat, also etwa 74 Euro.[277] Das ist weniger als die Hälfte des staatlichen Mindestlohns, der nicht zum Leben reicht. Hutan Harapan hat nur 230 »grüne Jobs« zuvergeben. Doch in der Schutzzone leben etwa 4 000 Menschen.

Die Sklaven des Klimaschutzes müssen jetzt Lebensmittel kaufen, weil ihnen die Selbstversorgung kaum mehr möglich ist. »Unsere wirtschaftliche Situation hat sich verschlechtert«, sagt Matsamin. Um genug Geld zu verdienen, müssen sich die Batin Sembilan bei PT Asiatic Persada verdingen. Um überleben zu können, mopsen manche kleine Früchte von Ölpalmen an der Dorfgrenze, und versuchen, sie zu verkaufen. Werden sie erwischt, droht ihnen Gefängnis. Versuchen sie auf ihrem Land zu leben, wie es ihre Tradition ist, auch. Umgekehrt kommen die Suku Anak Dalam, die in der Plantage von PT Asiatic Persada um ihr Land kämpfen, in den Hutan Harapan, um dort zu jagen, weil sie sich sonst nicht ernähren können. Sie alle werden zwischen Palmölbusiness und Klimaschutz zerrieben.

»Den Reichtum der Natur erhalten, das Klima schützen, zum Nachmachen anregen. Das ist das Ziel der Umweltprojekte, die wir porträtieren.« So beschreibt der Sender Deutsche Welle die Reihe *Global Ideas,* in der »Best-Practice-Modelle« in Schwellen- und Entwicklungsländern in Kurzfilmen präsentiert werden.[278] Im Juni 2012 wird dort ein Film über das Harapan-Projekt gezeigt.[279] Darin begleitet die Reporterin Carmen Meyer Dieter Hoffmann von der Internationalen Klimaschutzinitiave der Bundesregierung bei seinem Besuch im Hutan Harapan. Der Fokus der Reportage: illegale Holzdiebe und Siedler, die einen der »letzten Wälder« ruinieren. »Wo soll das enden, wenn man sie nicht stoppen kann?«, sagt Hoffmann besorgt in die Kamera. Mit den »illegalen Siedlern«, den Indigenen, die im Konflikt mit PT REKI stehen, mit den NGOs und der Kleinbauernbewegung, die Menschen unterstützen, die keinen anderen Ort haben als diesen, spricht Hoffmann nicht. Die Landkonflikte und die zähen Verhandlungen spielen keine Rolle. Nur die Batin Sembilan, die gehorsam aufforsten, werden gewürdigt. Der Film wurde, wie die ganze Reihe, von der Internationalen Klimaschutzinitiative gesponsert, die auch das Harapan-Projekt mitfinanziert hat.

Auf die Kritik am Film auf Chris Langs Watch-Blog »REDD Monitor« reagiert Dieter Hoffmann patzig: Er habe in den vergangenen Jahren oft darüber nachgedacht, was passiert wäre, wenn es die Harapan-Initiative nicht gegeben hätte. Dann hätte PT Asialog alle wertvollen Bäume abgeholzt, zugezogene Bauern und reiche Spekulanten hätten Ölpalmen gepflanzt, und heute wäre der ganze Wald von großen Firmen gerodet und mit Akazien- oder Palmölplantagen bepflanzt. »Ein weiterer wundervoller Wald wäre leise verschwunden, und mit ihm 20 Sumatra-Tiger, zwei der letzten verbliebenen Elefantenherden und zahllose gefährdete Arten. Einige reiche Bauern wären immer noch hier, aber die Batin Sembilan hätten ihre Heimat und Lebensgrundlage verloren, einige würden als Tagelöhner arbeiten, aber die meisten wären vertrieben worden. Es hätte weder eine Erwähnung im ›REDD Monitor‹ gegeben noch bei den NGOs, die so versessen darauf sind, Entwaldung für die Landwirtschaft zu fördern. Sie hätten sich dann auf ein anderes Projekt gestürzt und dort Leute kritisiert, die versuchen, das Richtige zu tun.«[280]

Eine bemerkenswerte Antwort, die vor westlicher Arroganz nur so trieft. Ja, vermutlich wäre es so gekommen, wie Hoffmann beschreibt. Dass illegaler Holzeinschlag bekämpft und geahndet werden muss – geschenkt. Doch er ist ein politisches, ein strukturelles Problem, gegen das ein solches Projekt innerhalb der korrupten Strukturen des Landes wenig auszurichten vermag. Stattdessen werden Transmigranten, Indigene, die sich nicht zu Bäumchenpflanzern »zivilisieren« lassen wollen, und Kleinbauern, die sich selbst versorgen, kriminalisiert und vertrieben. Was wäre denn passiert, wenn man mit lokalen Gemeinden, Kleinbauern und Indigenen gemeinsam einen Plan entwickelt hätte? Was, wenn die deutsche Bundesregierung, statt in neokoloniale Schutzprojekte und Greenwashing-Kampagnen für nachhaltiges Palmöl zu investieren, Indigene dabei unterstützen würde, gestohlenes Land zurückzubekommen, damit sie den Wald selber schützen, indem sie das tun, was sie über Generationen getan haben? Wäre der Wald überhaupt noch da, wenn es die Indigenen nicht gäbe? Solche Fragen haben Dieter Hoffmann in all den Jahren offenbar nicht angeweht. Wer hier »das Richtige« tut, scheint allzu klar: die westliche Welt.

Die globale Entwaldung macht ein Fünftel aller durch Menschen verursachten CO_2-Emissionen aus. Es ist überhaupt keine Frage, dass Regenwälder geschützt werden müssen. Die Frage ist aber, von wem und wie. Es gäbe andere Beispiele. Ein Teil des Habitats der Waldelefanten von Sumatra, mit denen das Harapan-Projekt auch sein autoritäres Vorgehen rechtfertigt, befindet sich im Primärwald von Sepintun, der an die PT-REKI-Konzession grenzt. Die Sumatra-Elefanten sind vom Aussterben bedroht, es gibt nur noch 2 000 von ihnen, ihr Lebensraum ist den Papier- und Palmölkonzernen zum Opfer gefallen – auch in den Elefantenschutzgebieten. Die indonesische Regierung hatte der staatlichen Holzfirma PT Alam Lestari Nusantara in Jambi eine Lizenz für das Abholzen von 100 Quadratkilometern Regenwald gegeben – eine Fläche so groß wie Hutan Harapan. Mitten darin liegt der etwa 30 Quadratkilometer große Urwald von

Sepintun, das gleichnamige Dorf der Suku Anak Dalam und ein Habitat der Waldelefanten. Zwar hatte die Regierung zugesagt, den Wald nicht abholzen zu lassen, wenn dort Elefanten lebten. Doch stattdessen bestritt sie einfach deren Existenz. Auf den Beweis, dass diese Elefanten durchaus existieren, wurden die Bewohner von Sepintun dramatischer gestoßen, als ihnen lieb gewesen wäre: Eines Tages stürmten die Elefanten, aufgescheucht von den Kettensägen, in das Dorf und trampelten Hütten nieder. Nachdem sie ihren ersten Schreck überwunden hatten, erkannten die Menschen, welche Chance ihnen die Elefanten boten: Würde der Wald von Sepintun erhalten, bliebe Platz genug für Mensch und Tier, um darin zu leben. 2012 machte sich eine Gruppe von Männern aus dem Dorf mit Feri Irawan und dem Elefantenforscher Syfrizal Acong an der Spitze auf die Suche nach den Elefanten. Mit Karten, GPS und einer Kamera ausgerüstet, verfolgten sie die Spuren der Dickhäuter.[281] Sie fanden Fußspuren und Elefantenkot, und nach neun Tagen im Dschungel entdeckten sie schließlich acht Tiere – dort, wo die Regierung das Holzfällen erlaubt hatte.[282] Es gelang ihnen, mit ihren Beweisen einen vorläufigen Abholzstopp durchzusetzen.

Jetzt wollen die Dorfbewohner den Dorfwald zum Schutzgebiet machen – von ihnen selbst verwaltet. Dazu müssen Landrechte geklärt werden, außerdem soll auch hier der abgeholzte Wald wiederaufgeforstet werden. Ein Projekt, das zeigen würde, was Einbindung lokaler Gemeinschaften wirklich bedeuten kann: Selbstbestimmung statt »Hilfe zur Selbsthilfe«. Doch der Wald gerät weiter unter Druck, weil es ganz in der Nähe eine Lizenz für den Kohlebergbau gibt, die Arbeiten daran haben gerade begonnen. Und es fehlt Geld. Von den ehrgeizigen Klimaschutzprogrammen der westlichen Regierungen gibt es dafür nichts. Liegt das daran, dass für die Industrieländer ein Wald, der sich nirgendwo zu ihren Gunsten verrechnen lässt, schlicht nicht rentabel ist?

Einen Monat nach dem Besuch von Prinz Charles reiste Sarwadi Sukiman von der Kleinbauernorganisation Serikat Petani Indonesia zur UN-Klimakonferenz in der polnischen Stadt Poznan. Sarwadis Dorf Tanjung Lebar befindet sich auf einem der Harapan-Areale, die PT Asialog vor mehr als zehn Jahren vollkommen verwüstet zurückgelassen hat. Rund 1 500 Familien, die bei SPI organisiert sind, haben dort Land besetzt und bearbeitet. Als PT REKI das Gebiet übernahm, ließ die Firma auch dort Bäuerinnen und Bauern von ihrem Land vertreiben, einschüchtern und verhaften. In Poznan machte Sarwadi erstmals öffentlich auf die Situation in Hutan Harapan aufmerksam und kritisierte das REDD+-Konzept als Bedrohung für Indigene und Kleinbauern.[283] Während Indigene qua UN-Erklärung zumindest auf dem Papier Anerkennung finden und die Investoren sich Verhandlungen mit ihnen nicht entziehen dürfen, werden Kleinbauern nach wie vor wie Verbrecher behandelt.

»Es ist nicht einfach für die Bauern, ein Konzept zu verstehen, in dem ein Land oder eine Industrie sich weigert, ihren Energieverbrauch zu senken und stattdessen CO_2 auf einem Stück Land anderswo kauft, um die eigenen Emissionen auszugleichen«, sagt Elisha Kartini von Serikat Petani Indonesia.[284] Die Haltung von La Via Campesina zu REDD+ ist klar: »Die Verschmutzer müssen ihre Treibhausgase bei sich zuhause reduzieren. Man muss die Firmen kontrollieren, nicht Kleinbauern und Indigene«, sagt Kartini. Statt für marktbasierte »Lösungen« kämpft La Via Campesina für ein anderes politisches Konzept: das der Ernährungssouveränität. Es ist »das Recht aller Völker auf gesunde und kulturell angepasste Nahrung, die nachhaltig und unter Achtung der Umwelt hergestellt ist. Das Recht der Bevölkerung, ihre Ernährung und Landwirtschaft selbst zu bestimmen. Ernährungssouveränität stellt die Menschen, die Lebensmittel erzeugen, verteilen und konsumieren, ins Zentrum der Nahrungsmittelsysteme, nicht die Interessen der Märkte und der transnationalen Konzerne.«[285] Voraussetzung dafür sind Landreformen, die Anerkennung der Rechte von Bauern und Landarbeitern sowie das Menschenrecht auf Nahrung. Gleichzeitig würde dieses Modell das Klima retten. Denn 31 Prozent der Klimagasemissionen kommen aus der intensiven, exportorientierten Landwirtschaft und aus veränderter Landnutzung.

Dieses Konzept findet seinen Niederschlag im Weltagrarbericht: Dieser wurde 2003 von den Vereinten Nationen und der Weltbank in Auftrag gegeben, um die Frage zu beantworten, wie man »durch die Schaffung, Verbreitung und Nutzung von landwirtschaftlichem Wissen, Forschung und Technologie Hunger und Armut verringern, ländliche Existenzen verbessern und gerechte, ökologisch, ökonomisch und sozial nachhaltige Entwicklung fördern« kann.[286] Mehr als 400 Experten aus allen Ländern der Welt waren daran beteiligt. Ergebnis: Die Antwort liegt in der Ausweitung einer kleinteiligen ökologischen Landwirtschaft, der Erforschung agrarökologischer Methoden und der Förderung von Kleinbauern. Den Anbau von Energiepflanzen für Biosprit sowie von Futterpflanzen für den wachsenden Fleischhunger lehnen die Autoren ab wie auch Grüne Gentechnik und eine hochtechnisierte Landwirtschaft mit hohem Dünger- und Pestizidverbrauch. Als sich das Ergebnis in seiner Deutlichkeit abzeichnete, stiegen die Konzerne BASF, Monsanto und Syngenta aus. »Weiter wie bisher ist keine Option«, lautete das Fazit des Berichts, der im April 2008 von 58 Regierungen in Johannesburg unterzeichnet wurde.[287] Die USA, Kanada und Australien gehören nicht zu den Unterzeichnern. Auch nicht die Deutsche Bundesregierung, die weltweit in eine Landwirtschaft investiert, die die Agrar- und Lebensmittelindustrie fördert.

5. Waldschutz als Privatisierungsprogramm

Im September 2014 folgten 120 Staats- und Regierungschefs der Einladung von Ban Ki-Moon nach New York. Der Generalsekretär der Vereinten Nationen hatte dort am 23. September einen Sondergipfel zum Klimaschutz organisiert. Angela Merkel allerdings nahm an diesem Tag lieber die Einladung des Bundesverbands der deutschen Industrie (BDI) an und hielt die Eröffnungsrede auf dessen »Tag der Industrie«. Die Prioritäten der Kanzlerin, die in Stellvertretung die neue Umweltministerin Barbara Hendricks (SPD) schickte, sorgten für Empörung. Wie kann die »Klimakanzlerin« nur mit der Industrie abhängen statt in New York das Klima zu retten? Das war in etwa der Tenor in den Kommentarspalten der Leitmedien. Ein bisschen scheinheilig, denn nur eine Woche vorher hatte die Begeisterung der gleichen Medien keine Grenzen gekannt, als es hieß, es gebe keinen Widerspruch zwischen Klimaschutz und Wirtschaftswachstum: »Glaubt's endlich: Klimaschutz und Wirtschaftswachstum sind vereinbar«, rief etwa die Jungredakteurin Marlies Unken von der Wochenzeitung *Die Zeit* ihren Lesern entgegen.[288]

Sieben Tage vor dem Klimasondergipfel veröffentlichte die Calderon-Kommission ihren Bericht »*The New Climate Economy – Better Growth, Better Climate*«, der als Grundlage für ein Nachfolgeabkommen des Kyoto-Protokolls bei der UN-Klimakonferenz im Dezember 2015 gedacht ist. Die Kommission wurde vom ehemaligen Chefökonom der Weltbank, Nicholas Stern, und von Felipe Caldéron, dem Ex-Präsidenten von Mexiko, geleitet.

Die gar nicht mal so neue Botschaft: Wirtschaftswachstum ist nicht *trotz* Klimaschutz möglich, Wirtschaftswachstum ist die *Voraussetzung* für Klimaschutz. Zwar enthält das Konzept den Vorschlag, dass keine neuen Kohlekraftwerke mehr gebaut, die Subventionen für fossile Energieträger deutlich reduziert und die Investition in erneuerbare Energien erhöht werden sollen. Aber wesentlich geht es um Investitionen in »grüne« Technologien, auch so umstrittene wie die Speicherung von CO_2 im Boden. Investitionen könnten durch Emissionshandel finanziert werden, der einen allmählich ansteigenden CO_2-Preis schaffen soll. Wer zwölf Prozent der »brach liegenden Flächen« reaktiviere und dort »nachhaltige Landwirtschaft« betreibe, könne außerdem bis zum Jahr 2030 200 Millionen Menschen zusätzlich ernähren und auch die CO_2-Emissionen reduzieren, heißt es. Die Kleinbäuerinnen und Kleinbauern, die dies dort bereits tun, gibt es für die Kommission offenbar gar nicht.

Eine Abkehr von globalisierten Märkten, Produktions-, Konsum- und Ernährungsmustern, einen gerechten Nord-Süd-Ausgleich sucht man ebenfalls vergebens. Business as usual – nur halt in Grün. Die Kritik am ungebremsten Wachstum wischt Stern einen Tag vor der New Yorker Konferenz in einem Interview im *Guardian* so herablassend und autoritär weg, wie es Eliten immer tun, wenn jemand nur den leisesten Zweifel an ihren Allmachtsphantasien hegt: Wachstum und Klimaschutz gegeneinander auszuspielen sei »so nutzlos wie ein Weitpinkelwettbewerb«.[289] Zu seiner »hochkarätigen Kommission«

(Süddeutsche Zeitung) gehören übrigens, ausgerechnet, die Bank of Amerika, Barclay's, die Deutsche Bank, Shell, Unilever und Weltbank. Für den Nahrungsmittelkonzern Unilever saß der Geschäftsführer Paul Polman in der Kommission. Es ist schon ziemlich erstaunlich, dass es der Tütensuppenheiland geschafft hat, mit der bloßen Inszenierung seines Raubbau-Konzerns als Weltretter sogar in ein Gremium geholt zu werden, das die künftige globale Klimapolitik bestimmen soll. Noch erstaunlicher ist allerdings, dass dieselben Medien, die gegen das Außenhandelsabkommen TTIP und Lobbyisten anschreiben, an diesem antidemokratischen Industrie-Lobbyismus nichts auszusetzen haben.

Nicht zuletzt den Hurra-Botschaften dieses Reports ist es zu verdanken, dass der außerplanmäßige Klimagipfel in New York als »erfolgreich« wahrgenommen wurde. Als »historisch« *(FAZ)* wurde vor allem die »New Yorker Erklärung für die Wälder« gefeiert, weil sich darin »Staaten und Firmen erstmals einig bei Rettung der Regenwälder« zeigten.[290] »Zum ersten Mal verpflichten sich die World Leader zum globalen Zeitplan, den Verlust natürlicher Wälder bis 2020 zu halbieren und sich zu bemühen, diesen bis 2030 zu beenden«, steht fett gedruckt auf der ersten Seite der Erklärung.[291]

Eine schöne Glas-halb-voll-oder-Glas-halb-leer-Rhetorik. Man kann den Satz auch anders deuten: Bis 2030 wird weiter abgeholzt. Liest man das Papier ganz durch, lösen sich die ehrgeizigen Pläne auf in nichts als heiße Luft, die den Klimawandel weiter vorantreiben wird. Es sind freiwillige Public-Private-Partnerships zwischen Staaten, Unternehmen und konzernfreundlichen NGOs. Zu den 150 Unterzeichnern gehören 27 Regierungen und 34 Großkonzerne – darunter ausgerechnet die größten Treiber der globalen Entwaldung: der Papierkonzern Asian Pulp and Paper (PT APP), Cargill, die Deutsche Bank, der Palmölkonzern Golden Agri Resources, McDonald's, Nestlé, Procter&Gamble, Unilever, Walmart und – na? – genau: Wilmar International. Unter den 45 NGOs finden sich Birdlife International, die Rainforest Alliance, The Nature Conservancy, das World Resource Institute und der WWF.[292]

REDD+ ist auch das zentrale Instrument der Waldschutzerklärung. Man wolle »dem Privatsektor helfen, die Entwaldung für die Produktion von Agrarrohstoffen wie Palmöl, Soja, Papier und Rindfleisch bis spätestens 2020 zu beenden«. Heißt: Die Expansion des Anbaus soll nicht gestoppt werden, nur die Entwaldung. Wie das gehen soll? Indem man zum Beispiel 3,5 Millionen Quadratkilometer Wald und »degradiertes Land« als Ausgleich für die Zerstörung bis 2030 wieder aufforsten will. Eine Fläche größer als Indien. Wo soll die sein? Am Ende wieder da, wo »Holzdiebe« und »Eindringlinge« herumlungern?

Weiters verlässt sich die UN in ihrem Papier auf die bereits medienwirksam freiwillig getätigten Anti-Abholz-Versprechen der großen Palmöl-Konsumgüterkonzerne. In der New Yorker Erklärung wird sie im Tonfall einer Werbebroschüre als »Lieferketten-Revolution« gefeiert: »Zusammengenommen ist der Anteil von Palmöl, das unter der Selbstverpflichtung zu null Entwaldung gewonnen wird, im vergangenen Jahr um 60 Prozent gestiegen. Diese Plantagen bedecken eine Fläche von der Größe Portugals. Der Wert dieses Palmöls beträgt 30 Milliarden Dollar innerhalb einer 50-Milliarden-Dollar-Industrie. Das reduziert geschätzte 400–450 Millionen Tonnen CO_2 pro Jahr und insgesamt zwei Milliarden Tonnen bis 2020.«[293] Eine reine Phantasie-Rechnung, denn schließlich handelt es sich ja bislang nur um Versprechen. Die wahre Botschaft der Waldschutzerklärung ist aber diese: Ohne Palmöl kein Klimaschutz! Palmölfirmen und ihr schmutziges Kerngeschäft sind nicht mehr das Problem, sondern die Lösung für das Weltklima. Ach ja: Das Berechnungsmodell für die krude Gleichung haben dessen Verfasser von Wilmar übernommen.[294] Gestört hat sich daran im medialen Freudentaumel niemand. Entweder hat sich kein einziger Journalist das 16-Seiten-Papier auch nur angeschaut – oder sie glauben mittlerweile ausnahmslos an das Märchen von der Green Economy.

Wir wussten beide nicht, was uns hier erwartet. Jetzt wissen wir es, warum die Sümpfe der Traurigkeit diesen Namen haben. Die Traurigkeit ist es, die mich so schwer gemacht hat, dass ich versinken muss. Es gibt kein Entrinnen.

Michael Ende, Die unendliche Geschichte

V. PINKES GOLD, BLAUE REVOLUTION UND GRÜNER KATASTROPHEN-KAPITALISMUS

Warum die Shrimps-Aquakultur in Bangladesch Hunger und Tod gebracht hat

1. Das nasse Verderben

Seit zwei Stunden tuckert das Boot den trüben Fluss hinunter, und die Gegend ringsum wird immer bedrückender. Braungrüne Wasserbecken zwischen braungrauen Lehmdämmen ziehen sich bis an den Horizont, vereinzelt ragt etwas Grün in den wolkenverhangenen Himmel.

Manche Dämme sind gebrochen und lösen sich im Fluss in Schlamm auf. Umgestürzte Bäume rutschen hinterher und strecken ihre Wurzeln in die feuchte Luft, dahinter Senken aus Morast. Sie sehen aus wie Schützengräben. Zwei tote Ziegen verwesen am Fuß eines Lehmhaufens, ihre Körper sind aufgedunsen, das Wasser wirft ihre Köpfe hin und her. Außer dem gleichmäßigen Tuckern unseres Bootes ist kaum ein Laut zu hören. Eine unwirkliche Szenerie. Auf einem langgestreckten, bröckeligen Damm neigen sich fünf hölzerne Strommasten im 45-Grad-Winkel hinunter zu den Wasserbecken; dahinter kann man die grauen Blechdächer von Hütten erkennen: Dörfer. Es leben tatsächlich Menschen in dieser unwirtlichen Gegend.

Upazila Paikgacha, Khulna District. Die küstennahe Region im Südwesten von Bangladesch ist das Zentrum der Garnelenzucht. Auf einer Fläche von mehr als 2000 Quadratkilometern werden die Tiere in Aquakulturen, also Salzwasserbecken an Land oder an der Küste, gezüchtet. Neben Textilien gehören Shrimps[295] zu den wichtigsten Exportprodukten des Landes: 600 Millionen Dollar haben die Krustentiere 2012 eingebracht. Bangladesch ist weltweit der fünftgrößte Garnelenexporteur.

Unser Boot stoppt im Morast von Polder 20. Etwa 1000 Menschen leben in Siedlungen auf dem eingedeichten Gelände, das doppelt so groß ist wie der Berliner Stadtteil Prenzlauer Berg. Unter dem Schlamm verbirgt sich ein gepflasterter Weg, der über den niedrigen Damm nach Modhuakali führt. Jenseits des Damms zeigt sich dasselbe triste Bild, das sich uns die letzten Stunden vom Deck unseres Holzkahns aus geboten hat: Shrimpsbecken, daneben brackige Matschsenken, aufgegebene Zuchten, in denen leere Plastikeimer liegen. An der Anlegestelle stehen Hütten, ein Fahrrad mit hölzerner Ladefläche lehnt an einem der windschiefen Bäume. Eine Handvoll Männer steht hier; müde und stumm schauen sie auf den Fluss. Es ist Juni, Regenzeit in Bangladesch, doch drückender als die Schwüle ist die Verzweiflung, die man hier spürt. Auf unsere Fragen reagieren die Leute wortkarg. Einer der Männer zuckt mit den Achseln, als wir nach seinem Namen fragen, und sagt, er sei Bauer. Aber anbauen könne er nichts mehr, seit das Salzwasser für die Shrimpsanlagen auch die Böden ruiniert habe. »Nichts wächst hier mehr, kein Gemüse, keine Früchte, keine Bäume, nicht genug Gras für Kühe«. Und die Shrimps? »Die Shrimps sterben an Viren, wir können davon nicht mehr leben, wir wissen eigentlich gar nicht, wovon wir leben sollen.« Ein anderer Mann sagt: »Wir wollen keine Shrimps. Wir wollen Reis anbauen und Gemüse, aber das Land ist voller Salz. Wir wissen nicht, wie wir unsere Kinder ernähren sollen.« Er streicht seinem Sohn über den Kopf. »Wir haben gekämpft gegen die Shrimps, wir kämpfen noch heute. Aber der Kampf ist verloren.«

Nur eine Viertelstunde später stehen wir in einer anderen Welt. Hier sehen wir Schafe und Ziegen, die über einen mit roten Ziegeln gepflasterten Damm trippeln und sich an leuchtend grünem Gras satt fressen. Ein Motorrad mit Mutter, Vater, Kind und Oma versucht, sich den Weg durch eine Kuhherde zu bahnen, die davon recht unbeeindruckt bleibt. Als die Leute sehen, dass ich sie fotografiere, lachen sie. Palmen und Obstbäume wachsen an den Rändern der gepflegten Wege, ihre Kronen bilden ein dichtes grünes Dach. Man hört Enten und Gänse aus den kleinen Teichen schnattern, tropische Vögel singen in den Bäumen, Hühner gackern vor den Hütten. Üppige Gemüsegärten reihen sich aneinander, rot leuchtet der Hibiskus. Auf dem Dorfplatz von Bigardana haben sich zwei Dutzend Menschen versammelt. Fröhlich tratschend bereiten sie Essen für ein Fest vor. »Wir haben ein ganze Menge Bäume hier: Mango, Kokos, Jackfruit, Tamarinden, Neem, Guaven, Hibiscus, Nüsse …« Purmanda Mallik trägt ein sauberes weißes Hemd, er strahlt, als zwei Hände nicht ausreichen, den Reichtum hier aufzuzählen. »Wir haben Kühe, Ziegen, Hühner …« Die Männer, Frauen und Kinder, die sich um uns versammelt haben, nicken, »und Holz« – »und Reis« – »und Sesam«, rufen sie übermütig dazu, »ja, uns geht es gut.« Ein Mädchen, es zeigt grinsend seine Zahnlücke,

ergänzt: »Und drei Schulen haben wir, sogar eine Highschool.«
Nur eines gibt es hier nicht: Garnelen.

Das Paradies, in und von dem 7000 Menschen leben, liegt auf Polder 22, nur wenige Minuten Bootsfahrt entfernt von der Vorhölle auf Polder 20, die wir schräg gegenüber auf der anderen Seite des Flusses gesehen haben. Der Gegensatz hat die Kraft eines biblischen Gleichnisses. Ganz augenscheinlich ist eines der beiden Konzepte dazu geeignet, zwei der größten Probleme des Landes, Hunger und Armut, zu lösen. Und in eines der beiden wird tatsächlich seit vielen Jahren Entwicklungsgeld gepumpt. Welches kann das nur sein?

»Land der Bengalen« heißt Bangladesch auf Deutsch. Es hieß ehedem Ostpakistan und erkämpfte sich 1971 nach einem blutigen Befreiungskrieg gegen Pakistan die Unabhängigkeit. Das Land ist, bis auf einen kleinen Grenzabschnitt zu Myanmar im Südosten, von Indien umgeben und grenzt im Süden an den Golf von Bengalen. Obwohl kaum halb so groß wie Deutschland, leben dort doppelt so viele Menschen. Mit 1084 Einwohnern pro Quadratmeter gehört es zu den am dichtesten besiedelten Ländern der Welt. Der größte Teil des Landes wird dominiert vom Delta der großen Flüsse Brahmaputra, Ganges und Meghna, die sich im Südwesten in hunderte kleinere Flüsse aufteilen und in den Golf von Bengalen mäandern.

Die Menschen hier leben seit jeher von und mit dem Wasser, sechs Millionen Menschen wohnen an der Küste. Auch die Aquakultur hat eine lange Tradition: Die lokale Bheri-Kultur wechselte je nach Saison zwischen Garnelenzucht und dem Anbau von Reis. Doch zu Beginn des Entwicklungszeitalters in den Siebzigerjahren entdeckten Unternehmer, ausländische Investoren und die Regierung den kommerziellen Wert der Shrimps, des »pinken Goldes«, wie es fortan genannt wurde. Infolge der Strukturanpassung und der Handelsliberalisierung in den Achtziger- und Neunzigerjahren pumpten Weltbank, Internationaler Währungsfond und Entwicklungsbanken Geld und Kredite in den Ausbau der exportorientierten Aquakultur. Allein die Weltbank stellte Kredite in Höhe von 37 Millionen Dollar zur Verfügung.

Auch FAO, die Landwirtschafts- und Ernährungsorganisation der Vereinten Nationen, und UNDP, das Entwicklungsprogramm der UN, investierten in den Bau gigantischer Shrimpszuchtanlagen.[296] Gefeiert als Blaue Revolution sollte die wachsende Aquakultur ausländische Devisen und Wohlstand in das Land bringen, in dem fast die Hälfte der Menschen unterhalb der Armutsgrenze lebt, ein Fünftel hungert und die Hälfte der Kinder mangelernährt ist. Sie sollte sogar noch die vorangegangene Grüne Revolution übertreffen. Jenes imperialistische Großprojekt der Sechzigerjahre, dominiert von der US-amerikanischen Entwicklungsbehörde USAID und der Rockefeller Foundation, führte in den sogenannten Entwicklungsländern die industrielle Landwirtschaft ein – mit moderner Technik, Hochertragssorten, Mineraldüngern, Pestiziden, Monokulturen und Bewässerungssystemen.

Die Vorstellung, technische Defizite und geringe Ernten seien verantwortlich für Hunger und Armut, existiert bis heute. Tatsächlich sind die Erträge während der Grünen Revolution gestiegen. Doch all das zu einem hohen Preis, denn die Folgen waren verheerend. Ackerboden wurde degradiert, Wasser wurde knapp, Biodiversität ging verloren, genau wie traditionelles Saatgut; Kleinbauern und Landlose wurden vertrieben. Sogenannte Cash Crops, also pflanzliche Erzeugnisse wie Reis, Kakao, Baumwolle und Kaffee, die ausschließlich für den Export angebaut werden, machen seitdem der lokalen Lebensmittelversorgung Konkurrenz. All diese Faktoren haben die Armut letztlich sogar verfestigt und eine umfassende Abhängigkeit vom Westen erzeugt. Aber die Blaue Revolution wollte sogar noch mehr erreichen als das Ende von Hunger und Armut: Aquakulturen galten in den Neunzigerjahren auch als »die Lösung« für das Problem der Überfischung. Die massenhafte Zucht von Meerestieren an Land, Küsten oder Flussufern sollte die Weltmeere entlasten. Shrimps aus Aquakultur, so wird auch die FAO bis heute nicht müde zu behaupten, seien eine wichtige Quelle für Devisen und Ernährungssicherheit des Landes und schafften Arbeitsplätze.[297]

Die industriell in Aquakultur produzierten Schalentiere landen aber nicht in den Mägen der Armen, sondern ausschließlich auf den Tellern der Europäer, Amerikaner und Japaner. Für deren Grillspieße, Pizzabeläge, Sushi-Röllchen, Tappasteller oder Salatbeilagen werden heute 1,3 Millionen Tonnen tropische Shrimps in Aquakultur gezüchtet. Längst sind sie nicht mehr teure Luxusprodukte für Gourmets, sondern Massenware. Es scheint Naturgesetz geworden zu sein, dass in den Konsumgesellschaften der wohlhabenden Länder alles für jeden zu jeder Zeit verfügbar sein muss. So ist die Aquakultur heute der am schnellsten wachsende Industriezweig der globalen Nahrungsmittelproduktion. In den vergangen 30 Jahren wuchs sie jedes Jahr um fast neun Prozent. Mehr als die Hälfte der weltweit verzehrten Fische und Meerestiere stammen heute aus Aquakultur. Der Großteil der Zuchtanlagen befindet sich in den Küstenregionen sogenannter Schwellen- und Entwicklungsländer, 90 Prozent davon in Süd- und Südostasien, aber auch in Lateinamerika und Afrika wachsen sie rasant.[298]

In Bangladesch hat sich der Umsatz durch den Shrimps-Export binnen 26 Jahren von 91 Millionen (1986) auf 600 Millionen US-Dollar (2012) mehr als versechsfacht. Bis zu 300 000 Tonnen Shrimps werden aus Bangladesch jedes Jahr exportiert.[299]

2. Sterben für die Mainstream-Gourmets

Mitten in der Nacht rollt unser Bus endlich auf die Fähre. Vor vier Stunden sind wir in Dhaka losgefahren, zwei Stunden standen wir in der Schlange. Unser Bus ein halbes Wrack, die Frontscheibe zersplittert, die Karosserie wie von tausend Hämmern zerdengelt. Es wackelt bedrohlich, als wir auf die Ladefläche rollen – eine Metallplatte neben dem Schiff, die nur mit dicken Seilen daran geknotet ist. Das Schiff macht keinen wesentlich besseren Eindruck als unser Bus. Um darauf zu gelangen, müssen wir über die Reling klettern, und mir ist mehr als mulmig zumute. Der Padma-Fluss, den wir gut zwei Stunden lang überqueren werden, ist hier im Süden acht Kilometer breit. Andauernd kommt es hier zu schweren Fährunglücken. Erst vor vier Wochen ist auf dem Fluss ein Schiff im Sturm gekentert, 100 Menschen starben; vier Wochen nach meiner Heimkehr wird sich ein solches Drama wiederholen. Ich schaue mich besorgt auf dem Seelenverkäufer um. Er stammt aus Holland und scheint steinalt zu sein. »Das nennen sie Technologietransfer«, sagt Badrul grinsend. Wir haben Glück, der Fluss ist ruhig. Im Morgengrauen legen wir an und steigen in den Bus. Doch unser Fahrer scheint sich während der Überfahrt von Dr. Jekyll in Mr. Hyde verwandelt zu haben. Wie von Sinnen rast er mit Vollgas über die regennasse Landstraße. Die Faust ohne Unterlass auf der Hupe, brüllt er aus dem offenen Fenster jeden Rikschafahrer zur Seite und setzt schlingernd zu lebensgefährlichen Überholmanövern an. Das Radio plärrt auf höchster Stufe, blechern und ohrenbetäubend. »Badrul! Der Mann ist wahnsinnig!« – »Ja, er ist verrückt. Mach am besten die Augen zu.« – »Er wird uns alle umbringen!« – »Wenn wir sterben, dann sterben wir wenigstens gemeinsam.«

So ist das in meinem heiß geliebten Höllenland. Von A nach B zu kommen, ist in Bangladesch jedes Mal ein strapaziöses Abenteuer. Das hatte ich fast schon vergessen. Als ich dort zuletzt vor drei Jahren die verheerenden Auswirkungen von Mikrokrediten recherchierte,[300] hat mich Badrul Alam ebenfalls begleitet. Schon damals wollte er mir die endlosen Shrimpsanlagen in Satkhira zeigen, die wir jetzt mit Höchstgeschwindigkeit ansteuern.

Khulna Divison, Satkhira District, Upazila Kaliganj. Hier wartet Wahab Ali Sardar auf uns. Er ist der lokale Führer der Kleinbauernbewegung, und er hat ein Auto samt Fahrer auftreiben können, das uns nach Zaida Nagar bringt. Über einen schmalen Damm holpert das Auto durch eine riesige Shrimpsanlage und bleibt schließlich an einer Ansammlung von Hütten stehen. Auf einem großen Platz aus grauem Schlamm spielen Kinder Fußball, sie sind von oben bis unten vollgespritzt, Alltag im Matsch. Wir gehen die letzten Meter zu Wahabs Haus zu Fuß. Sebina Yesmin, die mit uns gekommen ist, nimmt mich fest an der Hand. Ich soll nicht ausrutschen, bloß nicht ausrutschen, flüstert sie. Dabei habe ich eher Mühe, von der Stelle zu kommen, meine Füße versinken im Morast.

Sebina ist neu bei der Krishok Federation, der Kleinbauern- und Kleinbäuerinnenbewegung in Bangladesch, die ein Ableger der internationalen Kleinbauernbewegung La Via Campesina ist. Die 26-Jährige stammt aus Rangpur, einer der ärmsten Gegenden des Landes im Nordosten, wie ich von meinem letzten Besuch wusste. Als sie nach Dhaka ging, um zu studieren, überzeugte ihre Mutter sie davon, sich auch zur Aktivistin ausbilden zu lassen. Jetzt ist sie im Zentralkomitee der Bewegung. Das klingt ungewöhnlich für ein patriarchales Land wie Bangladesch. Doch die Krishok Federation, deren Präsident Badrul ist, kämpft mit ihren rund zwei Millionen Mitgliedern nicht nur für Klimagerechtigkeit und Ernährungssouveränität, sondern auch für Geschlechtergerechtigkeit. Sebina und ihre Mutter wissen sehr wohl, dass eine solche Ausbildung eine Investition in eine gerechte Zukunft des Landes ist.

Als wir vor Wahabs Haus stehen, im Nichts aus Wasser und Schlamm, nimmt mir die Trostlosigkeit fast den Atem. Nach dreieinhalb Wochen in der Palmölhölle Indonesiens jetzt die Matschhölle Bangladesch. Das bleierne Grau des Himmels spiegelt sich in den Wasserflächen, nur eine ferne grüne Linie aus Bäumen lässt erkennen, wo der Himmel endet und das ewige Brackwasser beginnt. Die Fläche ist durchzogen von erdigen Linien, matschigen Deichen, die die Shrimpsbecken voneinander trennen. Auf manchen stehen elende Hütten, wie anderswo Skelette in der Wüste liegen.

»Eines Morgens, in dessem trüben Zwielicht alle Zeit stehengeblieben zu sein schien, erblickte er schließlich von einem Hügel aus die Sümpfe der Traurigkeit.« Die Füße fast knöcheltief im Schlick, muss ich an Michael Endes *Die unendliche Geschichte* denken, an die Stelle, in der das Pferd Artax vor Traurigkeit im grauen Sumpf versinkt. Die Geschichte der Shrimpszucht in Bangladesch ist auch eine unendliche Geschichte der Zerstörung, Enteignung, Korruption und Gewalt.

Vor etwas mehr als 20 Jahren gab es hier Reisfelder statt Shrimpsanlagen, als der Ort noch Baburabad hieß. Seine Geschichte erzählt uns jetzt Wahab.

1992 besetzte er mit 3 500 Landlosen diese Gegend, um hier zu leben und satt zu werden. Das war ihr gutes Recht: Denn Land, das nicht in Privatbesitz ist, sogenanntes Kashland, steht Landlosen zu, also Bauernfamilien, die weniger als 0,2 Hektar Land zur Verfügung haben. Seit 1987 besagt das ein Gesetz in Bangladesch.[301] Doch die Verteilung dieses Kashlands ist, gelinde gesagt, intransparent und sorgt unaufhörlich für Landkonflikte. Nur jeder siebte Landtitel geht an eine Landlosen-Familie, lokale Eliten bestechen die Behörden oder eignen sich, nicht selten geduldet oder unterstützt von der korrupten Polizei, Land gewaltsam an.

Ein Jahr etwa, nachdem ich mit der Krishok Federation das Dorf Joymonirhat in Kurigram im Nordosten Bangladeschs besucht hatte, um dort mit Mikrokreditopfern zu sprechen, spitzte sich der brodelnde Landkonflikt zu. Abdul Karim, der damals unser Gastgeber war, hatte zusammen mit 3 000 Familien dort Kashland besetzt, Protestmärsche organisiert und Briefe an die lokalen Behörden geschrieben, in denen er vergeblich dazu aufforderte, das Land an die Landlosen zu verteilen, wie es das Gesetz vorsieht. Im Oktober 2012 wurde Abdul Karim, der sein Leben lang für die Ärmsten der Armen gekämpft hatte, in einen Hinterhalt gelockt. Die Männer, die sich dieses Land unter den Nagel reißen wollten, schnitten ihm die Kehle durch.[302]

Auch der Boden unter den Shrimpsbecken in Zaida Nagar ist blutgetränkt. Zu der Zeit, als Wahab und seine Anhänger das Land besetzten, brachten vermögende, einflussreiche Leute der Gegend die Behörden dazu, jene Reisefelder als »Jalmahal« auszuweisen, als Gewässer also. Ein perfider Trick, mit dem sie die Landlosen enteignen und vertreiben konnten, ohne sich die Hände schmutzig zu machen – denn mit der formalen Umwandlung von landwirtschaftlicher Fläche in Gewässer änderten sich die Vorschriften: Gewässer und Feuchtgebiete fallen nicht unter das Kashland-Gesetz. 1994 wandelten sie die Reisfelder in Shrimpszuchtbecken um, scheinbar legal und nach den Vorgaben der Regierung. Als eine Überschwemmung die Anlagen zerstörte, machten sich die Landbesitzer aus dem Staub und Wahab und seine Leute kehrten auf das zerstörte Land zurück. 1996, fährt Wahab fort, hätten sich die Landlosen endlich einen offiziellen Landtitel erkämpft. »Doch zwei Jahre später kamen die Eliten zurück, sie wollten uns das Land abermals wegnehmen.« Das Shrimpsgeschäft erschien den Reichen wieder lukrativ. »Sie haben lokale Regierungsbeamte bestochen, Besitzurkunden gefälscht, unsere Häuser zerstört und uns bedroht«, sagt Wahab.

Am 27. Juli 1998 eskalierte die Situation: Als die lokalen Behörden Polizisten auf das umkämpfte Land schickten, trafen diese auf einen organisierten Protestmarsch der Landlosen. Zaida Bibi, Mitglied der Kishani Sobha, der Bäuerinnenorganisation der Krishok Federation, schritt mit einem Kind auf dem Arm und einem Besen in der Hand aus der Menge der Landlosen heraus. Sie durchbrach die Polizeisperre in Richtung der Beamten. »Die Polizei hat sie brutal niedergeschossen.« Zaida war tot, hunderte Widerständige wurden verletzt. »Wir nennen sie Mutter Zaida, sie ist unsere Märtyrerin«, sagt Wahab, der den Mord an Zaida mit ansehen musste. Die Gemeinde benannte den Ort nach ihr.[303]

Zaida Bibi ist nicht das einzige Todesopfer, das die sich ausbreitende Aquakultur in Bangladesch forderte. Mindestens 150 weitere Menschen, Landlose, Aktivisten und Journalisten, starben in derartigen Auseinandersetzungen. Die bangladeschische Menschenrechtsbewegung Nijera Kori (»Wir machen das selbst«), die die Menschen seit Jahren im Kampf gegen die Shrimpsanlagen unterstützt, geht sogar von mehr als 200 Toten aus.

Auch das heute grüne Paradies auf Polder 22 gründet auf einem blutigen Verbrechen. Der 17 Kilometer lange Deich wurde angelegt, um dahinter Landwirtschaft zu betreiben. Wazed Ali Biswas, damals Geschäftsführer von Delta Fish Limited, dem bis heute größten Garnelenexportfirma Bangladeschs, und Vorsitzender der Bangladesh National Party in Satkhira, hatte andere Pläne für das Land, das ihm überhaupt nicht zustand: Er wollte dort seine 30. Shrimpsanlage ansiedeln. Deshalb ließ er einen Teil von Polder 22 illegal mit Salzwasser fluten. Eine so gängige wie effektive Methode der Shrimpsherren, um Fakten zu schaffen: Steht das Land erst einmal voll Salzwasser, das nicht mehr entweichen kann, ist nicht nur das Garnelenbecken schon angelegt, sondern der Boden für die Landwirtschaft verloren.

Die Felder zu fluten, geht dabei erschreckend einfach: In den Sechzigerjahren waren in der Küstengegend in Bangladesch hohe Dämme errichtet worden, um die Landwirtschaft auf dem tiefer liegenden Küstenland vor Salzwasser zu schützen. Deichschleusen ermöglichten es den Bauern, die Bewässerung ihrer Felder selbst zu regulieren, also die Schleusen dann zu öffnen, wenn die Flüsse frisches Süßwasser stromabwärts brachten, und sie dann zu schließen, wenn das Salzwasser aus dem Golf von Bengalen stromaufwärts in den Fluss drängte. Doch diese Technik wurde vielen von ihnen zum Verhängnis: Die Schrimp-Lords haben sich ihrer auf kriminelle Weise bemächtigt und zusätzlich illegale Pipelines und Schleusen in die Dämme gebaut. Über Nacht konnten sie so riesige Reis- in Shrimpsfelder umwandeln. Die Hölle von Polder 20 gegenüber ist unter anderem durch diese brutale Methode entstanden. Widerständige, die noch immer versuchen, sich gegen die Überflutung zu wehren und die Schleusen Tag und Nacht bewachen, werden von den Schrimp-Lords und ihren Schergen zusammengeschlagen, angezeigt und verleumdet, einige, die sich wehren, landen im Gefängnis. Kein Wunder, dass die Männer, auf die wir in Modhuakali auf Polder 20 trafen, ihre Namen lieber nicht verraten wollten.

Im Dorf Horinkhola auf Polder 22 versammelten sich am 7. November 1990 mehrere tausend Menschen, die den Shrimps-baron Wazed Ali Biswas nicht gewähren lassen wollten. Die Aktivistin Karunamoyee führte, zusammen mit anderen Frauen, den friedlichen Protest an. Die Frauen in der Vorhut sollten de-eskalierend wirken, so der Plan. Doch der Geschäftsmann und Politiker hatte einen Schlägertrupp von hundert Leuten angeheuert, ausgerüstet mit Schusswaffen, Macheten, Eisenstangen und selbst gebauten Bomben. Sie griffen die Bauern umstandslos an. Eine Bombe riss Karunamoyee in Stücke, viele Menschen wurden schwer verletzt, einige überlebten nur knapp. Die Täter machten sich aus dem Staub und warfen Karunamoyees Leichnam in den Fluss. Erst eine Stunde nach der Gewaltorgie kam die Polizei auf das Schlachtfeld. Überall war Blut, Kleiderfetzen hingen selbst in den Bäumen und Sträuchern, und die Menschen, die mit ansehen mussten, wie Karunamoyee zerfetzt wurde, waren außer sich vor Trauer und Entsetzen.

Aber dann geschah das Unfassbare: Statt die Mörder und Diebe festzunehmen, verhaftete die Polizei verletzte und schwer traumatisierte Dorfbewohner. Sie steckte selbst die ins Gefängnis, die erst Wochen nach dem Zusammenstoß aus dem Krankenhaus entlassen werden konnten. Rund 50 Dorfbewohnern hängten die Behörden Verfahren an, weil Wazed Ali die Polizei bestochen hatte.[304]

Sechs Tage nach dem Verbrechen, am 13. November 1990, marschierten auf Polder 22 zehntausende Menschen, angeführt von Khushi Kabir, der Leiterin von Nijera Kori, von Bigardana nach Horinkhola, um lauthals Gerechtigkeit für Karunamoyee zu fordern. Heute steht dort eine Mauer, darauf ein buntes Mosaik, das die Aktivisten zeigt, allen voran: Karunamoyee. Auf Polder 22 singen die Menschen seitdem ein Lied mit der Zeile »Karunamoyee hat für die Shrimps ihr Leben geopfert«.

Wazed Ali Biswas und seine Schergen aber sind für ihr brutales Verbrechen nie bestraft worden. Stattdessen wurde Wazed Ali 2003 belohnt: Die damalige Premierministerin Khaleda Zia verlieh ihm die National Export Trophy in Gold. Für sein Engagement für Landwirtschaft, Bildung und Soziales bekam er, man glaubt es kaum, sogar eine Medaille der Präsidentin. Im selben Jahr erlag der Shrimpsbaron im Alter von 56 Jahren einem Herzstillstand. In der Zeitungsmeldung über seinen jähen Tod steht kein einziges Wort über seine Bluttat.[305]

Es war dieser 13. November vor 25 Jahren, an dem die protestierenden Menschen von Polder 22 beschlossen, dass auf ihrem Grund niemals Shrimpsanlagen errichtet würden. Bei meinem Besuch in ihrem Paradies hat sich das nicht geändert. Doch die Bedrohung ist geblieben. Noch im März 2003 wurden Landlosen-Aktivisten auf Polder 22 angegriffen und mussten verletzt ins Krankenhaus gebracht werden, und auch Mitarbeiter von Nijera Kori wurden immer wieder bedroht.[306]

3. Landraub als Entwicklungshilfe

Wir übernachten in Wahabs Haus in den Shrimpsanlagen. Mitten durch das Bett, das Sebina und ich uns teilen, führt eine breite Ameisenstraße. Die Fenster haben keine Scheiben, man hört ein leises Glucksen vom Wasser. Ich werde geweckt, als es dämmert. Sebina rüttelt mich, »du verpasst die Shrimpsernte«. Eigentlich habe ich gar keine Lust, mir Schalentiere und Fische anzuschauen, die nach Luft japsen. Die Kleider kleben mir am Leib, alles ist klamm, die Luft in den Garnelenanlagen ist nass und schwer. Obwohl die Menschen hier umgeben sind von Wasser, herrscht Wassermangel. Das Grundwasser ist zu salzig, selbst der Tee, den wir trinken, schmeckt nach Salz. Vor Wahabs Haus befindet sich ein Bassin aus Beton. Männer mit nacktem Oberkörper und nassen Wickelröcken leeren Säcke und Netze darauf aus, die grauen Tiere und Fische zappeln, ein räudiger Hund schnappt nach den erstickenden großen Fischen, die vor seine Pfoten in den Matsch fallen, und zerbeißt die Tiere geräuschvoll. Alles geht sehr schnell, die Shrimps werden gewogen, in Eimer gepackt und müssen, weil es kein Eis hier gibt, in kürzester Zeit zum Markt gebracht werden. Dort werden sie von Händlern und Exporteuren gekauft, um bald darauf in den Tiefkühltruhen westlicher Supermärkte zu landen.

Wie viele Tiere die Leute hier aus dem brackigen Wasser holen und wie viel Geld sie mit ihren lebenden Cash Crops verdienen, wie hoch der Weltmarktpreis sein wird, ob die Tiere eines Tages Viren bekommen und dann nicht mehr zu verkaufen sein werden, ist immer wieder ungewiss. Als der Trubel des Tages vorbei ist, legt sich wieder bleierne Stille auf die Gegend. Die Menschen in Zaida Nagar haben unter hohen Opfern einen Sieg gegen die Shrimpsbarone errungen, aber sind sie Gewinner? Heute leben nur noch 2 500 Menschen hier, für mehr lässt das Wasser keinen Platz. Als hier noch Reis wuchs, waren es 3 500. »Wir haben jetzt Shrimps und können sie verkaufen, das ist gut«, sagen Wahabs Nachbarn Rohina und Monowar Katun, »aber es wäre besser für uns, wenn wir Land hätten, auf dem wir Nahrung für uns anbauen könnten.« Ihre Hütte steht auf einem winzigen Stück Land neben dem Damm, dort wächst ein wenig salzresistentes Grün, das reicht gerade mal für eine kleine Kuh, zwei Ziegen und ein paar Hühner. Wahab und seine Leute züchten hier sogar Bioshrimps. Aber nicht alle können von den Shrimps leben, man muss in sie investieren: Larven, Futter, all das kostet Geld. Manche Menschen in Zaida Nagar sind deshalb verschuldet. Es ist, bio hin oder her, ein existentieller Unterschied, ob man dem Risiko, mit einem Exportprodukt Geld verdienen zu müssen, ausgesetzt ist und noch dazu schwankenden Lebensmittelpreisen. Oder ob man eigenes Land hat, auf dem man Obst, Gemüse und Reis für den eigenen Bedarf anbauen, Tiere halten und den Überschuss auf dem lokalen Markt verkaufen kann.

Mindestens zwei Drittel der Menschen in Bangladesch leben von der Landwirtschaft. Ihre größte Konkurrenz sind Shrimps. Zum einen, weil die Anlagen eine Menge Platz einnehmen. In dem Land, das, um es noch einmal zu sagen, weniger als halb so groß ist wie Deutschland, werden auf einer Fläche fast so groß wie das Saarland Garnelen gezüchtet. Binnen zwanzig Jahren hat sich die dafür benötigte Fläche, verdoppelt. 2007 gab es im Süden zum ersten Mal mehr Shrimpsbecken als Felder, auf denen Reis oder Gemüse angebaut wurde.[307] Doch eine Shrimpszucht kann nicht annähernd so viele Menschen beschäftigen und ernähren wie die Landwirtschaft. Einer Studie der Universität Chittagong zufolge bietet ein Reisfeld von einem halben Quadratkilometer Arbeit für fünfzig Leute, ein Garnelenteich derselben Größe braucht nur fünf. Monirul Kahn, Professor für Zoologie an der Jahangirnahar-Universität nahe Dhaka, bestätigt: »Die örtlichen Landbesitzer verdienen sehr viel Geld an der Zucht, während die lokale arme Bevölkerung keinerlei Profit daraus schlägt. Im Gegenteil: Aufgrund der Garnelenzucht kommt es zu einer Abnahme von Arbeitsplätzen, da die Zucht mit weniger Arbeitskräften auskommt als der Reisanbau, der zuvor in der Region betrieben wurde.«[308]

Mehr als die Hälfte der Bauern in Bangladesch besitzt das Land nicht, auf dem sie arbeiten. Sie sind Erntearbeiter oder Tagelöhner. Wenn für sie weder Land noch Jobs verfügbar sind, bleibt ihnen nichts anderes übrig, als in die Städte auszuwandern. Aber für die Landflüchtlinge, für ungezählte Frauen, Männer und Kinder, gibt es dort nichts als ein noch elenderes Leben in Slums oder auf der Straße. Und Arbeit unter grässlichen Bedingungen: in Textilfabriken, als Rikschafahrer oder in den Leder- und Ziegelfabriken.

Shrimpsbecken, die intensiv bewirtschaftet werden, haben eine Lebensdauer von bis zu 15 Jahren. Das Land ist danach für die Landwirtschaft unbrauchbar. Aber nicht nur die Böden, auf denen sich die Zuchtanlagen befinden, sind ruiniert. Überschwemmungen, wie sie sich regelmäßig vor allem während der Monsunzeit ereignen, tragen das Salzwasser auf umliegende Äcker und schädigen ihre Fruchtbarkeit; auch das versalzene Grundwasser in den Shrimpsgegenden trägt zur Degradierung der Böden bei. Ein Teufelskreis. Bereits Ende der Neunzigerjahre belegte eine Studie, dass der Salzgehalt von Böden in Regionen mit Aquakulturen fünf Mal so hoch ist wie in Gebieten ohne Shrimpszucht.[309] Immer mehr Obst- und Getreidearten wachsen deshalb immer schlechter, Kühe und Ziegen finden immer weniger Futter, weswegen die Menschen immer weniger Tiere halten können. Die Folgen sind schlechte Ernten und ein Verlust der Ernährungsvielfalt, sodass viele Menschen an Mangelernährung und Hunger leiden.

Hinzu kommt, dass viele kommerzielle Shrimpsanlagen wahre Giftteiche sind: Die meist viel zu dicht besiedelten Becken sind voll von Antibiotika, Dünger und Pestiziden, die in Grundwasser, Flüsse und Umwelt gelangen. Selbst Endosulfan, eines der giftigsten und gefährlichsten Insektizide der Welt, kommt in den bangladeschischen Aquaplantagen zum Einsatz. Das Gift ist in der EU und in 80 anderen Ländern der Welt verboten, auch in Bangladesch.[310]

Allein in der Region Satkhira im Zentrum der Shrimpsproduktion der Khulna Division haben die Shrimps 120 000 Menschen von ihrem Land vertrieben. 1976 wurden in Satkhira noch 40 000 Tonnen Reis im Jahr geerntet, schon zehn Jahre später waren es nur noch 36 Tonnen.[311] Tausend Mal weniger Reis für Millionen hungrige Menschen, weil auf ihrem Land exotische Snacks für übersättigte westliche Konsumenten gezüchtet werden. Allein diese Zahl straft alle Behauptungen Lügen, die Shrimpszucht in Bangladesch sei ein wichtiger Wirtschafts- und »Entwicklungsfaktor« und dazu geeignet, Hunger und Armut zu bekämpfen. Heute, nach dreieinhalb Jahrzehnten Shrimpsaquakultur, sind in der Küstenregion fast 80 Prozent des fruchtbaren Ackerlandes für die Landwirtschaft verloren. Zweieinhalb Millionen Tonnen Reis könnten dort angebaut werden. Laut dem bangladeschischen Soil Ressource Institute ist das exakt die Menge, die es bräuchte, um den jährlichen Nahrungsmittel-

mangel des Landes auszugleichen.[312] Die satten Shrimpsgenie-
ßer in den wohlhabenden Ländern fressen den Hungernden in
Bangladesch also buchstäblich die Teller leer.

Viele Menschen, die durch die Aquakulturen ihrer Lebensgrundlage beraubt wurden, haben kaum noch eine andere Wahl,
als sich in Garnelenzuchtanlagen oder -fabriken zu verdingen.
Rund 30 000 Menschen arbeiten in etwa 150 solcher Fabriken.
Sie sind allgegenwärtig in der Shrimpshölle, oft erkennt man sie
schlicht daran, dass die Eisentore besonders hoch sind oder dass
sogar bewaffnete Wachleute davor stehen. Der Mindestlohn in
dieser Industrie – umgerechnet 26 Euro im Monat – gehört zu
den niedrigsten in ganz Asien. Fast ein Viertel der Arbeiter erhält sogar noch weniger als diesen Mindestlohn.[313] Bis zu zwölf
Stunden, sieben Tage die Woche, arbeiten demnach die Menschen – auch Kinder – dort, aber Überstunden werden nicht bezahlt, Gewerkschaften behindert, Schutzkleidung gibt es keine.
Es sind dieselben fürchterlichen Bedingungen, die man auch aus
den Textilfabriken des Landes kennt. Die Frauen sind ebenfalls
Opfer des Garnelen-Wahnsinns: Während sie traditionell eine
wichtige Rolle in der Landwirtschaft und beim Reisanbau gespielt hatten, ist für sie in den Shrimpsanlagen kaum Platz.
Es ist ein Männerjob – auch weil die Arbeit körperlich anstren-
gend ist.

4. Shrimps fressen Mangroven auf

Am Horizont zieht es schwarz herauf, das Brackwasser färbt
sich dunkel wie Tinte. Es sieht unheimlich aus. In der Nacht habe
es eine Böe gegeben, die so heftig gewesen sei, dass sie zwei
Hütten das Dach abgedeckt und sie fast ganz zerlegt hätte,

erzählt uns Wahab. Hier fegen die Stürme ungebremst über die Wasserflächen, weil nichts sie mehr aufhält, keine Bäume, keine Sträucher.

Wir machen uns auf den Weg in die Sundarbans, die Mangrovenwälder von Bangladesch. Er führt durch eine Art offenes Industriegelände. An den Straßenrändern stehen Transportrikschas. Darauf stapeln sich Garnelen in Körben und Kisten, aus denen das Wasser tropft. In den offenen Hallen bearbeiten Männer riesige dampfende Eisblöcke, das zerkleinerte Eis wird auf Säcke voller Shrimps geschaufelt. Vor den Hallen stehen Lkws, die kunstvoll mit Bildern von Garnelen bemalt sind, »Singhi« steht darüber in bengalischer Schrift, »Shrimps«. Sie warten auf die Lieferung, die sie in die Fabriken fahren, wo sie für den Export verarbeitet werden.

Es dauert eine Weile, den kafkaesken Papierkram zu erledigen, der die Voraussetzung dafür ist, dass wir in die Sundarbans dürfen. Doch dann sitzen Badrul, Sebina, zwei von Wahabs Söhnen und ich, die uns begleiten, auf dem Holzdeck eines Schiffes und lassen uns langsam durch das Schutzgebiet schaukeln, die »schönen Wälder«, Bangladeschs Mangroven. Der Salzwasserwald ist atemberaubend. Nipapalmen säumen unseren Weg, die dunklen verschlungenen Wurzeln der Mangrovenbäume bilden dicht über dem Wasser ihr eigenes Labyrinth, darauf kauern knallrote Krebse. Dutzende kleine Wasserarme verlieren sich im tiefen Dickicht, in dem das Wahrzeichen des Landes lebt: der bengalische Königstiger, die größte Raubkatze der Welt. 400 davon gibt es in den Sundarbans. Der größte Teil der insgesamt 10 000 Quadratkilometer großen Wälder liegt in Bangladesch, ein kleiner Teil im indischen Westbengalen. Unser Bootsmann zeigt auf ein Mangrovenufer und sagt, er habe genau da einmal einen Tiger sitzen sehen. Wir bekommen allerdings keinen zu Gesicht. Dafür einen Sunda-Marabu: den Riesenstorch, der mit seinem räudigen Kahlkopf und seinen schwarzen, langen Flügeln aussieht wie ein hundert Jahre alter, buckliger Butler im Frack. Er schreitet gemächlich im Sand zwischen den schwarzen Wurzeln. Ein leuchtend blauer Eisvogel schießt ins Wasser, eine Handvoll Makaken jagt mit Geschrei durch die Bäume, eine giftgrüne Schlange wickelt sich um einen Ast, ein Reh schaut uns verdutzt hinterher, und auf einmal schreit Badrul: »Flussdelphine!« Ich höre es platschen und sehe gerade noch die Flossen im Wasser verschwinden.

Mangrovenwälder sind ein einzigartiges, komplexes und sensibles Ökosystem. 58 Säugtier-, 55 Reptilien- und 315 Vogelarten leben in den Sundarbans. Sie sind auch Lebens- und Rückzugsraum für Fische und Meerestiere, die hier Schutz vor Raubfischen finden und laichen können. Die Regenwälder der Meere sind ein wichtiger CO_2-Speicher, vor allem aber bilden sie einen grünen Puffer zwischen Küste und Land. Es ist die wichtigste Barriere gegen Tropenstürme und Überschwemmungen. Für Bangladesch, das die Folgen des Klimawandels schon heute mit aller Heftigkeit zu spüren bekommt, sind sie deshalb für Millionen Menschen überlebenswichtig. Die Sundarbans selbst sind unbewohnt, aber an den Rändern leben rund 350 000 Menschen, die den Wald auch wirtschaftlich nutzen: als Fischer, Holz- und Honigsammler.

Die Sundarbans in Bangladesch, von der UNESCO als Weltkulturerbe geschützt, sind der größte Mangrovenwald der Erde – anders gesagt: der letzte Rest davon. In den vergangenen vierzig Jahren sind weltweit fast drei Viertel der Mangrovenwälder verschwunden. Fast die Hälfte davon wurde für die Aquakultur gerodet. In Cox's Bazar an der Südostküste von Bangladesch, dort, wo etwa zwanzig Prozent der Shrimpsproduktion des Landes angesiedelt sind, sind die Mangroven fast komplett verschwunden. 1976 wuchs der Chokoria Sunderban noch auf einer Fläche von 85 Quadratkilometern. In den Achtzigerjahren wurde der Wald nahezu komplett abgeholzt, nachdem Weltbank und die Asiatische Entwicklungsbank dort gigantische Shrimpsanlagen mit Millionen Dollar finanziert hatten.[314] Insgesamt wurden in Bangladesch seit dem Jahrtausendwechsel binnen zehn Jahren 500 Quadratkilometer Mangroven abgeholzt – ein Fläche so groß wie der Bodensee.[315]

Für die Menschen, die an der Küste wohnen, ist der Verlust der Mangroven katastrophal. Die Fischer fangen immer weniger Fische, die Sammler müssen immer tiefer in die Wälder hinein, um Holz, Honig und andere Rohstoffe zu finden. Ein lebensgefährliches Unterfangen: In den Sundarbans gibt es die meisten tödlichen Tigerangriffe der Welt, mindestens 17 im Jahr, und mindestens 50 Verletzte. Denn auch der Tiger findet immer weniger Nahrung in seinem ständig verkleinerten Territorium, und so wagt er sich inzwischen auch in die Dörfer am Rand der Wälder. Zwar ist die Abholzung von Mangroven mittlerweile offiziell verboten, doch die Zerstörung geht ungebrochen weiter. Und in nicht allzu ferner Zukunft könnte den Sundarbans noch ein weiterer Aggressor auf den Leib rücken: Der indische Energiekonzern National Thermal Power Corporation plant nicht weit davon entfernt in Khulna das Kohlekraftwerk Rampal.[316]

Das schmale Flüsschen mündet in einen größeren Fluss, wir verlassen die faszinierenden Wälder und steuern auf einen Damm aus Lehm zu, Gabura Union, die Garneleninsel. Da ist es wieder, das traurige Grau. Am schlammigen Ufer laufen dutzende Frauen und Kinder durch das Wasser, von manchen Kindern sieht man nur den Kopf aus dem Fluss ragen. Sie ziehen mit Netzen bespannte Quader hinter sich her, Reusen, teils selbst gebastelt, und fangen damit Shrimpslarven für die Zuchtbecken. Es ist die unterste Stufe im Shrimpsgeschäft und eine Arbeit, die für Mensch und Natur gleichermaßen zerstörerisch ist. Etwa eine halbe Million Menschen gehen ihr nach, und wieder sind es die Ärmsten und Verwundbarsten, Frauen, Kinder und Landlose. Ohne Larven keine Shrimps: Geschätzte 60 Prozent aller in Bangladesch gezüchteten Garnelen stammen aus Wildfang. Die Larvenfänger verkaufen die Larven an Mittelsmänner, die sie wiederum an Shrimpsfarmer verkaufen. In den engmaschigen Netzen – manchmal benutzen die Leute dafür Moskitonetze – bleiben aber nicht nur Shrimpslarven hängen. Für jede einzelne Shrimpslarve, die am Ufer aussortiert wird, sterben fünfzig andere Lebewesen: Fische, Plankton, Seepferdchen, Muscheln und die Larven anderer Schalentiere.[317] Das hat für einen dramatischen Rückgang an Fischen gesorgt, die aber eine wesentliche Eiweißquelle für die rund acht Millionen Menschen an Bangladeschs Küste darstellen. Nur ein perfides Detail, das den Zynismus der kolonialen Entwicklungsideologie auf den Punkt bringt: Die Ärmsten der Armen sind dazu gezwungen, ihre eigene Lebensgrundlage zu zerstören, um zu überleben, damit die Wohlhabenden des Westens jederzeit Nachschub an einem Genussnahrungsmittel haben, von dem sie nicht einmal satt werden müssen. Die Arbeit der Larvensammler ist lebensgefährlich: Sie werden nicht selten Opfer von Hai- oder Krokodilangriffen sowie Schlangenbissen, manche, vor allem Kinder, ertrinken.[318] Wegen all dieser entsetzlichen Folgen verhängte die Regierung von Bangladesch ein Verbot für die Wildlarvenfischerei. Aber wie immer, wenn versucht wird, einen isolierten Missstand in einem per se verheerenden System abzustellen, hat sich die Situation derer, die davon abhängig sind, noch weiter verschlechtert. Während ganz andere davon profitieren: Um ihren Job machen zu können, müssen die Larvensammler nun lokale Autoritäten bestechen, um der einzigen Arbeit, die ihnen bleibt, nachgehen zu können. Denn von ihnen werden sie erpresst und bedroht.[319]

Unser Boot hält an der Anlegestelle von Gabura Union. Auf der von Dämmen eingeschlossenen 53 Quadratkilometer großen Insel am Rand der Sundarbans leben 39 000 Menschen. Hier hatten die Bauern selbst ihre Reisfelder in Shrimpsbecken umgewandelt, weil ihnen weisgemacht wurde, sie würden damit mehr Geld verdienen als mit Reis. Nur ein Viertel der ursprünglichen Reisfelder blieb deshalb übrig. Die Insel erlangte 2009 traurige Berühmtheit, als der Zyklon Aila am 25. Mai über die Küste fegte und eine riesige Sturmflut vor sich herschob. 300 Menschen starben, die meisten Toten, 200, gab es auf der Shrimpsinsel Gabura.

Die Ausbreitung der Garnelenzuchtanlagen hat die Auswirkungen von Aila an der Küste noch verstärkt. Die Dämme, in den Sechzigerjahren zum Schutz vor Überschwemmungen gebaut, waren durch die vielen Schleusen, die die Shrimpsbarone illegal ins sie gebohrt hatten, so durchlöchert, dass die Flutwelle die Dämme regelrecht hinwegwaschen konnte – und mit ihnen ganze Dörfer. 4 000 Kilometer Straßen und Dämme wurden damals in einem Augenblick zerstört. Nach einer Schätzung des Roten Kreuzes wurden fast vier Millionen Menschen obdachlos – ein Viertel der Küstenbewohner. Rund 1 400 Quadratkilometer Ackerland waren vernichtet. An den Folgen leiden die Menschen bis heute.[320]

Die Zerstörung der Mangroven trägt wesentlich dazu bei, dass die immer unberechenbarer auftretenden Tropenstürme in Bangladesch noch heftiger ausfallen. 1991 starben Tausende bei einem Tsunami in einer Region, in der die Mangrovenwälder für Shrimpsfarmen komplett abgeholzt worden waren. 1960, als der Mangrovenwald dort noch intakt war, hatte es am selben Ort einen Tsunami vergleichbarer Stärke gegeben. Ohne ein einziges Todesopfer.[321]

In Gabura aber haben die Überlebenden alles verloren, was sie hatten, Häuser, Hausrat, Tiere, Felder, Land, Shrimpsbecken. Denn das Wasser, das die Insel überschwemmte, wich nicht mehr zurück, sondern blieb fast zwei Jahre innerhalb der Dämme stehen. Das Salzwasser in den Ponds hat die Böden komplett versalzen, nichts wächst mehr darauf. Wir stehen auf dem Damm und schauen über die Insel. Ich kann es kaum fassen, dass die Verheerungen hier sogar noch schlimmer sind als an allen anderen Orten, die wir im Garnelenland bereits besucht haben. Das hier ist die Apokalypse. Die Hütten sind nur zum Teil wieder aufgebaut, der Lehm, auf dem sie stehen, ist aufgerissenen und hat die Farbe von Asche. Wie eine Skizze im Schlick deuten große Vierecke auf dem Boden an, dass hier einmal Gärten und Felder gewesen sein müssen. Die tiefen Furchen, die zu den Matschkratern weiter hinten führen, waren wohl Kanäle für die Shrimpsbecken. Doch die Shrimps sind mit dem Wasser aus diesem gottverlassenen Ort verschwunden.

Wovon es allerdings eine ganze Menge gibt, sind internationale Helfer. Davon zeugt das Spalier der teils plakatwandgroßen Schilder der großen internationalen Hilfs- und Entwicklungsorganisationen. Logisch, denkt man, die *müssen* ja da sein, wo die Not am größten ist. Je mehr Leid, desto mehr Hilfe, oder nicht?

Mittlerweile habe ich dieses paradoxe Bild schon so oft gesehen, dass ich mich frage, ob es in Wahrheit nicht genau andersherum ist: Ob sich nicht im Gegenteil die Not genau da festsetzt oder vergrößert, wo sich die westlichen Organisationen mit ihren Großspendern und Fördermitteln, ihren top ausgebildeten Beratern und Managementkonzepten, ihren neuen Technologien und »Lösungsansätzen« wie ein Fliegenschwarm auf einen verrottenden Organismus setzen und sich an ihm laben.

In den vergangenen fünf Jahren jedenfalls hat sich die Situation der Menschen in Gabura nur weiter verschlechtert. Die Zahl der Ultra-Armen, also der Menschen, die sogar von weniger als einem halben Dollar täglich überleben müssen, hat sich in dieser Zeit fast verdoppelt.[322] Die Menschen haben keine Arbeit. Um ein bisschen Geld zu verdienen, fangen sie Shrimpslarven. Fische gibt es wiederum deswegen nicht mehr genug. Sie holen Holz aus den Sundarbans, was andererseits den Druck auf die wichtigen Wälder und die Folgen des Klimawandels verstärkt. Sie haben kein sauberes Wasser zu trinken, es gibt nur einen einzigen tiefen Brunnen; die weniger tiefen Quellen sind versalzen, die meisten Menschen trinken schmutziges Wasser aus Regenwassertümpeln und werden krank. Sie hungern, weil sich auf den versalzenen Böden nichts mehr anbauen lässt.

Wir folgen einem der Bauern zu seiner Hütte im Schlick, ein Dutzend Kinder läuft uns hinterher. Sie tragen alle dieselben Plastikschlappen in bunten Farben, wahrscheinlich sind sie von einem der vielen so eifrigen wie sinnlosen NGO-Projekte verteilt worden, für die es in den ahnungslosen reichen Ländern immer so viel Applaus und Spenden gibt. »Vor Aila konnten wir noch von der Aquakultur leben«, sagt der Mann, auch er will lieber unerkannt bleiben, »aber Aila hat die Shrimpsbecken zerstört und die Shrimps weggespült.« Und jetzt? »Jetzt versuchen wir es weiter mit Shrimps. Wir können ja keinen Reis mehr anbauen, wie früher.« Er erzählt, dass die bangladeschische NGO Shushilon den Leuten Kredite angeboten hätte, um Bio-Garnelen für den Export zu züchten. »Sie haben gesagt, wenn wir das Shrimps-Business ausweiten, dann werden wir Käufer finden.« Aber schließlich hätten sich nicht genug Familien für das Projekt gefunden, und Shushilon hätte das Angebot wieder zurückgezogen. »Sie haben ihr Versprechen gebrochen«, sagt der Mann, er ist sauer. Bio-Shrimps also. Aber hätte ihnen das wirklich geholfen? Der Mann zuckt mit den Achseln. »Was wir brauchen, ist ein höherer Damm. So eine Katastrophe wie Aila kann uns jeden Tag wieder treffen.« In Gabura steht für diesen Fall jetzt ein Cyclone Shelter, ein nagelneuer Hochbunker, der aber bei weitem nicht allen Menschen Platz bietet. An einer anderen Ecke der Insel hat eine NGO 300 000 Mangroven gepflanzt. Die Setzlinge, so steht es in der so rührseligen Projektreportage auf der Homepage, würden von den Bewohnern gehegt, gepflegt und bewacht. In zehn bis 15 Jahren, so heißt es, könne dieser neue Mangrovenwald die Insel beschützen. Sofern diese bis dahin nicht komplett weggeschwemmt worden ist, weil die Folgen der gravierenden Schäden, die die Shrimpszucht angerichtet hat, sich potenzieren. Es gibt eine Menge solcher Projekte auf Gabura Union, die am letzten Ende, also der zu erwartenden Katastrophe, ansetzen. Ein Konzept dafür, sich von deren tatsächlicher Ursache, nämlich der Shrimpszucht, zu verabschieden, gibt es hingegen nicht.

Dutzende Studien haben die grausamen Auswirkungen der Shrimpszucht längst bewiesen, seit dreieinhalb Jahrzehnten sind die Folgen dieses tödlichen Entwicklungsirrtums evident.

Auch die groteske Vorstellung, man könne die Weltmeere vor ihrer Überfischung retten, indem man Meerestiere an Land züchtet, ist längst widerlegt. Im Gegenteil befördern Aquakulturen die Überfischung sogar, statt ihr Einhalt zu gebieten: Fleisch fressende Fische und Meerestiere (zu denen auch manche Garnelen gehören) müssen mit Fischmehl oder -öl gefüttert werden. Sie verbrauchen davon ein Vielfaches ihres eigenen Körpergewichts, weswegen heute ein Drittel der Seefische als Futter für Aquakulturen gefangen wird.[323] Aber statt an den Ursachen dieses Irrsinns zu rühren, wird Benzin ins globale Feuer gegossen. Die tolle grüne »Lösung«: Man verfüttert statt Fischmehl auch noch in der Massenfischhaltung Soja – wofür wiederum die Regenwälder in Brasilien und Argentinien riesigen Soja-Monokulturen weichen müssen.[324] Dieser Wahnwitz wird eigentlich nur noch von der durchgeknallten Idee übertroffen, Fisch und Krustentiere aus Aquakultur könnten als Alternative zum wachsenden Fleischkonsum den Druck auf Land und Wälder nehmen.

Eines der wenigen Areale der Gegend, die Aila unbeschadet überstanden hat, ist das Paradies auf Polder 22, vielleicht fünfzig Kilometer Luftlinie von Gabura entfernt. Purmanda Mallik, den wir dort im Dorf Bigardana getroffen hatten, erzählte, dass Aila dort gar keinen Schaden angerichtet hat. »Wir hatten nicht einmal eine Überschwemmung, aber alle anderen Polder hier hat es hart getroffen.« Tatsächlich ist es möglich, Shrimpsanlagen zu renaturieren, um darauf Landwirtschaft zu betreiben. Die Organisation Nijera Kori unterstützt die Menschen auf dem Nachbarpolder 21 dabei, die Garnelenzucht aufzugeben. Die Menschen dort hatten sich gegen die Shrimps gewehrt, sie sind vor Gericht gezogen, um sich ihr Land zurückzuholen. Jetzt wäscht der Monsunregen Jahr für Jahr das Salz aus dem Boden, dem weniger werdenden Salzgehalt angepasste Pflanzen wachsen dort, neben verschiedenen Sorten Reis und Melonen, und bringen den Menschen Einkommen, bis sie sich ganz selbst versorgen können. Das kann zwar bis zu sechs Jahre dauern, doch wenn die Renaturierung abgeschlossen ist, können sie ein gutes und unabhängiges Leben führen wie ihre Nachbarn auf Polder 22. Bereits jetzt geht es ihnen besser als mit den Garnelen.

Es gibt also Alternativen zur Shrimpszucht. Der zerstörerische Entwicklungsirrtum ist korrigierbar. Mit Entwicklungsgeld könnte man viele Menschen in den Küstengebieten dabei unterstützen, ihr Land zurückzugewinnen und es wieder fruchtbar zu machen. Doch daran haben die reichen Länder des Nordens nicht das allergeringste Interesse. Sie wollen Shrimps.

Und sie wollen noch mehr: Nämlich eine gutes Gewissen dabei haben, wenn sie den Ärmsten der Armen das Essen wegfuttern.

5. Bioshrimps: Inwertsetzung der Zerstörung?

Wer sich den Spaß erlaubt und bei Google »mit gutem Gewissen« eingibt, der erhält eine halbe Million Treffer. Alles, was einmal schädlich und schändlich war, gibt es heute »in gut«. Pelz tragen, Porsche fahren, in der Welt herum fliegen und Kolonialwaren essen – je zweifelhafter das Produkt, so scheint es, desto mehr trägt man damit zur Weltrettung bei. Das jedenfalls will die Nachhaltigkeitsindustrie den »ethischen Konsumenten« weismachen. Diese Sorte guter Menschen gehört meist höheren Einkommensschichten an und macht den Geldbeutel für Luxuskonsum mit moralischem Gimmick gern extraweit auf.[325] Nicht zuletzt weil es diese Käuferschicht sogenannter Lohas gibt, die einen »Lifestyle of Health and Sustainability« verfolgen, nähern sich auch Biosupermärkte mehr und mehr dem Mainstream an: Alles, was ökologisch bedenklich ist, gibt es dort mittlerweile auch mit Biosiegel: Tütensuppen, Fertigpizza, argentinisches Rindersteak, Erdbeeren aus Südspanien, Pflaumen aus Argentinien – und Shrimps aus der »Dritten Welt«.

Aquakultur-Garnelen mit Biosiegel hat zum Beispiel der deutsche Öko-Anbauverband Naturland im Sortiment. Er zertifiziert Garnelen aus Bangladesch, Brasilien, Ecuador, Indonesien, Peru, Thailand und Vietnam.

Auch in der Shrimpshölle von Bangladesch werden Bio-Garnelen gezüchtet und von Naturland zertifiziert. Die Bio-Zucht in Satkhira wurde 2005 von dem Schweizer Import-Unternehmen SIPPO (Swiss Import Promotion Programme) gestartet und 2007 von der Hamburger Import-Firma WAB Trading übernommen. Diese rekrutierte 3500 Bauern, die auf 70 Quadratkilometern Biogarnelen kultivieren sollten. Die NGO Shushilon hatte diese Bauern geschult. Das von Naturland zertifizierte »Organic Shrimp Project« in Bangladesch wird seit 2008 auch von der GIZ unterstützt.[326] Dafür verlieh sich die GIZ gewissermaßen fast selbst einen Preis: 2013 erhielt die Hamburger Handelsfirma WAB Trading, die das »Organic Shrimp Project« in Kaliganj betreute, den Unternehmerpreis der Carl Duisberg Gesellschaft – im Auftrag des deutschen Entwicklungsministeriums und der GIZ, deren Vertreter auch in der Jury sitzen.[327]

Badrul, Sebina und ich wollen Bauern finden, die für Naturland Shrimps züchten. In Shyamnagar heuern wir einen Rikschafahrer an, der uns auf seiner hölzernen Ladefläche zu einer Öko-Farm bringen will. Er kurbelt den Motor seines antiken

Mopeds an, und wir knattern einen schmalen Deich entlang. Sebina und ich klammern uns aneinander, damit wir nicht von der Holzfläche rutschen und im brackigen Wasser landen. So richtig weit kommen wir auf dem Moped aber nicht. Als wir uns dem kleinen Gebäude auf dem Deich nähern, halten uns zwei Männer auf. Wir steigen ab und stehen an einer Sammelstelle der Mostafa Group of Industries. Der bangladeschische Konzern hat vor Kurzem das Ökoshrimpsgeschäft für Naturland übernommen, kauft den Bauern die Garnelen ab und verarbeitet sie für den Export. Der Hamburger Händler WAB Trading, der ein Jahr zuvor mit Preis ausgezeichnet wurde, musste im April 2014 Insolvenz anmelden.[328]

Nach einer Weile bittet uns Anisur Rahman von der Mostafa Group schließlich in den kleinen Raum. An der Wand sind neun grüne Kisten gestapelt, darauf ein Schild, auf dem das Naturland-Label und das europäische Biosiegel prangen. Der deutsche Anbauverband Naturland gilt als Pionier der Bio-Aquakultur. Er stellte 1996 erstmals strenge Richtlinien dafür auf.[329] Diese verbieten den Einsatz von Chemikalien, Antibiotika und gentechnisch verändertem Futter. Es dürfen weit nicht so viele Tiere im Becken sein wie in der konventionellen Aquakultur. Das Futter soll aus ökologischem Anbau sein, aber Fischmehl und -öl sind erlaubt, wenn dafür nicht extra gefischt werden muss. Naturland legt keine neuen Becken an, sondern wandelt bestehende Aquakulturen nach Biorichtlinien um. Der Einsatz von Schrimplarven aus Wildfang ist untersagt, ebenso das Abholzen von Mangroven. Erlaubt ist es dagegen, Zuchtbecken, für die zuvor Mangroven gerodet wurden, in Bioanlagen umzuwandeln, wenn die Hälfte des vormaligen Mangrovengebiets dafür aufgeforstet wird. Die Naturland-Garnelen aus Bangladesch kommen allerdings aus keiner Mangroven-Gegend, sondern aus Kaliganj. Dort, wo heute Bio-Aquakulturen sind, wurde früher Reis angebaut.

80 Prozent der Zuchtgarnelen stammen aus den Ländern des Südens. Überall hat die Aquakultur dieselben Verheerungen angerichtet. Ist es denkbar, dass diese weitreichenden Schäden dadurch kompensiert werden können, dass der Betrieb der Aquakulturen auf ökologisch umgestellt wird? Oder verleiht ein Bio-Siegel sogar der Zerstörung noch einen Wert, von dem abermals die Kunden im Norden profitieren? Schließlich werden auch Bioshrimps ausschließlich für den Export produziert. Wie Palmöl nur da wächst, wo einmal Regenwald stand, befinden sich auch kommerzielle Aquakulturen für den Export fast ausnahmslos dort, wo vorher Ackerland, Reisfelder oder Mangroven waren. Selbst wenn die ökologische Methode sehr viel umweltfreundlicher ist als die konventionelle – auch Bioshrimps okkupieren Fläche in dem ohnehin schon dicht gedrängten Land und können zur Versalzung der Böden und des Grundwassers beitragen. »Angrenzende landwirtschaftlich genutzte Flächen dürfen weder durch versickerndes Salzwasser noch durch verwehten Salzstaub geschädigt werden«, heißt es zwar in den Richtlinien von Naturland. Aber es ist eher unwahrscheinlich, dass sich Überschwemmungen, die Salzwasser der Aquakultur auf Äcker tragen, an Ökostandards halten.

Laut Naturland produzieren heute in der Region Kaliganj nur noch 1237 Bauern in 14 Dörfern Bio-Garnelen. Jeder Bauer habe etwa zwei Hektar und könne bis zu 300 Kilo Shrimps pro Jahr ernten. Das gesamte Projekt in Bangladesch, sagt Naturland, habe das Potenzial für 750 Tonnen, das aber nicht immer erreicht werde. Umgerechnet fünf Euro bekämen die Bauern pro Kilo. Ein Kilo Bioshrimps kostet in Deutschland vier bis sechs Mal so viel. Allerdings: Einen Preisaufschlag für den Mehrwert Bio bekommen die Bauern nicht. Es wird, wie überall, der Marktpreis bezahlt. Aber, so Naturland, die Bauern würden davon profitieren, dass sie das Geld sofort ausbezahlt bekämen und nicht erst Monate später von Mittelsmännern, die einen Teil davon einbehielten. Außerdem züchteten sie in ihren Becken noch andere Fische und kleinere Shrimps für lokale Märkte.

Das ist sicher ein großer Vorteil gegenüber der konventionellen Zucht, abgesehen davon, dass es ihr eigenes Land ist. Doch die Preise können die Bauern nicht selbst aushandeln – sie sind abhängig vom schwankenden Weltmarktpreis. Laut Anisur Rahman von Mostafa verdienen die Bauern im Schnitt etwa 6 000 Taka im Monat. Das ist etwas mehr als der staatliche Mindestlohn (5 300 Taka), der nicht zum Leben reicht, und weniger als zehn Mal so viel, wie wohlhabende Kunden für den Bio-Luxussnack locker machen – nämlich sieben Euro für 200 Gramm Bio-Tiger-Garnelen. »Einen Bioaufschlag gab es früher mal«, erklärt uns Rahman. Aber dann hätten die Bauern billige Shrimps auf dem Markt gekauft und unter die Biogarnelen gemischt, um das Gewicht zu erhöhen und mehr Geld zu bekommen. Also habe man ihnen wieder weniger gezahlt. Weniger Geld – eine Strafe als Qualitätssicherung? Eine seltsame und autoritäre Logik wäre das – und nicht unbedingt ein Garant dafür, dass die Bauern ihr Verhalten ändern.[330]

Der Vertreter der Mostafa-Group zeigt auf einen spärlich bewachsenen Damm zwischen den Shrimpsbecken. Der aufkommende Wind, der gleich wieder Regen bringen wird, wirft die zarten Bäumchen und Sträucher bedrohlich hin und her. »Die Blätter sind organischer Dünger und gleichzeitig Futter für die

Garnelen«, sagt Rahman. Die Deiche zwischen den Becken mindestens zur Hälfte zu bepflanzen, ist eine Vorgabe von Naturland. Wir fragen noch einmal, ob wir uns die Farm hier genauer anschauen und mit Bauern sprechen dürfen, doch er macht keine Anstalten. Als wir schließlich aufbrechen, sagt der wortkarge Mann: »Ob das nun nachhaltig ist oder nicht – es bedient das Verlangen der Kunden in Deutschland.«

»Seltsam, oder?«, sagt Khushi Kabir, als ich ihr in Dhaka von dieser Begegnung erzähle. Ihre NGO Nijera Kori lehnt die Shrimps-Aquakultur rundweg ab. Khushi erinnert sich daran, wie sie zum ersten Mal versucht hat, etwas über die Bioshrimps herauszufinden. Damals habe WAB Trading das Projekt betreut. »Mir ist es genauso ergangen, sie haben mich noch auf dem Weg gestoppt, ich habe keinen Zugang bekommen. Das ist mir noch nie passiert«, sagt sie. Im Laufe der Jahre hätten sie und ihre Kollegen sich aber immer wieder mit Organisationen und Firmen getroffen, die eine nachhaltige Shrimpszucht propagierten. »Wir wollten ihnen keine Gelegenheit geben, zu sagen, dass wir ihnen feindlich gesinnt sind oder keinen Dialog wollen. Außerdem wollten wir ihnen unseren Standpunkt klarmachen.« Doch jedes Mal sei es so gewesen, »dass sie nicht in der Lage waren, unsere Bedenken zu zerstreuen«, sagt Khushi.

»Es war unglaublich. Da kamen diese Leute und Institutionen mit ihren sogenannten Experten und dem ganzen Geld, und jedes Mal haben sie verwirrt das Treffen verlassen, weil sie auf unsere Fragen und Untersuchungsergebnisse nicht antworten konnten.« Stattdessen hätten sie einfach ohne jeden Rat weitergemacht. Khushi glaubt nicht daran, dass zertifizierte Garnelen am Elend der Menschen hier etwas grundsätzlich ändern könnten. Nachhaltigkeitssiegel würden der Garnelenzucht zwar ein positives Image verleihen. »Aber das ganze System ist überhaupt nicht nachhaltig. Die Zerstörung der Mangroven und der Küstengebiete, die Menschenrechtsverletzungen und die schlechte Ernährungssituation, die die Shrimpsindustrie verursacht hat, darf weder geduldet noch unterstützt werden«, sagt sie.

»Wir haben natürlich ein Stück weit Verständnis für Khushi Kabirs Sichtweise. Aber ihren Schluss, dass man gar keine Shrimps produzieren darf, teilen wir nicht. Es ist möglich, Shrimps in Bangladesh ökologisch und ökonomisch nachhaltig zu erzeugen. Unser Ansatz als Ökoverband ist es deshalb, diese bessere Produktionsweise zu befördern«, sagt Stefan Bergleiter. Er ist Leiter der Abteilung Aquakultur bei Naturland. Ich treffe ihn und Stefan Holler, der für das Projekt in Bangladesch zuständig ist, zu einem Interview in der Zentrale in Gräfelfing nahe München. Es ist nicht die erste Kritik an der Garnelen-Aquakultur mit Bio-Siegel. Besonders heftig wurde der Bioverband vor drei Jahren von der schwedischen Naturskyddsföreningen kritisiert. Für ihren Report »Murky Waters« hatte die NGO auch in Ecuador recherchiert, bei Firmen, die von Naturland zertifiziert werden. Für den Großteil der ehedem konventionellen Anlagen, die heute ökologisch produzieren, seien früher Mangrovenwälder illegal gerodet worden, so die NGO. Mit dem Aquakultur-Boom hat auch das kleine südamerikanische Land in den Neunzigerjahren mehr als zwei Drittel dieser wertvollen Salzwasserwälder verloren. Naturskyddsföreningen kritisierte außerdem, dass die Biozucht abgeriegelt und von bewaffneter Security bewacht sei, weshalb lokale Gemeinden die Flüsse nicht mehr nutzen könnten und bedroht würden.[331] Der Konsum sowie die Vermarktung von Garnelen, »auch solchen« von zertifizierten Farmen, fördert eine laufende Zerstörung«, schreiben die Autoren. Ihre Conclusio: »Hören Sie auf, Shrimps zu kaufen, zu bewerben, zu verkaufen und zu essen.«[332] Naturland reagierte mit einer sechsseitigen Stellungnahme. Der Verband widersprach einigen Ergebnissen und sicherte zu, Missstände zu beseitigen. Der Öko-Verband verteidigte die Aquakultur: Es gäbe einen internationalen Konsens, dass diese »signifikant und zunehmend zur globalen Versorgung mit Meeresfrüchten« beitrage. Produkte aus Aquakultur seien »zentral für die Teilnahme am Weltmarkt« der Länder des Südens. Verbesserungen könnten nur gemeinsam mit Bauern und in einem »Klima von Kooperation und Vertrauen« hergestellt werden. Nicht durch »unausgewogene Kritik und Boykottaufrufe«.[333]

Allerdings kommen Kritik an der exportorientierten Shrimpszucht und Boykottaufrufe auch von Kleinbauernbewegungen wie La Via Campesina, der Krishok Federation sowie von Organisationen wie Farida Akthers Ubinig, die, wie Nijera Kori, mit Kleinbauern und Opfern der Garnelenzucht arbeitet, und nicht zuletzt übt auch die lokale Bevölkerung selbst Kritik: »Unsere aufrichtiger Appell an alle lautet: Esst keine Garnelen. Nur dann können wir überleben. Erst wenn diese Farmen für immer geschlossen werden, werden wir Frieden in unserem Leben haben.« Das sagt eine Bäuerin in der Hölle von Polder 20.[334] »Die Kritik an der Historie der Garnelenzucht ist sicher richtig, und die teilen wir auch. Wir können diese Historie aber nicht ändern, sondern müssen mit ihren Folgen umgehen. Die Frage ist also: Wie machen wir das Beste aus der Situation, die wir heute vorfinden?« sagt Stefan Holler. »Wenn ich Khushi Kabirs Gedanken zu Ende denke, würde das bedeuten, mit den Shrimps aufzuhören. Aber diese einfache Gleichung, Reis ist gut und Shrimps sind schlecht, die stimmt so nicht.« Es gebe Gegenden, da baue man besser Reis an, »aber im Süden fahren die Leute mit Garnelen besser. Die Bauern, die am Naturland-Projekt teilnehmen, finden das ganz hervorragend. Ihre finanzielle Situation und auch ihre Ernährung ist besser, die Kinder können zur Schule gehen. Kann ich da den Leuten vorschreiben, was sie anbauen sollen?«

Nun, das haben andere schon vor vielen Jahren getan, als die Reisfelder der Gegend Shrimpsbecken weichen mussten. Dass die Lage der Ökofarmer unter diesen Umständen besser ist als die von konventionellen Shrimpsbauern – zum Beispiel, weil es ihr eigenes Land ist, auf dem sie wirtschaften, und weil sie neben Shrimps auch andere Fische in den Becken züchten – ist sicher richtig. Aber dass es nicht einmal einem halben Prozent der insgesamt 300 000 Garnelenfarmer in Bangladesch wirtschaftlich besser geht, ändert nicht viel an der fatalen Situation der Menschen an der Küste. Die Bauern in Zaida Nagar, die ebenfalls ökologische Shrimps züchten, haben sich zwar ähnlich positiv geäußert wie Holler. Aber sie haben auch gesagt, dass sie mit Landwirtschaft besser dran wären. Sind Ökoshrimpsbecken also die Antwort auf den Mangel an Land, den schwindenden Schutz vor den Folgen des Klimawandels, die Antwort auf zerstörte Arbeitsplätze und die stetige Versalzung der Böden? »Ökoshrimps sind sicher nicht die Antwort auf alle sozialen und Umweltprobleme, die Bangladesch hat. Für die Bauern in unserem Projekt sind sie aber durchaus eine Antwort, weil die Ökoshrimps-Produktion ihnen eine nachhaltige wirtschaftliche Perspektive bietet«, sagt Bergleiter und ergänzt: »Und was das Problem der Versalzung angeht, darf man Ursache und Wirkung nicht verwechseln. Die Versalzung kommt ja nicht von den Shrimps; die Shrimps sind da, weil es so versalzen ist und man deshalb keinen Reis anbauen kann.« Natürlich trägt zur Versalzung auch bei, dass der Farraka-Staudamm im indischen Westbengalen den Ganges so reguliert, dass Bangladesch das Wasser abgegraben wird. Genauso wie der Klimawandel, der dafür sorgt, dass der Meeresspiegel steigt. Zeitweise verringert der Staudamm die Wassermenge der Flüsse in Bangladesch so sehr, dass Salzwasser aus dem Golf von Bengalen bis zu 300 Kilometer weit ins Land hinein dringt. Dennoch belegen Studien, dass der Salzgehalt dort, wo Shrimpsanlagen sind, fünf Mal höher ist als im Rest des Landes. »Es gibt keinen Zweifel, dass nichts anderes als die Shrimpsindustrie der Hauptgrund für die Versalzung der Böden und die Zerstörung der Umwelt in der Küstenregion ist. Aber man kann nicht immer die Wahrheit sagen, besonders dann nicht, wenn dabei ausländische Devisen im Spiel sind.« Das sagte anonym ein Leiter des bangladeschischen Regierungsinstituts Soil Resource Development in der Tageszeitung *Daily Star*.[335]

»Würden die Shrimps verschwinden, wenn wir keine Ökoshrimps mehr machen? Das würde an der Situation nichts ändern«, sagt Holler. »Wir drängen die Bauern nicht, Garnelen anzubauen, aber wir helfen ihnen, es besser zu machen.« Klar, Naturland ist keine NGO und keine Kleinbauernbewegung, sondern ein Unternehmen. Eines, das wesentlich strengere Richtlinien für den ökologischen Anbau hat, als das EU-Bio-Siegel. Außerdem gehört Naturland zur Bewegung »Wir haben es satt!«, die sich für eine Förderung der regionalen bäuerlichen Landwirtschaft jenseits des Weltmarktdiktats einsetzt und den Stopp der industriellen Landwirtschaft fordert, die von Großkonzernen dominiert wird.

Umso erstaunlicher ist es, dass der Ökoshrimps-Partner von Naturland in Bangladesch ausgerechnet die Mostafa Group of Industries ist. Das ist keine nette Ökobude, sondern ein Unternehmenskonglomerat, das in fast allen Wirtschaftszweigen Bangladeschs tätig ist. Der Konzern besitzt Textil-, Stahl-, Papier und Pflanzenölfabriken, Tee- und Gummibaumplantagen, ein Transportunternehmen sowie einen Wertpapierhandel an der Börse in Chittagong. Mit einer großen Larvenzuchtanlage ist er auch im konventionellen Shrimps-Business aktiv.

Vor allem aber betreibt er eines der schmutzigsten Geschäfte der Welt: das Abwracken von Frachtschiffen. In Bangladesch werden mit knapp neun Gigatonnen pro Jahr die meisten Schiffe zerlegt. Die riesigen Kähne werden in Chittagong nicht in Werften, sondern direkt am Gezeitenstrand auseinandergenommen. Es gibt keine Kräne und großen Maschinen – die Schiffe werden von Hand zerlegt. Eine extrem gefährliche Arbeit, die von miserabel bezahlten Tagelöhnern gemacht wird. Ohne Schutzkleidung flexen sie die Stahlriesen auseinander und hantieren mit Öl, Schwermetallen, giftigen Chemikalien und Asbest, das Strände und Wasser verseucht. Sie arbeiten barfuß, weil Schuhe im Schlick stecken bleiben würden. Dauernd gibt es schwere Unfälle, auch tödliche, wenn Menschen aus großer Höhe stürzen oder von herabfallenden Stahlteilen erschlagen werden.

Die Lebenserwartung eines Schiffabwrackers beträgt 45 Jahre. Das ist selbst in einem Land wie Bangladesch weit unter dem Durchschnitt. Doch je mieser die Arbeit und je weniger Rücksicht auf die Umwelt, desto lukrativer das Geschäft: Reedereien verdienen Millionen damit, denn Stahl ist wertvoll. Bis zu 400 Dollar erhält der Schiffseigentümer pro Tonne. Aber diese Preise können nur dann erreicht werden, wenn die Tanker, Frachter und Kreuzfahrtriesen in Bangladesch, Indien oder Pakistan zerlegt werden, wo es keinerlei Umwelt- und Sozialstandards gibt. Würde ein Schiff unter den strengen Auflagen der EU abgewrackt, blieben nur 100 Dollar pro Tonne.[336] Die EU will zur Auflage machen, dass europäische Reedereien nur noch in bestimmten Werften abwracken, unter Sozial- und Umweltauflagen selbst wenn es dazu kommt, ist es für Reedereien ein Leichtes, ihre Schiffe über Mittelsmänner unter fremder Flagge fahren zu lassen und sie dann anderweitig zu entsorgen. Die Liste der »Worst Ship Dumpers«, die die NGO Shipbreaking Platform jedes Jahr herausgibt, führen verlässlich deutsche Reeder an.[337]

Es ist nur ein atemberaubend widerwärtiges Detail des Wahnsinns Wachstum, dass diese Schiffe, die unter lebensgefährlichen Bedingungen zerlegt werden, noch nicht einmal schrottreif sind. Es ist einfach so, dass jede Menge neue Schiffe gebaut werden, wenn die Wirtschaft boomt. Und es ist lukrativer, alte Schiffe nicht vor Anker zu legen, sondern die Überkapazität schlicht in Bangladesch verschrotten zu lassen. Hefazatur Rahman, Geschäftsführer der Mostafa Group of Industries, war bis 2013 Präsident des Interessensverbandes Ship Breaking Association in Bangladesch. In dieser Funktion ließ er regelmäßig verlauten, dass schlechte Arbeitsbedingungen und Umweltverschmutzung »Propaganda« der NGOs seien. Man gebe Armen Arbeit, und in den Meeren gäbe es noch jede Menge Fische.[338]

Ein Großkonzern, der Schiffe verschrottet, die nicht verschrottet werden müssen, und damit Menschenleben und Umwelt gefährdet, liefert also Bioshrimps für's gute Gewissen?

»Der Export von Shrimps ist generell eine relativ große logistische Herausforderung. Wir brauchen Partner, die das leisten und auch die Ökorichtlinien einhalten. Dabei können wir nicht die Latte anlegen, dass ein Verarbeiter nur öko machen darf. Das ist in der ganzen Öko-Branche nicht so, sonst würde man zu wenige Verarbeiter finden, gerade bei Fisch. Und dann kämen wir keinen Schritt weiter«, sagt Bergleiter. Und weiter wachsen möchte Naturland mit den Shrimps aus Bangladesch: »Es geht uns nicht nur um ein nettes kleines Vorzeigeprojekt, sondern darum, die ganze Szene zu positiv verändern. Das ist ja der Grund, warum wir uns dort engagieren. Bangladesch ein guter Standort für Bioshrimps. Die Bauern dort produzieren alle ähnlich, das ist eine gute Voraussetzung für die ökologische Umstellung.«

Dieses Potenzial haben auch andere Initiativen entdeckt. Der globale Shrimps-Markt ist mehr als zehn Milliarden Dollar wert. Es gibt eine ganze Reihe von Initiativen, die daran arbeiten, Aquakulturen in den Ländern des Südens grün zu machen. Teils mit der Unterstützung der EU, von UN-Organisationen wie etwa der FAO[339] oder aus Entwicklungsbüros der Regierungen des Nordens. Und viele Zertifizierungsinitiativen sind, natürlich, industrie- und händlerdominiert.[340]

6. ASC: Zertifizierung als Herrschaftsinstrument

Die größte und am schnellsten wachsende Zertifizierungsinitiative ist das Aquaculture Stewardship Council (ASC). Wie auch das Marine Stewardship Council (MSC), das Fische und Meerestiere aus Wildfang als »nachhaltig« zertifizieren will, ist auch ASC von der Naturschutzorganisation WWF mitbegründet worden.[341] Heute tragen elf Prozent des weltweiten Fischfangs das MSC-Siegel, das von Umweltverbänden wie etwa Greenpeace stark kritisiert wird: 84 Prozent der MSC-zertifizierten Betriebe fischen mit Schleppnetzen, für überfischte Bestände gibt es nur ein Erholungsprogramm und selbst Fische, die auf der Roten Liste der vom Aussterben bedrohten Arten stehen, wie etwa der Hoki oder der Dornhai, erhalten das Siegel.[342] Massenfisch als »nachhaltig« zu bezeichnen, ist ohnehin ein Widerspruch in sich. Laut FAO sind 85 Prozent der weltweiten Bestände bis an die Grenze genutzt oder überfischt. Entsprechend fand das Kieler Geomar-Institut für Ozeanforschung 2012 in einer Studie heraus, dass nur die Hälfte der Fische mit MSC-Siegel aus gesunden, nicht überfischten Beständen stammt.[343]

Harsche Kritik gibt es deshalb auch am ASC, der, wieder mit Hilfe des WWF, ein höchst bedenkliches Produkt für den Massenmarkt als unbedenklich zertifizieren will. Der ASC-Standard ist aus dem Aquakultur-Dialog heraus entstanden, der, wie der Runde Tisch für nachhaltiges Palmöl, vor allem von Unternehmen geführt wurde.[344] Seit 2012 prangt das ASC-Siegel für »verantwortliche Aquakultur« auf Produkten im Supermarkt. »Verantwortlich«, nicht »nachhaltig«, das hat die Initiative ganz bewusst entschieden: »Verantwortlich ist ein Begriff, den Verbraucher besser verstehen als nachhaltig. Außerdem gibt es bestimmte Aspekte, zum Beispiel, was die Fütterung angeht, die das ASC dazu veranlasst haben, ›verantwortlich‹ statt ›nachhaltig‹ zu benutzen.«[345] Hinter dieser kryptischen Umschreibung verbirgt sich, dass der ASC nicht nur gentechnisch verändertes Futter erlaubt, sondern auch Fisch, Fischmehl und -öl verfüttern lässt. Als »verantwortlich« empfinden das wohl diejenigen, die im Lenkungsausschuss für den Fütterungsstandard sitzen: der Agrarkonzern und weltgrößte Futtermittelhändler Cargill, der auch gentechnisch verändertes Soja vertreibt, die Skretting Group, der größte Hersteller von Futter für Aquakulturen, der Fischfutterlieferant Biomar sowie die internationale Organisation der Produzenten von Fischmehl und Fischöl IFFO.[346] Im Aufsichtsrat des ASC sitzt Petter Arnesen vom weltgrößten Zuchtlachskonzern Marine Harvest, der 100 Millionen Lachse pro Jahr verkauft. Dem Besitzer des Unternehmens, dem Milliardär und Finanzinvestor John Fredriksen, gehört außerdem die größte Tankerflotte der Welt, und seine Firma Seadrill ist Weltmarktführer bei Ölplattformen. In seinem Film *Lachsfieber* deckte der Filmemacher und Autor des *Schwarzbuch WWF*, Wilfried Huismann, 2010 auf, wie Marine Harvest in seinen mit Chemikalien verseuchten Lachszuchtfarmen die Fjorde in Chile in Sondermülldeponien verwandelt und selbst den Tod von Arbeitern in Kauf nimmt.[347] Im Aufsichtsrat des ASC sitzt auch der Futtermittelgigant Nutreco sowie einer der weltweit führenden Firmen für Tiefkühlfisch, Iglo.[348]

2011 formierte sich eine Gruppe von Organisationen und Graswurzel-Bewegungen weltweit, die gegen Aquakulturen in den Ländern des Südens kämpfen, zur »Kritischen Allianz der Außenseiter« (Critical Outsider Alliance). Als »kritische Außenseiter« hatten die Teilnehmer am Shrimpsaquakultur-Dialog diese bezeichnet, weil sie sich nicht mit der Industrie »an den Tisch setzen« wollten. Allerdings versorgte diese Allianz die Zertifizierer seit 2008 mit sämtlichen Studien und Fakten zu den Auswirkungen der Shrimpskultur, die kein Standard der Welt beseitigen kann.[349] Ihre Empfehlung ist einfach: »›Ethische Shrimps‹ existieren genauso wenig wie ›verantwortliche Shrimps‹ oder ›faire Shrimps‹ oder ›nachhaltige Shrimps‹ oder ›umweltfreundliche Shrimps‹. (…) Tropische Shrimps können nicht in der Menge nachhaltig gezüchtet werden, wie man sie bräuchte, um die Marktnachfrage zu bedienen. Konsumenten müssen aufhören, tropische Shrimps zu essen.«[350]

In den ersten beiden Jahren waren am »Dialog« zur Standardsetzung ausschließlich Unternehmen beteiligt. Die lokale Bevölkerung blieb komplett ausgeschlossen. In vier Jahren habe es drei neue Entwürfe gegeben, die Standards seien mit jedem neuen Entwurf schwächer geworden. Der ASC-Standard repräsentiere ausschließlich Industrieinteressen und ignoriere Landraub, Vertreibung und Menschenrechtsverletzung. Das formulierte das Bündnis, zu dem auch Nijera Kori gehört, in einer Resolution gegen den ASC-Standard, die 92 Organisationen (die ihrerseits jeweils hunderttausende Menschen in den Küstenregionen vertreten) und 223 Personen unterzeichneten.[351]

Solche großen Zertifizierungsinitiativen, die die verheerenden Auswirkungen der Shrimpszucht legitimieren, werden den Ländern des Südens genauso totalitär aufgezwungen wie die Shrimpsproduktion selbst. »Die Haupttreiber der transnationalen Ökozertifizierung sind markenstarke europäische und nordamerikanische Firmen, die mit Naturschutzgruppen arbeiten, die ebenfalls im Norden ansässig sind. Diese transnationale Öko-Zertifizierung im Süden besteht fast ausschließlich für Produkte, die nach Europa und Nordamerika exportiert werden«, schreibt Peter Vandergeest in seiner Arbeit »A New Extraterritoriality? Aquaculture Certification, Sovereignty, and Empire«.[352] Der Professor für politische Geografie an der kanadischen York Universität beschäftigt sich darin mit der ASC-Standardsetzung in Thailand und findet Parallelen zwischen dem extraterritorialen Anspruch des transnationalen »Öko-Imperiums« und der Kolonialzeit. Die Zertifizierung des Nordens in souveränen Ländern des Südens würde durch eine Narration legitimiert, die den Staat dort »als ineffektiv darstellt, was den Schutz verletzlicher Subjekte betrifft, die den Zertifizierer aber in eine Position des Bevollmächtigten rückt, der im Interesse dieses Subjekts tätig wird. (…) Dieser Narrativ, der von den Befürwortern transnationaler Öko-Zertifizierung produziert wird, hilft, ein Regulierungs-Regime darzustellen.«[353]

Ausnahmslos alle Vertreter des ASC, mit denen Vandergeest für diese Studie gesprochen hatte, hätten genau das zu Protokoll gegeben: Die Regierungen seien nicht willens, den Shrimpssektor zu regulieren. Tatsächlich aber waren es die Regierungen, die wegen der wachsenden Kritik an den Auswirkungen der Shrimpszucht deren ungezügelte Expansion limitiert hatten. Auf diese Einschränkung habe die aufgescheuchte Industrie reagiert, indem sie mit dem WWF und der FAO gemeinsam »Best Management Practices« entwarf und vor Ort umsetzte. Diese mündeten dann in eine transnationale Zertifizierung. »Sie stellten den ursprünglichen Vorstoß [der Regierung] auf den Kopf, indem sie auf eine inadäquate Regulierung durch die Regierung verwiesen«,[354] und suggerierten damit, es sei die Pflicht zum Beispiel des WWF, der Handelsunternehmen und der Konsumenten, das zu schützen, was diese für schützenswert erachten, während lokale Akteure ignoriert werden. Eine kolonialistische wie auch rassistische Haltung, die suggerieren soll, dass der Norden den Ländern des Südens sowohl intellektuell als auch hinsichtlich des Rechtsverständnisses überlegen ist. »In der Kolonialära war Extraterritorialität darauf aus, den Besitz imperialer Staaten vor den Autoritäten der weniger zivilisierten asiatischen oder afrikanischen Staaten zu schützen. Heute ist es die Ökozertifizierung, die wertvolle Ökosysteme (…) und darüber hinaus die Gesundheit der Konsumenten des Nordens beschützt.«[355] In diesem neuen kolonialistischen Gefüge sei eben der Marktzugang via Zertifizierung das neue Zwangsmittel für die Länder des Südens.

Der rein technokratische Fokus soll Glauben machen, dass die fürchterlichen Folgen jeglichen Cash-Crop-Anbaus nicht im System selbst und an den Herrschaftsstrukturen liegen. Sondern dass dies einfach ungewollte Nebenwirkungen sind, die man »managen« und »in den Griff« kriegen kann. Deswegen gibt es beim ASC wie auch bei anderen solcher Multistakeholder-Initiative weder eine schwarze Liste, die besonders rücksichtslose Konzerne ausschließen würde, noch Sanktionen bei Verstößen gegen die selbst gesetzten Standards. Diese Sichtweisen geben allein die Interessen und Wertvorstellungen der Mächtigen wieder und blenden Gegner und Opfer des Systems wissentlich aus. So ist die transnationale Zertifizierung der Export-Produktion ein zusätzliches Herrschaftsinstrument zu diesem System, das die Unterdrückung der Länder des Südens sogar noch verstärkt.

Der Mensch, der über die Erde geht, der wegen eines Steines seiner
Pflugschar eine Drehung gibt, der die Handgriffe niederdrückt,
um die Schollen umzuwerfen, der sich auf die Erde kniet, um sein
Vesperbrot zu essen – dieser Mensch, der mehr ist als seine Elemente,
weiß, dass auch das Land mehr ist als seine Analyse.

John Steinbeck, *Früchte des Zorns*

VI. NACHHALTIGER HUNGER

Klimaanpassung und Grüne Revolution

1. Smarte Entwicklungshelfer

In dem winzigen Raum in Kaliganj herrscht dichtes Gedränge;
gut zwei Dutzend Bauern hocken auf dem Boden. Ihnen gegenüber sitzt an einem Tisch ein Berater von der niederländischen
Entwicklungsorganisation SNV. Er interviewt die Bauern, die in
verschiedenen Projekten nachhaltige oder Bioshrimps züchten
oder dafür rekrutiert werden sollen. Der Europäer stellt technische Fragen: Wie hoch ist der Besatz? Wie tief sind die Becken?
Was füttern Sie? Die Sitzung ist fast zu Ende, die Bauern rutschen nervös herum und sagen, sie müssten jetzt wieder an die
Arbeit. Der Entwicklungshelfer macht sich ein paar Notizen,
strahlt und erklärt: »Ich sehe keine größeren technischen Probleme. Ich denke, man kann hier alles in Biofarmen umwandeln.«
Würde man nämlich die Deiche begrünen und auch Mangroven
aufforsten, dann könnten die Farmen am REDD+-Mechanismus
teilnehmen, »das ist alles kein Problem, in Vietnam haben wir das
schon so gemacht«. Wir, sagt er, meint aber: die Macher aus dem
hohen Norden. Die smarten grünen Neo-Kolonialherren. Jenes

SNV-Projekt in Vietnam, das auch vom Bundesumweltministerium bezuschusst wird, hört auf den klingenden Namen »Mangroves & Markets«. Wie bei den Naturland-Shrimps sollen dort mindestens 50 Prozent jener Mangroven, die für die Aquakulturen weichen mussten, wiederaufgeforstet werden. Das soll die Shrimpszucht via REDD+ für den Emissionshandel vorbereiten. Mangroven *und* Märkte, Aquakultur *und* Klimaschutz, *alles* verträgt sich, das ist die Botschaft.

Die Aquakulturen sollen also nicht nur fast zur Hälfte bestehen bleiben, um den Nachschub mit Luxusnahrung für den reichen Norden zu sichern, sondern diesem perfiderweise auch noch helfen, seine Emissionen kleinzurechnen.

In Kaliganj, wo sich die elenden Shrimpsbecken endlos aneinanderreihen, schlendern Badrul, Sebina und ich einen holprigen Weg entlang. Er führt durch einen Showroom der internationalen Entwicklungshilfe: Büros westlicher Hilfsorganisationen säumen die Straße, vor ihnen sind Schilder angebracht, auf denen Begriffe stehen wie »Food Security«, »Inclusive Business« oder »Climate Change Adaption«. Die westliche Welt zeigt hier, dass sie es gut mit Bangladesch meint und sich bemüht, den Armen dabei zu helfen, mit dem Schlamassel selbst klarzukommen, den sie ihnen eingebrockt hat.

Auch die niederländische SNV arbeitet mit solchen Management-Begriffen. Sie ist eine Entwicklungsorganisation ähnlichen Zuschnitts wie die deutsche GIZ: Sie setzt »marktbasierte Lösungen« in den Ländern des Südens um, etwa »inklusive Modelle«, in denen Bauern für globale privatwirtschaftliche Wertschöpfungsketten arbeiten sollen. Zu den Finanziers der SNV gehören die Bill&Melinda Gates Foundation, die EU und das amerikanische Entwicklungsprogramm USAID, das die Grüne

Revolution umgesetzt hat. »Smart Developement Works« ist der Slogan der Organisation.

Smart ist das Modewort der Stunde. Eine »smarte« Technik ist eine, die so optimiert ist, dass sie sich flexibel und effizient demjenigen anpasst, der sie verwendet. Wie das Smartphone. Effizienz, (Selbst-)Optimierung und Anpassung sind auch Schlagworte des Neoliberalismus. So findet man den Begriff »Smart Developement« vor allem in der Wirtschaftswelt: Dort wird er gleichermaßen für Managementkonzepte, Produktentwicklung, Unternehmensberatung sowie Finanzdienstleistung verwendet. »Smarte Entwicklung unterstützt wirtschaftliches Wachstum und macht es nachhaltiger, integrativer und mehr sozialverantwortlich«, sagt die holländische Ministerin für Außenhandel und Entwicklungsarbeit auf der SNV-Homepage.[356] Auch bei der »smarten Entwicklungshilfe« geht es um effiziente, »zugeschnittene« Lösungen. Aber was muss sich wem anpassen? Und wer wird dabei auf was zugeschnitten?

2. Anpassung statt CO_2-Reduzierung

»Climate Change Adaption« – also die Anpassung an den Klimawandel – ist ein weiteres technokratisches Instrument der westlich dominierten Klimapolitik. Der Klimarat der Vereinten Nationen (IPCC) definiert »Climate Change Adaption« als die »Angleichung eines natürlichen oder menschlichen Systems an tatsächliche oder zu erwartende klimatische Stimuli oder deren Effekte, um Schäden zu mildern oder mögliche Vorteile zu nutzen«.[357] Bereits 2007, im selben Jahr, als der IPCC-Bericht belegte, dass der Klimawandel menschengemacht ist, wurde bei der UN-Klimakonferenz in Bali die Klimawandel-Anpassung als einer von vier Teilen des Aktionsfahrplans verabschiedet. In der Folge erhielt die Gewöhnung an den Klimawandel insbesondere der sogenannten Entwicklungsländer das gleiche Gewicht wie die Reduzierung der Treibhausgas-Emissionen der reichen Länder.

Schon bei der Klimakonferenz 2006 in Nairobi war beschlossen worden, einen Anpassungsfonds einzurichten, der entsprechende Programme finanzieren sollte. Bis 2011 landeten 250 Millionen US-Dollar in diesem Fonds. Mehr als die Hälfte davon stammte aus dem Clean Development Mechanism (CDM) des Kyoto-Protokolls. Dieser Mechanismus soll für umweltverträgliche Entwicklung – sprich: grünes Wachstum – in den Ländern des Südens sorgen.

Die Projekte, die zu Rädchen in diesem Mechanismus wurden, sind vor allem Anlagen der Großindustrie: Wasserkraftwerke und Palmölmühlen, die klimaschädliches Methan zur Energiegewinnung verbrennen, oder Biogasanlagen in der Massentierhaltung. Selbst neue Kohlekraftwerke erhalten CDM-Zertifikate, wenn sie mit einer Technik ausgerüstet sind, die für weniger CO_2 sorgt, als es alte Kraftwerke ausstoßen. Dass Kohlekraft per se einer der größten Treiber des Klimawandels ist, spielt keine Rolle. Schwellenländer wie China oder Indien können allerdings solche modernen Klimakiller überhaupt nur bauen, wenn sie CDM-Geld bekommen.[358] So treibt der Clean Development Mechanismus den Klimawandel weiter voran. Die Länder, die vom Klimawandel schon heute betroffen sind, sollen sich ihm einfach anpassen. Das ist logisch, aber nur, wenn man der Logik des westlichen Konzepts von Entwicklung folgt, das sich an kapitalistischen Standards und (finanziellen) Werten orientiert und sich auf Wirtschaftswachstum konzentriert, auf technischen Fortschritt, Produktionssteigerung und Export, auf die Etablierung von Konsumgütermärkten sowie auf die Privatisierung der öffentlichen Infrastruktur – die marktradikale Expansion des kapitalistischen Systems also, das für genau die Schäden gesorgt hat, die es nun beseitigen soll. Wirtschaftswachstum bildete auch die Grundlage der gescheiterten Milleenium-Entwicklungsziele der Vereinten Nationen, die im Herbst 2015 durch die Sustainable Development Goals (SDG) ersetzt werden sollen. Und die haben was zum neuen alten Inhalt? Richtig, grünes Wachstum. Schließlich haben an den »nachhaltigen Entwicklungszielen« Konzerne wie BASF, Bayer, Nestlé, Unilever sowie die Bill&Melinda Gates Foundation mitgewerkelt.[359] Zu diesen Zielen gehört auch die Klimaanpassung.

Im Mittelpunkt der Klimaanpassung, wie sie sich der Norden vorstellt, stehen einerseits Frühwarnsysteme, Dämme und Schutzhäuser als Katastrophenschutz, andererseits neue Bewässerungssysteme und lizenziertes Saatgut, das an das Klima angepasst ist. Außerdem soll sich die Gesellschaft dieser Länder für kommende Katastrophen fit machen, indem sie vorher für Wirtschaftswachstum sorgen. Ein weiteres Mal stülpt der nördliche Hegemon also seine Patentrezepte über die Länder des Südens – und wundert sich ein weiteres Mal, wenn aus den Menschen dort nicht im Handumdrehen Neoeuropäer und Nachwuchs-Amerikaner werden.

Für seine Fallstudie zur Entwicklungshilfe in Bangladesch hat Christoph Neusiedl anonym mit verschiedenen Entwicklungsexperten gesprochen. Als das Land, das vom Klimawandel am stärksten betroffen ist, wird Bangladesch zu einer Art Versuchslabor der Klimaanpassung. Ein Argument, das Neusiedl bei seinen Interviews oft zu hören bekam, war, dass die Garnelenzucht doch eine geeignete Maßnahme für die Klimaanpassung sei. In Gegenden, wo die Böden besonders versalzen sind, seien Aquakulturen das Mittel der Wahl, den Menschen eine weitere Einkommensquelle zu erschließen. »Das belegt, dass Konzepte der Klimaanpassung ebenfalls dem ökonomischen Entwicklungsmodell folgen, das Umweltzerstörung akzeptiert, um ökonomisches Wachstum und eine Erhöhung des Bruttoinlandsproduktes zu erreichen«, schreibt Neusiedl.[360]

Im April 2015 wies ein Recherche-Konsortium nach, dass die Kollateralschäden ökonomischer Entwicklungsgroßprojekte der Weltbank im vergangenen Jahrzehnt viele Menschen erst recht in die Armut getrieben haben: etwa mit der Finanzierung von Kraftwerken, Cash-Crop-Plantagen oder Aquakulturen. Diese haben dafür gesorgt, dass 3,4 Millionen Menschen Land und Lebensgrundlage verloren haben. Auf Anfrage des Journalistenteams gab die Weltbank zwar zu, schwere Fehler bei der Umsiedlungspolitik gemacht zu haben. Gleichzeitig aber rechtfertigte Weltbank-Präsident Jim Yong Kim die strukturelle Gewalt als unausweichlich: Ein Ende der Armut auf der Welt sei ohne folgenreiche Großprojekte nicht zu erreichen.[361] Diese perfide Logik gibt die selektive Ideologie der westlichen Entwicklungshilfe exakt wieder.

Die neoliberale Narration von der Ausweglosigkeit des Klimawandels und der Armut rechtfertigt solche »kurzfristigen Lösungen« samt ihrer Kollateralschäden, auch wenn von vorneherein klar ist, dass diese die Situation auf lange Sicht verschlimmern und neue Probleme schaffen werden. Die Folgen des Klimawandels für die lokale Bevölkerung aber werden durch die technizistische Lupe des Instruments Klimaanpassung zu rein ökonomischen Kennzahlen.

Die Definition von Klimaanpassung – »mehr verdienen«, »unterschiedliche Einkommensquellen schaffen« – ist so schwammig, dass man darunter alles verwurschteln kann. Für die Wirtschaft ist diese westliche Ideologie äußerst attraktiv: Sie kann ihr *business as usual* nicht nur weiterführen, sondern sogar ausweiten, weil sie jetzt auch Entwicklungshilfe kassiert. Straßen bauen, Cash Crop-Plantagen erweitern, lizenziertes und gentechnisch verändertes Saatgut, Pestizide und Landmaschinen verkaufen, Mikrokredite vergeben, Kleinbauern in globalen Wertschöpfungsketten ausbeuten – all das gilt als »Klimaanpassung«. Lebensmittel- und Agrarkonzerne wittern hier Morgenluft.

Die »klimasmarte Landwirtschaft« wurde von der FAO und der Weltbank ersonnen und verspricht eine »Win-win-win-Situation«: Sie soll den Menschen Ernährungssicherheit bringen, die Landwirtschaft auf die Auswirkungen des Klimawandels vorbereiten und diesen bremsen. In der »klimaangepassten Landwirtschaft« sollen Böden als CO_2-Speicher behandelt werden. Landwirtschaftliche Flächen binden riesige Kohlenstoffmengen, vor allem im organischen Anteil der Böden, dem Humus, der von Mikroorganismen, Pflanzen und Tieren gebildet wird. Methoden, die die Humusbildung erhöhen oder den Humusverlust reduzieren, verbessern also die Funktion der Böden als Kohlenstoffspeicher.

Das klingt fast schon nach Ökolandwirtschaft, ist es aber nicht. Denn hier steht nicht die Idee im Vordergrund, Böden durch agrarökologische Methoden fruchtbar zu halten und damit Kleinbauern zu unterstützen, sondern der Plan, Böden in den Emissionshandel einzubeziehen. Das Geld, das die Bauern mit dem CO_2-Handel zusätzlich verdienen würden, so der Gedanke, könnten sie dann in die Landwirtschaft investieren und diese so »verbessern« und weiter dem Klimawandel anpassen. Auf diese Weise würden sie sich »selbst aus der Klimafalle retten, also am eigenen Schopf aus der Misere ziehen«, kommentiert der Journalist Uwe Hoering.[362]

Als diese Idee beim UN-Klimagipfel 2011 in Durban vorgestellt wurde, formierte sich prompt Protest dagegen: »Klimasmarte Landwirtschaft wird als nachhaltige Landwirtschaft verkauft – doch dieser Begriff ist so breit, dass wir befürchten, das ist nur eine Fassade, um die industrielle Landwirtschaft zu fördern«, so Simon Mwamba von der East and South African Small Farmers' Federation.[363]

Schon lange propagiert der Agrar- und Saatgutkonzern Monsanto, Herbizide zur Unkrautvernichtung einzusetzen – und zwar anstelle des Pflugs. Denn letzterer könne die Humusschicht zerstören und CO_2 freisetzen, das im Boden bleibe, wenn man dem Unkraut mit Gift zu Leibe rücke, so das bizarre Argument, das nur logisch für den ist, der mit CO_2 handeln will.

Aber dieser marktbasierte Mechanismus wird Landgrabbing und die Ausweitung großer Plantagen befeuern: Denn je größer die Ackerfläche ist, desto mehr Geld steckt buchstäblich im Boden.

Die Kritiker sollten recht behalten: Auf dem UN-Sonderklimagipfel in New York im September 2014, gründete sich die Global Alliance for Climate-Smart Agriculture. Zu den Mitgliedern dieser Initiative gehören neben 20 Ländern, FAO und Weltbank auch Danone, Düngerkonzerne wie die Mosaic Company und Yara, der Internationale Verband der Düngerindustrie, sowie die Business-NGOs Rainforest Alliance, das World Ressource Institute und The Nature Conservancy.[364] Auch die niederländische SNV ist Partner. Die Konzerne ließen natürlich ebenfalls nicht lange auf sich warten: Walmart, McDonald's und die Kellogg Company verpflichteten sich, die Menge ihrer importierten Rohstoffe zu erhöhen, die »klimasmart« produziert wurden.[365]

Smart ist ein Wort, das, positiv gewendet, »schlau«, »clever« und »taktisch klug« bedeutet. Aber »smart« bedeutet eben auch gerissen, tückisch und hinterlistig.

3. Die Entpolitisierung des Klimawandels

In seinem Essay »Apocalypse forever? Post-political Populism and the Spectre of Climate Change«[366] beschäftigt sich der belgische Geograph Erik Swyngedouw, Professor an der Universität Manchester, mit der Art und Weise, wie der Westen den Klimawandel als »universale humanitäre Bedrohung« und imaginäre Apokalypse inszeniert, die »die Menschheit« heimsuchen wird. Sein Fazit: Nicht nur lässt diese Erzählung völlig außer Acht, dass der Klimawandel für viele Länder des Südens heute leider kein Zukunftsszenario mehr ist, sondern bereits tödliche Realität. Die Erzählung des Klimawandels als Bedrohung von außen lässt die strukturelle Ursache der Katastrophe außen vor, nämlich den Kapitalismus mit seinem Wachstumsdiktat, seinem Energie- und Rohstoffhunger. Umgekehrt definiert diese Narration den Klimawandel als »Eindringling«, der das funktionierende System des Kapitalismus bedroht. »Die Probleme erscheinen deswegen nicht als das Ergebnis des Systems, eines Ungleichgewichts von Macht, einflussreichen Netzwerken der Kontrolle, zügelloser Ungerechtigkeit oder von fatalen Fehlern, die diesem System eingeschrieben sind – stattdessen wird ein Außenseiter verantwortlich gemacht«, schreibt Swyngedouw. Psychologisch gesprochen: Die Probleme werden externalisiert, eine Abspaltung eingeleitet – bis zur Verdrängung ist es da nur noch ein kleiner Schritt.

Obwohl die Politiker vorgeben, die Bekämpfung des Klimawandels stünde ganz weit oben auf ihrer politischen Agenda, wird der Klimawandel selbst systematisch entpolitisiert: Anstatt die Ursachen des Klimawandels auch nur im Ansatz zu diskutieren, wird die dräuende Apokalypse immer wieder von Neuem beschworen – selbstverständlich als »ausweglos«. Denn die Menschen sollen es mit der Angst bekommen. Angst vor dem Klimawandel als Bedrohung für das konsumistische Leben, das sie kennen und um jeden Preis behalten wollen – oder zumindest wollen sollen. Swyngedouw bezeichnet dieses »Management der Angst« als ein »Leitmotiv der neuen politischen Kultur des Kapitalismus«. Sie ersticke sämtliche Debatten um alternative Systeme im Keim und stelle technokratische Lösungen in den Mittelpunkt, die aus dem Kapitalismus heraus und mit dessen Mitteln gegen den »Feind von außen« in Anschlag gebracht werden könnten. »Mit anderen Worten: Wir müssen uns radikal ändern, aber im Rahmen der bestehenden Umstände, (...) so damit sich nichts wirklich ändern muss.«[367]

Naomi Kleins Begriff der »Schock-Strategie« in ihrem gleichnamigen Buch drängt sich auf. In ihrem Bestseller beschreibt sie, wie Marktradikale und Eliten wirtschaftliche Schocks und Naturkatastrophen ausnutzen, um Sozialsysteme zu destabilisieren und zu deregulieren, um Privatisierungen durchzusetzen. Auch die Inszenierung des Klimawandels als Apokalypse dient dazu, ökonomische Interessen durchzusetzen, indem marktbasierte und technokratische Konzepte als so alternativlos dargestellt werden wie der Kapitalismus selbst. Post-Politik trifft Post-Demokratie: Statt einer Bewegung von unten gegen diejenigen, die von diesem zerstörerischen System profitieren, bettelt der Bürger ausgerechnet die Elite an, selbiges zu retten. Indem der Kapitalismus als *conditio sine qua non* hingenommen wird, wächst parallel die gesellschaftliche Akzeptanz einer wirtschaftsfreundlichen Klimapolitik, welche Demokratie und Ordnungspolitik durch unternehmerische Konzepte und Multi-Stakeholder-Initiativen ersetzt. Die neoliberale Ideologie der Alternativlosigkeit macht die Eliten zu Managern des Klimawandels, denen es mühelos gelingt, einen Erlösungsmythos zu kreieren, in dem »nichts anderes als der Kapitalismus das Klima-Rätsel lösen und ein ganz neues Klima schaffen kann, indem er mit außergewöhnlichen Technologien und Management-Konzepten das ungeschehen macht, was er über Jahrhunderte produziert hat«.[368]

4. Landwirtschaft als Elitenprojekt

»Wir können nicht herumsitzen und warten. Norman Borlaug, der Vater der Grünen Revolution, […] ist einfach rausgegangen und hat gesehen, da ist das Problem und da ist die Lösung. Wir brauchen mehr solche Führungstypen, die einfach anfangen und machen.«

Mit diesen Worten beendet der Brite Sir Gordon Conway seinen Vortrag darüber, wie eine wachsende Weltbevölkerung zu ernähren sei. In seiner Stimme liegt die typisch herrische Gereiztheit der Eliten, die es als Zumutung empfinden, dass man sie nicht nach Gutsherrenart »einfach machen« lässt, anstatt dauernd zu diskutieren. Conway war einige Jahre Präsident der Rockefeller-Stiftung des US-amerikanischen Öl-Magnaten und ersten Milliardärs der Welt, John D. Rockefeller. Die Stiftung hat die

Grüne Revolution in Mexiko unterstützt und fördert auch heute ein industrielles Landwirtschaftsmodell, das auf Technisierung, Ertragssteigerung und auf gentechnisch verändertes Saatgut setzt. Conway selbst leitet als Professor für Internationale Entwicklung am Londoner Imperial College das von der Bill& Melinda Gates-Stiftung finanzierte Projekt »Agriculture for Impact«, das eine bessere Unterstützung europäischer Regierungen für Landwirtschaft und Ernährungssicherung in Sub-Sahara-Afrika vorantreiben will.[369] Er gehört außerdem zu den Beratern des World Food Prize, der von Norman Borlaug ins Leben gerufen wurde und vom Big Agribusiness und deren Unterstützern gesponsert wird. Zu den Spendern gehören Bayer Crop Science, die Bill&Melinda Gates Foundation, Cargill, Monsanto und Syngenta.[370] 2013 ging der mit einer Viertelmillion Dollar dotierte »Oscar der Landwirtschaft« *(New York Times)* an drei führende Entwickler von Gentechnik: den belgischen Biotechnologen Marc Van Montagau, die Gründerin des Saatgut- und Pestizidkonzerns Syngenta, Mary-Dell Chilton, und an den stellvertretenden Chef von Monsanto, Robert T. Fraley. Damit holte sich Monsanto gewissermaßen einen Teil seiner großzügigen Unterstützung zurück: 2008 hatte der umstrittene Gentechnik-Riese dem World Food Prize fünf Millionen Dollar gespendet.[371]

Conway also hält den Eröffnungsvortrag zum »Global Forum for Food and Agriculture« (GFFA) im Januar 2014 in Berlin. Dieses wird jedes Jahr vor der Internationalen Agrarministerkonferenz parallel zur Internationalen Grünen Woche abgehalten. Während die Agrarindustrie auf der Landwirtschaftsmesse nebenan einfamilienhausgroße Erntemaschinen, Hightech-Ställe und den grotesk überzüchteten Superzuchtbullen »Ex Machina« päsentiert, verhandeln Wirtschaft und Politik[372] im Ernährungs-

und Landwirtschaftsforum drei Tage lang die agroindustrielle Zukunft der Welt. 2014 lautet das GFFA-Motto »Landwirtschaft stärken: Krisen meistern – Ernährung sichern«.

In seiner Rede beschäftigt sich Conway nicht etwa mit den strukturellen Ursachen von Armut und Hunger. Sondern mit seinem »Lösungsansatz« der »nachhaltigen Intensivierung«. Die Landwirtschaft müsse darin gestärkt werden, mit »externen Einflüssen« wie dem Klimawandel oder Preisschwankungen zurechtzukommen. Biotechnologie und Gentechnik seien nötig, um Pflanzen durch Dünger oder Züchtung »widerstandsfähiger« zu machen. Für Bauern müsse der Zugang zu Märkten gestärkt und eine »effiziente Wertschöpfungskette« entwickelt werden. Es sei, kurzum, notwendig, »mit weniger mehr zu produzieren«. Das Publikum, vorwiegend weiße Männer in Anzügen, applaudiert frenetisch.

»Mit weniger mehr zu produzieren« heißt: Wir wollen das kapitalistische Wachstumsdiktat jetzt noch einmal verschärfen, das die Welt aufteilt in Plantagen für nachwachsende Rohstoffe, Cashcrops und Futtermittel, in Bergbau, Aquakulturen und Schutzwälder für den Emissionshandel, und auf den wenigen Restflächen sichern wir dann die Welternährung durch eine hochtechnisierte Landwirtschaft und genmanipulierte Zauberpflanzen. Klimawandel, ungerechte Verteilung und Preisschwankungen erscheinen als unvermeidbare »äußere Einflüsse«, die man innerhalb des Systems und zu dessen Erhalt managen muss.

»Wir stehen vor großen Herausforderungen: Die Bevölkerung und die Nachfrage nach erneuerbaren Rohstoffen wachsen, wir brauchen Landwirtschaft auf allen verfügbaren Flächen. Nur in Kooperation mit der Wirtschaft können wir Potenziale heben«, sagt Peter Bleser feierlich auf dem GFFA-Fachpodium

»Staat und Privatsektor: Partnerschaften für eine leistungsstarke Landwirtschaft«. Der parlamentarische Staatsekretär im Bundesministerium für Ernährung und Landwirtschaft klingt exakt so wie die Manager von Bayer Crop Science, BASF, KWS oder Syngenta, die während der drei Tage in Berlin eingeladen waren, ihr Know-how in den Dienst der Weltrettung zu stellen. Kooperationsprojekte – also: Public Private Partnerships (PPP) – seien ein »strategisches Instrument für eine nachhaltige Entwicklung«, betont Bleser und kündigt an, dass die Bundesregierung die Mittel dafür erneut aufstocken werde. Sprich: Das Kerngeschäft von Großkonzernen wird mit Entwicklungshilfe unterstützt. Zum Beispiel das des Süßwarenkonzerns Mars: »Unterernährte Kinder können nicht warten, bis politische Lösungen beschlossen sind«, sagt Howard Shapiro von Mars in Berlin. Mars ist ein ausgewiesener Experte für Kinderarmut, bezieht die Firma doch Kakao von Plantagen in Elfenbeinküste, wo tausende Kindersklaven unter entsetzlichen Bedingungen arbeiten.[373]

Als eine von ganz wenigen darf Marita Wiggerthale, Agrar-Expertin bei Oxfam, ihre kritische Stimme auf dem Podium erheben: Es müssten weniger technische Lösungen diskutiert, sondern strukturelle Ungleichheiten beseitigt werden. Doch ihr Einwand tut der Aufbruchstimmung der Industrie keinen Abbruch: »Von diesen Worten beflügelt, ließen die Teilnehmer Taten folgen«, heißt es im abschließenden Pressetext – und gemeint ist damit nicht Wiggerthales Kritik.[374]

Der Kongress ist durchdrungen von einer klebrigen Euphorie. Zuversicht fließt wie Melasse über alles und lähmt das Denken, erstickt Kritik und pappt Politik und Wirtschaft so fugenlos aneinander, dass man sie nicht mehr voneinander trennen kann. Kaum eine Veranstaltung, in der nicht Politik und Industrie von den wahnwitzigsten technischen Möglichkeiten schwärmen: Bayer wartet auf mit Vitamin-Dünger, Reis-Saatgut mit Zink oder Vitamin A darin, mit Pflanzenöl, das mit Nährstoffen versetzt ist, oder mit Nahrungsmitteln, denen chemische Vitamine und Mineralstoffe von BASF und Bayer zugefügt werden und die exakt auf die Bedürfnisse von werdenden Müttern und auf Frauen im gebärfähigen Alter abgestimmt sind.[375] Da werden bizarre Pläne C, D und E geschmiedet, statt einen Plan A umzusetzen, nämlich die gerechte Verteilung von Land und Nahrung, was ja, man vergisst das oft, jederzeit möglich wäre.

»Yes, we can!« Gerda Verburg, Vorsitzende des Welternährungsausschusses der UN-Landwirtschaftsorganisation FAO, spürt nichts von dem Gähnreiz, den diese zu oft wiedergekäute Phrase mittlerweile auslöst: Würden nur »alle« zusammenarbeiten, könne man den Welthunger bis 2050 »eliminieren«. Haltet durch, Arme, nur noch 35 Jahre hungern, dann habt ihr's geschafft! Jedenfalls wenn die Produktion von Nahrungsmitteln in der Zwischenzeit um 60 Prozent gesteigert werden kann.

Dass die FAO weiterhin mit dieser Zahl operiert, ist allerdings bemerkenswert. 2009 hatte diese in ihrer Studie »How to Feed The Worlds Growing Billions« festgelegt, dass die Nahrungsmittelproduktion bis zu 70 Prozent steigen müsse, um bis 2050 alle Menschen ausreichend zu ernähren. Dafür erntete die FAO heftige Kritik: Selbst der WWF widersprach der einseitig technokratischen Forderung nach Ertragssteigerung und kritisierte, dass die Studie auf »unrealistischen Annahmen« beruhe. Gemeinsam mit der Heinrich-Böll-Stiftung gab der WWF eine Studie in Auftrag, die die FAO-Angaben analysieren sollte. Dabei stellte sich heraus, dass es einer Produktionssteigerung von lediglich 48 Prozent bedürfe, wenn man alleine die sogenannten

Nacherntevertuste reduzieren würde, wenn also keine Lebensmittel mehr kaputtgingen, nur weil sie falsch gelagert werden. Und noch weniger Produktionssteigerung bedürfe es, würden Industrie, Handel und Verbraucher ihre Lebensmittelverschwendung reduzieren. Nur ein Drittel weniger Fleischkonsum in den OECD-Ländern würde sogar eine Fläche Ackerland von der Größe Deutschlands frei machen, auf der dann statt Futtersoja Nahrung angebaut werden könnte.[376]

Die FAO ihrerseits reagierte daraufhin 2012 mit einer neuen Studie, die erstmals die Nahrungsmittelverluste in der Wertschöpfungskette zwischen Acker und Teller untersuchte. Sie kam zu dem Ergebnis, dass weltweit mindestens ein Drittel der produzierten Lebensmittel weggeworfen wird.[377] Dass mehr Nahrung produziert werden muss, wenn die Weltbevölkerung wächst, ist also ein Mythos: Tatsächlich wächst die Menge der verfügbaren Nahrungsmittel schneller als die Bevölkerung. Seit 1960 ist die Bevölkerung um das 2,3-fache angestiegen. Im selben Zeitraum ist die Nahrungsmittelproduktion um das 3,1-fache gewachsen. »Rein rechnerisch hätte damit jeder Mensch auf der Welt heute 30 Prozent mehr Essen auf dem Teller als noch vor 50 Jahren. Wäre globale Mengensteigerung wirklich die silberne Kugel der Hungerbekämpfung, dürften heute keine 800 Millionen Menschen täglich Hunger leiden«, sagt Roman Herre von der Menschenrechtsorganisation FIAN.[378] Die Äcker der Welt könnten bereits heute vier Milliarden mehr Menschen ernähren – wenn darauf nicht Futter- und Energiepflanzen wachsen würden.[379] 2011 gab es die größte Getreidernte in der Geschichte der Menschheit – und gleichzeitig mit knapp einer Milliarde die meisten Hungernden. Der Grund: Der größte Teil des Getreides wurde für Agrartreibstoffe und Viehfutter verwendet. Deswegen – und wegen der Finanzspekulation mit Agrarrohstoffen – verdoppelten sich die Preise für Mais, Weizen und Reis.[380] All das ficht die FAO offenbar nicht an. Die UN-Landwirtschaftsorganisation beharrt darauf, dass die Erträge um 60 Prozent gesteigert werden müssen. Und zwar in Kooperation, was sonst, mit der Industrie. Der Privatsektor bringe »Know-how, Effektivität und Wissen«, sagt Marcella Villarreal, die bei der FAO für Unternehmenskooperationen zuständig ist, auf dem Berliner Festival des Big Agribusiness. Und deshalb würde die UN in Zukunft noch sehr viel mehr mit Unternehmen arbeiten wollen. »Wir holen sie an den Tisch und fragen sie, was sie zum Kampf beitragen können.« Diese unverhohlene Begeisterung, mit der sich Regierungen und internationale Organisationen Konzerne ins Haus holen, sollte Lobbyisten nervös machen – sie werden offenbar schon bald gar nicht mehr gebraucht. Villarreal stellt im Fachpodium zu Unternehmenspartnerschaften eine Studie vor, die 70 Public Private Partnerships in 15 Ländern des Südens untersucht hat. Dieser Studie zufolge zögen PPPs ein höheres Nettoeinkommen, Beschäftigungseffekte sowie eine höhere Produktion und Qualität der Produkte nach sich. Nicht untersucht wurden in dieser Studie negative Auswirkungen wie Umweltschäden, Landgrabbing, die Vertreibung von Menschen und die Benachteiligung von Kleinbauern, die keinerlei Marktzugang haben.

Öffentlich-private Partnerschaften, also die Privatisierung der öffentlichen Daseinsvorsorge und Infrastruktur, haben auch in reichen Ländern bisher nur bewiesen, dass sie allein das Profitinteresse der Konzerne bedienen. Als Berlin die Hälfte der Wasserwerke für 1,7 Millionen Euro an die Konzerne RWE und Veolia verkaufte, bauten die neuen Teilhaber 2 000 Arbeitsplätze ab, fuhren die Investitionen zurück und erhoben die höchsten Wasserpreise in ganz Deutschland. Weil der Senat den Konzernen in einem Geheimvertrag Gewinne garantiert hatte, verdienten die Konzerne sehr viel mehr als die Stadt Berlin. Nach einem Volksentscheid kaufte der Berliner Senat die Wasserwerke wieder zurück – von Steuergeld, versteht sich. In England und Wales hatte Margret Thatcher schon 1984 eine Privatisierung der Wasserbetriebe angemahnt, und nach deren Durchsetzung stiegen die Gehälter der Manager der beteiligten Unternehmen und die Gewinne der Aktionäre auf Rekordhoch – aber die Gebühren auch, so dass die *Daily Mail* 1994 von einem »Wasserraubzug« sprach, ja, von der »größten Aktion lizenzierten Raubs in der Geschichte unseres Landes«.[381]

Dies sind nur zwei von vielen Beispielen, wie sich die Privatwirtschaft via Public Private Partnerships zulasten der Allgemeinheit bereichert.[382] Wie könnten also öffentlich-private Partnerschaften ausgerechnet Menschen in sogenannten Entwicklungsländern helfen? Sie leiden ja ohnehin schon darunter, dass ihnen die Regierungen wegen der Privatisierungsdiktatur von Weltbank und IWF zum Abbau der Auslandsschulden keine überlebensnotwendige Infrastruktur wie etwa medizinische Versorgung und Trinkwasser zur Verfügung stellen.

Dennoch setzt die Bundesregierung bei der Entwicklungshilfe auf Public Private Partnerships. 1999 legte das Bundesministerium für Wirtschaft und Entwicklung (BMZ) das Programm DeveloPPP auf. Seither wurden 1 500 öffentlich-private Partnerschaften in Schwellen- und Entwicklungsländern umgesetzt, der Großteil davon in Afrika und Asien. Zu mehr als einem Drittel werden diese Partnerschaften von der öffentlichen Hand finanziert: 276 Millionen Euro gab die Bundesregierung zwischen

1999 und 2012 für diese Wirtschaftsförderung aus. Es wurden 592 Projekte für »nachhaltige Wirtschaftsentwicklung« und 190 landwirtschaftliche Projekte initiiert.[383] Letztere betreffen vor allem Exportprodukte. Bis heute jedoch wurden die öffentlich-privaten Partnerschaften für Ländliche Entwicklung und Ernährungssicherung des BMZ nicht evaluiert. Ob sie den Menschen vor Ort nützen oder nur den Unternehmen, ob sie verarmten Kleinbauern helfen oder eher bessergestellten Bauern, wurde bisher nicht untersucht.[384] Doch das hält das BMZ nicht davon ab, noch viel mehr Geld für Großprojekte mit der Industrie locker zu machen.

»Sie wollen sich als Unternehmen in ländlichen Regionen von Entwicklungsländern engagieren? Sie möchten zum Beispiel investieren, Exportmärkte erschließen oder Zulieferketten optimieren? Nutzen Sie uns als Partner für ein nachhaltiges Engagement. Ihr Unternehmen kann auf vielfältige Weise von einer Zusammenarbeit mit uns profitieren.« Dieses Zitat stammt nicht von der Webseite einer Unternehmensberatung, sondern vom Bundesministerium für wirtschaftliche Zusammenarbeit und Entwicklung.[385]

Es war Dirk Niebel (FDP), der als Entwicklungsminister diesen wirtschaftsfreundlichen Paradigmenwechsel eingeleitet hat. Diese Politik wird von seinem Nachfolger Gerd Müller (CSU) konsequent fortgeführt. Statt einer öffentlichen Finanzierung, die auf die Bedürfnisse der Kleinbauern des Südens ausgerichtet ist, setzt sie auf Unternehmen der Agrar- und Ernährungsindustrie als Hauptinvestoren und »Ideengeber«. Public Private Partnerships, die sich auf die Steigerung von Ernteerträgen oder die Einbindung von Kleinbauern in Wertschöpfungsketten der Lebensmittel- und Konsumgüterproduzenten sowie Supermarktketten konzentrieren, spielen die Hauptrolle. 2011 unterzeichnete die Bundesregierung ein »Memorandum of Understanding« mit der Bill&Melinda Gates Foundation. Hinter der elaborierten Bezeichnung steckt die Absichtserklärung, gemeinsam mit der Industrie in ländliche Entwicklung, Gesundheit, Trink- und Abwasser, Stadtentwicklung sowie Mikrofinanzen zu investieren.

5. Entwicklungshilfe für Agrarkonzerne

Das bislang größte gemeinsame Projekt von Bundesregierung, Gates-Foundation und Industrie ist die German Food Partnership (GFP). Sie wurde 2012 auf Betreiben der Industrie als »Deutsche Initiative für Agrarwirtschaft und Ernährung in Schwellen- und Entwicklungsländern« initiiert. Bill Gates bot der Bundesregierung 20 Millionen Euro an, vorausgesetzt, sie lege ihrerseits noch einmal den gleichen Betrag für privat-öffentliche Entwicklungspartnerschaften in Afrika und Asien drauf. Die deutsche Regierung ging auf die hilfreiche Nötigung des Multimilliardärs ein. Die gemeinsam aufgebrachten 40 Millionen Euro ergänzte die Industrie um weitere 40 Millionen. 80 Millionen Euro stecken also in dem privatwirtschaftlichen Großprojekt. 35 Unternehmen des Big Agribusiness nehmen an der Initiative teil, darunter Bayer Crop Science, BASF, KWS Saatgut, Metro und Syngenta. Das Projektbüro der German Food Partnership ist die Gesellschaft für Internationale Zusammenarbeit (GIZ).[386]

Die German Food Partnership ist ein gänzlich neues Modell der deutschen Entwicklungshilfe. Bei früheren strategischen Partnerschaften mit Unternehmen durfte deren Kerngeschäft nämlich explizit nicht im Mittelpunkt stehen. Hier war ein Ausschlusskriterium installiert worden, Entwicklungszusammenarbeit und Außenwirtschaftsförderung durften nicht vermischt werden.[387] Bei der German Food Partnership ist es nun jedoch exakt andersherum: »Im Zentrum der Initiative stehen langfristige, firmenübergreifende Projekte, die zur Entwicklung und Umsetzung nachhaltiger Modelle für das Kerngeschäft der Unternehmen in Schwellen- und Entwicklungsländern beitragen.«[388] Und nicht das Bundesministerium gibt die Entwicklungsziele vor, sondern die Unternehmen schlagen Projekte vor, und die GIZ kümmert sich um die Umsetzung vor Ort.

Die German Food Partnership ist nicht auf den Export landwirtschaftlicher Produkte ausgerichtet, sondern auf die Steigerung der Produktion in lokalen Märkten. Der Gewinn für die Unternehmen liegt darin, neue Märkte in den Ländern des Südens für Saatgut, Dünger, Pestizide und Landmaschinen zu erschließen. Dass die vier GFP-Projekte überwiegend in Subsahara-Afrika umgesetzt werden sollen, hat einen Grund: »Der Kontinent mit seinen reichen Land- und Wasserressourcen und steigender Nachfrage gilt als ein ›schlafender Agrarriese‹«, schreibt Uwe Hoering in der Analyse »Entwicklungspolitik Goes Agrarindustrie«.[389] Die Landwirtschaft dort ist noch wenig industrialisiert, Millionen kleinbäuerlicher Betriebe bewirtschaften das Land und versorgen lokale Märkte – ein gewaltiges Geschäftspotenzial für das Big Agribusiness.[390]

Für die milliardenschweren Konzerne sind BMZ und GIZ nicht zuallererst deshalb wichtig, weil sie Geld zuschießen. Sondern weil sie mit den Regierungen vor Ort die politischen Rahmenbedingungen schaffen, um überhaupt erst Zugang zu Land, Ressourcen, Märkten und Kunden zu bekommen. Die deutsche Entwicklungspolitik agiere damit »als Türöffner für Agrarkonzerne« und helfe diesen, »die Kontrolle über natürliche Ressourcen wie Saatgut und Land in Ländern des globalen Südens auszu-bauen«, kritisiert die NGO FIAN. Damit werde nicht der Hunger bekämpft, sondern die Kleinbauern selbst.[391]

Dabei will die German Food Partnership doch angeblich ge-nau das: Kleinbauern fördern. Doch diese wurden in die Ent-wicklung der Projekte gar nicht eingebunden. Die Agenda wurde einseitig von den Unternehmen, der GIZ und der Gates-Foun-dation abgestimmt. Die meisten Kleinbauern des Südens lehnen das agrarindustrielle Modell ab. Denn lizenzierte Hochertrags-sorten sind teuer, ebenso die Verwendung von Pestiziden und chemischen Mineraldüngern. Diese Politik macht Kleinbauern von Agrarkonzernen abhängig: Das Hybrid-Saatgut muss je-des Jahr neu gekauft werden. Von den Umwelt- und Gesund-heitsschäden durch die Chemie abgesehen, verschlimmert diese Politik die Armut der Bauern noch, die wegen der hohen Aus-gaben in eine Schuldenfalle geraten. So sind in Sambia die Im-porte von Kunstdünger und Agrarchemie in den vergangenen zehn Jahren um 300 Prozent gestiegen. Im selben Zeitraum aber kletterte die Zahl der Hungernden von 5,4 Millionen auf sieben Millionen.[392]

Zu den vier Projekten der German Food Partnership gehört die Potato Initiative. Sie will den Anbau von Kartoffeln in Kenia und Nigeria voranbringen – gemeinsam mit Bayer Crop Science, Syngenta, dem Saatgutkonzern Europlant sowie den deutschen Landmaschinen-Unternehmen Grimme und Lemken.[393] Die Kar-toffelpflanzen stellt Europlant zur Verfügung. Der Konzern be-herrscht die Hälfte des globalen Kartoffelmarktes. In Deutsch-land sorgte Europlant 2005 für Aufruhr unter den Bauern: Der Konzern wollte die beliebte Kartoffelsorte Linda vom Markt nehmen, weil das Patent auslief und der Konzern kein Geld mehr mit Lizenzgebühren verdienen konnte.[394] Europlant soll den Afrikanern zur Hungerbekämpfung das Saatgut stellen, Bayer und Syngenta geben das Pflanzengift dazu. Die Potato Initiative wird mit 1,4 Millionen Euro gefördert, fast die Hälfte, 600 000 Euro, ist öffentliches Geld.[395]

»Die Kartoffel muss nach Afrika!« verkündete der BMZ-Staatssekretär Hans-Jürgen Beerfeltz.[396] Nur: Da gehört sie eigentlich nicht hin. Um dort hohe Erträge zu erwirtschaften, braucht es spezielles Saatgut, viel Wasser, Pestizide, Herbizide und Dünger, die teuer sind und die Böden ruinieren. Darüber hinaus muss die Kartoffel, ist sie einmal geerntet, kühl gelagert werden, weil sie sonst schnell verdirbt. Einheimische Knollenfrüchte wie Yams, Taro, Maniok oder Süßkartoffeln brauchen das nicht. Insbesondere die Süßkartoffel ist wesentlich leichter anzubauen und überdies nährstoffreicher.[397] In Nigeria besteht also gar kein Bedarf an Kartoffeln als Grundnahrungsmittel, »da günstigere Substitute reichlich verfügbar« seien, belegt die EU-Studie zur »Förderung der Kartoffel-Wertschöpfungskette«. Aber, na ja, es gebe halt einen großen Markt für die Verarbeitung zu Pommes frites, Chips und Fertigprodukten. Nur, zugegeben, halt nicht bei der ländlichen Bevölkerung:[398] »Verschiedene Studien belegen in Kenia und Nigeria einen Anstieg der nationalen Nachfrage nach verarbeiteten Kartoffelprodukten, vor allem durch die wachsende städtische Bevölkerung.«[399] Das antwortete im Februar 2015 die Bundesregierung auf eine Kleine Anfrage der Fraktion Die Linke. Chips und Pommes zur Hungerbekämpfung – wo genau liegt hier nochmal der entwicklungspolitische Mehrwert für Kleinbauern?

Weltweit arbeiten 500 Millionen Kleinbauern. Der größte Teil von ihnen, 85 Prozent, bewirtschaftet weniger als zwei

Hektar Land und produziert danach den größten Teil aller Nahrungsmittel der Welt. Gleichzeitig sind die Kleinbauern diejenigen, die am häufigsten von Hunger und Armut betroffen sind. Sie dabei zu unterstützen, Zugang zu Land, Wasser und agrarökologischen Methoden zu bekommen, betrachtet die German Food Partnership nicht als ihre Aufgabe. »Die Zielgruppe sind marktorientierte Kleinbäuerinnen und Kleinbauern, die nicht ausschließlich subsistenzorientiert arbeiten«, sagt die Bundesregierung.[400] »Marktorientiert« heißt: Bauern, die genug Fläche besitzen, um größere Märkte zu beliefern, die Kredite bedienen können oder Geld für Maschinen, Saatgut und Chemie sowie Zugang zu Märkten haben. Nur sie kommen für die beteiligten Konzerne als Kunden in Frage – abgehängte Kleinbauern und Landlose aber, die am meisten Hilfe bräuchten, sind uninteressant. »Eine Grüne Revolution wird man nicht mit Kleinbauern machen«, sagte ungerührt Hans-Joachim Wegfahrt von Bayer Crop Science während des German Forum for Food and Agriculture in Berlin.[401] Sein Unternehmen gehört zu den Gründern der German Food Partnership. Solche »inklusiven Modelle«, die diese sogenannten »Potenzialbauern« in lokale oder globale Wertschöpfungsketten einbinden wollen, erreichen jedoch nur zwei, allerhöchstens aber zehn Prozent der Kleinbäuerinnen und Kleinbauern weltweit.[402] Die verfolgten Modelle sind also in Wahrheit exklusiv, denn sie schließen den Großteil der Kleinbauern aus. Was aber geschieht mit diesem riesigen Rest?

Im April 2014 treffe ich Carsten Schmitz-Hoffmann und Gerd Fleischer in der Zentrale der Gesellschaft für internationale Zusammenarbeit in Eschborn. Ich spreche mit ihnen über Entwicklungspartnerschaften mit der Wirtschaft und die German Food Partnership. Fleischer ist GIZ-Experte für Agrarhandel,

Umwelt- und Sozialstandards, Schmitz-Hoffmann für Kooperationen mit der Wirtschaft. Auf meine Frage, warum sich die GIZ auf marktbasierte »inklusive« Programme konzentriert, antwortet Fleischer:

»Es gibt weltweit mehr als 500 Millionen Kleinbauern. Viele davon bewirtschaften weniger als einen halben Hektar Land. Das kann auf Dauer nicht funktionieren. Es ist ganz eindeutig, dass da ein Strukturwandel stattfinden muss. Es ist aber möglich und sinnvoll, sich mit den Kleinbauern zu beschäftigen, die entwicklungsfähige Betriebe haben. Wenn deren Land beispielsweise einen halben Hektar Kartoffelanbau ermöglicht, ist das unsere Zielgruppe.«[403]

Während des Interviews beschleicht mich das selbe quälende Gefühl, das ich während der drei Tage des German Forum for Food and Agriculture in Berlin zwei Monate zuvor hatte. Während ich dort in den konzerndominierten Workshops saß, war ich mir vorgekommen wie ein Eindringling, der unbemerkt den geheimen, bösartigen Weltherrschaftsplänen des Big Agribusiness lauscht. Bis ich mit wachsendem Entsetzen feststellte, dass diese groß angelegten globalen Verarmungsprogramme unter Ausschluss der Öffentlichkeit und ohne Beteiligung der betroffenen Kleinbauern längst beschlossen worden waren und nun offizielle Regierungspolitik sind – unter dem Deckmäntelchen von Nachhaltigkeit und Armutsbekämpfung. Dass sich alle Beteiligten völlig darüber im Klaren sein müssten, was die Konsequenzen ihrer abgefeimten Pläne sind, macht mich immer wieder sprachlos. Bis heute habe ich keine Antwort darauf, ob die Herrschenden wirklich glauben, damit Menschen zu helfen, oder ob ihnen einfach jedes noch so widerwärtige Mittel dazu recht ist, den westlichen Wohlstand zu mehren.

Ich bohre also weiter: »Was passiert mit dem Rest?« Fleischer: »Da muss man Beschäftigungsprogramme und Sozialtransfers anbieten. Auch da ist die GIZ aktiv. Aber wir müssen uns von der Illusion verabschieden, dass alle Kleinbauern im landwirtschaftlichen Sektor bleiben können.«

Ach ja? Wer muss sich von dieser »Illusion« verabschieden? Die GIZ? Die reichen Länder des Nordens? Oder schlicht und ergreifend die Kleinbäuerinnen und Kleinbauern selbst?

Es gehört wesentlich zur Propaganda der Technokraten, die regionale, ökologisch orientierte und bäuerliche Landwirtschaft als »romantische Phantasie« naiver westlicher Großstadt-Ökos zu diskreditieren. Tatsächlich jedoch ist sie das, was die globale Kleinbauernbewegung mit ihren Millionen Anhängerinnen und Anhängern selbst will. Und es ist es längst bewiesen, dass diese Millionen ein viel größeres Potenzial haben, auf nachhaltige Weise Landwirtschaft zu betreiben und eine ausgewogene, lokal angepasste Nahrung bereitzustellen. Das belegt auch die bislang größte Bestandsaufnahme der globalen Landwirtschaft: der bereits erwähnte Weltagrarbericht von 2008.

»Obwohl die Produktivität pro Flächen- und Energieeinheit in kleinen, diversifizierten Bauernhöfen viel höher ist als in intensiven Bewirtschaftungssystemen in bewässerten Gebieten, werden sie weiterhin von der offiziellen Agrarforschung vernachlässigt«, heißt es im Weltagrarbericht.[404] Die kleinbäuerliche Produktion, insbesondere agrarökologische Methoden, die arbeitsintensiver sind, schaffen mehr und bessere Arbeitsplätze als die großflächige, mechanisierte Landwirtschaft. Agrarökologie ist viel mehr als Landwirtschaft mit Bio-Siegel, das auch auf Importgemüse klebt, das unter Ausbeutung erzeugt wurde. Es ist ein ganzheitliches Konzept, das ganze Ökosysteme und auch soziale Aspekte in Betracht zieht. Es wird nicht nur vom Weltagrarbericht gefordert und der internationalen Kleinbauernbewegung La Via Campesina. Auch Olivier de Schutter, der ehemalige UN-Sonderberichterstatter für das Recht auf Nahrung, plädiert dafür. In seinem Abschlussbericht kritisierte er 2014 vehement das agrarindustrielle Modell der vergangenen 50 Jahre: »Die Hoffnung war, dass die sogenannte Grüne Revolution mit Hochertragssorten, Bewässerung, Mechanisierung, Dünger und Pestiziden den Hunger in der Welt besiegen könne. Das hat nicht funktioniert – und die Auswirkungen auf die Umwelt sind katastrophal.« Die heutigen Ernährungssysteme seien lediglich insofern effizient, als sie die Profite des Agribusiness maximierten.[405] Mit den 20 Millionen Euro Entwicklungshilfe, die in der GFP stecken, könnte man agrarökologische Schulungen für 4,5 Millionen Kleinbauern abhalten.[406] Doch das deutsche Entwicklungsministerium sowie die Regierungen anderer »Geberländer« ignorieren den Weltagrarbericht ebenso wie die Empfehlungen de Schutters.

Ein weiteres zweifelhaftes Großprojekt der German Food Partnership ist die Better Rice Initiative Asia. Sie soll in Thailand, Indonesien, Vietnam, Pakistan, Philippinen und Indien die Reisproduktion steigern. Federführend sind auch hier BASF, Bayer Crop Science und Syngenta. Dabei wird Hybridsaatgut eingesetzt, also patentierte und lizenzierte Hochertragssorten, die jedes Jahr neu gekauft werden müssen. Hybridsaatgut ist teurer als das von Bauern selbst gezüchtete und verbesserte Saatgut, das diese tauschen, auf lokalen Märkten verkaufen und wiederverwenden können. Es braucht außerdem mehr Wasser, Dünger und Pflanzenschutzmittel. Auf den Philippinen wird der Weltmarktführer für Hybridreis, Bayer Crop Science, die Initiative umsetzen.

Das Land hat bereits schlechte Erfahrung mit lizenziertem Hochleistungssaatgut: 2001 legte die philippinische Regierung das Reisprogramm »Go Modern Agriculture« auf und subventionierte Hybridsaatgut, Dünger und Pestizide. Man versprach den Bauern eine Ertragssteigerung von mindestens 30 Prozent. 2005 untersuchte der NGO-Zusammenschluss SEARICE das Programm und stellte fest, dass Ertragssteigerungen von 20 bis 30 Prozent nur in Ausnahmefällen erreicht wurden. Der lokale, selbst gezüchtete Reis übertraf den Hybridreis allerdings mit fast doppelt so hohen Wachstumsraten. Trotz aller hochentwickelten Technik, die dafür sorgen sollte, dass sich die Philippinen selbst mit Reis versorgen können, musste das Land weiter Reis importieren. Immer mehr Bauern stiegen aus dem Programm aus.[407] Jetzt also alles nochmal von vorn.

Dabei gibt es vielversprechende Alternativen. 2006 untersuchte ein Team der Universität Essex 360 Projekte mit agrarökologischem Anbau in 57 Ländern. Sie stellten eine Steigerung der Erträge um 79 Prozent im Vergleich zu industrieller Landwirtschaft fest. In der Metastudie »Kann ökologische Landwirtschaft die Welt ernähren?« analysierten Wissenschaftler der Universität Nebraska knapp 300 Studien, die das Ertragspotenzial konventioneller mit agrarökologischer Landwirtschaft verglichen. Sie kamen zum selben Ergebnis: Gerade in den sogenannten Entwicklungsländern habe die agrarökologische Variante ein 80 Prozent höheres Erntepotenzial. Die Autoren folgerten, dass die heute verfügbaren Methoden den Hunger genau da beseitigen können, wo er am größten ist.[408]

Besonders erfolgreich ist das System der agrarökologischen Reisintensivierung (SRI). Es wird in 50 Ländern von vier Millionen Bauern angewendet. Es kommt ohne chemischen Dünger und Unkrautvernichter aus, braucht halb so viel Wasser und nur ein Zehntel so viel Saatgut wie der konventionelle Anbau von Reis. Es erlaubt sogar Ertragssteigerungen von 50 bis 100 Prozent. Warum konzentrieren sich GIZ und Entwicklungsministerium dann nicht auf solche Projekte?

Auch das frage ich Fleischer und Schmitz-Hoffmann. Man habe in manchen Regionen jenes System gefördert und positive Erfahrungen gemacht, sagt Fleischer, »aber welches Anbausystem für welche Region das beste ist, das kann man nicht global vorschreiben«. De facto schreibt die German Food Partnership sehr wohl ein Anbausystem vor, indem sie Verkaufsförderung für die Industrie betreibt: Die Konzerne erhalten die Gelegenheit, bei »Beratungen« und »Schulungen« ihre Produkte an den Mann zu bringen. Und zwar in Paketen, die Hybridsaatgut sowie die darauf abgestimmten Chemikalien enthalten. Solche Pakete sind es, die die Marktmacht der kooperierenden Konzerne stärken und sie zu Oligopolen zusammenschweißen: Bayer, BASF und Syngenta sind die weltweit größten Agrarchemiekonzerne. Sie beherrschen mit einem Anteil von 52,5 Prozent mehr als die Hälfte des globalen Marktes. »Wer das Saatgut kontrolliert, kontrolliert einen Markt, den es immer geben wird: Menschen müssen essen«, kritisiert Oxfam.[409]

Das Bundesministerium für wirtschaftliche Zusammenarbeit und Entwicklung hat sich dazu verpflichtet, das Menschenrecht auf Nahrung zu garantieren. Es hat sich dem »Primat der Förderung kleinbäuerlicher Landwirtschaft« verschrieben und den »Erhalt der natürlichen Lebensgrundlagen, vor allem von fruchtbaren Böden, von Ökosystemen und Artenvielfalt« zum »obersten Gebot« erklärt.[410] Wäre es also nicht die Aufgabe des Bundesministeriums, Kleinbauern vor dem Einfluss von Großkonzernen zu schützen und die wachsende Macht der Agrar-konzerne über unser aller Essen einzuschränken, wo nicht zu brechen?

Nach Angaben des BMZ ist »eine produktneutrale, ökologisch und sozial nachhaltige Aus- und Fortbildung« der beteiligten kleinbäuerlichen Betriebe ein »elementarer Bestandteil« der GFP. Das betonen auch Fleischer und Schmitz-Hoffmann von der GIZ. Ich frage: »Die Mitgliedsunternehmen haben 40 Millionen Euro in die GFP investiert – welches Interesse sollten sie haben, außer ihre Produkte zu verkaufen?« – »Das glaube ich nicht«, antwortet Fleischer. Gewinninteressen von Großkonzernen, eine Glaubensfrage? Ernsthaft? Man habe unabhängige Trainingszentren eingerichtet und berate auch zu den Nachteilen jeder Technologie, sagt die GIZ. Aber es sei den Unternehmen freigestellt, dort auch ihre Produkte anzubieten.[411] Fakt ist: Pflanzenschutzberatung erfolgt in vielen Ländern des Südens fast nur noch über Pestizid-Händler. Denn insbesondere in Afrika mussten die Regierungen vieler Länder die unabhängige staatliche Beratung zu Agrochemie und Saatgut einstellen. Weltbank und IWF hatten sie in ihren Strukturanpassungsprogrammen dazu gezwungen, um öffentliche Ausgaben zu senken. In der Vergangenheit stellte sich eine angeblich produktneutrale Schulung im Umgang mit Pestiziden im Rahmen eines DeveloPPP-Projektes in Kenia, das vom BMZ mit 400 000 Euro gefördert wurde, als reine Werbeveranstaltung für Bayer heraus. »Durch dieses Programm sind wir effektiver geworden. Wir bedienen die Bedürfnisse der Kunden und bringen sie dazu, unsere Produkte zu kaufen«, sagt ein kenianischer Bayer-Manager in einem Beitrag des ARD-Magazins *Panorama*. Der Konzern habe dadurch den Absatz um 20 Prozent steigern können.[412] »Unser

Business ist nun mal der Verkauf von Pflanzenschutzmitteln und Saatgut«, sagte Hans-Joachim Wegfahrt in Berlin. Ja, was auch sonst? Mir muss der Mann das nicht erklären. Aber hoffentlich glauben ihm auch die Agrarexperten von der GIZ.

6. Hungerbekämpfung mit grüner Gewalt

Im November 2014 trafen Vertreter des entwicklungspolitischen INKOTA-Netzwerks, FIAN und Oxfam den Staatssekretär des Bundesministeriums für Entwicklung und wirtschaftliche Zusammenarbeit, Friedrich Kitschelt. Sie übergaben ihm 65 528 Unterschriften aus einer Kampagne gegen die German Food Partnership und andere Entwicklungsprojekte mit der Großindustrie. Kitschelt ließ sich mit den NGO-Vertretern fotografieren, auf deren Protestplakat zu lesen war: »65 528 fordern: Keine Entwicklungshilfe für Agrarkonzerne!« Die NGOs staunten nicht schlecht, als das BMZ wenige Tage später folgende Pressemitteilung auf ihrer Homepage veröffentlichte: »INKOTA, FIAN und Oxfam gemeinsam mit dem BMZ für ›Eine Welt ohne Hunger‹.«[413] Der Appell auf dem Plakat war auf dem Foto abgeschnitten. Die Kritiker für die eigene Agenda zu einzuspannen, ihre inhaltliche Kritik aber einfach der Zensur zum Fraße vorzuwerfen, war ein perfider PR-Coup. Jetzt nämlich erschienen 65 528 Gegner der verheerende Entwicklungspolitik als deren Unterstützer. INKOTA, FIAN und Oxfam forderten das Ministerium auf, die gefälschte Meldung zu entfernen oder zumindest zu berichtigen. Doch das Bundesministerium reagierte nicht darauf.[414]

Genauso konsequent ignorierte die Bundesregierung den Protest der Bevölkerung gegen das transatlantische Freihandelsabkommen TTIP. Fast eine halbe Million Protestunterschriften hatte die Organisation Campact gesammelt, doch Sigmar Gabriel nahm sie im Mai 2014 nicht entgegen. Demokratie, so scheint es, ist der Politik einfach nur noch lästig. Sie behandelt engagierte Bürger nicht einmal mehr wie erwachsene Menschen – sondern schickt sie wie aufmüpfige Kinder einfach ohne Abendessen ins Bett.

Während am Vormittag des 18. Januar 2014 der damalige Landwirtschaftsminister Hans-Peter Friedrich, Gordon Conway und Liam Condon von Bayer Crop Science einander beim German Forum for Food and Agriculture in Berlin verbal auf die Schulter klopften, demonstrierten 30 000 Menschen vor dem Bundestag für eine gerechte und ökologische globale Landwirtschaft.[415] Aufgerufen dazu hatte das Bündnis »Wir haben es satt«. Daran sind neben BUND und Attac auch Entwicklungsorganisationen wie Brot für die Welt, Misereor und Oxfam, Gentechnik-Gegner, die Arbeitsgemeinschaft bäuerliche Landwirtschaft und die Initiative Bauernhöfe statt Agrarfabriken beteiligt. »Die Demonstration ist ein positives Zeichen«, sagte Friedrich, »auch wenn wir in der Vorstellung, in Zielen und Wegen unterschiedlicher Ansicht sind.« Was für ein Euphemismus: Sie könnten kaum unterschiedlicher sein. Eine Landwirtschaft und Ernährung in der Hand multinationaler Großkonzerne, gefördert von Regierungen der Industrieländer und von Milliardärsstiftungen, ist etwas grundlegend anderes als demokratisch legitimierte landwirtschaftliche Selbstbestimmung, wie sie die Kleinbauern fordern. Sie wäre ein Schlüssel gegen Armut, Hunger und Klimawandel. Aber an ihr verdienen die Agrarkonzerne nichts. Mehr noch: Sie würde die Macht der westlichen Eliten bedrohen. Deswegen setzen diese auf eine Wiederholung des Herrschaftsprojekts der Grünen Revolution.

Die Macht der Eliten in den USA zu stärken, war auch die Agenda der ersten Grünen Revolution, die in Lateinamerika und Asien umgesetzt wurde. »Die Grüne Revolution diente mehreren Zielen: der Übertragung des westlichen, insbesondere des US-amerikanischen Modells der Landwirtschaft auf andere Regionen der Welt und – über eine Einflussnahme auf die Landwirtschaftspolitik von Regierungen – der Entpolitisierung der Landfrage, die durch Forderungen nach umverteilenden Bodenreformen geprägt war«, schreibt Raj Patel in seinem Essay »The Long Green Revolution«[416], in dem der Sozialwissenschaftler die Mythen der Grünen Revolution entlarvt.

Patel beschreibt diese als »biopolitischen und geopolitischen Prozess«. Sie sei von der US-Regierung nicht implementiert worden, weil die sich um die hungernden Menschen auf der Südhalbkugel sorgte, sondern weil sie befürchtete, dass es dort bald zu einem Linksruck kommen könnte. William Gaud, der Geschäftsführer der amerikanischen Entwicklungsbehörde USAID, prägte den Begriff Grüne Revolution als Gegenmodell zur Roten Revolution. Im Wortlaut: »Die Entwicklungen auf dem Gebiet der Landwirtschaft haben eine neue Revolution zur Folge. Es ist keine gewaltsame Rote Revolution wie die der Sowjets, noch ist es eine Weiße Revolution wie die des Schahs von Persien. Ich nenne sie die Grüne Revolution.«[417] Als das landwirtschaftliche Großprojekt auf den Philippinen Ende der Sechzigerjahre eingeführt wurde, plante die damals starke kommunistische Partei eine umverteilende Landreform. »Es stand außer Zweifel, dass die Enteignung philippinischer Großgrundbesitzer auch US-amerikanische Geschäftsinteressen bedrohen würde – den Export von Agrochemikalien und anderen Inputs«, schreibt Patel.[418] Um dieses Interesse zu rechtfertigen, brauchte es die

Propaganda der »niedrigen Erträge der kleinbäuerlichen Produktion«, die bis heute von den Eliten verbreitet wird. Tatsächlich sei die Produktion von Lebensmitteln zwischen 1970 und 1990 gestiegen. Die Zahl der Hungernden sei in dieser Zeit um 150 Millionen gefallen. Aber den größten Anteil an der Hungerbekämpfung hatte dabei China. »Zieht man also China ab, ergibt sich auf dem Höhepunkt der Grünen Revolution eine Zunahme des Hungers von elf Prozent. In Südamerika wuchs der Hunger um fast 20 Prozent, trotz eindrucksvoller Mehrerträge durch zum Teil verbesserte Getreidesorten«, schreibt Patel. Diese Mehrerträge erwirtschafteten Großbetrieben und Monokulturen. »Das hatte zur Folge, dass die Kleinbauern, die die Ländereien bewirtschafteten, vertrieben wurden.«[419] In Indien hat und wurde die Grüne Revolution schon 1956 begonnen, lange Zeit als Erfolgsmodell gefeiert.[420] Doch trotz Rekordernten und eines enormen wirtschaftlichen Aufschwungs in den vergangenen 20 Jahren gibt es in Indien bis heute mit die meisten Hungernden weltweit. Es sind laut Weltbank doppelt so viele mangelernährte Kinder wie in Subsahara-Afrika.[421]

Die neue Grüne Revolution soll nun, um den zerstörerischen Faktor Grüne Gentechnik erweitert, in Subsahara-Afrika stattfinden. Eines der zentralen multinationalen Abkommen dazu ist die G8 New Alliance for Food Security and Nutrition, die auf dem G8-Gipfel in Camp David im Mai 2012 auf Initiative der US-Regierung gestartet wurde. Ziel der Allianz ist es, 50 Millionen Menschen in zehn Ländern in Subsahara Afrika bis zum Jahr 2020 durch private Investitionen in die Landwirtschaft aus der Armut zu befreien. Beteiligt sind die Regierungen der G8-Staaten, afrikanische Regierungen und 200 multinationale Konzerne, darunter Bunge, Bayer Crop Science, Cargill, Coca-

Cola, Dupont, Monsanto, Nestlé, Syngenta, Unilever und Yara. Die zugesagten privaten Investitionen betragen zehn Milliarden US-Dollar. Mit diesen Milliarden sollen 650 000 Jobs geschaffen und fünf Millionen Kleinbauern einbezogen werden.[422] Obendrauf gibt es Entwicklungshilfe. Auch die deutsche Regierung unterstützt die G8-Allianz. Das BMZ betrachtet etwa die German Food Partnership als Beitrag dazu[423] und engagiert sich darüber hinaus in Benin.

In den Kooperationsabkommen dieser neuen Allianz müssen sich die afrikanischen Staaten zu politischen Reformen verpflichten und privatwirtschaftliche Investitionen in die Landwirtschaft erleichtern. Die Afrikaner sollen zum Beispiel neue Gesetze erlassen, die den Absatz von lizenziertem Saatgut befördern. In Ländern, die das Sortenschutzabkommen des Internationalen Verbands zum Schutz von Pflanzenzüchtungen aus dem Jahr 1991 ratifiziert haben,[424] dürfen Bauern ihr Saatgut nicht mehr tauschen oder verkaufen, wenn es eine geschützte Sorte ist. Der Saatgut- und Chemiehersteller Syngenta freut sich schon auf glänzende Geschäfte: Man habe Afrika zur »strategischen Wachstumsregion« auserkoren und wolle die Umsätze dort binnen zehn Jahren auf eine Milliarde US-Dollar steigern.[425] Fast alle Kooperationsabkommen enthalten eine Senkung von Steuern und Handelsbarrieren. Alle Abkommen planen eine Änderung der Landnutzungsgesetze. Mindestens zehn Prozent der Konzernvorhaben zielen direkt auf den Zugang zu Land für kommerzielle Investoren ab. Afrikas Bauern leiden – auch ganz ohne Entwicklungshilfe für Konzerne – bereits heute unter massivem Landraub. Nach Angaben der Land Matrix, die weltweit Landtransaktionen mit mehr als 200 Hektar erfasst, liegen sieben der Top-Zielländer des Landgrabbings in Afrika.[426] Insbesondere in sogenannten Wachstumskorridoren, in denen sich die G8 New Alliance engagiert, ist die Gefahr groß. Wachstumskorridore sind riesige Landstriche, auf denen eine intensive industrielle Landwirtschaft umgesetzt wird – landwirtschaftliche Sonderwirtschaftszonen, in denen es Steuererleichterungen für Großkonzerne gibt und keinerlei Handelsbarrieren. Die Idee dazu stammt vom Düngerhersteller Yara. Solche Gebiete sind in Burkina Faso, Mosambik und Tansania bereits ausgewiesen.

Vertreibung als Entwicklungshilfe: Das Land, auf dem diese Wachstumskorridore errichtet werden, wurde bis dahin von Landlosen und Kleinbauern bestellt. In Mosambik gibt es drei solcher Korridore an Orten, die über das meiste Wasser des Landes verfügen, zu dem nun folglich nicht mehr die Bevölkerung, sondern die multinationale Großindustrie Zugang hat.[427] In Burkina Faso sollen 3 000 Menschen umgesiedelt werden, weil im Bagré-Growth-Pole-Korridor ein Bewässerungssystem errichtet wird. Nicht einmal ein Viertel des Lands geht wieder zurück an Kleinbauern und Kleinbäuerinnen.[428] Der Southern Agricultural Growth Corridor Tanzania (SAGCOT) soll sogar so groß werden wie Mallorca. Binnen 20 Jahren sollen dort 3,4 Milliarden Dollar investiert werden. Zu den Partnern von SAGCOT gehören abermals Bayer Crop Science, Monsanto, Nestlé, Syngenta, Unilever und Yara. Für dieses Projekt sind schon jetzt Menschen gegen ihren Willen umgesiedelt worden.

Dabei hatte die Strukturanpassung, die die Weltbank und der IWF den Ländern des Südens in den Achtziger- und Neunzigerjahren aufgezwungen hatten, die afrikanische Landwirtschaft bereits ruiniert. Und zwar durch den systematischen Abbau von staatlicher Kontrolle und Unterstützung des Agrarsektors und durch die Privatisierung zugunsten transnationaler Konzerne.

»Weltbank und IWF griffen tief ins Herz der staatlichen Interventionen in den Agrarsektor, um sie von innen heraus zu zerschlagen«, schreibt der philippinische Soziologe und Träger des Alternativen Nobelpreises Walden Bello.[429] Dieser beschäftigt sich in seinem Buch *Politik des Hungers* auch mit der Zerstörung der afrikanischen Landwirtschaft. Sein Ergebnis: Zur Zeit der Entkolonialisierung in den Sechzigerjahren war Afrika nicht nur in der Lage, sich selbst mit Essen zu versorgen, sondern war sogar Nettoexporteur von Nahrungsmitteln. Staatliche Investitionen in Ernährungssicherung, Bildung und Gesundheit waren politischer Schwerpunkt. Heute importiert Afrika ein Viertel seiner Nahrungsmittel, und auch Hungersnöte kommen verlässlich wieder.[430]

75 Prozent der landwirtschaftlichen Böden in Afrika sind degradiert, 200 Millionen Menschen hungern – 50 Mal mehr, als die G8 New Alliance angeblich aus der Armut befreien will. Die besten und fruchtbarsten Böden werden nicht für den Nahrungsanbau zur Eigenversorgung verwendet, sondern für inputintensive Cash-Crop-Monokulturen. Weil die Weltbank verschiedene afrikanische Länder dazu ermutigt hatte, die gleichen Produkte für den Export anzubauen, zum Beispiel Kaffee, Kakao und Baumwolle, kam es zu Überproduktion und Preisverfall, was die Not der Bauern vertiefte. Dazu kamen ungerechte Handelspraktiken der USA und der Europäischen Union, die ihren Überschuss an Fleisch, Gemüse und Getreide subventioniert und zu Billigpreisen auf die afrikanischen Märkte schleuderten. Doch anstatt aus solchen fatalen Fehlern zu lernen, macht die Weltgemeinschaft – was? Sie setzt die systematische Verheerung fort.

7. Bill Gates als Bauernfreund

Auch die Bill&Melinda Gates Foundation hat ihr Herz für die Bauern entdeckt. Seit fast zehn Jahren gehören Landwirtschaft und Welternährung zu ihren Spendenprogrammen. Seither hat die Stiftung mindestens drei Milliarden Dollar in Agrarprojekte investiert. Damit ist die Gates-Foundation zum größten Geldgeber landwirtschaftlicher Forschung und Entwicklung weltweit geworden. Eine ihrer bedeutendsten landwirtschaftlichen Initiativen ist die Allianz für eine Grüne Revolution in Afrika (AGRA). Sie wurde 2006 gemeinsam von der Gates- und der Rockefeller-Foundation gegründet und will 16 afrikanische Länder auf die Grüne Revolution vorbereiten. Im Vorstand dieser Initiative sitzen der ehemalige UN-Generalsekretär Kofi Annan, Vertreter der Rockefeller- und der Gates-Foundation sowie Ökonomen, Wissenschaftler und Unternehmer, vor allem aus der Biotechnologie-Industrie.[431] Das Ziel der Initiative ist es, »die landwirtschaftliche Produktion Afrikas in den kommenden zehn bis 20 Jahren zu verdoppeln oder zu verdreifachen«.

Auch hier sollen erfolgreiche Kleinbauern in den Weltmarkt integriert werden, Märkte für Agrarkonzerne erschlossen und eine konzernfreundliche Politik in afrikanischen Regierungen durchgesetzt werden. Das alles »im Bewusstsein des Umweltschutzes« – und zwar mit Gentechnik-Saatgut, Hochertragssorten, Dünger und Pestiziden. Angeblich hat die AGRA, in die Bill Gates bis heute 267,5 Millionen Dollar gesteckt hat,[432] bereits 400 Projekte initiiert. Im Zentrum stehen dabei Netzwerke privater Agrarhändler, die »in kleinen Dorfläden« Saatgut, Pestizide und Dünger an Bauern verkaufen, »damit die Bauern nicht mehr so weit laufen müssen, um diese Produkte zu kaufen«.[433]

In Malawi, wo die AGRA dafür 4,3 Millionen Dollar zur Verfügung gestellt hat, stammen Saatgut und Agrochemie, die von diesen Agrarhändlern vertrieben werden, zu mehr als zwei Dritteln vom Gentechnik-RiesenMonsanto.[434] Innerhalb weniger Jahre ist es der Allianz für eine Grüne Revolution in Afrika, die mittlerweile auch von Regierungen reicher Länder wie Australien, Dänemark, Großbritannien, Kanada, den Niederlanden, Schweden sowie der amerikanischen Entwicklungsbehörde USAID mitfinanziert wird, gelungen, 15 000 solcher Agrarhändler auszubilden. Außerdem »berät« die AGRA afrikanische Regierungen dahingehend, Gesetze zu verabschieden, die die Einführung gentechnisch veränderter Sorten ermöglichen. Genau wie die G8 New Alliance, die von AGRA indirekt unterstützt wird: Sie gehört zu den Partnern des tansanischen Wachstumskorridors.

In Afrika gibt es großen zivilgesellschaftlichen Protest, unter anderem vom African Center for Biosafety, das die AGRA, die G8 New Alliance und andere neokoloniale Projekte vehement ablehnt.[435] Denn das Big Agribusiness beutet nicht nur die Arbeitskraft der Bauern aus und drängt ihnen eine Landwirtschaft auf, die sie nicht wollen. Es stiehlt ihnen auch noch ihr Wissen und wandelt dieses in Profit der ausländischen Firmen um: Die AGRA gibt an, dass es gelungen sei, mit Hilfe lokaler Bäuerinnen und Bauern 400 neue Pflanzensorten zu entwickeln und »freizugeben«. »Im Klartext: Afrikanische BäuerInnen, die über Generationen lokal angepasste Sorten gezüchtet haben, stellen Forschungseinrichtungen ihr Saatgut zur Verfügung, das ihnen nach ein paar Kreuzungen wieder verkauft wird«, schreibt der kritische Agrarwissenschaftler Peter Clausing. So sammelten Mitarbeiter einer Forschungsstation in Simbabwe, die dem Internationalen Institut für Nutzpflanzenforschung der Semiariden

Tropen (ICRISAT) angehört, über Jahre traditionelles Hirse- und Sorghumsaatgut, das ihnen die dortigen Kleinbauern kostenlos überließen. Damit habe ICRISAT »verbesserte« Sorten entwickelt und diese dann den Bauern, die es hergeschenkt haben, teuer verkauft.[436] In Kombination mit den von der AGRA erkämpften Saatgutgesetzen, die es den Bauern verbieten werden, solches Saatgut zu tauschen, ist das gleich doppelt hinterhältig. Ein Skandal, von dem die Welt bislang kaum Notiz genommen hat.

»Die erste Grüne Revolution wurde durch die philanthropische amerikanische Milliardärsfamilie Rockefeller ermöglicht – die zweite wird von Gates finanziert. Das ist keine oberflächliche Übereinstimmung: Die Schicksale von Millionen ärmster Bauern in der Welt werden wieder einmal von den reichsten Amerikanern bestimmt«, schreibt Raj Patel.[437] Das Schicksal der Bauern wiederum sieht so aus: »Mit der Zeit verlangt diese [Strategie] einen gewissen Grad von Mobilität auf dem Lande und einen niedrigeren Prozentsatz der an der direkten landwirtschaftlichen Produktion beteiligten Beschäftigten.«[438] Dieser kryptische Satz steht auf der zweiten Seite der Landwirtschaftlichen Strategie 2008–2011 der Bill&Melinda Gates Foundation. Einfacher ausgedrückt: Die Stiftung des Weltretters Bill Gates erklärt eine Menge von Kleinbauern für überflüssig. Sie sollen im Zuge des Umbaus der Landwirtschaft zugunsten von Kapital und Großkonzernen weichen. In die Slums und auf die Straßen der wachsenden Metropolen, wo es nur Elend gibt. Oder eben hinaus auf's Mittelmeer, wo die sogenannten »Wirtschaftsflüchtlinge« zu Tausenden ersaufen, weil die Festung Europa sie nicht sie haben will. Sondern nur ihr Land.

Es gibt sehr wenige Leute, die in den Spiegel schauen und sagen werden: ›Die Person, die ich sehe, ist ein wildes Monster‹. Stattdessen denken sie sich irgendwelche Konstruktionen aus, die rechtfertigen, was sie tun.

Noam Chomsky

VII. GATED COMMUNITY

Oligarch der Weltrettung:
Bill Gates und die Macht seiner Milliardenstiftung

1. Das Märchen vom netten Milliardär von nebenan

»Als 22-Jähriger hatte er die größenwahnsinnige Vision, dass irgendwann in jedem Haus auf jedem Schreibtisch ein Computer steht. Und dieser Computer solle natürlich nur mit seinem Programm laufen. Und dann hat er gerechnet, wie viele Häuser gibt es auf dieser Welt und wie viele Schreibtisch sind da drin? Kann ich von jedem, der vor so einem Computer sitzt, 20 Dollar bekommen? Damals lebten etwa vier Milliarden Menschen auf der Welt. Und wenn man heute einen Strich drunter macht, ist diese Rechnung aufgegangen. Von fast jedem Menschen hat er rein rechnerisch inzwischen die 20 Dollar oder mehr bekommen und ist damit zum reichsten Mann der Welt geworden.«[439] Die Regie schneidet auf das Publikum und zeigt ehrfurchtglänzende Gesichter, Menschen hören andächtig der Laudatio von Günther Jauch zu. Sie waren auch einmal 22, aber leider nicht größenwahnsinnig oder visionär genug, sonst könnten jetzt auch sie bescheidene Multimillionäre oder -milliardäre sein wie der bescheidene Mann, dem die Laudatio gilt, oder der andere bescheidene Mann, der sie hält. Über den Rängen des Theaters am Potsdamer Platz liegt ein Bann der Bescheidenheit und des wissenden Lächelns.

»Zusammen mit seiner Frau Melinda hat sich der reichste Mensch der Welt eine Aufgabe gestellt, die so viele Menschen immer noch für unlösbar halten. Er hat gesagt: Die extreme Armut in der Welt, die muss doch zu beseitigen sein! Das haben schon viele gedacht, aber er ist das dann wirklich systematisch angegangen, (…) und dafür hat er sein Vermögen hergegeben.« Auf der Leinwand wird ein Einspieler gezeigt. Untermalt von Synthesizergetröpfel sieht man Fotos von einem Mann, einmal mit Computern und einmal mit armen Kindern in Afrika. »Mit seinen genialen Entwicklungen hat er unser aller Leben verändert. Mit seinen Visionen und seinem sozialen Engagement will er die Welt verändern. Genie, Erfinder, Softwareentwickler, Unternehmer, Erfinder und Philantrop – Bill Gates.«

Als der Microsoft-Gründer auf die Bühne schlendert, um den »Millennium Bambi« 2013 aus den Händen von Günther Jauch entgegenzunehmen, erhält er Standing Ovations. Man weiß gar nicht, ob die in Frack und Seide gehüllten Gala-Gäste so beglückt applaudieren, weil es Gates mit seinem Privatvermögen von 72,9 Milliarden Dollar[440] wieder auf den ersten Platz der Forbes-Liste der reichsten Menschen der Welt geschafft hat, oder weil er ein so großer Wohltäter ist. Dann überreicht Deutschlands beliebtester Multimillionär, von dem viele glauben, er wäre der ideale Bundeskanzler, das goldene Reh an den beliebtesten Multimilliardär der Welt, von dem eine Menge Leute glauben, er würde die Welt retten. Für einen Moment sind die beiden Stars mit ihren grau melierten Haaren, ihren dunkel umrandeten Nerd-Brillen und ihrem spitzbübischen Grinsen kaum auseinanderzuhalten.

Mit dem Bambi zeichnet der Medienkonzern Hubert Burda »Menschen mit Visionen und Kreativität« aus, »deren herausragende Erfolge und Leistungen sich im ablaufenden Jahr in den Medien widerspiegelten«.[441] Größen wie Justin Bieber, Victoria Beckham, Bushido, Miley Cyrus, Helene Fischer oder Uli Hoeneß. Die Verleihung des Bambi an den Software-Tycoon ist eine beispielhafte Inszenierung des Mythoss Bill Gates. Und der speist sich aus einer Reihe von Märchen, die der Kapitalismus immer wieder erzählt. Märchen, die das sozialdarwinistische *survival of the fittest* mit dem Firnis versehen, der es für die breite Masse erst attraktiv erscheinen lässt.

Das Märchen des Genies, dessen brillante Idee die Welt verändert.

Das Märchen des Zweitausendsassas, der in der Garage seiner Eltern Computer gebastelt und schon als Jugendlicher seine erste Firma gegründet hat.

Das Märchen des Selfmade-Milliardärs, der die Ärmel hochgekrempelt und es aus eigener Kraft ganz nach oben geschafft hat.

Zugleich ist das Märchen vom verantwortungsbewussten Philantropen, der der Gesellschaft etwas »zurückgibt«.

Das Märchen von den Reichen, die den Armen helfen.

Das Märchen, dass Reiche ihren Reichtum nicht nur erworben, sondern auch verdient haben.

Aber wie alle Märchen sind auch diese: Märchen. Gates hat nie in einer Garage getüftelt. Seine reichen Eltern (ein Wirtschaftsanwalt und eine Bankierstochter) haben ihn auf eine Privatschule geschickt, um sein mathematisches Talent und sein Computerinteresse zu fördern. Das Programmieren begann er zusammen mit Paul Allen und Monte Davidoff an der privaten Eliteuniversität Harvard, mit Allen gründete er Microsoft. Sein grotesk hohes Vermögen hat Gates nicht mit harter Arbeit und brillanten Ideen angehäuft – hart arbeiten tun auch andere, und brillante Ideen allein machen nicht reich. Reich macht eine aggressive Geschäftspolitik, im Falle von Gates die seines Unternehmens, das sich über Jahrzehnte am Rande der Legalität bewegte und damit zum Software-Monopolisten aufstieg.

Microsoft übernahm Softwarestandards anderer Firmen und entwickelte sie so weiter, dass sie nur noch mit dem Microsoft-Betriebssystem Windows kompatibel waren. Dem Konzern gelang es auf diesem Weg, dass heute fast jeder neue PC mit Windows-System ausgeliefert wird. Microsoft war wegen seiner monopolistischen Strategie und wegen Verstößen gegen das Kartell- und Wettbewerbsrecht in mehr als ein Dutzend Prozesse weltweit verwickelt und musste insgesamt fünf Milliarden Dollar Strafen und Entschädigung bezahlen. Ende der Neunzigerjahre stand das Unternehmen deshalb kurz vor der Zerschlagung. Selbstredend lässt Microsoft seine Produkte unter miserablen Bedingungen in chinesischen Zulieferfabriken wie Foxconn herstellen, wo sich 14 Arbeiter das Leben genommen und weitere 300 Arbeiter wegen der Hungerlöhne mit Massensuizid gedroht haben.[442] Auch im Überwachungsskandal des amerikanischen Geheimdienstes NSA spielt Microsoft eine große Rolle: 2013 wies Edward Snowden nach, dass Microsoft eng mit der NSA, mit FBI und CIA zusammengearbeitet hatte. Microsoft hatte es der NSA ermöglicht, die Microsoft-eigene Verschlüsselung zu umgehen und so die Inhalte der Nutzer unverschlüsselt mitzulesen. Kurz nachdem Microsoft die Telefon-Software Skype gekauft hatte, verdreifachte sich die Zahl der von der NSA aufgezeichneten Skype-Gespräche.[443] Er aber halte Edward Snowden nicht für einen Helden, sagte Gates in einem Interview mit dem *Rolling Stone*. Snowden habe ja das Gesetz gebrochen.[444]

2008 stieg Bill Gates aus seiner Firma aus, um sich fortan nur noch um seine wohltätige Stiftung zu kümmern. Insgesamt 28 Milliarden Dollar hat er zwischen 2007 und 2013 der Bill& Melinda Gates Foundation überlassen. Mit einem Stiftungskapital von 42,3 Milliarden US-Dollar ist sie die größte, vermögendste und einflussreichste Privatstiftung der Welt. Gates' großzügige Spende ist die Blaupause der von ihm und dem amerikanischen Großinvestor Warren Buffet lancierten Kampagne »The Giving Pledge«, mit der sie andere Superreiche dazu anstiften wollten, ebenfalls einen Teil ihres Vermögens für wohltätige Zwecke zu spenden. Sie hat auch den Saulus-Paulus-Mythos begründet, dass Bill Gates dem umstrittenen Konzern Microsoft den Rücken gekehrt und »sein Vermögen hergegeben« (Jauch) hätte, um mit seinen Milliarden nur noch Gutes zu tun.

Wenn Reiche behaupten, sie würden der Gesellschaft »etwas zurückgeben« – sollte man da, anstatt zu applaudieren, nicht eher fragen: Was und wieviel davon haben sie ihr denn vorher weggenommen, um sich nun so generös zeigen zu können?

Denn nicht nur, dass Bill Gates seine Milliardenspende an die Stiftung von der Steuer abschreiben konnte. Sein Konzern Microsoft praktiziert seit Jahren systematisch Steuervermeidung auf ausländische Gewinne und parkt knapp 93 Milliarden Dollar in Steueroasen.[445] Damit entzieht das Unternehmen den USA Steuereinnahmen von fast 30 Milliarden Dollar (!), Geld, über das demokratisch bestimmt und das zum Wohl der Allgemeinheit investiert werden könnte. 30 Milliarden Dollar sind etwa ein Drittel dessen, was US-Präsident Barack Obamas Gesundheitsreform bis 2020 pro Jahr kostet.[446] Nach wie vor profitiert Gates von diesem legalen Steuerbetrug: Er ist bis heute der zweitgrößte Aktionär von Microsoft und hält 330 Millionen Aktien, das entspricht einem Börsenwert von rund 13,1 Milliarden Dollar.[447] Seine Mega-Schenkung hat Gates' Vermögen nicht einmal geschmälert. Im Gegenteil: Es hat sich zwischen 2011 und 2015 von 51 auf 80,3 Milliarden Dollar beinahe verdoppelt.[448] Allein in den zwei Jahren nach der Bambi-Verleihung ist sein Privatvermögen um mehr als sieben Milliarden Dollar gewachsen. Die knapp 73 Milliarden, die Gates damals besaß, waren 2013 ein Tausendstel des Welt-Bruttoinlandsprodukts. »Etwas abstrahiert kann man sagen: Bill Gates besitzt so viel wie ein Tausendstel der Menschheit, also rund sieben Millionen DurschnittsbewohnerInnen der Erde, gemeinsam in einem Jahr verdienen«, schreiben Klaus Werner-Lobo und Hans Weiss in ihrem *Schwarzbuch Markenfirmen.*[449]

»Mir ist ja immer noch einer wie Bill Gates lieber, der mit seinem Geld wenigstens was Gutes tut, statt es zu verprassen und sich die nächste Yacht zu kaufen.« Dieses Argument hab ich immer wieder gehört, sobald ich Gates und seine Stiftung kritisiert habe. Tatsächlich: Gates besitzt zwar einen Privatjet, aber keine Yacht. Obwohl er sich von seinem Geld locker 60 Stück der mit 1,2 Milliarden Dollar teuersten und protzigsten Yacht der Welt des russischen Oligarchen Roman Abramowitch kaufen könnte[450] – und dann immer noch acht Milliarden übrig hätte. 160 Mal mehr als Günther Jauch besitzt, dessen Vermögen auf stattliche 50 Millionen Euro geschätzt wird.

Und es ist nicht so, dass der sich so bescheiden gebende Gates Luxus verschmähte. Seinen Urlaub verbringt Bill Gates wie Silvio Berlusconi und Flavio Briatore gern auf einer gecharterten Yacht in einer Superreichen-Enklave an der Costa Smeralda in Sardinien. An diesem Küstenstreifen hatte der Milliardär Aga Khan in den Sechzigerjahren Villen, Luxushotels und Edelboutiquen bauen lassen. 2006 sagte Gates seinen Yachturlaub dort demonstrativ ab: Die sardische Regionalregierung hatte die Unverschämtheit besessen, eine Luxussteuer zu erheben, und Gebühren von bis zu 15 000 Euro für Yachten und Privatflugzeuge verlangt. Sie wollte wohl, dass die Milliardäre der sardischen Gesellschaft ein bisschen mehr zurück geben als leere Champagnerflaschen. Am Ende wollte sie doch tatsächlich mit dem Geld Straßen und öffentliche Gebäude sanieren und in Umweltschutz investieren.[451]

Wie die anderen Superreichen, die sich als Reaktion auf diese Anmaßung von der Costa Smeralda fernhielten, ist auch Bill Gates ein vehementer Gegner jeglicher Form von Vermögenssteuer.[452] Nach einer Klage von Silvio Berlusconi erklärte der europäische Gerichtshof in Luxemburg die sardische Sondersteuer für unrechtmäßig, die neue Regionalregierung schaffte das Gesetz 2009 wieder ab.[453] Und Bill Gates kam zurück. Den letzten Sommerurlaub mit der Familie verbrachte der selbstlose Samariter auf der Luxusyacht Serena des russischen Milliardärs Yuri Scheffler. Fünf Millionen Dollar pro Woche zahlte er für das Schiff mit vier Swimmingpools, Nachtclub, Spa, Heimkino und Hubschrauberlandeplatz. Zum Tennisspiel an Land ließ Gates sich mit dem Helikopter chauffieren.[454] Jetzt bloß keine Neiddebatte! Denn wie gibt ein Blogger so schön die Mehrheitsmeinung wieder: »Wer solch ein Lebenswerk aufbaut, sollte sich auch durchaus das Recht herausnehmen dürfen, ordentlich zu entspannen!«[455]

2. Die Privatisierung der Gesundheit

»Manchmal sage ich meinen Studenten, sie sollen sich eine Welt ohne Bill Gates vorstellen. Würden wir dann Laptops haben, Textverarbeitungsprogramme und das Internet? Es dauert nicht lange, bis sie sich fragen, wie es sein kann, dass eine einzige Person ein derart großes Privatvermögen mit Entwicklungen angehäuft hat, die ohnehin passiert wären und die Gates auf dem Rücken vieler Leute ausgetragen hat, die ihm vorangegangen waren«, sagt David McCoy. Er fügt grinsend an: »Wer weiß, ob wir ohne ihn nicht vielleicht sogar bessere Software und günstigere Computer hätten.« An einem verregneten Tag im April 2014 sitzen wir in einem kleinen Café im Osten von London und essen Bohnensuppe. Rund um den Platz im ehemaligen Arbeiterstadtteil Hoxton sind heute schicke Galerien; Bürogebäude mit Glasfassaden wachsen unter pausenlosem Baulärm in den Himmel. »Ich weiß nicht, wie das passieren konnte, dass ich heute im Zentrum des Finanzkapitals lebe, das war ein Unfall«, sagt McCoy und lacht, »denn mein Herz gehört so sehr dem Süden.« Der malaysische Mediziner hat 15 Jahre als Arzt praktiziert, die meiste Zeit davon in Südafrika, wo er nach dem Ende des Apartheidregimes half, das öffentliche Gesundheitssystem aufzubauen. Er lehrt heute an der Fakultät für Medizinische Grundversorgung und Öffentliche Gesundheit an der Londoner Queen-Mary-Universität. David McCoy ist außerdem einer der ersten und wenigen Mediziner, die die Bill&Melinda Gates Foundation und ihre Gesundheitsprogramme öffentlich kritisieren. »Ich hatte bemerkt, dass die Gates-Stiftung einen großen Einfluss auf die globale Gesundheitspolitik und die Forschung hat. Aber niemand hatte jemals systematisch untersucht, was diese Stiftung eigentlich genau macht – wem sie Geld gibt, und wofür.« Das tat dann David McCoy. 2009 veröffentlichte die medizinische Fachzeitschrift *The Lancet* seine Studie »The Bill&Melinda Gates Foundation's Grant-making Programme For Global Health«. Darin hatten McCoy und sein Team erstmals 1 000 Förderungen für Gesundheitsprogramme von fast neun Milliarden Dollar untersucht, die die Stiftung zwischen 1998 und 2007 gewährt hat. Dabei kam heraus, dass mehr als zwei Drittel der Förderungen an nur 20 verschiedene Organisationen gingen, darunter die Weltgesundheitsorganisation der Vereinten Nationen (WHO), große Public Private Partnerships wie der Globale Fonds zur Bekämpfung von Aids, Tuberkulose und Malaria (Global Fund), die Globale Allianz für Impfstoffe (GAVI), die Weltbank, internationale große NGO sowie Forschungsinstitute und führende Universitäten in den USA und Europa. Mehr als ein Drittel des Geldes der Stiftung ging in die Forschung und Entwicklung, vor allem für Impfstoffe.[456] Kurz: »Die Stiftung konzentriert ihren Einfluss und ihr Geld auf wenige ausgewählte Technologien und Krankheiten, insbesondere HIV, Tuberkulose, Malaria und solche, gegen die man impfen kann.« Daran kritisiert McCoy, dass das meiste Geld nicht an Empfänger in Entwicklungsländern geht, die selber darüber entscheiden könnten, wofür sie es einsetzen, sondern in große globale oder US-Organisationen fließt. Die dringend nötige Stärkung lokaler Gesundheitssysteme aber, durch die arme Länder langfristig unabhängig von fremder Hilfe würden, ist offenbar nicht würdig, gefördert zu werden. »Die Ergebnisse des Reports werfen Fragen auf hinsichtlich des Spendenprogramms der Stiftung, das weiterer Recherchen und Prüfung bedarf«, lautete das bescheidene Resümee der Wissenschaftler. Keine große Sache angesichts des weitgehend unhinterfragten und wachsenden Einflusses der Stiftung, sollte man meinen.

Dennoch erregte McCoy große Aufmerksamkeit, auch in den Medien. »Als ich anfing, zu Gates zu forschen, warnten mich Kollegen, dass das meiner Karriere als Mediziner schaden könnte. Allein dass es die Auffassung gibt, dass Kritik an der Gates-Foundation oder auch nur die Auseinandersetzung mit ihr Karrieren beschädigen könnte, ist schon bemerkenswert«, sagt McCoy. Doch angesichts leerer öffentlicher Kassen würden Forschungseinrichtungen und Institutionen für Gesundheit immer abhängiger von den Milliarden privater Stiftungen und orientierten sich an deren Vorgaben. Kritische Mediziner nennen das »Gateability«: Wenn jeder nur noch macht, was Bill Gates für richtig hält, um an das Geld seiner Stiftung zu kommen, nehmen Selbstzensur und Gruppendenken zu. Und das verschlechtert die Qualität der Forschung, statt sie zu verbessern. Deshalb hat McCoy nach der Veröffentlichung in *The Lancet* auch viel Zustimmung von Kollegen erhalten, die ihm – streng vertraulich – bestätigten, »dass die Stiftung einen zu großen Einfluss hat und ein Klima schafft, in dem sich Gesundheitsexperten weigern, ihr zu widersprechen«. Die Stiftung selbst wollte sich auf Anfrage von *The Lancet* nicht zu den Ergebnissen äußern. All das hat McCoy dazu gebracht, ihre Rolle und ihren Einfluss auf Politik, Wissenschaft und die öffentliche Meinung weiter zu untersuchen.

Wenn der Mediziner heute Vorträge über die Bill&Melinda Gates Foundation hält, dann steht auf der letzten Seite seiner Power Point-Präsentation der Satz: »Thank you (there goes my career in global health).« Aber die Karriere von David McCoy ist ohnehin nicht klassisch für einen Mediziner. Er ist im Vorstand des People's Health Movements, der »Gesundheitsbewegung der Menschen«, die nicht nur gegen Krankheiten, sondern auch gegen krank machende Verhältnisse kämpft. Als Dozent arbeitet er Teilzeit, die andere Hälfte seiner Zeit leitet er die NGO Medact, eine Initiative britischer Mediziner, die sich mit gesellschaftlichen und politischen Strukturen von Krankheit und den Folgen von Globalisierung, Konflikten, Krisen, Landwirtschaft, Umweltzerstörung und Klimawandel auf die Gesundheit vor allem in den Ländern des Südens beschäftigt.[457]

»Ich möchte den Blick aufs große Ganze lenken, dessen Teil die Stiftung ist: den Zusammenhang zwischen dem immensen Reichtum und der Verarmung. Dass exzessives und konzentriertes Vermögen das Ergebnis einer fairen und effizienten wirtschaftlichen Entwicklung ist und den Armen durch den sogenannten Trickle-Down-Effekt hilft – es also von oben nach unten durchsickert –, das ist ein Mythos, den auch die Gates Foundation verbreitet. Charity ist oft ein Akt der Großzügigkeit. Aber sie kann auch das Macht- und Abhängigkeitsverhältnis zwischen Reichen und Armen verstärken oder dazu benutzt werden, ungerechte, undemokratische oder repressive Strukturen zu erhalten«, sagt McCoy. Ein Beispiel für die Macht der Stiftung ist ihr Einfluss auf die Weltgesundheitsorganisation. Die Gates Foundation ist der zweitgrößte Einzelspender der WHO. Mittlerweile gehen 80 Prozent des Budgets der chronisch unterfinanzierten UN-Institution auf freiwillige Spenden zurück – etwa von der Gates-Foundation, deren Vermögen zehn Mal so hoch ist. Die Stiftung lässt der WHO inzwischen mehr Geld zukommen als die USA. Aber es ist keinesfalls so, dass die WHO mit den Gates-Millionen – allein 2013 waren es 300 Millionen Dollar – machen könnte, was sie für richtig hält. Für jeden Zuschuss schreiben die Stifter vor, wofür er verwendet werden muss. So stand zum Beispiel Ebola die längste Zeit nicht auf dem Weltrettungszettel von

Bill Gates – was unter anderem dazu führte, dass der WHO das Geld fehlte, die Verbreitung des Ebola-Virus' wirksam zu bekämpfen. Als Gates salbungsvoll in den Medien verkündetet, 50 Millionen Dollar für die Bekämpfung von Ebola zu spenden, hatte sich die Krankheit schon längst in mehreren westafrikanischen Ländern ausgebreitet.[458]

Die Stiftung konnte nur deshalb so viel Macht und Einfluss auf die WHO gewinnen, weil in den vergangenen 20 Jahren die 194 Mitgliedsstaaten wegen klammer öffentlicher Kassen ihre Beiträge immer weiter gesenkt haben. Hier schließt sich ein Kreis: Die desolate Haushaltslage der Staaten ist nicht zuletzt dem Umstand zu verdanken, dass Reiche nicht oder zu wenig per Vermögenssteuer zur Kasse gebeten und darüber hinaus nicht daran gehindert werden, ihr Vermögen in Steueroasen zu schaffen, und dass große Konzerne wie Microsoft maximale Steuervermeidung betreiben können. Auch die Steuerbegünstigung der Spender und der Stiftung selbst schmälert das öffentliche Budget. Und schwächt so auch die Demokratie.

In seinem Blog rezensierte Bill Gates im Oktober 2014 den Bestseller von Thomas Piketty, *Das Kapital im 21. Jahrhundert*. Großmütig stimmte er dem französischen Ökonom zu, dass die große Ungleichheit ein Problem sei.[459] In einem Punkt widersprach er Piketty allerdings heftig: Eine Vermögenssteuer, wie sie Piketty fordert, sei nun wirklich nicht geeignet, Einkommensunterschiede auszugleichen. Bill Gates hat andere Pläne für die Welt: Statt einer Vermögens- solle lieber eine progressive Konsumsteuer erhoben werden. Denn Gates' Ansicht nach gibt es drei Typen von Reichen: Den, der in Unternehmen investiert, den Philantropen (also ihn), und den, der einen verschwenderischen Lebensstil pflegt. »Es ist nichts falsch an letzterem, aber ich denke, dieser sollte mehr Steuern als andere bezahlen.« Das schreibt Bill Gates, der seinen Yachturlaub in Sardinien absagte, weil er ein Promille seines Urlaubsbudgets dort als Luxusabgabe hätte zahlen sollen. Trotzdem schaffte es Gates, sich mit seiner Einlassung zu Piketty nachgerade als Sozialist zu inszenieren und gleichzeitig den Mythos des guten, bescheidenen Reichen zu zementieren, der mit seinem Vermögen verantwortlich umgeht, und den des anpackenden Unternehmers, der zu Recht reich ist: »Die Hälfte der Leute auf der (Forbes-) Liste sind Unternehmer, deren Firmen sehr gut funktionierten (dank harter Arbeit und auch einer Menge Glück).«[460] Während einer Konferenz in Boston erzählte wiederum Piketty von einem Gespräch mit Bill Gates: »Er sagte mir, ich liebe alles in deinem Buch, aber ich will auf keinen Fall mehr Steuern zahlen.«

Ihren Hass auf den Sozialstaat und ihre Weigerung, Steuern zu zahlen, über deren Verwendung die Allgemeinheit frei und ergo zu ihrem Nutzen (und nicht dem der Reichen) entscheiden könnte, verbergen Superreiche wie Gates hinter dem Argument, dass Unternehmer wie sie viel besser in der Lage seien, Geld effizient einzusetzen. Das ist auch die Überzeugung der Gates Foundation, die nach unternehmerischen Grundsätzen funktioniert, nicht anders als Gates' Konzern Microsoft. Dazu passt, dass der ehemalige Top-Manager von Microsoft, Jeff Raikes, viele Jahre Vorstandsvorsitzender der Stiftung war. Allen Förderprogrammen der Stiftung liegt eine Kosten-Nutzen-Analyse und eine Zielvorgabe zugrunde, sie müssen also messbare Ergebnisse liefern. Die Stiftung nennt das »Ergebnisinvestition«.[461] Die »maximale Rendite« der »Investitionen« wird nicht in Dollar gezählt, sondern in der Anzahl »geretteter Leben«. »Every life matters« – jedes Leben zählt – ist das Motto der Stiftung. Doch hinter der pathetischen Formel verbirgt sich nur die Forderung, dass sich Hilfe unternehmerischer Effizienz unterordnen muss. Und das ist in höchstem Maße selektiv. »Wenn man nur eine beschränkte Menge von Ergebnissen misst und damit demonstriert, wie effizient man ist, mag das gut klingen. Aber was ist mit Befunden, die man nicht misst? Was, wenn einiges von dem, was man erreicht hat, anderswo Probleme verursacht? Was ist mit den Dingen, die man nicht messen kann? Mit welchen Auswirkungen kann man erst in 20 oder 30 Jahren rechnen? Wenn man eingeschränkte und kurzzeitige Messungen überbetont, die nur einer einzigen Organisation zuzuschreiben sind, gelangt man zu einem Entwicklungsprozess, der mangelhaft, ineffizient und nicht nachhaltig ist«, kritisiert McCoy. Zwar würde Geld auch für Impfungen und zur Bekämpfung von Krankheiten benötigt. Aber Gesundheitssysteme in armen Ländern müssten sich um viele Dinge gleichzeitig kümmern: Die Behandlung und Vermeidung von Krankheiten, Mangelernährung und die Ausbildung von Ärzten und Krankenpflegern, die Verbesserung von Informationssystemen. »Wenn externe Kräfte wie die Gates-Stiftung Programme finanzieren, die sich nur auf wenige Krankheiten oder Technologien konzentrieren, kann das Gesundheitssystem dort insgesamt Schaden nehmen.«

Die Gesundheitssysteme in den Ländern des Südens seien ohnehin schon durch den Spar- und Privatisierungszwang der Strukturanpassungsprogramme massiv geschwächt. Diese wieder instand zu setzen und eine funktionierende öffentliche Verwaltung aufzubauen, sei dringend nötig, sagt McCoy. Doch Bill Gates lehnt diese nicht nur genauso rigoros ab wie Vermögenssteuern – er versucht sogar, sie zu verhindern: »[Die Stiftung] war eine sehr laute Stimme, die sagte, wir [die Impfinitiative

GAVI] glauben nicht in die Stärkung von Gesundheitssystemen.« So zitiert Katerini Storeng in ihrer Arbeit zum Einfluss von Gates' technokratischer Ideologie auf GAVI einen an GAVI beteiligten anonymen Befürworter einer solchen Unterstützung lokaler Systeme. »Er hat im Prinzip gesagt: Es ist reine Geldverschwendung, es gibt keinen Beleg, dass sie funktioniert, also werde nicht ein Dollar oder Cent seines Geldes in die Stärkung von Gesundheitssystemen gehen.«[462]

Dass sich ein Software-Tycoon und Multimilliardär, der auf öffentliche Gesundheitssysteme nicht einmal angewiesen ist, überhaupt anmaßt, diese als »Geldverschwendung« zu bezeichnen, ist das eine. Aber dass der reichste Mensch der Welt mit seiner Milliarden-Stiftung, die weder demokratisch legitimiert ist noch irgendeiner Kontrolle unterliegt, die Macht hat, solche Systeme in den ärmsten Ländern der Welt zu zerstören, ist ein Skandal. Doch den weiß die Stiftung geschickt zu kaschieren – mit der Zählung angeblich geretteter Menschenleben.

Bono von U2 sitzt auf einem Stuhl und blickt betroffen zu Boden. Die Kamera hält auf sein nachdenkliches Gesicht. »Geben Sie mir einen Moment und lassen Sie mich nachdenken. Seit zehn Jahren dabei.« Jetzt denkt Bono von U2 ganz scharf nach. Dann zeigt er auf die linke Ecke des Bildschirms, auf dem eine Zahl erscheint: 7,7 Millionen. Zehn Jahre. »7,7 Millionen Menschen sind heute am Leben – wegen des Global Fund.« Der Globale Fonds zur Bekämpfung von Aids, Tuberkulose und Malaria wurde 2002 als privat-öffentliche Partnerschaft gegründet, die Gates-Foundation gehört zu ihren Partnern. Bono von U2 ist auch dabei. Er selbst hat zwar keinen Cent seines Milliardenvermögens dafür hergegeben – wie überhaupt noch nie bekannt wurde, dass der lautstarke Weltretter je selbst einmal größere

Summen gespendet hätte.[463] Er hat allerdings die Konsum-Initiative RED ins Leben gerufen, für die Konzerne wie Apple, Coca Cola, Microsoft und Starbucks so rote wie überflüssige Produkte herstellen, deren Verkaufserlös an den Global Fund gespendet wird.[464] Es sei ein »Unfall der Geographie«, sagt Bono von U2, »dass der Ort, an dem du geboren wirst, darüber entscheidet, ob du am Leben bleibst oder sterben wirst.« Tja, die armen Afrikaner. Was für ein Pech, dass sie Afrikaner sind, ausgerechnet![465] Der siebenminütige Werbefilm zum zehnjährigen Bestehen des Global Fund ist untermalt von Gitarrengezupfe, man sieht schöne Fotos von afrikanischen Krankenschwestern und strahlenden Armen. Sie bilden das schmückende Ornament für die guten, reichen, weißen Männer, die sich als ihre Retter inszenieren: Bono von U2, Bill Clinton, Bill Gates.

»Diese Werbung ist Teil der Konstruktion eines Bildes, das sagt, dass die Reichen den Armen helfen. Die Menschen, die trotz Aids, Tuberkulose und Malaria gerettet wurden, sind aber viel mehr das Ergebnis vieler Leute im Gesundheitswesen, die unter harten Bedingungen arbeiten, die in keinem Verhältnis zu denen der Reichen und Mächtigen stehen. Demgegenüber steht die Tatsache, dass das Vermögen aus illegalen Finanzströmen, die aus Afrika herausgehen, um ein Vielfaches höher ist als die Summe der Hilfsgelder, die Afrika erhält. Ein Großteil des illegalen Geldes landet auf Firmen- oder Privatkonten der Elite, oft genug in Steueroasen«, sagt McCoy.

Er hat in einer weiteren Studie untersucht, was hinter dieser Zahl der geretteten Leben des Global Fund steckt und zweifelt sie an:[466] Zum einen, weil die Berechnung auf hypothetischen Szenarien basiert. Die angenommene Sterblichkeitsrate derer, die eine Aids- und Tuberkulose-Behandlung oder Moskito-Netze erhalten, wurde verglichen mit der angenommenen Sterblichkeitsrate derer, die keine Behandlung oder Netze erhalten würden. Die Differenz ergibt die Zahl der »geretteten Leben«. Dabei seien viele Programme zur Behandlung dieser Krankheiten längst gelaufen, als der Global Fund erst gegründet wurde. McCoy gelangt zu dem Ergebnis, dass der Global Fund alleine im besten Fall fünf und im schlechtesten Fall nur drei Millionen »Leben gerettet« hat.

Die Narration von den »geretteten Leben« und die Messung von Ergebnissen trivialisiere Krankheit und Hilfe und rechtfertige damit den rein technokratischen und unternehmerischen Ansatz. Darüber hinaus untergrabe die Konzentration auf messbare Ergebnisse die politische Debatte über die Strukturen von Armut und Krankheit. »›Leben retten‹, das ist ein mächtiges rhetorisches Instrument, um Probleme zu entpolitisieren: ›Wir retten hier Leben. Stört uns nicht mit politischen Fragen oder euren Bedenken zu Gerechtigkeit, ökonomischen Entwicklungen, Selbstbestimmung oder Umweltverträglichkeit.‹«

Die Bilanz der Hilfe, die David McCoy zieht, ist hingegen eher ernüchternd: »Wir sind heute besser in der Lage, Menschen unter Armutsbedingungen am Leben zu halten. Aber der Klimawandel, Ressourcenkonflikte und Resistenzen gegen Antibiotika können die Verbesserungen, die in den vergangenen 15 Jahren in armen Ländern erreicht wurden, schnell wieder rückgängig machen. Ja, wir haben eine höhere Lebenserwartung von Menschen mit HIV in Afrika. Die Lehre daraus sollte aber nicht sein, dass wir immer neue Medikamente für neue Krankheiten finden, sondern dass Menschen vor neuen Bedrohungen geschützt werden müssen. Durch Ernährungssicherheit, Bildung, sauberes Wasser, Beschäftigung und demokratische Institutionen. Aber

Bill Gates' Fokus auf Charity und Technologie enthält kein Bekenntnis zu sozialer Gerechtigkeit und nachhaltiger Entwicklung. Er stellt auch nicht das Wirtschaftssystem in Frage, das Vermögen von unten nach oben verteilt.«

3. Kuscheln mit Coca-Cola

»Der beste Teil meines Jobs bei der Gates Foundation ist, dass ich die Möglichkeit habe, in Entwicklungsländer zu reisen. Und das mache ich ziemlich regelmäßig. Wenn ich Mütter in abgelegenen Gegenden treffe, erschrecke ich immer wieder darüber, was die Menschen dort nicht haben.« Melinda Gates macht eine dramaturgische Pause. »Aber ich bin überrascht von einer Sache, die sie haben. Coca-Cola! Coke ist überall! Wenn ich zurück bin von solchen Reisen und über Entwicklung nachdenke und wie wir versuchen, Kondome, Impfungen oder sanitäre Anlagen an die Leute zu bringen, dann wundere ich mich über Coca-Colas Erfolg – wie kann es sein, dass sie es schaffen, Coke in diese entlegenen Ecken zu bringen? Warum können Regierungen und NGOs nicht dasselbe tun? Wir als Gesellschaft können noch viel lernen.« Und zwar von Coca-Cola: »Was Gemeinnützige von Coca-Cola lernen können«[467], lautete Melinda Gates' Ted Talk im September 2010. Der Vortrag wurde online in die Welt übertragen und in 31 Sprachen untertitelt.

»Geleitet von der Überzeugung, dass jedes Leben den gleichen Wert hat, arbeitet die Bill&Melinda Gates Foundation daran, allen Menschen dabei zu helfen, ein gesundes und produktives Leben zu führen.« Das steht nicht nur auf der Homepage der Stiftung, sondern auch auf der von Coca-Cola.[468] Wie man weiß, liegt Coca-Cola die Weltgesundheit mindestens so sehr am

Herzen wie jeder einzelne »produktive Mensch«, sofern er es sich leisten kann, möglichst viel Zuckerwasser zu kaufen oder anderweitig dabei zu helfen, den Profit des Getränkeriesen zu steigern. Da steht die Bill&Melinda Gates Foundation dem Konzern gern zur Seite: Sie finanzierte 2009 mit 7,6 Millionen Dollar mehr als die Hälfte eines 11,5 Millionen Dollar teuren Coca-Cola-Projekts in Kenia und Uganda, um »die Beschaffung lokal angebauter Mango und Maracuja zu erhöhen«, wovon angeblich 50 000 Kleinbäuerinnen und Kleinbauern profitieren würden, deren »Produktivität und Wettbewerbsfähigkeit« sowohl für den Export der Früchte als auch für die Erschließung lokaler Märkte durch Fruchtsaftgetränke verbessert werden sollte. Die Hilfe der Stiftung ist auch Teil des Coca-Cola-Projekts »5by20«, das fünf Millionen Frauen bis 2020 »zu wirtschaftlicher Ermächtigung befähigen« will – durch Einbindung in, da ist sie wieder, die Wertschöpfungskette, sei es als Bäuerinnen, Coca-Cola-Verkäuferinnen oder Unternehmerinnen, die den Plastikmüll, den Coca-Cola mitverursacht, zu Taschen oder »Kunsthandwerk« zu »recyceln«.[469] Dabei hat Coca-Cola doch von jeher schon die Menschen in den Ländern des Südens aktiv in Eisenketten, ich korrigiere: Wertschöpfungsketten eingebunden: zum Beispiel Kinder, die auf philippinischen Zuckerrohrplantagen für Hungerlöhne schuften.[470] Oder kolumbianische Paramilitärs, die Gewerkschaftsmitglieder in Coca-Cola-Fabriken malträtiert und ermordet haben sollen.[471] Oder Reisbauern in Indien, denen eine lokale Abfüllanlage in Plachimada sämtliche Brunnen leer pumpte und ihnen obendrauf giftigen Industrieschlamm als »Dünger« andrehte, was verheerende Missernten zur Folge hatte.[472] Oder die 2,6 Milliarden Menschen ohne Zugang zu sauberem Wasser, auf deren Rücken Coca-Cola Geschäfte macht:

Der Konzern kauft Wasserresevoirs, Brunnen und kleine lokale Anbieter auf, um anschließend Flaschenwasser und Softdrinks zu vertreiben, die bis zu 1 000 Mal teurer sind als Leitungswasser. Mit dieser aggressiven Expansionspolitik ist es dem Getränkekonzern gelungen, die letzten Winkel der Welt zu erobern. Ein rücksichtsloses Marktkonzept, das an das Geschäftsgebaren eines Softwaremonopolisten erinnert, wie hieß er noch? Richtig, Microsoft. Es ist also kein Zufall, dass Coca-Cola ganz den Geschmack von Gates und seiner Gattin trifft.

»Wenn wir verstehen, was Coca-Cola so allgegenwärtig macht, dann können wir diese Lehre auf das Gemeinwohl anwenden«, sagt Melinda Gates. Was jetzt – Wasserraub? Gewalt? Ausbeutung? Ach so, nein: »Der Erfolg von Coca-Cola ist relevant, weil wir ihn analysieren können, um damit Leben zu retten.« Coca-Cola sei effizient, weil das Unternehmen Echtzeit-Daten über Absatz und Konsum an den jeweiligen Orten erhebe. Außerdem habe Coca-Cola das »unternehmerische Talent« der lokalen Bevölkerung entdeckt, die das braune Gesöff mit Rädern, Mofas oder zu Fuß selbst in die entlegensten Dörfer brächten, um ein kleines bisschen Geld zu verdienen. 3 000 »Mikro-Distributionscenter« habe Coca-Cola eingerichtet, die 15 000 Menschen beschäftigen würden. Zu welchem Lohn? Spielt keine Rolle. Dieses »unternehmerische Potenzial« der Menschen müssten Regierungen und NGO »anzapfen«, wenn es um die Verteilung von Gesundheitsdienstleistung gehe.

Was Melinda Gates hier beschreibt, ist das neoliberale Bottom-of-the-Pyramid-Konzept – kurz: BOP – das auch zunehmend die globale Entwicklungspolitik bestimmt. BOP beschreibt den untersten Teil der Welteinkommenspyramide, die sogenannten vernachlässigten Bevölkerungsschichten, als riesigen lukrativen

Markt: Schließlich gehört ein Drittel der Weltbevölkerung zum Bodensatz der Weltwirtschaft. »Das Marktpotenzial der Base of the Pyramid ist gigantisch: vier bis fünf Milliarden unterversorgte Konsumenten und eine Wirtschaft von 13 Billionen US-Dollar paritätische Kaufkraft«, schreibt der inzwischen verstorbene indische Ökonom, Unternehmensberater und Entwickler dieses Modells C.K. Prahalad in seinem Buch *Ideen gegen Armut. Der Reichtum der Dritten Welt.*[473]

Konsum als Menschenrecht: »Die BOP-Konsumenten erhalten Produkte und Dienstleistungen, die sie sich leisten können, aber noch wichtiger ist, dass sie Anerkennung erhalten, respektvoll und fair behandelt werden. Der Aufbau von Selbstbewusstsein und Unternehmergeist am BOP ist wahrscheinlich der langlebigste Beitrag, den der private Sektor leisten kann«, schreibt Prahalad.[474] Aber Selbstermächtigung ist schlechterdings unmöglich in einer per se ungerechten Situation, die das Ergebnis eines extremen globalen Ungleichgewichts der Macht des Nordens über die Länder des Südens ist. Die Propaganda des Unternehmertums berührt in keiner Weise die Ursachen dieses Ungleichgewichts – es zementiert sie. Man kann sagen: Das BOP-Konzept ist dazu geeignet, Arme gerade so weit aus der Armut zu befreien, dass sie etwas Geld für Konsum haben, aber immer noch arm genug sind, um sich als Reserveheer von Billigarbeitern in »Wertschöpfungsketten« verdingen zu müssen. Konsumgüterkonzerne profitieren damit gleich mehrfach: Nicht nur, dass viele bereits bis zu zwei Drittel ihres Umsatzes in Schwellen- und Entwicklungsländern machen – sie können durch »inklusive« Modelle risikolos entlegenste Hütten als Markt erobern, sparen sich viel Geld für Infrastruktur, weil sie für ihre Projekte Spenden und Entwicklungshilfe bekommen, und haben sicheren Zugriff auf Rohstoffe und Arbeitskraft. Sie müssen sich nicht mit Gewerkschaften herumschlagen, mit gerechten Löhnen oder mit so verrückten Dingen wie sozialer Absicherung. Schließlich haben sie es ja nur noch mit eigenständigen »Unternehmern« zu tun. Ein gutes Image, das das schmutzige und ausbeuterische Kerngeschäft verdeckt, gibt es gratis obendrauf.

2010 gründete Coca-Cola zusammen mit dem Global Fund und der Bill&Melinda Gates Foundation das Projekt »The Last Mile«, um Menschen in abgeschiedenen afrikanischen Dörfern mit Medikamenten zu versorgen. Die Initiative unterstützt Gesundheitsministerien dabei, ein Verteilernetzwerk nach dem Vorbild der Coca-Cola-Logistik aufzubauen. Laut Coca-Cola hat sich in Tansania, wo das Projekt begann, die Verfügbarkeit von Medikamenten in Krankenhäusern um bis zu 30 Prozent verbessert. Der tansanischen Regierung sei es mit Hilfe von Coca-Cola gelungen, 120 lebenswichtige Medikamente an 5 000 Gesundheitseinrichtungen zu liefern.[475]

Klingt, als hätte es den Gesundheitspolitikern in Tansania schlicht an Unternehmergeist und guten Ideen gefehlt. Aber wenn Bill Gates und Coca-Cola kommen und dem Afrikaner zeigen, wie es läuft – dann flutscht es! Dabei hatte die Regierung von Tansania in den Siebzigerjahren weit fortschrittlichere Pläne: Sie wollte flächendeckend sogenannte Armutsapotheken einrichten, die jeweils mit einem Arzt und einer Krankenschwester besetzt sein sollten. Dort sollten Arme kostenlos Medikamente und medizinische Versorgung erhalten. Doch die Umsetzung scheiterte. Weil die öffentlichen Kassen leer waren, konnte das Land die Apotheken nicht angemessen betreiben, auch für eine gute Ausbildung medizinischen Personals fehlte das Geld.

Eine gleichermaßen flächendeckende wie verlässliche Versorgung mit solchen öffentlichen Gesundheitszentren wäre sehr viel sinnvoller als die »Lösung« eines marktbasierten Konzernprojekts, das nur Medikamente verteilt.

Noch dazu greift die Verteilung von Medikamenten nicht die Ursache von Armut und Krankheit an. In Tansania liegt die Landwirtschaft fast brach, weil die Böden durch intensive Bewirtschaftung mit Monokulturen – vor allem Baumwolle – erodiert sind. Ein Landwirtschaftsmodell, das die Gates Foundation wiederum in ihrem Agrarprogrammen fördert und vorschreibt, ungeachtet dessen, dass es die Menschen arm und krank macht.[476] Schwamm drüber: Das Coca-Cola-Projekt soll wegen des großen Erfolgs auf zehn afrikanische Länder ausgeweitet werden. Dafür haben die Gates Foundation, der Global Fund und die amerikanische Entwicklungsbehörde USAID weitere 21 Millionen Dollar bereitgestellt.[477]

Mehr als eine Million Menschen haben sich den Coca-Cola-Vortrag von Soccer-Mum-Teresa Melinda Gates online angeschaut.[478] Eine 17-minütige Gratis-Werbung für den Getränkekonzern, in dem Gates' Gattin gezählte 27 Mal, also im Schnitt zwei Mal pro Minute, »Coca-Cola« oder »Coke« sagt. Zu dieser Zeit, 2010, hielt die Gates Foundation mehrere Millionen Aktien bei dem Getränkekonzern. Vier Jahre zuvor hatte Bill Gates' Milliardärskumpel Buffet, der auch Treuhänder der Gates-Foundation ist, der Stiftung zehn Millionen Aktien von Berkshire Hathaway im Wert von 31 Milliarden Dollar überlassen.[479] Die US-amerikanische Holding, in deren Aufsichtsrat wiederum Bill Gates sitzt, ist mit 182 Milliarden Dollar Umsatz eines der 20 größten Unternehmen der USA. Berkshire Hathaway hat Großinvestor Buffet, der die Firma aufgebaut hat und leitet, mit einem Privatvermögen von knapp 72 Milliarden Dollar zum drittreichsten Mann der Welt gemacht.

Berkshire Hathaway hält 400 Millionen Aktien bei Coca-Cola im Wert von knapp 17 Milliarden Dollar. Das sind fast zehn Prozent aller Anteile an dem Getränkekonzern. Zusammen mit den eigenen 21,1 Millionen Aktien von Coca-Cola[480] und den Anteilen an Berkshire Hathaway dürfte die für ihr Gesundheitsengagement so viel gelobte Gates Foundation zeitweilig der größte einzelne Anteilseigner des größten Herstellers gezuckerter Getränke der Welt gewesen sein.[481] Im Februar 2015 verkaufte die Gates Foundation 109 Millionen Aktien des Fastfood Konzerns McDonald's (auch diese Anlage ist bemerkenswert für eine Stiftung, die die Weltgesundheit fördern will) für eine Milliarde Dollar und Aktien von Coca-Cola für 914 Millionen Dollar.[482] Ob das nun ethische Gründe waren oder nur geschäftliche, dazu äußerte sich die Stiftung nicht. Sie hält ohnehin über ihre Berkshire-Hathaway-Aktien weiter Anteile am Getränkekonzern.

4. Helfen mit Blutgeld

Die enge Verzahnung zwischen der Industrie und der Gates Foundation ist nicht zufällig, sondern Programm. Die neue Vorstandsvorsitzende Sue Desmond-Hellman ist gleichzeitig Vorstandsmitglied von Procter&Gamble.[483] Vor ihrem Beitritt zur Stiftung unterstützte sie als Präsidentin der Universität von Kalifornien Forschungspartnerschaften mit Pharmakonzernen wie Pfizer und Bayer.[484] Trevor Mundel, der Präsident des Programms für Globale Gesundheit, war zuvor Leiter der Entwicklung bei

Novartis. Der stellvertretende Direktor des Gesundheitsprogramms, Ken Duncan, arbeitete beim Pharmariesen Glaxo Smith Kline. Mit jenem Pharmakonzern arbeitet die Stiftung in einer Partnerschaft für die Entwicklung von Impfstoffen zusammen.[485] Das britische Unternehmen ist höchst umstritten: Es stand mehrfach vor Gericht, weil es verfälschte Medikamente in Umlauf gebracht, mehrere Arzneien illegal vermarktet, Ärzte bestochen, Nebenwirkungen verschwiegen und durch Preismanipulation Sozialkassen betrogen hatte. Weiters musste sich Glaxo Smith Kline wegen illegaler Menschenversuche vor Gericht verantworten: 2012 starben in Argentinien 14 Babys bei Testimpfungen, von denen die Eltern nichts gewusst haben sollen.[486]

Der Mediziner David McCoy fordert, dass besser erforscht werden müsse, wie viel privates und öffentliches Geld in die Entwicklung von Medikamenten und Impfungen fließe, die gewinnbringend auf einem wettbewerbsverzerrten Markt verkauft würden. »Es gibt viel Marktversagen im Pharmasektor. Die Folge sind überhöhte Preise, exorbitante Profite, ineffiziente Forschung und Entwicklung und zu viele Interessenskonflikte. Der Kern ist das globale System zum Schutz geistiger Eigentumsrechte. Interessanterweise war Bill Gates Teil der Unternehmerbewegung, die dieses System geschaffen hat, als er noch bei Microsoft war.«

Bill Gates hat sich intensiv für das Handelsabkommen TRIPS eingesetzt, das die Patentinteressen großer Konzerne schützt. Es verhindert aber auch, dass überlebenswichtige Medikamente in armen Ländern kopiert und günstig hergestellt werden können. Die Pharmakonzerne, in die die Gates Foundation investiert, um das Budget der Stiftung zu erhöhen und mehr für Gesundheit ausgeben zu können, haben ebenfalls für das Handelsabkommen gekämpft, das ihre Profite auf Kosten der Menschen schützt, die sich teure Medikament nicht leisten können. Und das ist nicht der einzige Widerspruch zwischen den hehren Ansprüchen der Stiftung und ihrem Handeln.

In Nigeria förderte die Gates Foundation 2007 ein Impfprogramm, das die Kinder dort gegen Polio und Masern immunisierte. Zum Beispiel in Ebocha im Niger-Delta. Den Kindern dort geht es wirklich miserabel: Sie leiden an schweren Atemwegserkrankungen, an Asthma und Augenkrankheiten. Tagtäglich atmen sie hochgiftige Rußschwaden ein, weil die Ölfirmen dort das Gas einfach abfackeln. Konzerne wie BP, Chevron, Eni, Exxon und Shell, denen außerdem vorgeworfen wird, das gesamte Niger-Delta mit durchlöcherten Ölpipelines ruiniert und Krankheit, Armut und Tod gebracht zu haben. Doch genau diese Konzerne gehörten jahrelang zum Anlagenportfolio der Bill&Melinda Gates Foundation. 2007 investierte die Stiftung 218 Millionen Dollar in Impfungen weltweit sowie in Forschung gegen Masern und Polio. Aber fast doppelt so viel, nämlich 423 Millionen Dollar, hat die Gates-Stiftung im selben Jahr in Aktien der Ölgiganten BP, Chevron, Eni, Exxon und Shell investiert. Das fanden Journalisten der *Los Angeles Times* heraus, die 2007 die Aktien der Stiftung analysiert und in Nigeria und Südafrika die Auswirkungen der Firmen auf die Menschen dort untersucht hatten.[487] Demnach investierte die Stiftung einen großen Teil ihres Vermögens in so rücksichtslose wie hochprofitable Konzerne, deren Kerngeschäft massiv gegen Arbeits-, Kinder- und Menschenrechte sowie gegen Umweltstandards verstößt. Beinahe die Hälfte, 41 Prozent der Anlagen, widersprachen fundamental der Philosophie und dem Ziel der wohltätigen Stiftung, die dafür sorgen will, dass jeder Mensch auf der Welt »ein gesundes und produktives Leben führen« kann. 2005 hatte die Gates Foundation insgesamt 1,4 Milliarden Dollar in 69 der 100 größten Umweltverschmutzer der USA investiert, die die Universität Massachusetts in der Liste der Toxic 100-Liste führt.

Nicht nur die Abgase machen die Menschen in Nigeria krank und anfällig für jene Infektionskrankheiten, die die Stiftung so medienwirksam bekämpft. Das Wasser, das sich in den Bohrlöchern sammelt, zieht Mücken an, die Malaria verbreiten. Rund um das schmutzige Ölgeschäft hat sich die Prostitution etabliert, die für einen Anstieg der HIV-Infektionen sorgt – beides Krankheiten, deren Bekämpfung sich die Stiftung auf die Fahnen schreibt.

Die *Times*-Reporter hatten in Nigeria auch Felix getroffen, der HIV-infiziert ist. Er hatte eine Therapie mit dem Aids-Medikament Kaletra begonnen. Doch die Gel-Tabletten müssen gekühlt werden. Ein Problem in Afrika. Felix musste mehrmals am Tag Eis dafür kaufen. Er war damit so sehr beschäftigt, dass er nicht einmal mehr Gelegenheitsjobs annehmen konnte, auf die er aber angewiesen gewesen wäre, um seine karge Soldatenpension aufzubessern. Felix hoffte auf die neue Version des Medikaments, die nicht gekühlt werden muss. Doch das Krankenhaus, das Felix behandelte, konnte die neue und teurere Variante von Kaletra nicht anbieten. Hätte sich Felix das Medikament privat gekauft, hätte er 246 Dollar im Monat dafür zahlen müssen – mehr als doppelt so viel, wie er im Monat als Pension bekommt. Dabei erhielt Felix' Krankenhaus für sein Aids-Programm Unterstützung aus dem Global Fund. Zu diesem Zeitpunkt hatte die Gates Foundation den Global Fund bereits mit 651 Millionen Dollar gefördert. Doch ob die Stiftung Felix heute auf ihre Liste »geretteter Leben« schreiben kann, ist unbekannt.

169 Millionen hatte die Stiftung in Aktien des Pharmariesen Abbott angelegt, der das teure Aids-Medikament Kaletra herstellt. 2005 hatte die Stiftung laut *Times* rund 1,5 Milliarden Dollar in Pharmakonzerne investiert, die schwer umstritten sind, weil sie verhinderten, dass Menschen in armen Ländern Zugang zu wichtigen Medikamenten bekamen. Der Wert dieser Aktien war damals um 54 Prozent gegenüber 2002 gestiegen. Das bedeutet aber nichts anderes, als dass die Gates Foundation hunderte Millionen Dollar mit Investments in Konzerne gemacht hat, deren Kerngeschäft Leid, Armut, Krankheit und Tod zur Folge hat.[488]

Bis 2014 hatte die Stiftung außerdem Aktien im Wert von 110 Millionen Pfund (damals 166 Millionen Dollar) bei der britischen Firma G4S gekauft, einem der größten Sicherheitsunternehmen der Welt. G4S hat Verträge mit israelischen Gefängnissen im Westjordanland, in denen angeblich Palästinenser gefoltert werden. Außerdem wurden der Firma schwere Misshandlungen von Häftlingen in einem von ihr personell geführten Gefängnis in Südafrika nachgewiesen.[489] G4S-Sicherheitsleute waren es auch, denen vorgeworfen wurde, den Angolaner Jimmy Mubenga bei seiner Abschiebung aus Großbritannien so gewaltsam niedergedrückt zu haben, dass er erstickte.[490]

Mit solchem Blutgeld will die Gates-Foundation also »Leben retten«. Damit legitimiert die Stiftung das rücksichtslose Wirtschaften dieser Firmen nicht nur, sie fördert es sogar. Auf die Fragen, die die *los Angeles* bezüglich der Investments an die Gates Foundation schickte, gab diese keine Antwort.

5. Gates' Frankenstein-Club zur Klimarettung

Jedes Jahr veröffentlicht die Gates Foundation ihren »Annual Letter«, in dem sie der Welt ihre Probleme erklärt und die neuen Ziele und »Lösungen« der Stiftung verkündet. Hauruck-Reden, die an Pathos nicht sparen und vor Hybris nur so triefen – eine Mischung aus Neujahrsansprache der Bundeskanzlerin und dem päpstlichen Urbi et Orbi. In ihrem Brief an die Welt 2015 hatte schließlich auch die Gates-Foundation den Klimawandel zur großen Gefahr für die Menschheit erkoren: »Die Langzeitbedrohung ist so ernsthaft, dass die Welt sehr viel aggressiver vorgehen muss – heute und jetzt – um Energiequellen zu entwickeln, die günstiger sind, schnell geliefert werden können und keine Kohlendioxide ausstoßen.«[491]

Diese Ankündigung und das Klima-Engagement der Stiftung, so fand der *Guardian,* passe so gar nicht zu deren Öl- und Kohle-Investments. Der Chefredakteur des *Guardian,* Alan Rusbridger, hat den Klimawandel zum täglichen Titelthema seiner Zeitung gemacht.[492] Als Teil dieser Reihe hatte die britische Tageszeitung im März 2015 abermals die Anlagenpolitik der Stiftung untersucht und enthüllte, dass diese laut deren Steuerbericht von 2013 immer noch 1,4 Milliarden Dollar in Öl-, Kohle-, Chemie- und Bergbau-Giganten wie Anglo American, BASF, BHP Billiton, BP, Chevron Exxon, Glencore Xstrata ConocoPhillips, Petrobas, Rio Tinto, Shell und Vale investiert hat.[493]

Zeitgleich zur Enthüllung der zweifelhaften fossilen Anlagenpolitik lancierte der *Guardian* eine Petition an die Gates-Foundation, sich binnen fünf Jahren von den Investments in fossile Brennstoffe zu trennen. 95 000 Leute hatten den Aufruf unterzeichnet. Mittlerweile gibt es in Europa, Kanada und USA die

Fossil Free-Bewegung, die Universitäten, öffentliche Verwaltung, Kommunen, Kirchen und auch Stiftungen dazu bringen will, solche klimaschädlichen Anlagen aufzugeben.[494] Der *Guardian* unterstützt die Divestment-Kampagne, zu der auch der Aufruf an die Gates-Foundation gehört. Ein Sprecher von Bill Gates' privatem Büro kommentierte diesen gewohnt von oben herab: »Wir respektieren die Leidenschaft derer, die ein Handeln gegen den Klimawandel fordern, und erkennen an, dass es viele Ansichten gibt, wie dies am besten geschehen kann.« Anders gesagt: Es zählt auch hier nur, was Bill Gates für richtig hält. Das Volk dagegen: hält mal besser die Klappe. »Bill wendet persönlich Zeit für diese Arbeit auf (nicht durch unsere Stiftung) und wird auch weiterhin darüber sprechen.«[495]

Und Gott spricht: Wir brauchen nicht so »unwirtschaftliche« und »niedliche« Dinge wie Solarzellen oder Windräder.[496] Wir brauchen ein »Energiewunder«.[497]

Schließlich gibt es auch für Gates nichts daran zu rütteln: »Die Welt wird in den kommenden Jahrzehnten viel mehr Energie verbrauchen – es wird nach Schätzung der US-Regierung zwischen 2010 und 2040 einen Anstieg von 50 Prozent oder mehr geben.«[498] Also favorisiert »Think Big« Bill die Atomkraft, die massenhaft angeblich »saubere« und »klimafreundliche« Energie bereitstellen kann. »Kraftwerke auf Kohlenwasserstoff- oder Nuklearbasis sind viel einfacher zu handhaben. Aber erneuerbare Energien? Viel Glück damit!« wünscht Gates.[499] Vielen Dank, Bill, es geht schon: Bereits heute beträgt der Anteil an erneuerbaren Energien zur Stromversorgung weltweit 20 Prozent, während Nuklearenergie maximal zehn Prozent beisteuert.

Gates' Argument ist identisch mit dem der deutschen Stromriesen, die kurz vor dem Atomausstieg verzweifelt versuchten, diesen unter dem Vorwand des »Klimaschutzes« zu verhindern. Sie ignorieren bis heute die Risiken dieser Technologie und das Problem der Endlagerung, das mehr als 60 Jahre, nachdem das erste Kraftwerk in der Sowjetunion in Betrieb ging, immer noch nicht gelöst ist.

Jenseits der Tatsache, dass der Betrieb von Atomkraftwerken und der Uranabbau alles andere als klimafreundlich sind – klassische Atomkraftwerke stoßen mehr CO_2 aus als Solar- und Windenergie –, schreiben sie das energieintensive Wirtschafts- und Wachstumsmodell fest, das den Klimawandel weiter vorantreibt. Daran ändern auch »Innovationen« wie der Laufwellen-Reaktor nichts, in den Gates persönlich investiert. Ein solcher soll nicht mit angereichertem, sondern mit Roh-Uran und abgebrannten Brennelementen laufen. Gates ist Mitbegründer, Hauptanteilseigner und Vorstandsvorsitzender des Washingtoner Startups Terra Power von Nathan Myhrvold, das diesen Laufwellenreaktor zur Marktreife bringen will.[500] Ob das Verfahren tatsächlich funktioniert und sicher genannt werden kann, ist unklar. Von dem Atommüll, der – wenn auch in geringerem Maße als bisher – anfallen würde, einmal ganz zu schweigen.

Für Bill Gates ist Nathan Myhrvold kein Unbekannter: Myhrvold war Technologiechef bei Microsoft. 1999 nahm er sich dort ein Jahr frei, um Dinosaurierknochen auszubuddeln, und kehrte nicht mehr in die Firma zurück.[501] Stattdessen schrieb er sechs Kochbücher für die Molekularküche und gründete mit dem Microsoft-Kollegen Edward Jung die Firma Intellectual Ventures, die sich auf kuriose Hightech-Produkte spezialisierte. Aus dieser Art Think Tank ist auch Terra Power entstanden.

2009 sorgten Myhrvold und sein Team für Aufmerksamkeit, als sie ihre Erfindung »Star Shield« vorstellten: einen 30 Kilometer langen Schlauch, der von Heliumballons am Himmel gehalten werden und Schwefeldioxid in die Stratosphäre sprühen soll, um die Sonnenstrahlung abzuschwächen und so die Erderwärmung zu neutralisieren. Diese und andere wahnwitzige Erfindungen zur Ad-Hoc-Erdkühlung nennt sich Geoengineering: Schiffe oder Unterwasserturbinen, die Salzwasser in die Luft sprühen, damit sich künstliche Wolken bilden, die die Sonnenstrahlen zurück ins All reflektieren. Die Düngung der Meere mit Eisensulfat, das Plankton und Algen dazu bringen soll, mehr CO_2 zu speichern. Riesige Kohlenstoffstaubsauger, die der Atmosphäre CO_2 entziehen. Konstruktionen, die Wirbelstürme verhindern, indem sie warmes Oberflächenwasser der Ozeane nach unten drücken (für eine solches Modell hat Myhrvolds Firma bereits ein Patent, und auch darin soll Bill Gates investiert haben). Und die Idee, Schwefeldioxid in die Stratosphäre auszubringen, um die Sonne zu verdunkeln. Dieser Effekt stellte sich ein, als 1991 der Vulkan Pinatubo auf den Philippinen ausbrach und 17 Millionen Tonnen Schwefelgase in die Stratosphäre schleuderte. Danach sank die Temperatur der Erde um ein halbes Grad.

Naomi Klein hat solchen Geo-Ingenieuren in ihrem Buch *Die Entscheidung. Kapitalismus vs. Klima* ein großes Kapitel gewidmet. Sie hat die »Geo-Clique« bei einer Konferenz mit dem sinnfälligen Namen »Geo-Engineering: Eine Horrorvorstellung, deren Zeit gekommen ist?« begleitet. Kleins Beobachtungen lassen einem das Blut in den Adern gefrieren. Nicht nur die irrsinnigen Ideen der grünen Daniel Düsentriebe selbst – geforscht wird ja an allerhand verrücktem Zeug –, sondern auch der Geschwindigkeit, mit der diese als »letzte Möglichkeit« zunehmend

Akzeptanz finden. Klein beobachtete, dass die »Möchtegern-Klimaklempner« nach dem als gescheitert geltenden Klimagipfel in Kopenhagen 2009 reihenweise »aus ihren Laboren kamen und die absonderlichsten Ideen als einzig realistische Optionen darstellten, die es noch gebe – vor allem angesichts einer Weltwirtschaftskrise, die eine kostspielige Erneuerung der Energieversorgung als politisch unhaltbar erscheinen ließ.«[502]

Geo-Engineering ist seit vielen Jahren umstritten. Denn die Folgen solcher Eingriffe in Klima, Wetter und Atmosphäre sind unabseh- und vermutlich unumkehrbar, ja, möglicherweise schlimmer als der Klimawandel selbst. Trotzdem mehren sich Wissenschaftler, die Geo-Engineering als »unsere einzige Hoffnung« propagieren. Zu ihnen gehört David Keith, Physikprofessor an der Universität Calgary, der den »Kohlenstoffstaubsauger« erfunden hat. Die Tagung, die Klein in Chicheley Hall, einem Herrenhaus im britischen Buckinghamshire, besuchte, wurde auch von Bill Gates mitfinanziert – über einen Fonds, der von David Keith und dem Klimawissenschaftler Ken Caldeira vom Carnegie Institute for Science verwaltet wird. Caldeira erforscht an Computermodellen die Auswirkung der Sonnenverdunklung. Caldeira, Keith und Phil Rash aus Washington, der kurz davor steht, erste Freilandversuche zur Wolkenaufhellung durchzuführen, soll Gates mindestens 4,6 Millionen Dollar für Klimaforschung gespendet haben. Das Geld sei vor allem in Geo-Engineering geflossen – eine Technologie, die ganz im Sinne von Gates und seinem Machbarkeitswahn ist. Gates gilt als »Sugar-Daddy« der »Geo-Clique«: Er fördert Keiths Projekt zur Kohlenstoffabscheidung direkt, außerdem steht Gates' Name in mehreren Geo-Engineering-Patenten von Myhrvolds Firma Intellectual Venus.[503]

»In meiner Zeit unter den Möchtegern-Geo-Ingenieuren hat es mich tatsächlich immer wieder erstaunt, dass die mühsam erlernte Lektion der Demut vor der Natur, die so viel Einfluss auf die moderne Wissenschaft, insbesondere die Chaos- und Komplextheorie, hatte, zu diesem Kreis anscheinend überhaupt nicht durchgedrungen ist«, schreibt Klein. Im Gegenteil: »In der Geo-Clique tummeln sich überoptimistische Männer, die sich gegenseitig mit Komplimenten zu ihrer beängstigenden Intelligenz zuschütten.«[504]

Bill Gates bezeichnet sich selbst als »ungeduldigen Optimisten« (so ungeduldig übrigens, dass er schon mal Bürogerät nach seinen Mitarbeitern werfen soll, wie man von Insidern hört), und entsprechend heißt auch sein Blog »Impatient Optimists«.

Nun, Milliardäre haben ja generell mehr Grund zum Optimismus als die meisten Menschen auf der Welt. Und so stellt sich insbesondere bei den Hurra-Botschaften der Geoingenieure, die Erde schnell abkühlen zu können, die Frage: Wer genau hätte da eigentlich Grund zum Jubeln? Tatsächlich könnten Schwefelinjektionen in die Stratosphäre, die auf der Nordhalbkugel getätigt werden, um die Sonne zu dimmen, den Monsun in Afrika und Asien beeinflussen. Das hätte womöglich Dürren, Ernteausfälle, Hungersnöte und den Verlust von Süßwasserressourcen zur Folge. An der Biosphäre herumzufummeln, könnte blitzschnell Millionen Menschen umbringen. Gerade erscheint Studie um Studie, die solche verheerenden Folgen prognostiziert.[505] Auch David Keith gibt zu Protokoll, derlei Technik sei theoretisch sogar geeignet, »das Leben auf dem Planeten Erde auszulöschen«.[506]

»Wenn Schwefelinjektionen in die Stratosphäre großflächige Dürren in Nordamerika und Deutschland zu Folge hätten und nicht für die Sahelzone und Indien, wer würde da noch diesen Plan B so ernsthaft erwägen?«, fragt Naomi Klein.[507] Würde diese Technik in den Ländern des Südens eingesetzt, dort, wo die Menschen an den Folgen des Klimawandels leiden, zu dem sie am wenigsten beigetragen haben, könnte das die Gefahr für Hurrikane in den reichen Ländern des Nordens erhöhen. Für wen und wofür also werden diese Techniken ausbaldowert?

Bill Gates sagt, Geo-Engineering sei eine »Versicherungspolice, etwas, das man in der Hinterhand haben sollte für den Fall, dass sich die Dinge schneller entwickeln«. Es soll beruhigend klingen, eine schnelle technische und effiziente Lösung in petto zu haben, die, wie ihre Fürsprecher behaupten, auch noch günstiger sein soll als der Umbau des Energiesektors (Schäden selbstverständlich nicht eingerechnet).[508] So beruhigend und einfach, dass man sich um die CO_2-Einsparung gar nicht so viele Gedanken mehr machen muss. Es ist kein Zufall, dass zu den Propagandisten und Investoren des Geo-Engineering nicht nur Milliardäre wie Gates gehören, sondern ebenfalls Öl- und Energiekonzerne wie BP, Chevron, Conoco, Dupont, Exxon, General Electrics und Shell sowie der Autohersteller General Motors. Nathan Myhrvold machte sogar einmal den vollkommen haarsträubenden Vorschlag, man könne die Schwefelberge, die bei der Gewinnung von Öl aus Teersand in Kanada entstünden, zur Sonnenverdunklung verwenden.

Der Abbau von Ölsand ist eine der giftigsten, klimaschädlichsten und schmutzigsten neuen Technologien. Nicht nur, dass wertvolle Wälder in Kanada abgeholzt werden, um an die Ölsandschicht im Boden zu gelangen: Um ein Barrel Rohöl (159 Liter) zu erzeugen, wird so viel Wasser verbraucht, wie nötig ist für die Versorgung einer Großstadt. Ein Drittel der Energie, die das Öl liefert, wird bereits bei der Gewinnung verbraucht. Auf ein Barrel Öl entfallen etwa 650 Liter toxische Brühe. Täglich werden etwa 500 Millionen Liter dieser Giftsoße aus Cadmium, Arsen, Quecksilber und krebserregenden Kohlenwasserstoffen in künstlich angelegte, nicht gesicherte Abwasserseen geleitet. Laut einem EU-Bericht werden durch Teersand ein Viertel mehr Treibhausgasemissionen im Vergleich zu konventionellem Öl produziert.[509] Myhrvolds Vorstellung, diese Technologie würde mit Geo-Engineering die Klimaprobleme, die sie verursacht, gleich selbst lösen, ist nichts weniger als die Idee eines Perpetuum Mobile mörderischen Wahnsinns. »Für die Fossilkonzerne und ihre Fürsprecher ist jedoch alles besser als eine Regulierung von Exxon, und sei es die Regulierung der Sonne«, schreibt Klein. Und so ist es dann auch nicht überraschend, dass Murray Edwards, dem die Firma Canadian Natural Ressources zum Abbau von Teersand gehört, neben Gates ein Investor in David Keiths Startup Carbon Engineering ist, das den CO_2-Staubsauger entwickelt.[510]

Bill Gates hat sich lange Zeit öffentlich kaum zum Klimawandel geäußert. Eigentlich erstaunlich für den selbst ernannten Anführer der Weltrettung. Erst nach dem gescheiterten Klimagipfel in Kopenhagen wurde seine Stimme lauter – quasi zeitgleich mit den Stimmen der »Klimaklempner«. Andersherum aber haben die Konzerne, in die die Gates-Foundation investiert hat – zum Beispiel BASF, BP, Chevron, Conoco Philipps und vor allem Exxon – viele Jahre »klimaskeptische« Tea-Party-Politiker in den USA mit Millionenspenden unterstützt, desgleichen Lobby-Gruppen und industriedominierte konservative Think Tanks, die den Klimawandel leugnen und Umweltauflagen verhindern wollen. Auch Microsoft-Geld floss an Organisationen, die den Klimawandel leugnen – zum Beispiel 2011 an das Heartland Institute.[511] Auch das antidemokratische American Legislative Exchange Council (ALEC), das nicht nur klimaskeptische Argumente verbreitet, sondern Gesetzesvorlagen zur Zerschlagung von Gewerkschaften, Privatisierung von Bildung und Deregulierung der Industrie erarbeitet und Politikern zur Absegnung vorlegt, erhielt Spenden von der Bill&Melinda Gates Foundation.[512] Auch das American Enterprise Institute (AEI), eine Denkfabrik, die sich für einen »schlanken Staat« und die Deregulierung von Unternehmen einsetzt, stand auf der Payrole der Gates-Foundation. Die Stiftung hat der Organisation bis 2014 insgesamt 5,5 Millionen für Bildungsprogramme gespendet.[513] Jahrelang gehörte das Institut, das auch von Exxon und anderen Ölkonzernen Millionenspenden erhielt, zu den Klimaleugnern. Im Februar 2007 war bekannt geworden, dass das AEI verschiedenen Wissenschaftlern und Ökonomen jeweils 10 000 Euro angeboten hatten, damit diese den Bericht des Weltklimarats der Vereinten Nationen (IPCC) in Artikeln auseinandernehmen. Der IPCC-Bericht hatte 2007 erstmals bestätigt, dass der Klimawandel menschengemacht ist.[514] Kurz darauf, 2008, richtete das American Enterprise Institute das Geo-Engineering Project ein, das Konferenzen veranstaltete, Berichte schrieb und Experten zu Anhörungen vor dem Kongress schickte. Die Botschaft: Geo-Engineering sei die letzte und beste Chance, sollte der Klimawandel wirklich zur Bedrohung werden.[515]

Man kann sagen, dass an die Stelle der Klimawandel-Leugner, denen selbst in den USA heute keiner mehr glaubt, die Klimaklempner getreten sind. Und die sind nicht weniger bedrohlich.

Es wären lebensbedrohende, quasi-militärische »letzte Mittel«, die sie zum Einsatz brächten und die massive Kollateralschäden rechtfertigen könnten. Nicht ohne Grund gibt es eine UN-Konvention, die den Einsatz wetterverändernder Technik als Waffe untersagt – weswegen Geo-Ingenieure auf der »friedlichen Nutzung« beharren (eine erstaunliche und sicher nicht zufällige Parallele zur Atomenergie). Eigentlich gibt es gar keinen Widerspruch zwischen Gates' Klimaengagement und dem zweifelhaften Investment seiner Stiftung in Öl-, Energie- und Bergbaukonzerne. Beides zusammen sichert das kapitalistische System und Wirtschaftsmodell ab, das der Elite Macht und Reichtum sichert, so lange, bis alles zusammenkracht. Und selbst dann würde Gates noch Vermögen generieren können – denn dann sind seine Patente an Geo-Engineering bares Geld wert.

Die relevanten Behörden und Organisationen haben sich von Gates & Konsorten bislang allerdings nicht überzeugen lassen. 2013 hatte der Weltklimarat der Vereinten Nation erstmals das Thema Geo-Engineering in seinen Sachstandsbericht aufgenommen. Das IPCC sprach sich jedoch nicht pro Geo-Engineering aus, sondern verwies darauf, dass die Unsicherheiten zu groß seien und erheblicher Forschungsbedarf bestehe.[516] Auch die deutsche Bundesregierung hat sich 2011 in einem knapp 200-seitigen Bericht mit dem Thema befasst und kommt zum selben Schluss.[517]

6. Mit Gates und Genen

Noch nie in der Geschichte hatte eine einzige sogenannte Wohltätigkeitsorganisation so viel globale Macht wie die Bill&Melinda Gates Foundation. Wie ein Krebsgeschwür wächst sie in alle gesellschaftlich relevanten Bereiche hinein und beansprucht zunehmend Deutungshoheit und Kontrolle über Gesundheit,

Bildung, Klima, Landwirtschaft und Welternährung. 2014 hat die Organisation GRAIN (Genetic Resources Action International), die sich für Kleinbauern und gegen gentechnisch verändertes Saatgut und Landraub einsetzt, die Förderprogramme der Stiftung für Ernährung und Landwirtschaft untersucht. Seit die Gates-Foundation begonnen hat, sich für Armut, Hunger und Welternährung zu interessieren, sind drei Milliarden Dollar in landwirtschaftliche Projekte geflossen.[518] Die Hälfte des Geldes sei an fünf große Organisationen gegangen: die Beratungsgruppe für internationale Agrarforschung (CGIAR), die ihrerseits 15 internationale Forschungseinrichtungen unterstützt, die von der Stiftung gegründete Allianz für eine Grüne Revolution in Afrika (AGRA), die Afrikanische Agrartechnologiestiftung (AATF) sowie Weltbank und Vereinte Nationen. 79 Prozent der Spenden erhielten Organisationen in den USA und Europa, während nur zwölf Prozent an afrikanische Empfänger gingen. Drei Viertel des Geldes an NGOs, die in Afrika arbeiten, flossen in die USA – nur vier Prozent der Empfänger sind afrikanische Organisationen. Darunter ist kein einziges Projekt, das sich an den Bedürfnissen der Bauern selbst orientiert – obwohl die Stiftung behauptet, »den Bauern zuhören« zu wollen.[519]

Der größte Einzelempfänger der Stiftung ist die von der Weltbank mitgegründete und -finanzierte CGIAR, deren Forschungszentren für die Umsetzung der umstrittenen Grünen Revolution in den Sechziger- und Siebzigerjahren verantwortlich waren. Sie hat seit 2003 mehr als 720 Millionen Dollar von der Gates Foundation erhalten. Weitere 678 Millionen Dollar gingen an Universitäten und Forschungseinrichtungen weltweit, drei Viertel davon abermals nach USA und Europa.[520] Die Agenda der Gates-Foundation ist deutlich: die Förderung von

Biotechnolgie, also die Entwicklung von lizenziertem Hochleistungs- und patentiertem gentechnisch verändertem Saatgut. Die CGIAR konzentriert sich ebenfalls darauf. Sie und ihre Forschungsinstitute haben gemeinsame Projekte mit den Saatgut-Riesen Pioneer Hi-Bred, Syngenta und Monsanto.[521] CGIAR wird außerdem von vielen westlichen Regierungen finanziell unterstützt. Deutschland ist seit 1971 Mitglied.[522]

Auch die Cornell Universität in New York, eine sprichwörtliche Keimzelle der biotechnologischen Forschung und Entwicklung, insbesondere von gentechnisch verändertem Saatgut, steht auf dem Spendenzettel der Gates Foundation. 109 Millionen US-Dollar hat Gates der US-amerikanischen Universität bereits gespendet. Mehr als ein Viertel davon etwa für die Erforschung von gentechnisch verändertem Weizen.

»Durch die Wahl der Investitionen verwandelt die Gates-Stiftung ihren Glauben in die Wirklichkeit«, schreibt Raj Patel in seinem Essay »Das Ende von Afrikas Hunger«.[523] Es ist ähnlich wie beim Geo-Engineering: Je mehr Gates-Geld ins Pflanzen-Engineering fließt, in Forschung, Entwicklung, Öffentlichkeitsarbeit sowie in die »Beratung« der Politik hin zu industriekompatiblen Gentechnikgesetzen, desto mehr erscheinen auch genmanipulierte Zauberpflanzen als einzige »Lösung«. Bereits 2008 sei ein Drittel des Geldes, das die Stiftung für landwirtschaftliche Technologie und Wissenschaft bewilligte, in die Entwicklung und Förderung der Saatgut-Biotechnologie geflossen. Dabei taucht immer wieder ein Name auf: Monsanto.[524]

Monsanto – von seinen ungezählten Gegnern weltweit auch als »Monsatan« bezeichnet – ist wohl der umstrittenste Konzern der Welt. Man weiß gar nicht, wo man anfangen soll, bei all den

Verheerungen und Skandalen, die dieses Unternehmen mit Sitz in St. Louis in seiner mehr als hundertjährigen Geschichte verursacht hat – ganze Bücher und Filme gibt es darüber, zum Beispiel Mari-Monique Robins preisgekrönte Dokumentation *Mit Gift und Genen*. Bevor Monsanto zum Monopolisten für gentechnisch verändertes Saatgut aufstieg, war das Unternehmen ein Chemiekonzern. Es lieferte neben Dow Chemical und fünf weiteren Unternehmen während des Vietnamkriegs das Entlaubungsmittel Agent Orange. Das US-amerikanische Militär versprühte das Herbizid, das die giftigste Dioxin-Variante enthält, mit Flugzeugen über dem südvietnamesischen Dschungel, um dem Vietcong die Deckung zu nehmen, und auf Felder, um die Ernte zu zerstören. Hunderttausende Menschen wurden vergiftet, darunter auch US-Soldaten. Bis heute sind Regionen in Südvietnam belastet, noch immer erleiden Frauen Fehlgeburten und bekommen Kinder mit schweren Missbildungen. Über Jahrzehnte hat Monsanto außerdem das hochgiftige PCB produziert, das als feuerfestes Schmier- und Kühlmittel eingesetzt und 2001 weltweit verboten wurde. Die Produktionsstätte des Konzerns in Anniston (Alabama) leiteten 40 Jahre lang kontaminierte Abfälle in den Fluss Snow Creak. Das führte nicht nur zu immensen Umweltschäden: In der Umgebung der Fabrik in Alabama häuften sich Krebs und Nervenkrankheiten.[525] Monsanto hat außerdem das weltweit am meisten verwendete Unkrautvernichtungsmittel Glyphosat entwickelt, das das Unternehmen unter dem Namen Roundup vertreibt. Mehrmals wurde die Firma, der vorgeworfen wird, die Gefahren ihrer Produkte zu verharmlosen oder Behörden gefälschte Studien vorzulegen, verurteilt. Etwa dafür, dass sie Roundup als »biologisch abbaubar« oder »umweltfreundlich« beworben hatte.[526] Dabei hat die Weltgesundheitsorganisation das giftige Pflanzenschutzmittel im April 2015 als krebserregend eingestuft.[527]

Heute kontrolliert Monsanto ein Viertel des globalen Saatgutmarktes – unter anderem deswegen, weil der Konzern zahlreiche Saatgutfirmen aufkaufte. Zum Vergleich: Vor 40 Jahren gab es mehr als 7 000 Saatgutfirmen weltweit, die jeweils höchstens ein halbes Prozent Anteil am Weltmarkt hatten.[528] Heute kontrollieren drei Konzerne, Monsanto, DuPont und Syngenta, die Hälfte des globalen Marktes. Die rasche und massenhafte Ausbreitung seines lizenzierten und gentechnisch veränderten Saatguts erreichte Monsanto durch eine skrupellose Geschäftspolitik, die sogar die von Microsoft in den Schatten stellt. In Brasilien konnte Monsanto sein Sojasaatgut sogar auf den Markt drücken, obwohl der Anbau dort verboten war. Als diese Entwicklung nicht mehr rückgängig zu machen war, genehmigte die Regierung den Anbau schließlich.[529] Kern des profitablen Monsanto-Regimes sind Patente und Knebelverträge: Wer einen Vertrag mit dem Konzern abschließt, muss dessen Saatgut jedes Jahr neu erwerben. An diese Verträge sind die Landwirte jahrelang gebunden. Dieses Saatgut zurückzubehalten und neu auszusäen, ist ihnen verboten, es verstößt gegen das Patentrecht.

In den USA führt der Konzern mit seinen Patenten Krieg gegen seine eigenen Kunden. Er gibt jedes Jahr geschätzte zehn Millionen Dollar dafür aus, den Farmern Detektive auf den Hals zu hetzen und eine riesige Rechtsabteilung zu unterhalten, die mit nichts anderem beschäftigt ist, als Bauern zu verklagen, die Monsantos Patente verletzen. Zusätzlich hat Monsanto eine anonyme Hotline eingerichtet und ermutigt damit Landwirte, ihre Kollegen zu verpfeifen.[530] Laut dem Center for Food Safety in Washington schreiten Monsantos Leute in 500 Fällen pro Jahr ein.[531] Bauern, die sich gegen Monsantos Drangsal zu Wehr setzen, landen auf einer schwarzen Liste von Menschen, an die Monsanto nicht verkauft.[532] Allein die Existenz einer solchen Liste belegt die Monopolmacht des Konzerns, schließlich gibt es in den USA fast kein konventionelles Saatgut für Mais, Raps und Soja mehr. Bislang hat Monsanto mehr als 140 Klagen wegen angeblicher Patentverletzungen bei Saatgut angestrengt. Davon hat es zwar nur neun Gerichtsprozesse gegeben – oft, weil sich die eingeschüchterten, mitunter unschuldigen Bauern aus Angst um ihre Existenz auf einen Vergleich einließen – die neun Prozesse hat Monsanto aber alle gewonnen.[533] Die Strafen sind drakonisch und können Bauern in den Ruin stürzen. So verklagte der Konzern 2007 Vernon Hugh Bowman, einen Soja-Bauern aus Indiana. Der hatte in einem kleinen Getreidesilo Sojabohnen für die Aussaat gekauft, die mit verschiedenen Sorten gemixt waren. Ein Teil dieses Saatgutes stammte von Monsanto. Bowman hatte dieses Saatgut weitervermehrt und ausgesät. Dafür musste er Monsanto eine Strafe von 85 000 Dollar bezahlen. Berühmt geworden ist der Fall von Percy Schmeiser, der sich mit Monsanto jahrelang vor Gericht stritt und schließlich unterlag. Nach Schmeisers Angaben hatte das Monsanto-Saatgut, das der Wind auf seine Felder getragen hätte, seine Rapsfelder verunreinigt. Deswegen vermehrte er trotzig das Monsanto-Saatgut und pflanzte es weiter an. Monsanto verklagte den kanadischen Bauern zu einem Schadensersatz von 19 000 Dollar. Das Gericht entschied zwar abermals zugunsten von Monsanto, doch Schmeiser musste keinen Schadensersatz an den Gentechnik-Konzern bezahlen. Schmeiser gilt seither als Held im Kampf gegen Monsanto. Für sein Engagement wurde ihm 2007 der Alternative Nobelpreis verliehen.

Die Gerichtsentscheidungen mögen auch damit zu tun haben, dass es Monsanto gelungen ist, eigene Mitarbeiter in Behörden, Justiz und Verwaltung zu schmuggeln. Laut der Organisation Food First besetzten mindestens 22 ehemalige Monsanto-Mitarbeiter wichtige Positionen in US-Ministerien. Ein ehemaliger Monsanto-Anwalt gehört gar dem Obersten Gerichtshof an: Clarence Thomas. Er hatte in einigen Fälle zugunsten von Monsanto entschieden.[534] Ein weiterer Konzern-Anwalt, Michael Taylor, hatte einige Zeit in der Aufsichtsbehörde für Lebensmittelsicherheit in den USA, der Food and Drug Administration, gearbeitet. Der Jurist hatte dabei großen Einfluss auf gesetzliche Regelungen für genetisch veränderte Pflanzen. In Taylors Amtszeit waren Hinweise auf negative Folgen der Gentechnik aus politischen Stellungnahmen entfernt worden. Auch die Zulassungsverfahren von gentechnisch veränderten Pflanzen soll Taylor in seiner Amtszeit verwässert haben: Bis heute gibt es in den USA kein Prüfungsverfahren für gentechnisch veränderte Pflanzen.[535]

Auf einer Biotechnologie-Konferenz im Jahr 1999 erklärte ein Unternehmensberater der Firma Arthur Anderson, wie sie ihrem Kunden Monsanto dabei halfen, dessen Geschäftsstrategie auszuarbeiten. Sie hatten die Monsanto-Bosse gefragt, wie sie sich die Zukunft in 15 bis 20 Jahren idealerweise vorstellten. Diese hätten eine Welt beschrieben, in der das gesamte kommerzielle Saatgut gentechnisch verändert und patentiert sei.[536]

»Es gibt bemerkenswerte Synergien zwischen Gates und Monsanto: Beides sind Riesenunternehmen, die Millionen mit Technologien, insbesondere durch die aggressive Verteidigung des geistigen Eigentums, gemacht haben«, schreibt Raj Patel.[537] Und es gibt eine enge Verknüpfung zwischen Stiftung und Konzern über die Förderungen Monsanto-affiner Forschungseinrichtungen und Organisationen hinaus: Der ehemalige Vize-Präsident von Monsanto, Robert Horsch, ist seit 2006 bei der Gates Foundation ab stellvertretender Direktor für landwirtschaftliche Entwicklung.[538] Mehr als 100 Millionen Dollar hat die Stiftung laut AGRA-Watch an Organisationen gespendet, die in Verbindung mit Monsanto stehen.[539] In Kenia würden 70 Prozent der Empfänger, die Fördergeld der Allianz für eine Grüne Revolution in Afrika bekommen hatten, in Projekten mit Monsanto arbeiten. 2010 stieß AGRA Watch auf eine amerikanische Finanzwebsite, die das Anlagenportfolio der Bill&Melinda Gates Foundation hatte: Dieses enthielt 500 000 Monsanto-Aktien im Wert von 32 Millionen Dollar.[540]

Und darum ist meine Aufforderung an die Anti-Gen-Lobby, angefangen bei britischen Aristokraten und Promiköchen bis zu den bäuerlichen Lobbygruppen in Indien, diese: Sie haben ein Recht auf Ihre Ansichten. Aber Sie müssten jetzt längst wissen, dass sie nicht durch die Wissenschaft gestützt werden. Wir kommen an einen entscheidenden Punkt, und zum Wohle der Menschheit und des Planeten ist es jetzt Zeit für Sie, beiseite zu treten und dem Rest von uns Platz zu machen, die die Welt nachhaltig ernähren wollen.[541]

Mark Lynas, »*Öko-Modernist*«

VIII. DAS MÄRCHEN VON DEN WUNDERPFLANZEN

Gentechnik zur Hungerbekämpfung als trojanisches Pferd der Saatgutkonzerne

1. Bt Brinjal: Labor-Auberginen für Bangladesch

Die Sonne hat das Blei vom Himmel geschmolzen, leichte weiße Wolken ziehen über das Blau. Bis zum Horizont leuchtet das Grün der weiten Wiesen, auf denen Kühe grasen. Manche suchen, wie ihre Hirten, Schatten unter dem Dach der großen, alten Bäume. Im Bach schnaubt ein Wasserbüffel, der sich im trüben Nass Kühlung verschafft. Wir sind im Dorf Baradayd, ein pastorales Idyll im Distrikt Gazipur, nur 60 Kilometer nordöstlich von Bangladeschs Hauptstadt Dhaka. In dieser Region leben die Menschen vom Gemüse- und Reisanbau.

Zum Beispiel Masud Sarker. Der Bauer trägt den bangladeschischen Männerwickelrock Lungi, der ist braun und hat blaue und grüne Streifen – so wie der Himmel, das Gras und das nackte Stück Erde, auf dem Masud steht. Bis vor kurzem wuchs dort Bt Brinjal, die gentechnisch veränderte Aubergine. Masud Sarker ist einer von 20 Bauern in vier Regionen von Bangladesch, denen das staatliche Agrarforschungsinstitut BARI (Bangladesh Agricultural Research Institute) das umstrittene Gemüse zum Test-Anbau gegeben hatte. In die Aubergine ist ein Insektengift hineingezüchtet, das sie gegen *Leucinodes orbonalis,* den Auberginenfruchtbohrer schützen soll – eine Mottenart, deren Larven die Auberginenpflanze zerstören. Die Pflanzen mit dem eingebauten Gift, das sich Monsantos indische Tochterfirma Mahyco hat patentieren lassen, soll den Bauern zu Wohlstand verhelfen. Angeblich sorgt das veränderte Saatgut für eine reichere Ernte und hilft ihnen, Geld zu sparen, schließlich sparen sie ja am Pestizid. Das wiederum schone obendrein die Umwelt.

Das sind nun zwei Standardargumente, die glauben machen sollen, dass eine »nachhaltige Entwicklung« in den Ländern des Südens nicht ohne gentechnisch veränderte Pflanzen zu erreichen ist. »Es stimmt, es kamen nicht so viele Schädlinge wie sonst«, sagt Masud und schaut über sein leeres Feld. Jedenfalls nicht in der kurzen Zeit, als die Pflanzen darauf wuchsen. Doch von den 1100 Setzlingen, die er bekommen hatte, hätten nur 100 überlebt. Die meisten seien schnell eingegangen. 50 000 Taka Verlust habe er gemacht, sagt Masud, das sind umgerechnet etwa 560 Euro, ein ziemlicher Batzen Geld für einen Bauern in Bangladesch. Alleine 40 000 Taka, 450 Euro also, habe er in eine Wasserpumpe investiert, weil die Pflanzen mehr Wasser gebraucht hätten. Jetzt hat er sie alle herausgerissen, rechts und links von dem Versuchsfeld wachsen lokale Auberginenpflanzen heran und tragen große lila Früchte. »Nie wieder werde ich das Zeug verwenden, nur noch die lokalen Sorten«, schimpft er.

»Dabei habe ich alle Anleitungen befolgt.« Am Anfang hätten die BARI-Leute gleich zwei Mal die Woche angerufen, um sich nach dem Zustand der Pflanzen zu erkundigen. »Aber jetzt geht keiner mehr ans Telefon«, sagt Masud. Eine Entschädigung hat er nicht erhalten. Doch als klar war, dass der Versuch auf seinem Feld gescheitert ist, sei ein Mitarbeiter des Instituts mit einem Pick-up vorgefahren und habe das große BARI-Schild, welches das Versuchsfeld auswies, abmontiert und mitgenommen.

Masud bringt uns zu Monsur Sarker. Auf seinem Auberginenfeld steht noch das große blaue BARI-Schild mit der gelben Schrift, man kann es von weitem durch die Obst- und Bananenbäume leuchten sehen. Das scheint auch das Einzige zu sein, was von den großen Versprechen übrig geblieben ist. Und eine Menge toter Pflanzen, zu braunen Gerippen vertrocknet, an denen wenige winzige, verschrumpelte Auberginen hängen. Graue Blätter, die aussehen, als zerfielen sie jeden Moment zu Staub. Auf seinem Feld stehen viele solcher Gerippe, je genauer man hinschaut, desto mehr werden es ist so, als könnte man ihnen direkt beim Absterben zusehen.

»Warum sterben die Pflanzen?«, frage ich Monsur Sarker. Er kneift seine dunklen Augen zu wütenden Schlitzen zusammen und wirft sich wirsch ein Tuch um seine schmale Brust. »Die sterben nicht, ich sterbe!« zischt er, »die bringen mich um!« In einem Akt der Verzweiflung hockt er sich auf den Boden und rüttelt an einer raschelnden toten Pflanze. Dann steht er auf, reißt sie mit einem Ruck aus der Erde und wirft sie zu den anderen Leichen. Einen Monat lang habe er das Feld vorbereitet, 40 000 Taka hätte er ausgegeben, zum Beispiel für Bewässerung, 8 000 Taka alleine für den Dünger. »Das ist überhaupt das erste Mal, dass wir künstlichen Dünger benutzen mussten«,

schimpft er. Hinter einem Jackfrucht-Baum taucht nun seine
Frau auf, Iaki Begum. »Die Autoritäten zerstören unsere Landwirtschaft! Wir haben nichts davon, wir verdienen nichts«, schreit
sie. Sie erschrickt, als sie unsere Kameras sieht, verschwindet
wieder hinter den Baum und flucht dort weiter. 80 000 Taka
würde er verdienen, wenn er lokale Auberginensorten anbauen
würde, sagt Monsur, der vier Kinder zu versorgen hat. Die mick-
rigen Bt Brinjal-Früchte, die er auf dem lokalen Markt verkauft
hat, waren jedoch kein Schlager. »Die Leute wollten ihr Geld
zurück, weil sie scheußlich geschmeckt haben«, sagt Monsur
Sarker.

Wie Masud und Monsur sei es den meisten Bauern ergangen,
die die Wunderpflanze ausprobiert hätten, schreibt die bangladeschische Zeitung *New Age,* deren Reporter mehrere Bauern
besucht hatten.[542] Nur auf einem von 20 Feldern sei der Versuch
erfolgreich verlaufen, auf 13 Feldern seien die Pflanzen zum Teil
abgestorben, auf sechs komplett. Das gibt auch das landwirtschaftliche Forschungsinstitut zu.[543]

»Aber für das Institut ist das ja kein Schaden«, sagt Golam
Sorowor. »Wenn es nicht klappt, können sie weiteres Geld für
weitere Forschung bekommen.« Er ist von der bangladeschischen Farmarbeitergewerkschaft BAFLF (Bangladesh Agricultural Farm Labour Federation), er und Nasrin Sultana hatten mich
zu den Bauern begleitet. Wir fahren jetzt nach Joydepur zum
Forschungsinstitut BARI. Dort wurde Bt Brinjal für Bangladesch
mitentwickelt und getestet. »Das ist der Masterplan: unser Saatgut zu zerstören, damit die Saatguthersteller hier die Führung
übernehmen können«, sagt Sorowor. Um eine industrielle Landwirtschaft einzuführen, die weniger Landarbeiter bräuchte – und
noch weniger Kleinbauern.

Auf dem Gelände des Forschungsinstituts treffe ich Abdul Hossein*. Der Mann heißt anders, aber er will anonym bleiben. Denn er bringt mich zu den Gewächshäusern, in denen auf dem Institutsgelände Bt Brinjal wächst. Die mit Gaze überdachten Beete befinden sich hinter einem hohen Zaun. Daran hängt ein ebensolches blau-gelbes Schild wie auf dem Acker von Monsur Sarker. Darauf ist das Logo der US-amerikanischen Entwicklungsorganisation USAID zu sehen, die die Grüne Revolution vorangetrieben hatte. Direkt daneben: das Logo der Cornell Universität, die den Versuch in Bangladesch begleitet. »Hier kommt sonst niemand rein«, flüstert Abdul, als er das Gatter aufsperrt. Er schaut sich nervös um. Die Pflanzen sehen etwas besser aus als auf Monsur Sarkers Feld, allerdings gibt es auch hier vertrocknete Exemplare und mickrige, schrumpelige und angefressene Auberginen. Abdul sagt, die Ernte sei sehr schlecht gewesen in diesem Jahr. Außerdem wären die Pflanzen von allerlei Schädlingen heimgesucht worden, vier bis fünf verschiedene Pestizide hätten sie ausbringen müssen, »wir haben nur noch gesprüht«. Sollte Monsanto-Mahycos Wunderpflanze nicht genau das verhindern?

2. Monsantos Todesacker

Das Märchen, das Saatgutkonzerne und Technokraten der Welt über die Grüne Gentechnik erzählen, ist dieses: Gentechnisch veränderte Pflanzen seien die lang ersehnte Wunderwaffe, mit der man die wachsende Weltbevölkerung ernähren könne. Mit ihnen könne man auf den weniger werdenden Flächen höhere Erträge produzieren. Die Pflanzen bräuchten weniger Pestizide,

---

* Name geändert

vor allem wenn man die Insektengifte, die gegen Schädlinge wirken, gleich in Baumwolle, Getreide und Gemüse hineinzüchtet. So sei es möglich Pflanzen entwickeln, die sich dem Klimawandel, Dürren und versalzten Böden anpassen und mehr Vitamine oder Mineralstoffe enthalten, an denen hungernde Menschen besonders Mangel leiden.

Doch trotz vollmundiger Versprechen der Saatgutkonzerne und jahrzehntelanger Forschung wurden bisher keine Wunderpflanzen mit derartigen Eigenschaften eingesetzt. Die kommerziell angebauten genmanipulierten Pflanzen weisen nur ganze zwei Eigenschaften auf – und keine davon hat mit Klima-Anpassung, Ertragssteigerung oder einem höheren Nährstoffgehalt zu tun: Sie sind entweder gegen ein bestimmtes Unkrautvernichtungsmittel resistent oder produzieren, wie Bt Brinjal, ein Insektengift, das Schädlinge tötet. Bt ist die Abkürzung für *Bacillus thuringiesis,* ein Bakterium, das nur im Boden vorkommt. Es wird gentechnisch verändert und den Pflanzen eingebaut, sodass diese selbst Gift produzieren. Hauptsächlich vier genmanipulierte Pflanzen, nämlich Baumwolle, Mais, Raps und Soja, werden auf insgesamt 1,7 Millionen Quadratkilometern kommerziell angebaut, vorwiegend in Argentinien, Brasilien, China, Indien, Kanada und den USA.

Das sind nun beachtliche zehn Prozent der globalen landwirtschaftlichen Fläche.[544] Bei den angebauten Pflanzen handelt es sich allerdings nicht um Nahrungsmittel, sondern um Futter- und Energiepflanzen sowie Textilfasern. Diese wachsen ausschließlich in Monokulturen, die besonders anfällig für den massiven Befall von Schädlingen sind. Vor allem dann, wenn ohne Fruchtwechsel Jahr für Jahr dieselbe Pflanze angebaut wird. Bt-Pflanzen, die gegen diese Schädlinge immun sein sollen, sind entwickelt worden, um genau diese nicht nachhaltige Form der Landwirtschaft auszuweiten. Nicht anders verhält es sich mit der zweiten Eigenschaft, der Herbizidresistenz. Die DNA dieser Pflanzen ist so manipuliert worden, dass sie regelrechte Giftduschen überstehen, während alle anderen unerwünschten Pflanzen, gemeinhin als Unkräuter abgewertet, dadurch abgetötet werden.

Die gentechnisch veränderten Pflanzen werden dabei von den Saatgutkonzernen zusammen mit dem dazu passenden Unkrautvernichter verkauft. Dieses Geschäftsmodell hat sich der Saatgutgigant Monsanto mit seinen Roundup-Ready-Pflanzen Ende der Achtzigerjahre ausgedacht, die gegen seinen Top-Seller Glyphosat immun sind. Dabei hatte der Konzern bis dahin kaum in Pflanzenzucht investiert und dementsprechend wenig Erfahrung damit.[545] Heute kontrolliert das Unternehmen fast 90 Prozent des Weltmarktes für genmanipulierte Pflanzen und besitzt die meisten Patente auf gentechnisch veränderte Eigenschaften.

Roundup-Ready-Pflanzen ersparen Bauern also in der Theorie eine Menge Zeit und Arbeit(skräfte). Sie können das Gift jederzeit etwa per Flugzeug über ihren riesigen Feldern ausbringen. Das hilft ihnen tatsächlich, ihre Gewinne zu erhöhen. Allerdings nur kurzfristig, denn die Natur ist mit eigenen Entwicklungen nur unwesentlich langsamer als Konzernwissenschaftler: Schon nach wenigen Jahren werden Unkräuter resistent gegen das Gift. Bevor in den USA gentechnisch verändertes Saatgut eingeführt wurde, hatten Unkräuter in Soja-Monokulturen Resistenzen gegen Herbizide entwickelt, sodass die Bauern ihnen mit vier verschiedenen Unkrautvernichtern zu Leibe rücken mussten. Insgesamt gibt es weltweit 432 herbizidresistente Wildpflanzen, 145 davon wachsen in den USA. Roundup-

Ready-Soja erschien deshalb als Ausweg aus der Krise – denn damit konnte Glyphosat, das damals gegen alle Unkräuter wirksam war, großflächig ausgebracht werden.

Am besten sind die Folgen der Gentechnik in den USA untersucht. Dort ist die Fläche, auf der Gentechnikpflanzen angebaut werden, seit ihrer Einführung 1995 auf die Größe von Texas herangewachsen. Mehr als die Hälfte des genmanipulierten Mais- und Sojasaatguts weltweit wird in den USA angebaut. Bei Baumwolle, Mais und Soja sind bereits 90 Prozent gentechnisch verändert, der Großteil davon ist immun gegen Glyphosat.[546] Allerdings werden ihrerseits immer mehr Unkräuter ebenfalls gegen Glyphosat immun. Laut US-Landwirtschaftsministerium gibt es allein in den USA 14 Glyphosat-resistente Unkrautarten, die in 30 Bundesstaaten auf insgesamt 280 000 Quadratkilometern wachsen – das ist fast die Hälfte der Fläche, auf der dort Gentechnik-Pflanzen angebaut werden. Diese Resistenzen haben sich vor allem zwischen 1996 und 2012 gebildet, nachdem das Roundup-Ready-Saatgut in den USA eingesetzt worden war. Eine solche Entwicklung hatte Monsanto noch im Jahr 2000 gegenüber der US-Regierung angezweifelt: »Obwohl nicht behauptet werden kann, dass es nicht zur Entstehung von Resistenzen gegen Glyphosat kommen wird, ist zu erwarten, dass die Entstehung von Resistenzen nur ein sehr seltenes Ereignis sein wird.«[547] Heute gibt es weltweit 29 Wildpflanzen, gegen die Glyphosat nichts mehr auszurichten vermag. In der Landwirtschaft führt die Resistenz gegen Glyphosat dazu, dass sich sogenannte Superunkräuter entwickeln. Sie verbreiten sich rasant, wachsen schnell und teils meterhoch, mindern Erträge, ruinieren Ernten, machen ganze Felder unbrauchbar und verdrängen in der Natur andere Pflanzen. Deswegen sprühen US-Farmer noch höhere

Dosen Glyphosat oder zusätzliche, noch giftigere Pestizide. Zum Beispiel Dicamba oder die hochgiftigen Herbizide D-2,4, Glufosinat und Paraquat. Laut der Studie des Washingtoner Agrar-Ökonomen Charles Benbrook ist der Spritzmittelverbrauch in den USA zwischen 1998 und 2011 um 239 Millionen Kilo gestiegen. Der Zeitschrift *Science* zufolge sind die Kosten dafür bei Sojafarmern in Illinois sogar von 25 auf 160 Dollar pro Hektar gewachsen, bei Baumwollpflanzern im Süden der USA haben sie sich fast versechsfacht: von 50 bis 75 Dollar pro Hektar auf 370 Dollar.[548]

Für die Agrarindustrie ist genau das die Grundlage für ein sicheres Milliardengeschäft: Die industrielle Landwirtschaft in den USA hängt an ihrem Gifttropf. Sie kann den Bauern nicht nur zusätzliche und neue Pestizide verkaufen, sondern auch neue Pflanzen, die gegen weitere Pestizide immun sind: Monsanto & Co. haben bereits Organismen gentechnisch so verändert, dass sie gegen Dicamba, Glufosinat oder 2,4-D-resistent sind – ein tödliches Gift, das Bestandteil von Agent Orange war. Der Pestizideinsatz wird also immer weiter steigen.

Das Gift degradiert Böden, zerstört Mikroorganismen, tötet Insekten und Amphibien und bringt das ganze Ökosystem aus dem Gleichgewicht. Es findet außerdem seinen Weg in die Nahrungskette. Die Spritzmittel gelangen auf Nachbarfelder und zerstören dort Nutzpflanzen, so dass auch Landwirten, die bislang kein D-2,4 gesprüht haben, früher oder später dazu gezwungen sind, die D-2,4-resistenten Pflanzen samt zugehörigem Gift zu kaufen. Je größeren Schaden sie anrichten, desto mehr verdienen die Agrarkonzerne.

In Argentinien wird bereits auf der Hälfte der gesamten Ackerfläche des Landes Roundup-Ready-Soja von Monsanto angebaut. Konventionelles Saatgut ist dort überhaupt nicht mehr zu bekommen, denn Monsanto hat fast alle Saatgutfirmen dort aufgekauft. In Brasilien wächst in 70 Prozent der Soja-Monokulturen Roundup-Ready. In Argentinien sind seither sieben Unkräuter gegen Glyphosat immun, in Brasilien fünf. Nicht nur, dass im Namen des Sojas in Argentinien, Brasilien, Bolivien und Paraguay große Flächen Regenwalds weichen mussten und Indigene vertrieben wurden. Insbesondere die Landbevölkerung in diesen »Soja-Republiken« leidet obendrein massiv unter den Giftduschen, die von Flugzeugen herunterregnen. Allein 2008 wurden in Argentinien 200 Millionen Liter Glyphosat versprüht. Insgesamt werden dort pro Jahr 317 Millionen Liter Herbizide verwendet, darunter auch hochgiftiges Endosulfat und D-2,4.

Seit die Menschen in den Anbaugebieten im Giftnebel leben, ist die Krebsrate dort um ein Vielfaches höher als in anderen Regionen. Fehl- und Totgeburten mehren sich. Kinder kommen mit Hirn- und Organschäden und mit Behinderungen zur Welt. Depressionen, Haarausfall, Haut- und Atemwegserkrankungen scheinen da fast zu den harmloseren Folgen zu gehören.[549] Doch genau das unter diesen Bedingungen erzeugte genmanipulierte Soja aus Argentinien und Brasilien gelangt, mit einem Nachhaltigkeitssiegel versehen, nach Deutschland – und zwar nicht zuletzt mit Hilfe von WWF und Unilever. Diese Unternehmen haben nämlich den Runden Tisch für verantwortungsvolles Soja (Roundtable for Responsible Soy – RTRS) mitbegründet. 80 Prozent der Mitglieder in dieser Industrie-Initiative sind Soja-Produzenten, -Exporteure und -Verbraucher, Banken sowie multinationale Agrar-, Chemie- und Saatgutkonzerne – darunter Bayer Crop Science, Cargill, Syngenta und Monsanto, die darüber ihr Milliardengeschäft absichern.

Aber nicht nur die Unkräuter werden immun gegen Pestizide. Gegen das Bt-Gift, das die Pflanzen selbst produzieren, entwickeln auch Schädlinge Resistenzen. 2013 belegte ein Studie von Bruce Tabashnik von der Universität in Arizona, dass neun von 13 Schädlingsarten, die gentechnisch veränderter Mais töten soll, gegen sechs verschiedene Bt-Gifte resistent waren. Außerdem machen sich auf den Feldern, auf denen Bt-Pflanzen wachsen, neue Schädlinge breit.[550] Das war etwa in Indien der Fall, wo Bt-Baumwolle von Monsanto 2002 eingeführt wurde. Das Gift, das Monsantos Baumwoll-Sorte Bolgard I produziert, sollte eigentlich gegen den Baumwollkapselbohrer wirken. Doch diesem konnte das Herbizid schnell nichts mehr anhaben. Der Baumwollkapselbohrer kam trotzdem – und mit ihm neue Schädlinge. Nach einer Untersuchung des indischen Instituts für Baumwollforschung wurden die Bt-Pflanzen nach drei Monaten wieder vom Baumwollkapselbohrer befallen. Das Problem des Schädlingsbefalls hatte bei den meisten Bt-Baumwollsorten sogar erheblich zugenommen.[551]

Also mussten die Bauern mehr und teurere Pestizide sprühen. Die hohen Kosten für den Anbau trieben tausende von ihnen in die Schuldenfalle, denn das Saatgut ist nicht nur teurer als das konventionelle, es muss wegen Monsantos Eigentumsrechten jedes Jahr neu gekauft werden. Seit 1995 haben sich 290 000 indische Bauern das Leben genommen. Den Verdacht, dass es einen Zusammenhang zwischen den Suiziden und den Folgen der Bt-Baumwolle geben könnte, versuchten viele Studien zu zerstreuen. Ein nicht geringer Teil stammt von Biotechnologen selbst: zum Beispiel von Martin Quaim von der Universität Göttingen, der in Deutschland zu den vehementesten Streitern für die Gentechnik gehört, sowie vom Internationalen

Forschungsinstitut für Nahrungspolitik (IFPRI), das sich für die Verbreitung gentechnisch veränderter Pflanzen zur »Ernährungssicherung« einsetzt. Laut IFPRI seien die Selbstmorde »ein komplexes Phänomen, das nicht einfach durch eine Technologie erklärt werden kann«.[552]

Die indische Wissenschaftlerin und Gentechnik-Gegnerin Vandana Shiva hingegen betont, dass man diese neue Technologie »nicht vom Kontext trennen kann«.[553] Die Grüne Gentechnik sei untrennbar verbunden mit einem Agrarregime, das gekennzeichnet ist von Cash-Crop-Monokulturen, hohen Investitionskosten und Sicherheitsrisiken für Bauern, die nicht nur von den schwankenden Weltmarktpreisen, sondern zunehmend auch von Krediten und Agrarkonzernen abhängig sind. Noch in den Sechzigerjahren, vor der Grünen Revolution in Indien, gab es dort weder gigantische Monokulturen, noch wurde eine derartige Menge an Pestiziden gesprüht. Auf den Baumwollfeldern trieben damals lediglich sechs oder sieben Schädlinge ihr Unwesen. Heute wächst die gentechnisch veränderte Textilfaser auf mehr als 80 Prozent der indischen Baumwollfelder – und die Bauern kämpfen dort mit bis zu 165 verschiedenen Schädlingen, während die Bt-Gifte nur gegen eine kleine Anzahl – wenn überhaupt – wirken.[554]

Deswegen rüsten Monsanto & Co. gewaltig auf: Sie entwickeln Pflanzen, die gegen neue Herbizide immun sind und gleichzeitig Insektengifte produzieren. In diesen sogenannten Stacked Events werden mehrere gentechnisch veränderte Eigenschaften gekreuzt, sodass diese Pflanzen jeweils Giftduschen von bis zu vier verschiedenen Unkrautvernichtern überstehen und bis zu sechs Gifte selbst produzieren. Nach Angaben der Industrie werden auch künftig die beiden Eigenschaften Herbizidresistenz und

Insektengiftigkeit den Markt dominieren. Am stärksten würden dabei die Stacked Events zunehmen. Was könnte schiefgehen, wenn dieser monströse toxische Mix auf immer größeren Flächen angebaut wird und sich unkontrolliert verbreitet? Die Wahrheit ist: Das kann niemand voraussagen.

3. Giftiges Nichtwissen

Pollen, die in die Luft gelangt sind, vermag niemand aufzuhalten. Und nichts kann die Pollen gentechnisch veränderter Pflanzen daran hindern, dorthin zu gelangen, wo sie niemand haben will: auf Felder von Bauern, die Gentechnik ablehnen, in die ökologische Landwirtschaft und selbst über Landesgrenzen hinweg dorthin, wo ihr Anbau gesetzlich verboten ist. Aber was passiert, wenn sich manipuliertes Erbgut mit anderen Pflanzen kreuzt? Was, wenn die eingebauten Gene mutieren und ganz andere Organismen entstehen? Diese Folgen kann man weder abschätzen noch rückgängig machen. Wenn der Geist aus der Flasche ist, kann ihn niemand zurückbefehlen.

Die Bt-Pflanzen produzieren ihr Gift rund um die Uhr, mit einer radikal veränderten DNA sowohl in der Pflanze als auch in den ihr eingebauten Insektiziden. Trotzdem gibt es bis heute keine zuverlässigen Untersuchungen darüber, wie genau diese Toxine in der Natur langfristig wirken –, ob sie auch andere Insekten wie Marienkäfer, Schmetterlinge und Bienen töten oder Vögel, Säugetiere oder Amphibien gefährden. Es gibt keine wissenschaftliche Methode, mit der man den Giftgehalt in der Pflanze selbst bestimmen könnte und wie sich dieser verändert, wenn die Pflanze zum Beispiel klimatischen Veränderungen ausgesetzt ist. Es gibt auch keine ausreichenden Untersuchungen dazu, wie die Bt-Toxine zusammen mit Pestiziden, Bakterien und Pflanzenenzymen wirken und welche Auswirkungen das auf die menschliche Gesundheit hat.[555] Zwar behaupten Biotechnologen und Gentechnikbefürworter stets, es geben keine Belege dafür, dass gentechnisch veränderte Pflanzen gesundheitsschädlich seien. Das stimmt. Aber nur deshalb, weil es keine Langzeitstudien dazu gibt. Was nicht sein darf, das kann auch nicht sein.

»Grundsätzlich wird mit der Einführung gentechnisch veränderter Pflanzen eine neue Qualität der Ungewissheit erreicht«, schreibt Christoph Then in seinem *Handbuch Agrotechnik*. Then leitet Testbiotech, das Institut für unabhängige Folgenabschätzung der Biotechnologie in München. Er kritisiert, dass die wissenschaftlichen Methoden, mit denen die Risiken der Gentechnik untersucht werden, fragwürdig seien. Hauptsächlich werde die vergleichende Risikoprüfung vorgenommen, eine Methode, die mit der Industrie entwickelt wurde. Sie unterstellt, dass gentechnisch veränderte Pflanzen denen aus konventioneller Zucht im Wesentlichen gleichwertig seien – bis auf das neu eingebaute Merkmal. Tatsächlich aber unterscheiden sie sich radikal von ihnen, schließlich wurde ihr Erbgut und das der ihr eingebauten Wirkstoffe verändert.

Gentechnikpflanzen werden oft nur über eine einzige Vegetationsperiode zusammen mit ihren konventionelle Ausgangspflanzen angebaut und beobachtet. Wechselwirkungen mit anderen Pflanzen würden meist nicht untersucht, oft gebe es nicht einmal Fütterungsversuche. Then kritisiert vor allem, dass die meisten Studien von den Unternehmen selbst stammen und oft von den eigenen Angestellten durchgeführt werden. Unabhängige Kontrollen fehlten meist völlig. Biotechnologiefirmen können die Veröffentlichung kritischer Forschungsergebnisse sogar verhindern: Wissenschaftler, die von den Firmen patentierte Pflanzen erhalten, müssen Verträge unterschreiben, nach denen die Veröffentlichung der Ergebnisse von der Firma genehmigt sein muss. Wissenschaftler haben sich bereits bei der US-Umweltbehörde darüber beschwert, dass ihre unabhängige Forschung systematisch behindert werde.[556]

Zwar gibt es in der EU einen verhältnismäßig starken Verbraucherschutz im Vergleich zu den USA und anderen Ländern. Die EU schreibt vor, dass eine Risikobewertung unabhängig, transparent und objektiv vorgenommen werden muss. Dabei gilt das Vorsorgeprinzip:[557] Wenn Sicherheit und Gefahren eines Produktes nicht eindeutig nachgewiesen sind, muss im Sinne von Umwelt und Verbraucher vorbeugend gehandelt werden. Im Zweifel kann ein Produkt dann keine Zulassung bekommen.[558] Doch die Europäische Behörde für Lebensmittelsicherheit EFSA, die wissenschaftliche Daten zur Risikoabschätzung von Lebensmittelchemikalien, Pflanzenschutz und Gentechnik erhebt und Gutachten für die EU-Kommission erstellt, verlässt sich bei Studien zur Gentechnik ebenfalls nur auf die vergleichende Risikoprüfung.

Der EFSA wird seit vielen Jahren vorgeworfen, von der Lebensmittel- und Gentechnik-Lobby unterwandert zu sein. Laut der NGO Corporate Europe Observatory hatten 2013 123 von 209 Wissenschaftlern in den Gremien der EFSA, die solche Gutachten erstellen, mindestens eine Verbindung zur Industrie.[559] Auffällig viele Forscher sind oder waren gleichzeitig für das International Life Sciences Institute (ILSI) tätig. Die scheinbar unabhängige US-amerikanische Organisation wird unter anderem von BASF, Bayer Crop Science, Cargill, Coca-Cola, Danone,

Mars, McDonald's, Monsanto, Nestlé, Procter&Gamble, Syngenta, Unilever und Wilmar International finanziert.[560] Thens Institut Testbiotech hat die scheinbar unabhängigen Studien zum umstrittenen Mais 1507 untersucht, aufgrund welcher der Genmais 2014 beinahe für den Anbau in Europa zugelassen wurde. Die Mehrzahl der in Fachzeitschriften veröffentlichten Studien dazu sei von industrienahen Kreisen verfasst worden.[561]

In nur wenigen europäischen Ländern wächst bislang gentechnisch veränderter Mais; in Deutschland werden Genpflanzen nur auf Testfeldern angebaut. Doch mehr als 50 gentechnisch veränderte Pflanzen sind bei der EFSA zur Zulassung angemeldet.[562] Außerdem führt die EU große Mengen gentechnisch veränderten Tierfutters ein. Die EU-Kommission erlaubt dafür 58 gentechnisch veränderte Sorten. Die EU importiert 30 Millionen Tonnen Soja aus Brasilien und Argentinien, wo überwiegend Gensaatgut benutzt wird. Diese Importe machen mehr als 60 Prozent des pflanzlichen Eiweißfutters aus, das via Fleisch, Eier und Milchprodukte auch auf die Teller gelangt. Dabei war es die EU selbst, die 2005 feststellte: »Da alle entsprechenden Daten fehlen, kann im Hinblick auf chronische Krankheiten wie Allergien und Krebs keinerlei Aussage getroffen werden, ob die Einführung gentechnisch veränderter Produkte irgendwelche Effekte auf die menschliche Gesundheit hätte.« Daran hat sich bis heute nichts geändert.

Doch wenn es nach der Saatgutindustrie und den Gentechnikern geht, dann soll das Vorsorgeprinzip in der EU ganz abgeschafft werden. Schon lange arbeitet die Gentechnik-Industrie daran, dass die Standards für die Risikoprüfung international gesenkt werden, um so die Zulassung für gentechnisch veränderte Pflanzen zu beschleunigen. 2013, pünktlich zum Start der TTIP-Verhandlungen, erschien der Bericht »Planting our Future« des European Academy Scientific Advisory Panels.[563] Darin wurden die »Möglichkeiten und Herausforderungen« der Grünen Gentechnik für eine globale »nachhaltige Landwirtschaft« beschrieben. Der EU empfahlen die Verfasser – zu denen ausgewiesene Gentechnikbefürworter gehörten[564] – die Grüne Gentechnik nicht länger als »Risikotechnologie« zu betrachten und die Regulierung zu lockern. Das Vorsorgeprinzip sei überholt, man habe mittlerweile genug Erfahrung gesammelt, um zu wissen, dass gentechnisch veränderte Pflanzen nicht gefährlich seien. Der Bericht forderte, dass Zulassungen nur noch dann abgelehnt würden, wenn eindeutige Beweise für negative Auswirkungen vorlägen – was nun schlechterdings unmöglich ist.

Die Lobby-Arbeit zeigt Wirkung: Laut Christoph Then hat die EU-Kommission angekündigt, die Regeln für die Risikobewertung von gentechnisch veränderten Pflanzen zu überprüfen. Dazu dient das EU-Projekt GRACE (GMO Risk Assessment and Communication of Evidence), das sich mit diesen Risiken beschäftigt. Einige der GRACE-Experten haben enge Verbindungen zum International Lifescience Institute oder werden direkt von der Industrie finanziert, etwa von Monsanto.[565]

4. Die Ignoranz der Wissenschaft und der Behörden

»Unser Wissen über die Risiken der Gen- und Biotechnologie ist im Wesentlichen ein Abbild dessen, was uns die Industrie glauben machen will«, sagt Christoph Then. Er vergleicht deren Methoden mit denen der Tabakindustrie, der es über Jahre gelungen ist, Behörden dahingehend zu beeinflussen, die gesundheitlichen Folgen des Rauchens zu leugnen. »Weder Politik noch Industrie haben Interesse an kritischer Forschung«, sagt Then. Die Forschung zu Gentechnik an den Universitäten werde über Drittmittel von der Industrie finanziert, Biotechnologie am »Technologiestandort« Deutschland besonders gefördert. »Wissenschaftler, die die Folgen der Gentechnik wirklich vernünftig untersuchen wollen, haben keine Chance zu überleben«, sagt Then. Nicht nur wirtschaftlich: Sie würden oft gemobbt, ihre Ergebnisse würden von den Behörden nicht anerkannt oder nicht herangezogen.

Aber es gibt kritische und unabhängige Untersuchungen zu den Gesundheitswirkungen gentechnisch veränderter Produkte – und ihre Ergebnisse sind beunruhigend. Es mehren sich Hinweise darauf, dass das Immunsystem auf gentechnisch veränderte Organismen reagiert. Bei Fütterungsversuchen mit Bt-Toxinen bei Fischen, Mäusen, Ratten und Schweinen wurden immer wieder Immun- und Entzündungsreaktionen festgestellt. Denn anders als die Industrie behauptet, bauen sich diese Insektengifte im Darm nur langsam oder unvollständig ab. Kanadische Wissenschaftler der Universität Quebec haben eine Belastung mit Bt-Toxinen vor allem im Blut von Schwangeren gefunden – und bei acht von zehn Neugeborenen.[566] Eine Gruppe unter Leitung des französischen Wissenschaftlers Gilles-Éric Séralini untersuchte in einer Studie, wie Ratten, die zwei Jahre mit Roundup-Ready-Mais von Monsanto gefüttert werden, reagieren. Es war die erste Langzeitstudie überhaupt. Die Tiere hätten bereits nach vier Monaten Tumore entwickelt und starben nach einem Jahr an Nieren- und Leberkrankheiten.

Die Studie stand nach ihrer Veröffentlichung stark unter Beschuss: Viele Kontrollbehörden, darunter auch die europäische

Lebensmittelbehörde EFSA wiesen die Studie als mangelhaft zurück, Biotechnologen veröffentlichten entsprechende ablehnende Statements. Die Lobby-Organisation European Federation of Biotechnology, der auch Monsanto angehört, verlangte, dass die Studie zurückgezogen würde. Tatsächlich gab die Fachzeitschrift *Food and Chemical Toxicology*, in der diese erschienen war, dem Druck nach und zog Séralinis Studie zurück.[567]

»Die meisten Studien, die veröffentlicht werden, haben noch geringere wissenschaftliche Standards. Es werden unterschiedliche Maßstäbe angelegt. Die Wissenschaftler, die etwas finden, werden regelrecht verfolgt. Denen, die lausige Studien abliefern, aber nichts finden, gibt man einen Persilschein«, ärgert sich Then. Denn selbst wenn die Studie von Séralini Mängel aufwies, so hätten die alarmierenden Ergebnisse zumindest Anlass sein müssen, die Auswirkungen der Bt-Toxine erst recht zu untersuchen. Doch nichts dergleichen ist geschehen.

Im Jahr 2010 hatte die neuseeländische Wissenschaftlerin Lou Gallagher Ratten mit Bt Brinjal, der gentechnisch veränderten Aubergine, gefüttert. Bereits nach 90 Tagen stellte Gallagher bei den Tieren Leberschäden und Veränderungen im Immunsystem fest. Bei den weiblichen Ratten hatte sich das Gewicht der Eierstöcke reduziert. Gallagher kritisierte außerdem die Unbedenklichkeitsstudien, die Monsanto-Mahyco in Indien zur Zulassung vorgelegt hatte:[568] »Die behauptete gesundheitliche Unbedenklichkeit der gentechnisch veränderten Auberginen kann nicht aus den von der Industrie vorgelegten Daten abgeleitet werden. Im Gegenteil gibt es vielmehr Hinweise darauf, dass der Verzehr dieser Pflanzen zu gesundheitlichen Schäden führen kann. Zudem zeigen die Fütterungsstudien erhebliche Mängel in Aufbau und Durchführung, sie genügen den internationalen Standards nicht«, warnte Gallagher. Ihr Fütterungsversuch hatte unbestritten alle wissenschaftlichen Standards erfüllt. Sie empfahl, das Gemüse nicht zu genehmigen.[569] Bt Brinjal müsste besonders gründlich auf gesundheitsschädigende Wirkung hin untersucht werden – schließlich ist es das erste gentechnisch veränderte Gemüse, das kommerziell angebaut werden soll. Wegen dieser Sicherheitsbedenken entschied sich die philippinische Regierung dazu, den Anbau von Bt Brinjal zu verbieten, auch Indien beschloss ein unbefristetes Moratorium.

In Bangladesch jedoch wurden diese Belege für die gesundheitsschädliche Wirkung offenbar schlicht ignoriert – sowohl von der Regierung als auch vom landwirtschaftlichen Forschungsinstitut BARI und von der US-amerikanischen Cornell-Universität, die Partner des Projekts ist. Das Gen-Gemüse wurde zugelassen, obwohl Kleinbäuerinnen und Kleinbauern immer wieder protestiert hatten. Ja, die Aubergine gelangte sogar noch während der Testphase auf lokale Märkte, wo die Kunden nicht einmal wussten, was sie da kauften, weil die Auberginen nicht gekennzeichnet waren. Denn in Bangladesch gibt es weder ausreichende Richtlinien zu Biologischen Sicherheit noch zum Schutz der Biodiversität. Auch existiert keine Kennzeichnungspflicht für gentechnisch veränderte Organismen.[570] Millionen Menschen werden so zu Versuchskaninchen – in einem armen Land wie Bangladesch, in dem die Menschen ohnehin an Hunger, Mangelernährung und Krankheiten leiden und in dem die Gesundheitsversorgung mehr als mangelhaft ist.

Zu Gallaghers wissenschaftlichen Erkenntnissen gesellt sich eine weitere alarmierende Studie, die der britische Pflanzenbiologe John Samuel im Auftrag von Greenpeace 2012 an Bt Brinjal durchführte. Er kommt darin zu dem Ergebnis, dass »das Potenzial für die Störung des ökologischen Gleichgewichts und der Artenvielfalt erheblich« sei. Auberginen vermehren sich durch Pollenflug, deswegen wachsen auch wilde und verunkrautete Sorten in der Natur. Die Wahrscheinlichkeit, dass sich unter diesen und den vielen verschiedenen von Kleinbauern kultivierten traditionellen Auberginensorten das gentechnisch veränderte Erbgut verbreite und die DNA jener verwandten Sorten verändere, sei hoch. Das verletzt nicht nur die Rechte der Bauern, die kein gentechnisch verändertes Saatgut anpflanzen wollen, sondern kann die Pflanzen aggressiv und das am meisten verzehrte Gemüse gesundheitsschädlich machen. Dazu kommt, dass das Bt-Gift der Aubergine neben dem Auberginenfruchtbohrer auch andere Insekten wie Bienen und Schmetterlinge schädigen oder töten kann.[571] All das sei bei den Risikoprüfungen übersehen worden, sagt Samuel. Zu seinen und den Ergebnissen Gallaghers kommt hinzu, dass nichts darüber bekannt ist, wie Bt Brinjal und das ihr eingebaute Gift auf klimatische Veränderungen reagiert – und das in jenem südasiatischen Land, in dem die Folgen des Klimawandels schon heute zu spüren sind. Bt Brinjal ist, mit anderen Worten, eine tickende Zeitbombe.

»Ich weiß, dass Umweltschützer Gentechnik nicht mögen, aber ich muss schließlich meine Leute ernähren«, sagt Jiban Krishna Biswas und zuckt wie zur Entschuldigung mit den Achseln. Er leitet das staatliche Reisforschungsinstitut in Bangladesch (Bangladesh Rice Research Institute BRRI), das zum landwirtschaftlichen Forschungsinstitut BARI gehört. Ich sitze in seinem Büro und versuche, mit ihm über die Folgen der Gentechnik zu diskutieren. Aber er will sich nicht darauf einlassen. »Was soll ich sagen, ich muss meine Leute ernähren«, sagt er noch einmal, zuckt mit den Achseln und lächelt höflich. Sein Institut arbeitet auch am Golden Rice, den Bangladesch als nächste gentechnisch veränderte Pflanze zulassen will. Er ist so manipuliert, dass er Vitamin A produziert. Den Befürwortern dient der Golden Rice als Beweis dafür, dass die Grünen Gentechnik vor allem eine humanitäre Angelegenheit und damit unverzichtbar ist. Doch die Kritiker fürchten, dass dieser Reis nur als trojanisches Pferd dient, um die Herrschaftstechnologie in den Ländern des Südens durchzusetzen.

5. Golden Lies

»Dieser Reis könnte jedes Jahr eine Million Kinder retten.« Diese fromme Hoffnung prangt im Juli 2000 in großen Lettern auf dem Cover des *Time Magazine*.[572] Das Titelfoto zeigt das Gesicht eines Mannes mit grauem Vollbart, umgeben von grünen Reis-Ähren. Es ist der heute emeritierte deutsche Biologe Ingo Potrykus, der an der Eidgenössischen Technischen Hochschule in Zürich (ETH) den Golden Rice erfunden und entwickelt hat. Dieser Reis soll in seinen Körnern Carotinoide produzieren. Aus ihnen bildet der Körper Vitamin A. Diese gentechnische Veränderung färbt die Reiskörner gelb. Darum heißt die Erfindung Golden Rice – doch der verheißungsvolle Name suggeriert viel mehr: Der vermeintliche Schatz aus dem Labor soll Leben retten und den Vitamin-A-Mangel in sogenannten Entwicklungsländern bekämpfen. Laut dem Welternährungsprogramm der Vereinten Nationen leiden 140 Millionen Kinder an Vitamin-A-Mangel, in armen Ländern ist das die häufigste Ursache für Erblindung. Wenn dem Körper Vitamin A fehlt, steigt auch das

Risiko, tödliche Krankheiten wie Malaria, Masern oder Durchfall zu bekommen und daran zu sterben. Potrykus und seine Anhänger propagieren seit mehr als 15 Jahren, dass ihre goldene Wunderwaffe die »Lösung« für dieses Problem sei und damit alternativlos. Den Gegnern dieses Projekts werfen Potrykus und Konsorten vor, sich eines »Verbrechens gegen die Menschlichkeit« schuldig zu machen.[573] Dabei gibt es mehr als gute Gründe dafür, den Golden Rice abzulehnen.

Als das *Time Magazin* vor 15 Jahren Potrykus und dem Golden Rice eine Titelgeschichte widmete und damit große Hoffnungen weckte, war es lediglich gelungen, in Reiskörnern eine geringe Konzentration von Carotinoiden gentechnisch zu produzieren. Im selben Jahr wurde die Erfindung patentiert. Doch dass dieser gentechnisch veränderte Reis wirklich geeignet ist, den Vitamin-A-Mangel in sogenannten Entwicklungsländern zu beheben, war nicht ausgemacht. Genau so wenig, welche ökologischen und gesundheitlichen Risiken der Golden Rice birgt. Daran hat sich, obwohl seit mehr als einem Vierteljahrhundert über ihn geforscht wird, bis heute nichts geändert. Deswegen ist er auch nirgends auf der Welt zum Anbau zugelassen.

Christoph Then hat 2012 die Metastudie »Golden Lies. Das fragwürdige ›Golden-Rice-Projekt‹ der Saatgutindustrie«[574] für die Verbraucherorganisation Foodwatch angefertigt und die Forschungsergebnisse zum Golden Rice untersucht. 2014 hat er diesen Bericht aktualisiert.[575] Demzufolge fehlen verlässliche Daten darüber, wie sich der Vitamin-A-Gehalt[576] in den Körnern ändert, wenn der Reis gelagert wird. In den Ländern des Südens wird der Reis nach der Ernte über Monate als Vorrat aufbewahrt. Selbst die Weltgesundheitsorganisation WHO verweist darauf, dass sich Carotinoide bei der Lagerung abbauen können. Aber in welchem Ausmaß und bei welchen Licht-, Temperatur- und Witterungsbedingungen das im Golden Rice geschieht, dazu gibt es keine veröffentlichten Studien.[577]

Ebenso ist nicht einmal bekannt, in welchem Umfang die Carotinoide des Goldenen Reis überhaupt im Körper aufgenommen werden. In den USA wurde der Golden Rice an fünf freiwilligen Personen getestet – doch diese hatten zu den Mahlzeiten Butter erhalten, was die Vitamin-A-Aufnahme beschleunigt. Unter den realen mangelhaften Ernährungsbedingungen derjenigen, denen der Reis das Leben retten soll, wurde die Vitamin-A-Aufnahme nicht getestet. Es kann nicht einmal ausgeschlossen werden, dass der Golden Rice, der angeblich eines der größten Gesundheitsprobleme in den Ländern des Südens lösen soll, selbst ein Gesundheitsrisiko darstellt: Über die Konzentration und Art der Inhaltsstoffe, ihre Genaktivität und die Wirkung auf das Immunsystem sind bislang keine Studien verfügbar. Auch Fütterungsstudien an Tieren sind bislang nicht vorgelegt worden.

Erst 2011, zwölf Jahre nach der öffentlichen Ankündigung der Wunderpflanze, versprach das Internationale Reisforschungsinstitut IRRI, das am Golden Rice beteiligt ist, Risikobewertungen und eine Fütterungsstudie – und zwar nachdem der Golden Rice auf den Philippinen bereits in Freilandversuchen angebaut worden und eine Zulassung bereits für 2012 geplant war. Neben dem IRRI sollte außerdem das Helen Keller Institute den Ernährungsnutzen testen. Die Privatorganisation mit Sitz in New York, zu deren Partner die Bill&Melinda Gates Foundation gehört, die ihrerseits Millionen in den Golden Rice investiert, zählt neben Nahrungs- und Pharmakonzernen auch Monsanto zu ihren Spendern.[578] 2013 stellte IRRI schließlich fest, dass eine Markteinführung nicht ohne weitere Prüfungen erfolgen kann.

Damit hatten zum allerersten Mal die Betreiber des Projekts selbst zugegeben, dass entscheidende Daten für eine Marktzulassung fehlen.[579]

Das hinderte jedoch die Wissenschaft nicht daran, Versuche an Schulkindern durchzuführen. Im Sommer 2012 kam an die Öffentlichkeit, dass Forscher der Tufts-Universität in Massachusetts mit ihren chinesischen Kollegen vier Jahre zuvor 72 chinesischen Schülern den Golden Rice verabreicht hatten. Laut den chinesischen Behörden hatten diese aber gar keine Erlaubnis zu diesem Experiment erteilt. Schlimmer noch: Weder die Lehrer noch die Eltern der Sechs- bis Achtjährigen, die eine Einverständniserklärung unterschreiben mussten, waren darüber aufgeklärt worden, dass ihre Kinder gentechnisch veränderten Reis essen. Es habe geheißen, sie bekämen ein sehr gesundes Schulessen gratis – mit Reis und Spinat. Drei Wochen lang aßen die Kinder jeden Tag den gentechnisch veränderten Reis, zu dem es keine ausreichende Risikoprüfung gab. Greenpeace war auf den Versuch aufmerksam geworden, weil ein Bericht darüber im *American Journal of Clinical Nutrition* veröffentlicht wurde. Dort hatten die Wissenschaftler ihr Experiment vorgestellt und berichtet, dass der Vitamin-Reis gut abgeschnitten habe.[580] Die drei verantwortlichen chinesischen Forscher wurden daraufhin entlassen, die betroffenen Familien enthielten jeweils 13 000 Dollar Schadenersatz.

Erstaunlicherweise hat dieser Skandal kein großes Echo in den Medien gefunden, die über den Golden Rice seit Jahren mit unverhohlener Begeisterung berichten. Das liegt nicht zuletzt an den Botschaften der Forscher, die ihr zweifelhaftes Produkt mit grotesk überzogenen moralischen Argumenten aufladen. »Wenn der Golden Rice 2002 oder 2003 verteilt worden wäre, hätten Millionen Leben gerettet werden können. Dass das Saatgut des Golden Rice bis heute nicht verbreitet worden ist, hat es möglich gemacht, dass so viele Menschen lautlos sterben wie im Holocaust umgebracht worden sind.« Das schrieb 2010 der US-amerikanische Ernährungswissenschaftler Bruce Chassy unter der zynischen Überschrift »Der stille Holocaust«.[581]

Wer derart unangemessene Geschütze wie einen Holocaust-Vergleich auffährt, der hat eine Agenda – und womöglich anderes im Sinn, als Leben zu retten. Chassy ist ein Befürworter der Grünen Gentechnik. Er setzt sich insbesondere für die Verbreitung des Gentechnikreises auf den Philippinen ein. Er gehörte einer Arbeitsgruppe des umstrittenen industriefinanzierten International Life Sciences Institute (ILSI) an, das sich mit dem Nährwert gentechnisch veränderter Nahrungs- und Futterpflanzen beschäftigte. Auch BASF, BayerCropScience, Dow Agro Sciences, Monsanto, Pioneer Hi-Bred, DuPont und Syngenta waren Mitglieder dieser Arbeitsgruppe, die von Kevin Glenn geleitet wurde, der bei Monsanto für Produktsicherheit verantwortlich ist.[582] 2008 hatte diese Gremium den Golden Rice bewertet und kam zu dem Schluss, dass es besonders wichtig sei, bei entsprechend angereicherten Pflanzen den geplanten Nutzen gegen die Risiken abzuwägen. »Die wahrgenommen Gefahren stellen oft nur relativ kleine Risiken dar, während das Potenzial des Ernährungsnutzens relativ hoch ist.«

Mit anderen Worten: Über Risiken der Technologie – und auch deren nähere Untersuchung – soll zugunsten der angenommenen Vorteile schlicht hinweggesehen werden. Chassey, Potrykus und andere Alchimisten missbrauchen humanitäre Argumente für eine Pro-Gentechnik-Kampagne, um die Regulierung für gentechnisch veränderte Produkte und die Anforderungen der Risikoabschätzung allgemein zu schwächen und eine schnelle Zulassung zu ermöglichen. Dabei behaupten auch sie, dass gentechnisch veränderter und konventioneller Reis gleichwertig seien. Drum wollten sie auch die Aufregung darüber nicht verstehen, dass Schulkinder ohne das Wissen ihrer Eltern zu Versuchskaninchen gemacht wurden. »Warum müssen sie das denn wissen?« echauffierte sich der Ex-Syngenta-Mitarbeiter und Golden-Rice-Projektmanager Adrian Dubock, »es gibt keinen Hinweis, dass von Gentechnologie irgendeine Gefahr ausginge.« Potrykus meinte, wir hätten doch alle schon kiloweise Karotten gegessen, ohne dass es dafür Langzeitstudien gegeben hätte. Dasselbe Molekül sei im Golden Rice, und da sei es doch »ein bisschen gesponnen«, dafür Langzeitstudien zu fordern.[583]

Diese hysterischen Schuldzuweisungen in Richtung von Kritikern und Behörden, die angeblich aus ideologischen Gründen oder wegen einer »Überregulierung« den Anbau des Golden Rice verhindern, verdecken schlicht die Tatsache, dass es bis heute keine stichhaltigen Belege für die erhoffte Wirksamkeit des Reises gibt. »Ich würde [die Behörden und Kritiker] zur Verantwortung ziehen und sie vor ein internationales Gericht bringen, vor dem sie die Schmerzen und Leiden, die sie so vielen Menschen zufügen, rechtfertigen müssen«, sagte Potrykus 2003.[584] Zu diesem Zeitpunkt wies der Reis sogar noch eine wesentlich geringere Menge an Vitamin A auf als heute.

Die Propagandisten der Grünen Gentechnik sind sich nicht einmal zu schade, den Vatikan und den Papst für ihren Feldzug zu instrumentalisieren. Im Mai 2009 hatten Biotechnologen im Rahmen der Päpstlichen Akademie der Wissenschaften die Studienwoche »Transgene Pflanzen für die Nahrungsmittelsicherheit im Entwicklungszusammenhang« organisiert. Neben

Konzernvertretern von Monsanto, Syngenta und Lobbyorganisation der Biotechnologie-Industrie hatten auch Ingo Potrykus, Bruce Chassey und Adrian Dubock daran teilgenommen. Ziel der Veranstaltung: die Hürden der angeblich übertriebenen Vorsorge zu überwinden, die rechtliche Unterscheidung zwischen konventionell gezüchteten und gentechnisch veränderten Pflanzen aufzuheben und zu »mehr wissenschaftlicher Einschätzung« zu gelangen. Schließlich sei die Kritik an der Gentechnik vor allem »ideologisch motiviert«.[585] In ihrem Positionspapier zur Tagung betonten die Autoren den »moralischen Imperativ«, die neue Technologie den Armen zur Verfügung zu stellen, beschworen die »Vorteile des in vielen Ländern der Welt großflächigen Anbaus von gentechnisch veränderten Pflanzen mit Herbizid-Toleranz für die Umwelt«, behaupteten »dank Gentechnik auf den Klimawandel reagieren zu können« sowie die »Dringlichkeit der Umsetzung technologischer Fortschritte aufgrund der Welternährungssituation«. Mit ihren Forderungen würden die Konferenzteilnehmer mit der Enzyklika *Caritas in veritatae* von Papst Benedikt XVI. übereinstimmen, in der es heißt: »Die Technik fügt sich daher in den Auftrag ein, den Gott dem Menschen erteilt hat, ›die Erde zu bebauen und zu hüten‹ (vgl. Gen. 2, 15) und muss darauf ausgerichtet sein, jenen Bund zwischen Mensch und Umwelt zu stärken, der Spiegel der schöpferischen Liebe Gottes sein soll.«[586] Genau: »Gen.« (für Genesis) klingt ja schon wie Gentechnik, Gentechnik ist also gewiss Gottes Wille, schließlich hat der ja offenbar vergessen, Vitamin A in Reis und Gift in Auberginen zu basteln und Pflanzen gegen Herbizidduschen immun zu machen.

Es beschreibt die Allmachtsphantasien der Laborgötter ziemlich gut, dass sie glauben, es sei ihr universeller Auftrag, die unzulängliche Natur auf Vordermann zu bringen. Dass ausgerechnet die ach so aufgeklärten Gentechniker, die ihren Gegnern vorwerfen, sie seien ideologisch verblendet, ihr Anliegen auf einmal spirituell verbrämen, ist weniger skurril denn entlarvend: Schließlich verbirgt sich hinter ihrer Forderung nach »mehr Wissenschaft« nichts anderes als der Wille, dieselbe samt ihren Standards und Prüfungsmethoden auszuschalten. Damit outen sie die Grüne Gentechnik unfreiwillig als das, was sie eigentlich ist: eine Religion des Fortschritts für bedingungslose Technikanhänger, die allen fehlenden Belegen und allen Gegenbeweisen zum Trotz ihren Glauben verteidigen.

»Wissenschafts-Konferenz im Vatikan sagt Ja zur Grünen Gentechnik«: So titelte nach der Konferenz *Novo Argumente*. Das wirtschaftsfreundliche Magazin, das für Spender mit dem Slogan »Aufklärung fällt nicht vom Himmel« wirbt, steht dem umstrittenen Blog »Achse des Guten« nahe und veröffentlicht Artikel mit so klingenden Titeln wie »Lasst Glyphosat in Ruhe!«, »NGOs Hand in Hand mit dem Verbotsstaat« oder »Atomangst? Nein danke!«. Zu den Autoren gehört das Ökohasser-Duo Dirk Maxeiner und Michael Miersch (»Ökologismus entwickelt sich in vielen Ländern zur neuen Frömmigkeit«), und Chefredakteur Thomas Deichmann ist gleichzeitig Chefredakteur des Online-Auftritts des Forums Grüne Vernunft, ein Biotechnologie-Lobbyverein. Darüber hinaus war er Kommunikationschef von BASF Plant Science.

Viele deutsche Medien schrieben die dubiosen Behauptungen der *Novo Argumente* ohne Vorbehalte ab: »Papst gibt der Grünen Gentechnik seinen Segen«, schrieb unter anderen der Gentechnik-Fan Ulli Kuhlke in der *Welt*. Diese Schlagzeile erwies sich allzu schnell als Ente, denn der Vatikan distanzierte sich von der Konferenz und ihrem Positionspapier. Bischof Marcelo Sánchez Sorondo, Leiter der päpstlichen Akademie, sagte: »Das Statement ist kein Statement der Päpstlichen Akademie der Wissenschaften, weil die Päpstliche Akademie der Wissenschaften – wie ihre 80 Mitglieder – dazu nicht hinzugezogen worden sind und dazu auch nicht hinzugezogen werden.«[587]

Neuer Papst, neues Glück: Bei einem Kongress der Päpstlichen Akademie der Wissenschaften über die Auswirkungen von Mangelernährung auf die Hirnentwicklung von Kindern 2013 erhielt Ingo Potrykus die Gelegenheit, bei Papst Franziskus persönlich vorzusprechen. Potrykus drückte dem Pontifex ein kleines Säckchen Golden Rice in die Hand und sagte später, der Papst hätte ihm den Reis mit den Worten »jetzt ist er gesegnet« zurückgegeben. »Ein päpstlicher Segen, das war mehr als der emeritierte Molekularbiologe bis dahin für möglich gehalten hatte«,[588] jubelte der glühende Gentechnikfan der *FAZ*, Joachim Müller-Jung, der Gentechnikgegner schon mal als »Pegida in Grün«[589] bezeichnet. Allerdings war das nur ein persönlicher Segen für Potrykus, das gibt der deutsche Biologe selbst zu.[590] Aber für ihn und dessen Anhänger bedeutet er ein vorläufiges Happy End, wenn schon, aus Mangel an Beweisen, der Genreis nicht als Wunder anerkannt wird.

6. Widerstand gegen die Alchimisten

Jenseits der Gentechnik gibt es bei der Behandlung des Vitamin-A-Mangels durchaus Erfolge. Staatliche Gesundheits- und internationale Hilfsprogramme haben durch gezielte Gaben von Vitamin-Tabletten in den Ländern des Südens tatsächlich Fortschritte erzielt. Laut einem Unicef-Bericht von 2009 hat sich der Anteil derer, denen das Hilfsprogramm zugutekam, zwischen 1999 und 2007 vervierfacht. In den am schlimmsten betroffenen Regionen seien 80 Prozent der Zielgruppe erreicht worden.[591] Die Befürworter des Golden Rice argumentieren jedoch, dass dieser eine viel kostengünstigere Möglichkeit der Vitamin-A-Versorgung biete. Sollten sie sich durchsetzen mit ihrer Forderung, diesen Reis sofort ungeprüft zuzulassen und anzubauen, kann das bereits wirksame und kontrollierbare Programme verdrängen, Erfolge rückgängig machen und die Situation verschlimmern.

Mit ihrer Fixierung auf den Golden Rice erklären die Technologen den Vitamin-A-Mangel zu einem singulären Problem, für das es eine singuläre Lösung gäbe. Aber Vitamin-A-Mangel ist keine isolierte Krankheit wie Malaria oder Masern, sondern die Folge von Mangelernährung, die ihre Ursache in Armut und Hunger hat: Die Menschen, die darunter leiden, haben keinen Zugang zu einer ausreichenden und ausgewogenen Ernährung. Es ist ein politisches und soziales Problem. Und der goldene Reis ist Teil des Systems, das genau dazu geführt hat: Die monokulturelle Landwirtschaft verschlingt Land, verdrängt Kleinbauern, zerstört Biodiversität und verhindert so, dass sich die Menschen mit nährstoff- und vitaminreicher Kost selbst versorgen können. Es war das westliche Diktat der Grünen Revolution, das genau diese Verheerungen angerichtet hat, die jetzt Ursache dauerhafter Mangelernährung sind. Sie hat die traditionelle Landwirtschaft von einem sozialen und selbstbestimmten in ein fremdbestimmtes industrielles Modell verwandelt, und die Grüne Gentechnik wird diese Entwicklung noch beschleunigen. Der Golden Rice gehört wesentlich zu dieser technokratischen Ideologie, die in der Neuauflage der um Gentechnik erweiterten

Grünen Revolution auf diesen Ruinen umgesetzt werden soll. Dabei gibt es in den Ländern des Südens eine große Bandbreite lokaler Sorten von Blatt- und Wurzelgemüse und vitaminreichen Früchten, die auf den Feldern der Kleinbauern, in Gemeinschafts- und Schulgärten und selbst in winzigen Küchengärten wachsen können. Das würde auch die Gabe von Vitamin-Tabletten überflüssig machen. Vandana Shiva etwa arbeitet mit genau diesen Modellen. Doch anstatt solche und die Kleinbauern zu unterstützen, kapriziert sich die westliche Welt auf ein Hirngespinst, das glauben macht, man könne Hunger und Mangelernährung beseitigen, ohne die Armut abzuschaffen.

Erstaunlicherweise aber soll der Golden Rice ausgerechnet dort erstmals zugelassen werden, wo der Vitamin-A-Mangel vergleichsweise niedrig ist: auf den Philippinen. Dort ist es innerhalb von fünf Jahren gelungen, diesen von 40 auf 15 Prozent zu senken, heute soll er bei zehn Prozent liegen. Wie, das hat der Journalist Daniel Mennig für seine Reportage *Der Wunderreis* für das Schweizer Fernsehen 2013 auf den Philippinen recherchiert.[592] Er hat dort die Insel Bohor besucht, wo es laut Statistik einen besonders hohen Vitamin-A-Mangel gibt. Doch den Gesundheitsarbeiterinnen vor Ort waren keine Fälle bekannt – den letzten hätten sie 1986 festgestellt. Denn zum staatlichen Gesundheitsprogramm gehört neben dem Verteilen von Vitamin-A-Kapseln auch das Angebot von Kursen für Kleinbauern und Familien sowie Ernährungsberatung, in der man lernt, welche Pflanzen und Früchte viel Vitamin A enthalten: Blattgemüse, Mango, Papaya, Süßkartoffeln, Maniok, Bananen – lokale Pflanzen, die leicht und günstig angebaut werden können.

Mennig hat außerdem Chito Medina von der philippinischen Kleinbauernbewegung Masipag getroffen, der 35 000 Mitglieder angehören. Sie bauen auf ihren Feldern mit traditionellen Methoden lokalen Reis an, den sie selbst züchten, verbessern und tauschen. Insgesamt gibt es 2 600 verschiedene Sorten auf den Philippinen. Sie werden aber nicht in Monokultur angebaut: Es wachsen bis zu 1 200 verschiedene Sorten auf nur einem Reisfeld – denn auf diese Weise ist der Anbau immer an verschiedenste Umwelt- und Wetterbedingungen, auch den Klimawandel, angepasst. Selbst Syngenta gibt zu, dass die konventionelle Züchtung sehr viel besser als Gentechnik geeignet ist, um Pflanzen zum Beispiel an unterschiedliche Umweltbedingungen anzupassen. 2004 sagte deren Forschungschef David Lawrence in der *Welt:* »Wir haben bei Saatgut und Pflanzenschutz schon viel mit der Gentechnik experimentiert und sind oft gescheitert.« Im Gegensatz dazu gebe es oft hervorragende Ergebnisse mit dem traditionellen Züchtungsansatz.[593] Nur: Die lassen sich, anders als gentechnisch veränderte Merkmale, nicht als Erfindung patentieren, mit der man Geld verdienen kann.

»Wir brauchen diese große Vielfalt, damit wir immer zu essen haben«, sagt Medina. Im Film sieht man ihn vor einem wandgroßen Setzkasten, in dem ungezählte kleine Fläschchen mit Reis stehen. Auch Masipag entwickelt Sorten weiter und gibt sie den Bauern kostenlos. »Wir brauchen keinen Golden Rice zum Überleben«, sagt Medina. Masipag lehnt, wie sämtliche Kleinbauernbewegungen des Südens, Gentechnik und den patentierten Reis aus den Laboren der westlichen Welt strikt ab. Sie kämpfen dafür, dass das Saatgut und damit die biologische Vielfalt in Bauernhand bleibt. Viele dieser Organisationen des Südens haben deshalb Saatgutzentren eingerichtet, die sie selbst verwalten und kontrollieren. Doch der Golden Rice wird genau diesen zur Gefahr. Wie alle genmanipulierten Pflanzen würde auch er in Monokulturen wachsen, die per se anfälliger für Schädlinge und Ernteschäden sind, und deshalb jede Menge Pestizide brauchen. Vor allem aber sind auch beim Lebensretter-Reis die biologischen Folgen noch nicht abzusehen. Denn auch er kann sich per Pollenflug mit anderen wilden und lokalen Sorten kreuzen. Wenn das manipulierte Erbgut erst einmal in die Natur gelangt ist, kann das den Reisanbau und die Ernährungssituation insgesamt bedrohen. Vor allem wenn sich am Ende sogar noch herausstellen sollte, dass der Reis gesundheitsschädlich ist. In einem Land, in dem Reis das Hauptnahrungsmittel für 90 Millionen Menschen ist, wäre dies eine humanitäre Katastrophe.

Potrykus und seine Kollegen betonen immer wieder, dass der Reis, obwohl er patentiert ist, den Bauern kostenlos zur Verfügung gestellt würde. Es sei ein rein humanitäres Projekt. Aber warum hat er dann überhaupt ein Patent? »Hätten die Erfinder kein Patent beantragt, wäre es nicht möglich gewesen, solche beiderseitig nützlichen Vereinbarungen zwischen dem privaten und dem öffentlichen Sektor zu entwickeln«, schreiben die Macher auf ihrer Seite.[594] In den ersten zehn Jahren hatte die Entwicklung des Golden Rice bereits 100 Millionen US-Dollar öffentliches Geld verschlungen, ohne auch nur in die Nähe der vollmundig angekündigten Ziele gelangt zu sein. Mit diesen Millionen hätte man, nur mal so nebenbei, eine Menge Familien mit Hausgärten versorgen oder Kleinbauern bei agrarökologischen Anbaumethoden unterstützen können. Die Entwicklung wurde staatlich subventioniert, damit der Reis in öffentlicher Hand bleibt.[595] Trotzdem verkauften Potrykus & Co. 2001, als es keine öffentliche Unterstützung mehr gab, die Rechte am Golden Rice an Syngenta. Der größte Agrarkonzern der Welt wollte eine kommerzielle Linie entwickeln. Den Erfindern gelang es gerade einmal, ihr moralisches Ansinnen in den Verträgen so weit durchzusetzen, dass das Saatgut an Bäuerinnen und Bauern, die weniger als 10 000 Dollar pro Jahr verdienen, kostenlos verteilt wird. Mit Großbauern, die wiederum die Kleinbauern verdrängen, kann Syngenta mit den Eigentumsrechten Geld verdienen. Syngenta legte 2005 eine neue Variante vor, die mehr Betacarotin enthielt. Für die Weiterentwicklung musste Syngenta allerdings weitere Patente einholen. Mit dem Golden Rice sind mindestens 70 unterschiedliche Patente unterschiedlicher Firmen verknüpft: darunter auch welche von Bayer, Monsanto und Syngenta. Angeblich sei es Syngenta gelungen zu erwirken, dass alle Patentinhaber der freien Nutzung der Lizenzen zugestimmt hätten. Obwohl Syngenta die Entwicklung einer kommerziellen Linie aufgegeben hat, ist aber nicht sicher, inwieweit die Patente der Firmen doch wirksam werden könnten.

Syngenta hat die Rechte und das Genmaterial des Golden Rice zur Weiterentwicklung an das Internationale Reisforschungsinstitut IRRI übertragen. Dort war bis 2013 Gerard Barry für das Golden Rice Projekt verantwortlich, der zuvor als Forschungsdirektor bei Monsanto gearbeitet hatte.[596] Die Financiers des Golden Rice sind heute die Bill&Melinda Gates Foundation, Warren Buffet, die Rockefeller-Foundation und die amerikanische Entwicklungsbehörde USAID.

Die Stiftung des Gentechnik- und Monsanto-Fans Bill Gates ist mittlerweile Hauptsponsor des Projekts. Er hat dem IRRI mehr als zehn Millionen Dollar dafür zur Verfügung gestellt. »Die Stiftung ist eingestiegen, als das Projekt nach 20 Jahren fast fertig war, 20 Jahre haben wir keine Unterstützung von ihr bekommen. Und am Ende kommt Gates mit seinem Reichtum und macht ein Gates-Projekt draus«, sagt Potrykus verärgert.

In Mennigs Film sieht man einen enttäuschten Mann, der die Kontrolle und den Einfluss auf sein Projekt schon lange verloren hat. Nur nicht seine Hoffnung. Er ist inzwischen 81 Jahre alt und hofft, dass er noch erleben wird, wie sein Werk endlich umgesetzt wird. Dabei ist mittlerweile einiges anders gelaufen, als er sich das vorgestellt hat – zum Beispiel, dass der Golden Rice nun als erstes auf den Philippinen geplant ist, wo auch Potrykus es nicht für nötig hält. »Das hat Bill Gates so bestimmt«, sagt er. Mit seiner bekannten Aggression setzt der Microsoft-Gründer auch hier seinen Willen durch. »Die geschickte Bewerbung des Golden Rice als humanitär dient dazu, das Image der Gentechnik zu verbessern. Aber es geht um viel mehr als den Golden Rice – er ist dazu gemacht, die Gentechnik in dieses Land zu drücken«, sagt der philippinische Professor für Soziologie, Walden Bello. Er glaubt, dass die Philippinen nur als Sprungbrett dienen sollen, Gentechnik in ganz Südostasien durchzusetzen, wo es einen Markt von 600 Millionen Menschen gibt.[597] Entsprechend kann man Bangladesch, wo der Golden Rice ab 2017 angebaut werden soll, als Einfallstor für den Südasiatischen Markt betrachten: Dort lebt beinahe ein Viertel der Weltbevölkerung. Ist erst einmal das für zwei Milliarden Menschen wichtigste Grundnahrungsmittel gentechnisch verändert worden, dann werden ihm unter dem Deckmäntelchen der Hungerbekämpfung weitere Produkte folgen, sind Kritiker überzeugt.

7. Vom Paulus zum Saulus: Öko-Renegaten und Öko-Modernisten

Im August 2013 zerstörten 400 Bauern und Gentechnikgegner ein Golden-Rice-Versuchsfeld des philippinischen Reisforschungsinstituts. Die Protestaktion wurde vom philippinischen Bündnis Sikwal-GMO, einer Gruppe von Akademikern, Bauern, Kirchen, Studenten und Umweltschützern, organisiert und auch von der Kleinbauernorganisation Masipag unterstützt.[598] Der deutsche Biotechnologe Hans-Jörg Jacobsen von der Universität Hannover behauptet in einem Beitrag im Magazin *Novo Argumente,* dass hinter dieser Aktion in Wahrheit Greenpeace stecke, die »zweifelhafte Organisationen wie Masipag auf den Philippinen« finanziere, »um die Drecksarbeit für Greenpeace zu erledigen«. Masipag, so behauptet er weiter, sei »der verlängerte Arm von Greenpeace auf den Philippinen«. Masipag hat aber außer der gemeinsamen Ablehnung der Grünen Gentechnik nichts mit Greenpeace zu tun, sondern ist die größte Kleinbauernbewegung der Philippinen.

»Diese Arroganz muss aufhören!«, echauffierte sich Vandana Shiva in einem BBC-Streitgespäch mit Jacobsen, als dieser Masipag als »Ökoterroristen« verunglimpfte.[599] Shiva wiederum bezeichnete der Wissenschaftler in einem anderen *Novo Argumente*-Beitrag als »Anti-GMO-Diva und Hochstaplerin«.[600] Abgesehen davon, dass es einem von öffentlichem Geld finanzierten Hochschulprofessor nicht zusteht, sich derart respektlos zu äußern, stellen solche Worte vor allem eines in Frage: das angeblich rein humanitäre Interesse.

Jacobsen ist ein Vertreter der PR-Kampagne »Allow Golden Rice now!«, die 2013 von Patrick Moore gegründet wurde. Moore ist eine zentrale Figur der Golden-Rice-Propaganda. Er kämpft vor allem gegen Greenpeace, weil die NGO Grüne Gentechnik generell und insbesondere den Golden Rice ablehnt. »Greenpeace' Verbrechen gegen die Menschlichkeit: 8 Millionen Kinder tot. Golden Rice Now«, stand auf dem Transparent, mit dem der Kanadier und seine Anhänger im Januar 2014 vor der Greenpeace Zentrale in Hamburg eine »Mahnwache« abhielten.[601]

Moore gehörte zu den ersten Mitgliedern der Umweltschutzorganisation; die Gründungsurkunde von Greenpeace Deutschland trägt seine Unterschrift. Er war Präsident von Greenpeace Kanada, bis er 1986 ausstieg, weil sich die NGO seiner Meinung nach »von Logik und Wissenschaft verabschiedet« hatte und von »Extremisten« übernommen worden war. Heute inszeniert sich Moore als »wahrer Umweltschützer«, der zur Vernunft gekommen sei, und lässt sich dafür in den Medien feiern. Für die scheint seine Wandlung geradezu ein Ausweis von Glaubwürdigkeit zu sein. Und so profitiert Moore von seiner 30 Jahre zurückliegenden Mitgliedschaft mehr denn je. Dabei ist Moore längst kein Umweltschützer mehr, sondern PR-Profi und Wirtschaftslobbyist. 1991 gründete er in Vancouver die PR-Firma Greenspirit Strategies, die die denkbar zerstörerischsten Unternehmen vertritt und ihnen ein sauberes Öko-Image auf den ungewaschenen Leib schneidert. Moores Unternehmensberatung arbeitet für die Aquakultur-, Forst-, Bergbau-, Energie-, Chemie-, Pestizid-, Landwirtschafts- und die Biotechnologie-Industrie. Moore und seine Firma propagieren die Gewinnung von Öl aus kanadischem Teersand als »umweltschonend« und Atomenergie als »sicher, verlässlich und sauber«.[602] 2010 wurde Moore als Repräsentant der indonesischen Firma PT Asia Pulp & Paper engagiert, einer der größten Holz- und Papierkonzerne der Welt. Diesem Konzern wird Landraub, illegale Abholzung und zuletzt die Ermordung von Aktivisten vorgeworfen. Moore war außerdem als Lobbyist für die Atomindustrie tätig und versuchte in ihrem Auftrag, den US-Kongress davon zu überzeugen, mehr Kernkraftwerke zu bauen.[603] Vom Heartland Institute, einem US-Think Tank der Klimawandel-Leugner, wurde er als Redner eingeladen und verblüffte dort 2014 mit der Aussage, dass er eher eine globale Abkühlung als eine Erwärmung fürchte. »Wenn es zwei Grad wärmer wird, hoffentlich eher in Kanada und im Norden, wäre das vielleicht eine gute Sache.«[604]

Seinen beeindruckendsten Auftritt aber hatte Patrick Moore im März 2015, als ihn ein Journalist vom französischen Sender Canal+ zum Herbizid Glyphosat befragte, das kurz zuvor von der Weltgesundheitsorganisation WHO als krebserregend klassifiziert worden war.

Moore: Sie können ein ganzes Glas davon trinken und es würde Ihnen nicht schaden.

Interviewer: Wollen Sie eines trinken? Wir hätten welches da.

Moore: Mit Vergnügen! – Nicht wirklich, aber ich weiß, dass es mir nichts ausmachen würde.

Interviewer: Wenn Sie das sagen … Wir haben Glyphosat hier …

Moore: Nein, ich bin ja nicht blöd. Aber ich weiß, dass Leute versuchen, sich damit umzubringen, und sie scheitern damit dauernd.

Interviewer: Also ist es in Wahrheit gefährlich?

Moore: Nein, es ist nicht gefährlich für Menschen.

Interviewer: Also sind Sie bereit, ein Glas zu trinken?

Moore: Nein, ich bin kein Idiot. Befragen Sie mich über den Golden Rice, das ist das, worüber ich sprechen will. Ok, das Interview ist jetzt beendet.

Interviewer: Das ist ja eine gute Möglichkeit, die Dinge zu lösen.

Moore (steht auf und geht. Aus dem Off). »Sie sind ein echter Vollidiot.«[605]

Versteht denn keiner, dass es dem Mann um nichts anderes geht, als Greenpeace vom Kindermassenmord abzubringen?! – Doch, doch. Die deutsche Qualitätspresse versteht das durchaus. Sie trägt seine Kampagne gern in die Welt: »Doch je länger der Öko-Protest dauert – inzwischen sind es 15 Jahre –, desto mehr müssen sich die Umweltschützer fragen lassen: Ist es moralisch gerechtfertigt, Krankheit und Tod von Hunderttausenden Menschen in Kauf zu nehmen, um einen wie auch immer begründeten ideologischen Standpunkt zu verteidigen?« fragte das *SZ-Magazin.*[606] »Gegen diese (Bt-)Pflanzen müssen Gentechnikgegner weiter kämpfen – aber nicht gegen den Goldenen Reis. Sonst bieten sie Monsanto und den anderen Gentech-Konzernen eine Angriffsfläche. Denn die Aktivisten wären sonst mitverantwortlich dafür, dass Kinder nicht vor Erblindung und Tod bewahrt werden«, hieß es selbst in der *taz.*[607]

Moore gehört zu jener Gruppe von Öko-Renegaten, deren Stimmen immer lauter werden. Wie Moore inszenieren sie sich als Geläuterte, als Bekehrte, die den falschen Ideologien abgeschworen haben und zur Erkenntnis gelangt sind, wie die Welt *wirklich* zu retten ist. Deswegen sprechen sie gegen den vermeintlich ökoverblendeten Mainstream sogenannte »unbequeme Wahrheiten« aus: zum Beispiel die, dass Bioprodukte lebensgefährlich sind, dass das Klima nicht ohne Atomkraft zu retten ist, dass Vegetarier die Welt zerstören und die Menschheit nur mit Gentechnik überleben kann. Dabei sind diese »Wahrheiten« die allerbequemsten von allen: Sie suggerieren, dass alles weitergehen kann wie bisher – die Technik wird's schon richten. Sie diskreditieren die Umweltbewegung als »Ersatzreligion«, und während sie ihren Gegnern vorwerfen, mit Horrorszenarien zu arbeiten, schüren sie selbst Paranoia (Hungertod, Stromlücke, Verbotsgesellschaft) und arbeiten mit maßlosen Schuldzuweisungen (Holocaust). Dabei schlagen sie die schrillsten Töne an, die man nur treffen kann: Wenn sie kein Nicht-Argument parat haben, tut es schon mal der Vorwurf eines »Verbrechens gegen die Menschlichkeit« oder ein Nazi-Vergleich.

In Deutschland gehört das Autoren-Duo Dirk Maxeiner und Michael Miersch zu den prominentesten Öko-Renegaten. Mit ihrem Buch *Alles grün und gut? Eine Bilanz des ökologischen Denkens* möchten sie »Orientierung für ein zeitgemäßes ökologisches Denken« geben, damit die Menschen nicht »Versprechungen und Stimmungsmache einer inzwischen mächtigen Öko-Industrie auf den Leim« gehen oder gar »Ideologen«, denen es um nichts anderes geht als, was schon, natürlich: um »die Beherrschung der Menschen, die machen sollen, was andere für richtig und moralisch geboten halten«.[608] Ihr Buch, das sich gegen einen vermeintlich schädlichen »Weltrettungsfuror« richtet, ist nichts anderes als ein Plädoyer für Wirtschaftswachstum, technischen Fortschritt, Gentechnik, Atomkraft und Fracking. Im Westen nichts Neues also – nur das verzweifelte Festhalten an den herrschenden Verhältnissen, das sich heute ganz fortschrittlich »Ökomodernismus« nennt.

8. Propaganda-Gemüse

»Ich würde gern mit einigen Entschuldigungen beginnen: Für's Protokoll, hier und vor dem Podium entschuldige ich mich dafür, viele Jahre damit verbracht zu haben, Felder mit gentechnisch veränderten Pflanzen zu zerstören. Es tut mir ebenfalls leid, am Aufbau und der Etablierung der Anti-Genfood-Bewegung in den 1990er Jahren mitgewirkt zu haben und somit eine wichtige technologische Option zu dämonisieren, die zum Wohl der Umwelt eingesetzt werden kann. Als Umweltschützer und als jemand, der daran glaubt, dass jeder auf dieser Welt das Recht auf eine gesunde, nahrhafte und selbstbestimmte Ernährung hat, hätte ich keinen schlechteren Weg wählen können. Heute bedaure ich dies vollständig.«[609]

Mit diesem Geständnis eröffnet der Brite Mark Lynas seinen mittlerweile vielfach veröffentlichten Vortrag, in dem er erklärt, warum die Welt auf Grüne Gentechnik nicht verzichten kann. Lynas ist Autor und bezeichnet sich als »Öko-Modernist«. Medien in den USA und Deutschland, zum Beispiel die *New York Times,* der *New Yorker,* die BBC, sowieso *Novo Argumente* und das Blog »Achse des Guten« ließen Lynas seine Bekehrungsgeschichte immer wieder von Neuem erzählen oder berichteten über dessen wundersame Wandlung vom Anti-Gentechnik-Aktivsten zum Kämpfer pro Gentechnik.

Allein: Lynas hat weder zu den Gründern der britischen Anti-Gentechnik-Bewegung gehört, noch hat er jemals die Rolle darin gespielt, die er behauptet – das geben 19 führende Figuren und Gründer der britischen Anti-Gentechnik-Bewegung zu Protokoll.[610]

»Die Debatte über die Grüne Gentechnik ist zu Ende. Aus und vorbei. Wir brauchen nicht länger darüber zu diskutieren, ob sie sicher ist oder nicht – nach anderthalb Jahrzehnten und drei Billionen verzehrten genmodifizierten Mahlzeiten gibt es nicht einen einzigen substantiierten Schadensfall«, erklärt Lynas.[611] Neo-Ökos wie er geben an, sich allein an neutralen und nüchternen Fakten, der Wissenschaft also, zu orientieren. Zu behaupten, es bräuchte keine Forschung mehr, weil man ja nun schon alles wüsste, ist aber im Gegenteil zutiefst anti-wissenschaftlich. Jede einzelne von Lynas Behauptungen lässt sich – Daten und Fakten – widerlegen. Und eine ganze Reihe von Leuten, darunter Wissenschaftler der US-amerikanischen Union of Concerned Scientists, die Gentechnik selbst gar nicht strikt ablehnen, haben dies auch bereits getan.[612]

Aber Lynas ist ja auch kein Biotechnologe, sondern bezahlter Gentechnik-Botschafter der amerikanischen Cornell Universität und Mitglied der Cornell-Akademie für Landwirtschaft und Biowissenschaften. Seit 2014 arbeitet er für das neu gegründete Programm »Alliance for Science« der Akademie. Diese »Allianz für die Wissenschaft« ist eine PR-Kampagne, die die »aufgeladene Debatte um landwirtschaftliche Biotechnologie und gentechnisch modifizierte Organismen entpolarisieren« will. Cornells Propaganda für die Gentechnik wird von der Bill&Melinda Gates Foundation mit 5,6 Millionen Dollar unterstützt.[613]

Für die Cornell Universität ist Lynas auch in Bangladesch aktiv – und zwar für die gentechnisch veränderte Aubergine Bt Brinjal. Was Patrick Moore für den Golden Rice ist, das ist Mark Lynas für Bt Brinjal: Wann immer man positive Nachrichten und schöne Geschichten über das Gen-Gemüse liest, dann stammen sie von Mark Lynas. Sämtliche Gegendarstellungen zu Kritik an Bt Brinjal und negativen Medienberichten darüber stammen nahezu ausschließlich von: Mark Lynas. Dabei greift er zu eher schlichten Mitteln, indem er die vielen Reporter, die die Bauern besucht und deren Misserfolg mit Bt Brinjal dokumentiert hatten, einfach als Lügner darstellt. Er unterstellt sogar, dass diese – er setzt das Wort in Anführungszeichen – Journalisten gar nicht vor Ort gewesen seien und es also eher Anti-Gentechnik-Aktivisten gelungen sei, ihre Texte in so renommierten Zeitungen wie die *Financial Times*[614] zu lancieren.[615] Und Anti-Gentechnik-Aktivisten würden schließlich »oft lügen«[616]. Lynas geht sogar so weit zu behaupten, dass diese »ausgedachten Berichte« von Leuten stammten, die womöglich Pestizide befürworteten, denn Bt Brinjal würde doch sehr viel weniger davon benötigen.

»Bt Brinal in Bangladesch – die wahre Geschichte«, so lautet Lynas' mittlerweile vielfach, auch von der Cornell Universität, verbreiteter Bericht. Darin stürzt sich Lynas auf einen Report mit dem Titel »Bt Brinjal Anbau ruiniert Bauern in Gazipur«,[617] der am 7. Mai 2014 in der bangladeschischen Zeitung *New Age* erschienen war. Die Reporter hatten zwei Tage zuvor die Bt-Brinjal-Versuchsfelder in Gazipur besucht und dort mit den Bauern gesprochen, die sich über den Misserfolg beschwert hatten. Lynas erklärt ihren Bericht schlichtweg für »vollkommen falsch«. Er selbst hätte zusammen mit »verschiedenen Wissenschaftlern« der Cornell Universität und des landwirtschaftlichen Forschungsinstituts BARI dieselben Farmen nur einen Tag vorher besucht und die Pflanzen »bei guter Gesundheit« und »glückliche Bauern« vorgefunden.[618]

Ich staune nicht schlecht, als ich die Fotos der Delegation sehe, die Mark Lynas veröffentlicht hat. Sie zeigen Monsur Sarker, den wütenden Bauern, dessen vertrocknetes Feld ich fünf Wochen später, am 28. Juni, besuchen würde. Auch die *New Age*-Journalisten hatten Sarker getroffen und einen enttäuschten Mann erlebt. Noch mehr staune ich allerdings, als ich das »Beweisvideo« sehe, das Lynas am 9. Juli gedreht hat, also fast zwei Wochen nach meinem Besuch bei Monsur Sarker. Neben Sarker steht Kamrul Hasan vom Landwirtschaftsinstitut BARI und sagt auf Englisch in die Kamera, dass Monsur Sarker »sehr glücklich ist mit Bt Brinjal«. Monsur Sarker, der kein Englisch spricht, schweigt und betrachtet missmutig seine Fingernägel. Hasan sagt, dass Sarker 300 Kilo Auberginen geerntet hätte, sich aber eine größere Sorte wünsche. Mit der Bt-Technologie sei er aber sehr zufrieden. Bei meinem Besuch ohne offizielle Begleitung des Instituts hatte ich – wie die anderen Journalisten auch – einen unmissverständlich aufgebrachten Monsur Sarker angetroffen, der vertrocknete Pflanzen ausgerissen und sich über seinen Verlust beschwert hat. Als Mark Lynas dann offenbar vertrocknete Pflanzen sieht (aber nicht zeigt), sagt ein anderer Mann von Institut, es hätte – wie ungewöhnlich für Bangladesch! – viel geregnet. Und Monsur Sarker sagt: gar nichts.[619]

Lynas, Cornell und BARI wiesen den Misserfolg des Experiments sogar noch zurück, als im August 2014 die Versuchsbauern bei einer Pressekonferenz Entschädigung für ihren Verlust einforderten.[620] Jene Bauern seien »vermutlich von den Anti-Gentechnik-Gruppen zu den Sprachrohren ihrer Kampagne manipuliert worden«, mutmaßten die Projektbetreiber in ihrem Statement zu dieser Konferenz, »die mächtige Anti-Gentechnik-Lobby sammelt ihre Kräfte, um Bauern kompromisslos davon abzubringen, die pestizidreduzierende Bt Brinjal anzubauen.«[621] Nun, so mächtig sind sie wiederum leider nicht, dass sie mit ihrem vehementen Protest hätten verhindern können, dass das gentechnisch veränderte Saatgut an mittlerweile mehr als hundert weitere Bauern verteilt wurde.

Farida Akther, die mit ihrer NGO Ubinig gegen Gentechnik und für Saatgut in Bauernhand kämpft, hat in Bangladesch die NGO-Koalition gegen Bt Brinjal mitbegründet, die mehrere Menschenketten und Proteste gemeinsam mit Kleinbauern organisiert hat. Auch Ubinig hat Kontakt zu den Versuchsbauern und beobachte Lynas' Kampagne. Akther hat beispielsweise den Bauern »Mr. Rahman« ausfindig gemacht, den Lynas in einer Reportage in der *New York Times* im April 2015 als Beleg für den unglaublichen Erfolg von Bt Brinjal heranzog: »Jetzt, mit seinen erhöhten Profiten, freut er sich darauf, seine Familie noch weiter aus der Armut befreien zu können. Ich konnte sehen, warum dies so dringend ist: Ein halbes Dutzend Kinder ohne T-Shirts versammelte sich um uns und forderte unsere Aufmerksamkeit. Sie alle schienen gezeichnet von Mangelernährung. In einer vernünftigen Welt würden ihm alle zur Seite stehen. Er verbessert die Umwelt und bewältigt Armut.«[622] Akther besuchte diesen »Mr. Rahman«. Der erinnerte sich genau an den westlichen Besucher und zeigte Akther ein Handy-Foto von Lynas. Aber anders als Lynas es in seiner rührseligen Geschichte darstellt, ist er keineswegs glücklich mit Bt Brinjal. Rahman, der zur neuen Riege der Versuchsbauern gehört, hätte eine Menge Dünger und auch Pestizide ausgebracht, denn mindestens zehn Prozent der Pflanzen seien von Viren und anderen Schädlingen jenseits des Auberginenfruchtbohrers befallen worden. Vor allem aber ist Rahman weder arm, noch hat er mangelernährte Kinder. Er ist ein wohlhabender Gemüsebauer mit Universitätsabschluss. [623]

Sie können alle Blumen abschneiden, aber nie werden sie den Frühling aufhalten können.

Pablo Neruda, *Der große Gesang*

SCHLUSS
ALTERNATIVEN STATT LÖSUNGEN!

**Warum wir das System ändern müssen,
nicht die Wirtschaft**

»Wer nicht über Lösungsversuche berichtet, der gibt den Leuten das Gefühl, dass es viele Probleme gibt, aber keine Lösungsversuche. Das lässt die Menschen zynisch werden«, sagt David Bornstein. Der US-amerikanische Autor hat deshalb das Solutions Journalist Network gegründet. Wer nur über Probleme schreibe, so heißt es dort, der erzähle nur die halbe Geschichte. Deshalb ist das Motto des Netzwerks »The Whole Story«. Dabei gehe es nicht einfach um »gute Nachrichten«, sondern um »wirkmächtige Erzählungen« über eine »neue Art von Lösungen« für die großen Probleme dieser Welt: Es gelte herauszufinden, aus welchen Gründen welche Ansätze erfolgreich seien und welche nicht. So soll die lösungsorientierte Berichterstattung der Gesellschaft »dabei helfen, sich selbst zu reparieren«.[624]

Als wäre das System an sich völlig in Ordnung, als müssten nur »Fehler« korrigiert und »kaputte« Teile repariert werden – damit es wieder läuft wie geschmiert.

Kein Wunder, dass dieses Konzept weltweit Anklang findet. Es gibt bereits einen »Impact Journalism Day«, 2014 nahmen 40 renommierte Tageszeitungen aus 32 Ländern daran teil und veröffentlichten Sonderseiten mit schönen Geschichten.[625] Die Leuphana-Universität in Lüneburg bietet sogar den berufsbegleitenden Studiengang »Nachhaltigkeit und Journalismus« an: »Der Journalismus hat auf das machtvolle Ergrünen reagiert, weshalb Fachzeitschriften von einer ›Renaissance des Umweltjournalismus‹ sprechen«, heißt es auf der Homepage. Bezeichnenderweise richtet sich das Angebot nicht nur an Journalisten, sondern auch an PR-Spezialisten, die »ihre Chancen im Wachstumssegment der Nachhaltigkeitskommunikation insgesamt erhöhen wollen«.[626] Dabei sind Journalismus und PR zwei grundlegend unterschiedliche Dinge: Journalismus dient der Wahrheitsfindung, PR ist interessengeleitet.

In einem gezeichneten Erklär-Video symbolisiert das Solution Journalists Network seine Idee mit einer Waage: Würden sich Journalisten nur einseitig auf Probleme und schlechte Nachrichten stürzen und Lösungen »verbergen«, produzierten sie einen »steten Fluss von Negativität« – und damit ein vermeintliches Ungleichgewicht. Die Welt sei zwar »voll von großen sozialen Problemen: Armut, Arbeitslosigkeit, Menschenrechtsverletzung und noch sehr viel mehr«, aber sie sei eben auch »voll von Individuen, Regierungen, NGOs, und Unternehmen mit innovativen Ideen«. Weltrettung als Ideenwettbewerb: Für jedes Problem auf der Welt, so möchte es scheinen, gibt es eine maßgeschneiderte Lösung, und eine Menge Leute sind mit nichts anderem beschäftigt, als diese Lösungen auszuprobieren – und Journalisten, die diesen Lösungen nicht dieselbe Aufmerksamkeit schenken wie den Problemen, erledigen folglich ihren Job nur zur Hälfte.

Aber selbstverständlich gibt es das Ideal dieses behaupteten Gleichgewichts überhaupt nicht, und Journalisten, deren ureigene Aufgabe es ist, Missstände aufzudecken und an die Öffentlichkeit zu bringen, machen sich mit »Lösungsjournalismus« nur zum Fürsprecher einzelner, in der Regel wirtschaftsbasierten Ideen. »Lösungsjournalismus« produziert ein Mosaik aus Erzählungen, das den beruhigenden Anschein erwecken soll, es werde endlich alles gut – und zwar ohne dass der Leser solcher guter Nachrichten selbst Hand anlegen müsste. »Diese Nachrichten braucht die Welt mehr denn je.«[627] Wirklich? Solche Nachrichten werden nicht gebraucht, sondern ersehnt: als Beruhigungspille zum Ausgleich für all die Berichte von Konflikten rund um den Globus. *Landlust* statt *Weltspiegel*. Motto: Es gibt sie noch, die guten Nachrichten. Allerdings: Dazu aufzurufen, »die Art und Weise, wie wir die Welt sehen«, zum Positiven hin zu manipulieren, ist das Gegenteil von Journalismus – nämlich Anti-Aufklärung mit Tendenz zur Propaganda.

Von solchen im Tenor positiven Geschichten gibt es bereits eine Menge – und sie werden nicht nur in den Medien verbreitet, sondern auch und vor allem von Unternehmen, von wirtschaftsnahen NGOs, öffentlich-privaten Großprojekten und philantropischen Stiftungen. Viele von ihnen haben auf ihren Homepages eine Rubrik »Storys« eingerichtet, in der rührselige Einzelfall-Geschichten erzählt werden. Welches Bild von der Welt, welches Gefühl diese Geschichten vermitteln sollen, erkennt man oft schon auf den ersten Blick: nämlich an den Fotos, die diese Geschichten begleiten. Fotos von würdevollen Armen, die kunstvoll ausgeleuchtet, weichgezeichnet, in strahlenden Farben oder monochrom, stolze Bauern zeigen, lachende Kinder und selbstbewusste Frauen. Eine ganz eigene Poesie und Ästhetik hat sich da bereits entwickelt: Arme werden nicht mehr elend, ausgemergelt, krank und verzweifelt gezeigt, sondern dankbar, zufrieden und glücklich. Ganz so, als sei ihre Armut ein selbst gewählter Lifestyle – weniger ist mehr! Solche Bilder und Geschichten sind dann keine Zumutung mehr, sie rühren nicht an unser Mitgefühl und sie erzeugen auch keine Wut über Ungerechtigkeit. Stattdessen erzeugen sie Harmonie. Sie machen es uns leicht zu glauben: Alles kann so bleiben, wie es ist, weil es doch für alle am besten so ist.[628]

Die »großen Probleme« aber haben strukturelle Ursachen. Um diese Ursachen zu beseitigen, braucht es keine »innovativen Ideen«, und schon gar keine aus »Think Tanks«. Es müssen die Strukturen geändert werden – und zwar grundlegend. Aber der Lösungsjournalismus, der alleine ein konkretes Problem und die dazugehörige Lösung betrachtet, blendet größere Zusammenhänge und Ursachen aus. Er orientiert sich an Pragmatismus, Effizienz und der Messbarkeit von Projekten und überträgt damit die naturwissenschaftliche Methode des *Trial and Error* auf komplexe soziale Probleme. Diese im Wesenskern westliche »Ergebnisorientierung« ist ein Konzept, das auch die Bill&Melinda Gates Foundation verfolgt. Und – Riesenüberraschung – die Stiftung hat das Solutions Journalist Network mit 600 000 Dollar unterstützt. Auch die Rockefeller Foundation gehört zu den Financiers. Zwar gibt der Netzwerk-Gründer David Bornstein an, dass die Spender keinen Einfluss auf die Geschichten hätten. Die Frage aber ist viel eher: Wieso haben Superreichen-Stiftungen ein Interesse daran, den Weltrettungsjournalismus zu fördern?

Ein Schraubenschlüssel gekreuzt mit einem Bleistift, das ist das Logo der Online-Kolumne »Fixes« der *New York Times*. Soll zeigen: Hier wird nicht nur gemeckert, hier wird angepackt – und zwar nichts weniger als die Rettung der Welt. Die Kolumne wird vom Solutions Journalist Network-Gründer David Bornstein und anderen Mitgliedern des Netzwerks befüllt.

Eine von Bornsteins »Fixes«-Kolumnen ist überschrieben mit »Die echte Zukunft sauberen Wassers«.[629] Nun hat in der Tat fast eine Milliarde Menschen keinen Zugang zu sauberem Trinkwasser und zu sanitärer Versorgung. Laut Weltgesundheitsorganisation würde es 535 Milliarden Dollar kosten, um in allen Ländern des Südens diese überlebenswichtige Infrastruktur einzurichten.[630] Das ist, damit die Relationen klar werden, die Hälfte dessen, was die EU-Staaten in der Finanzkrise zur Rettung der Banken ausgegeben haben.[631] Aber die »Lösung«, die Bornstein propagiert, ist eine ganz andere: Menschen in armen Ländern sollen Mikrokredite aufnehmen und sich ihre Wasserversorgung und Toiletten selber kaufen.

Da kann man sich nur wundern, dass auf die naheliegendste Idee jahrzehntelang mal wieder keiner gekommen ist: Ihr habt kein sauberes Wasser? Kauft euch doch welches! Ach so, ihr habt kein Geld? Dann leiht es euch halt! Dass man diesen Armen aber auch wirklich alles erst erklären muss …!

Konkret ist es das Projekt water.org, das Bornstein in seinem Text lobend hervorhebt. Dieses Projekt wurde von dem US-amerikanischen Schauspieler Matt Damon und von Gary White, einem »typischen Problemlöser des mittleren Westens« (Bornstein) gegründet und wird unter anderem von der PepsiCo Foundation gesponsert.

Wie könnte ausgerechnet die Stiftung eines multinationalen Getränkekonzerns, der auf dem Rücken der Armen das Wasser kontrolliert, den Armen dienen? Warum zum Teufel sollen ausgerechnet die Ärmsten für das Menschenrecht auf Wasser selber bezahlen und sich dafür am Ende auch noch verschulden, während Wasser und sanitäre Versorgung in den reichen Ländern selbstverständlich öffentliches Gut sind?[632] Macht das nicht eine ungerechte Situation für die Armen noch ungerechter und schließt von vorneherein eine Menge Menschen aus? Wer kann sich diese Kredite überhaupt leisten, und was sind die Folgen der Verschuldung? Diese Fragen werden im Text gar nicht erst gestellt. Auch mit den Armen selbst hat Bornstein nicht gesprochen. Er hat nicht einmal die tatsächlichen Auswirkung des Projekts vor Ort untersucht, das er unverhohlen propagiert.

Das hat mit Journalismus nichts mehr zu tun, das ist PR – und es widerspricht sogar dem hohen Anspruch der Lösungsjournalisten. Aber Bornstein ist nun mal ein glühender Anhänger von Mikrokrediten. Über die bangladeschische Grameen-Bank, die Mikrokredite vergibt, und ihren Gründer Muhammad Yunus hat Bornstein 1997 ein begeistertes Porträt *(The Price of a Dream: The Story of the Grameen Bank)* in Buchform veröffentlicht. Der Ansatz, Arme mittels Kleinkrediten zu Unternehmern zu machen, damit sie sich selber aus der Armut befreien, ist noch so eine tolle »Lösung«, die den Eliten gut gefällt. Doch bis heute gibt es keine einzige seriöse Studie, die die armutsreduzierende Wirkung von Mikrokrediten belegt – im Gegenteil stürzen sie Arme in Abhängigkeit, Verschuldung und noch aussichtslosere Armut. Was dieses viel bejubelte Herrschaftsinstrument anrichtet, habe ich in einer Reportage aus Bangladesch in meinem Buch *Wir müssen leider draußen bleiben. Die neue Armut in der Konsumgesellschaft* beschrieben.[633] Doch auch mit Mikrokreditopfern hat Bornstein nicht gesprochen und erzählt deshalb seinerseits nur die Hälfte der Geschichte – allerdings eben nur die schöne. Kritische Studien zu den angeblichen Erfolgen von Mikrokrediten finden bei Bornstein allenfalls beiläufig Erwähnung. Als Yunus 2011 von der Regierung Bangladeschs als Bankdirektor gefeuert wurde, nahm Bornstein seine »Fixes«-Kolumne zum Anlass, Yunus zu verteidigen: »Manchmal ist es genauso wichtig, Institutionen zu unterstützen, die bereits gut funktionieren« – und zwar so engagiert, dass sich das Yunus Centre via Facebook bei Bornstein öffentlich bedankte.

Gesellschaftliche Änderungen aber sind noch nie durch »Lösungen« zustande gekommen, sondern stets durch Aufklärung, Erkenntnis, Diskurs, Protest und solidarischen Widerstand. Dadurch, dass Menschen auf die Stimme ihres Gewissens gehört und danach gehandelt haben. Wir brauchen also keinen Erlösungsjournalismus, der behauptet, Antworten zu haben, wir brauchen Fragen und einen Journalismus, der die Probleme nicht nur benennt, sondern auch ihre Ursachen analysiert – und der Kritik übt.

Aber Nein sagen ist out, Kritik ist nicht mehr erwünscht, und schon gar keine schlechte. Sie wird allenfalls noch geduldet, wenn sie nämlich »konstruktiv« ist. Wenn sie also das Produkt optimiert, aber nicht grundsätzlich in Frage stellt.

»Was ist denn *dann* die Lösung?« Diese Frage bekomme ich in Interviews und Diskussionen wieder und wieder gestellt, und allein der meist rat-, ja: verständnislose Blick der Fragenden verrät, dass dies, obwohl die Fragenden das vielleicht gar nicht merken, allenfalls eine rhetorische Frage ist, die ihre Antwort gleich mitliefert. Nämlich die, dass die herrschenden Verhältnisse nicht zu verändern sind, also genau die Antwort auf alles, mit der uns die Politik seit Jahren all ihre Entscheidungen verkauft: die der Alternativlosigkeit. Die Vorstellung, handlungsunfähig zu sein, ausgeliefert an »die Märkte«, den Kapitalismus und an die auf die Wirtschaft zugeschnittene Demokratie, und zwar trotz aller Ungerechtigkeit, die so fortwährend produziert wird. Dass dieses System das einzig funktionierende sei, ist die große Ideologie unserer Zeit, nachdem die andere große Ideologie, der Kommunismus, nach dem Zusammenbruch der Sowjetunion von der Bildfläche verschwunden ist. Das »Ende der Geschichte« also, wie es der US-amerikanische Politikwissenschaftler Francis Fukuyama in seinem gleichnamigen Buch 1992 nach der Auflösung des Warschauer Pakts beschreibt.[634]

Die fatale Vorstellung, man könne ja gar nichts grundsätzlich ändern, höchstens vielleicht an ein paar Stellschrauben drehen, um ein paar kleine Dinge zu verbessern – ein bisschen besser ist ja doch besser als nichts – führt zum gesellschaftlichen Stillstand. Wenn man nichts mehr ändern kann, wird man distanziert, wird der Pluralismus zur Zuschauerdemokratie, bei der sich der Bürger auf die letzten Ränge zurückzieht und zu dem Schauspiel, das sich ihm bietet, höchstens noch zustimmend nickt oder, öfter noch, resigniert den Kopf schüttelt in der Annahme, seine Meinung zähle ja doch nicht.

Der triumphierende Vorwurf, zur Kritik keine passende »Lösung« zu bieten, bringt im Subtext aber noch etwas anderes zum Ausdruck: nämlich dass der auf Verschwendung eingestellte imperiale Lebensstil selbst gar nicht verhandelbar ist. Dass eine Abkehr von den Ursachen, die zu all den Problemen führen – die kapitalistische Wachstumswirtschaft und das westliche Wohlstandsmodell – nicht gewollt ist. »Lösungen« sind im Gegensatz dazu positiv und beruhigend. Sie lehnen nichts ab, sondern verbessern das System. Sie sind nicht politisch, sondern technokratisch. Sie fragmentieren die Welt in einzelne Probleme, statt das große Ganze zu betrachten. Sie bewirken aber keine Veränderung, sondern richten oft noch größeren Schaden an, ob es nun wie in diesem Buch die Bioenergie ist oder das politische Lösungsmittel der Staatsfinanzierung auf Kredit: Diese »Lösungen« gehen eine Zeit lang gut – um uns dann umso schwerer auf die Füße zu fallen. Denn all diese »Lösungen« sind nicht solidarisch oder demokratisch, sondern Herrschaftsinstrumente, die Alternativen verhindern sollen.

Deshalb ist der Gedanke, dass, wer keine praktikablen »Lösungen« zu bieten hätte, auch nicht kritisieren solle, vor allem eines: die Verhinderung der Systemkritik. Man konnte diesen Abwehrreflex sehr gut in den Rezensionen zu Naomi Kleins Buch *Die Entscheidung: Kapitalismus vs. Klima* beobachten. Durchgehend wurde Klein da der Vorwurf gemacht, sie »missbrauchte« den Klimawandel für ihre Kapitalismuskritik.[635] Der arme Klimawandel, jetzt wird er auch noch missbraucht! Für Kapitalismuskritik – als hätte der Kapitalimus was mit dem Klimawandel zu tun! Unerhört! Nein, Kapitalismuskritik verbietet sich von selbst. Sie ist unanständig, und wer sie vorbringt, der *muss* eine Agenda haben, und dafür greift er dann logischerweise zu unlauteren Mitteln.

Aber natürlich lassen sich Klimawandel, Kapitalismus und Wachstumsdiktat nicht voneinander trennen, und die Belege, die Klein in ihrem Buch dafür nennt, sind so eindeutig wie die Schlussfolgerung, dass wir das System ändern müssen. »Frau Klein, das ist Unfug, weil es illusorisch ist: viel zu groß gedacht. Wenn Sie zuerst den Kapitalismus abschaffen wollen, ehe gehandelt werden kann, wissen Sie doch selbst: Es wird nicht passieren«, erklärte *Spiegel*-Redakteur Klaus Brinkbäumer kategorisch im Interview.[636] Die *Zeit* bezeichnete die Gesellschaftskritik der

»Sozialistin« in einer besonders herablassenden Buchbespre-
chung als »deutlich unterkomplex«, etwas weniger maniriert
ausgedrückt also als dumm. Schließlich seien wir ja alle »aufs
Engste mit der Wachstumswelt verflochten« und ohne »uns alle«
gäbe es ja auch die Konzerne nicht.[637]

Ja nun, selbstverständlich sind wir alle Teil des Systems, aber
Systeme fallen doch nicht vom Himmel, warum, verdammt, sollten wir sie nicht ändern können? Allein das apodiktische »wird
nicht passieren«, also der Verweis auf unsichtbare, aber unbe-
siegbare Kräfte, spricht Bände.

Das aggressiv geführte Klein-Interview in der *Frankfurter
Allgemeinen Sonntagszeitung* darf dabei als Konzentrat der
Kritik-Kritik gelten. Die Autorin Anne Amerie-Siemens fordert
darin von Klein eine Art »Zehn-Punkte-Plan«, was zu tun sei.
Doch schon als Naomi Klein auch nur drei ganz banale Kernfor-
derungen vorträgt – dass der Markt schrumpfen, Überkonsum
beschränkt und Konzerne strengen Produktionsvorschriften un-
terworfen werden müssen – unterbricht die Autorin sie mit der
Frage, ob es da nicht schon »illusorisch« werde. Auf keines der
Argumente, auf keine Alternative, die Klein zu diskutieren versucht, geht die Interviewerin ein. Stattdessen gibt sie sich alle
Mühe, jedes einzelne Argument Kleins pauschal zu diskreditieren: Ob es nicht – abermals – illusorisch sei, »davon auszugehen,
dass ein so radikaler Wandel in den nächsten zehn Jahren
stattfindet? Macht die Verknüpfung von Kapitalismuskritik und
Klimaschutz das Ganze nicht erst recht kompliziert?« fragt
Amerie-Siemens, um schließlich zum Standard-Vorwurf des
Klimwandel-Missbrauchs zu gelangen. »Das ist eine sehr eigen-
willige Art zu kritisieren, oder? Man wirft mir intellektuelle Be-
ständigkeit vor. Und dann, ich würde nur so tun, als interessiere

ich mich für den Klimawandel. (…) Aber zu behaupten: Sie mochte den Kapitalismus schon vor diesem Buch nicht, das ist nicht wirklich die Antwort auf die Fragen, die ich aufwerfe«, antwortete Klein.[638] Am Ende wirft Amerie-Siemens Naomi Klein über das letzte Drittel des Gesprächs hinweg vor, dass sie, Klein, die Ausschreitungen beim Blockupy-Protest anlässlich der Eröffnung der Europäischen Zentralbank nicht verurteilt habe, als sie auf dem Podium sprach. Soll heißen: Da haben wir's doch, diese Kapitalismuskritiker sind verdächtig!

Ich empfinde diese Monokultur des Denkens, ja die intellektuelle Verwahrlosung, die tief in den Köpfen verankerte »neoliberale Wahnidee« (Jean Ziegler) manchmal fast als noch lähmender und deprimierender als die Weltverhältnisse selbst: Sie ist der schnurgerade Weg in die selbstgewählte Unmündigkeit und gibt den Mächtigen einen Persilschein dafür zu machen, was ausschließlich ihnen selbst nützt. Ja, selbstverständlich gibt es Alternativen! Während ich diesen Satz hinschreibe, treffen sich in München Hunderte zum Gipfel der Alternativen, einer Gegenveranstaltung zum G7-Gipfel der Mächtigen im Luxushotel Elmau. Beim Gipfel der Alternativen werden keine maßgeschneiderten Lösungen präsentiert. Es wird, gemeinsam mit Bewegungen aus den Ländern des Südens, darüber diskutiert, wie diese schöne Welt aussehen könnte, wenn sie gerecht wäre, eine Welt, in der ein glückliches, gutes, selbstbestimmtes Leben für alle möglich ist – jenseits von Herrschaft, Hunger, Angst, Armut, Krankheit, Krieg und Krisen. Reißbrettideen oder den »Masterplan« gibt es auch dort nicht – denn wie könnte ein solcher gerecht sein, wenn nicht alle daran beteiligt sind, Alternativen zu diskutieren, Utopien zu entwickeln und Wege zu finden, diese politisch und demokratisch umzusetzen? Natürlich sind auch die Alternativen, die verhandelt werden, womöglich widersprüchlich, manche vielleicht sogar mangelhaft. Umso wichtiger ist es, sich ernsthaft mit ihnen zu beschäftigen. Denn man kann, um ein berühmtes Wort von Albert Einstein zu zitieren, »Probleme niemals mit derselben Denkweise lösen, durch die sie entstanden sind«.

Nur ein ganz neues, freies und solidarisches Denken führt heraus aus der Ohnmacht und zu einem anderen Handeln. Wir müssen der Lüge der Alternativlosigkeit und denen, die sie mit dem so stumpfsinnigen Argument »illusorisch« weiterverbreiten, eine andere Wahrheit entgegenschreien! Wir müssen uns nicht nur mit Alternativen beschäftigen, sondern auch mit Geschichte und Gesellschaftstheorie: Wie sind soziale Bewegungen entstanden? An welche Theorien, welche Philosophie können wir anschließen? Wie durchbrechen wir die »Diktatur der Gegenwart« (Harald Welzer)? Wie eignen wir uns wieder die Fähigkeit zum Diskurs an? Wie finden wir Vertrauen in uns selbst als mündige Bürger (nicht Konsumenten) und zueinander? Wir müssen uns Erfolge in Erinnerung rufen – zum Beispiel den der Anti-Atombewegung, der schließlich zu einem Ausstieg aus der Kernkraft und zu einer Energiewende führte, so sehr man ihre Umsetzung kritisieren kann und muss. Wir müssen von den Bewegungen des Südens lernen und uns mit ihnen zur einer, wie Jean Ziegler sie nennt, »planetarischen Zivilgesellschaft« zusammenschließen. Wir dürfen nicht einfach Antworten akzeptieren, bevor wir überhaupt die wichtigen Fragen gestellt haben – gemäß dem klugen Zapatisten-Motto »Fragend schreiten wir voran«. Zuallererst einmal diese: »Wie ist es möglich, dass man nicht derartig, im Namen dieser Prinzipien da, zu solchen Zwecken und mit solchen Verfahren regiert wird – dass man nicht so und nicht dafür und nicht von denen da regiert wird?«

So beschrieb der französische Philosoph, Psychologe und Soziologe Michel Focault den Wesenskern von Kritik.[639]

Tatsächlich illusorisch ist allerdings die Vorstellung, es würde alles bleiben, wie es ist, wenn wir die Weltprobleme einfach aussitzen. Wenn wir uns, weil es so schön bequem ist, darauf verlassen, dass irgendwelchen grünen Daniel Düsentrieben im letzten Moment noch die ultimative Technologie einfällt, um uns, nur zum Beispiel, vor den Folgen des Klimawandels zu retten. Die Änderungen für unser aller Leben, die dieser mit sich bringen wird, werden unausweichlich, dramatisch und schmerzhaft sein – sehr viel schmerzhafter als der Abschied vom überbordenden imperialen Lebensstil. Der Wachstumskritiker Niko Paech sagt, dass wir uns davon ohnehin verabschieden müssen – die Frage sei allerdings, ob »by desaster by design«. Heißt: Wir können uns für ein anderes Leben jenseits der Wachstums- und Konsumzwänge entscheiden. Die Alternativen, die heute schon gelebt und ausprobiert werden, die kleinen Revolutionen von Kommunen, die ihre Energieversorgung in die Hand genommen haben, die Essenskooperativen und Gemeinschaftsgärten, die solidarische Landwirtschaft zwischen Bürgern und Bauern, die Genossenschaften, die zeigen, dass ein anderes Wirtschaften möglich ist – sie dürfen nicht bloß singuläre »Lösungen« oder kleine funktionierende Nischen bleiben. Der bloße Rückzug aus dem System, der vielfach geforderte individuelle Verzicht, die »Entschlackung« des persönlichen Lebens alleine wird nicht zu einer gesellschaftlichen Veränderung führen. Die sich selbst verordnete Austerität kann sogar kontraproduktiv wirken, sagt der Politikwissenschaftler und Globalisierungskritiker Elmar Altvater. »Man kann sie mit den Angeboten vergleichen, die Arbeitgeber den Gewerkschaften machen: nämlich Lohnverzicht«, sagt er. »Diese Nachhaltigkeitsthese, die auf Verzicht abstellt, sieht immer nur die Konsumausgaben, aber nicht die Investitionen. Wenn aber die Konsumausgaben sinken, dann wird eben in andere, noch schädlichere Bereiche investiert werden.« Die Großlösung des grünen Kapitalismus, der ebenfalls auf Wachstum und Ausbeutung gründet, trennt die soziale von der ökologischen Frage. Aber man kann sie nicht trennen, sie gehören zusammen. Deswegen werden wir das System nur ändern, wenn wir die Machtfrage stellen. »Das ist eine starke strategische Anstrengung, weil man von dem Bestehenden ausgehen und gleichzeitig das Neue schon vor Augen haben muss: eine konkret zu realisierende Utopie. Wenn diese Utopie Wirklichkeit werden soll, geht das nur, wenn man dafür etwas anderes wegräumt – und dieses Andere wird sich zur Wehr setzen.«

Ulrich Brand ist Professor für Internationale Politik in Wien. Wie Altvater gehört er dem wissenschaftlichen Beirat von Attac an. Beide beschreiben den Zustand seit 2008 als multiple Krise: Arbeitslosigkeit, Armut, Finanzkrise, Hunger, Erosion der biologischen Vielfalt, Klimawandel und so weiter haben so drastische und überwältigende Dimensionen, dass sie schließlich überfordernd wirken.[640] Doch sie dürfen nicht als voneinander unabhängige Einzelkrisen wahrgenommen werden, so wie uns das die Politik nahelegt. Wir müssen vielmehr verstehen, wie sie miteinander zusammenhängen, denn sie sind im System selbst begründet. »Wir müssen das Profit- und Gewinnprinzip und die damit verbunden Eigentums- und Machtverhältnisse selber in Frage stellen«, sagt Brand. »Wer bestimmt heute über die Entwicklungsrichtung der Gesellschaft? Wer entscheidet über Investitionen und Gewinne? Welche Kräfte müssen geschwächt werden? Es geht nicht nur darum, wie Bürger stärker an gesellschaftlichen Entscheidungsprozessen teilnehmen – sondern darum, wie diese Gesellschaft gestaltet wird.« Für Brand sind die wichtigen Fragen diese: Wie stellen wir gesellschaftliche Logiken von Profitorientierung, Wettbewerb, Konsumismus und Produktivismus um? Was sind alternative Wohlstandsmodelle, die verallgemeinerbar sind? Wie arbeiten wir in den kapitalistischen Zentren die Erfahrung um, die vom fordistischen Kapitalismus der Nachkriegsjahre durch einen scheinbar erstrebenswerten materiellen Wohlstand geprägt ist, der heute für die meisten gar nicht mehr möglich ist? Wie kommen wir von einer imperialen Lebensweise zu einem guten Leben für alle und wie setzen wir das politisch durch? Mit wem schließen wir uns zusammen, damit diese Lebensweise gelingt – und vor allem: mit wem nicht?

Ich bin, nur zum Beispiel, der festen Überzeugung, dass die Alternative der ökologisch ausgerichteten, solidarischen und selbstbestimmten kleinbäuerlichen Landwirtschaft und das Konzept der Ernährungsunabhängigkeit ein gewaltiger Hebel für globale Gerechtigkeit sind, wie es auch der Weltagrarbericht beschreibt (deswegen erwähne ich ihn so häufig und kann jedem nur empfehlen, sich damit vertraut zu machen). Bei meinen Reisen nach Bangladesch habe ich viel gelernt in der Zeit, die ich dort mit Bauern verbracht habe – über ihr großes Wissen, die Liebe zu ihrem Land, die Wertschätzung ihrer Lebensgrundlagen und wie sie diese erhalten. Über ihren Zusammenhalt und die soziale Kraft der kleinbäuerlichen Landwirtschaft, in der zum Beispiel meist die Frauen die Hüterinnen des Saatguts, ja, des Lebens sind. Ich habe diese Zeit genossen, vor allem das wunderbare, oft stundenlang zubereitete und gemeinsam zelebrierte Essen. Auch wenn es für mich gewöhnungsbedürftig war, mit den Händen zu essen, so habe ich es sofort verstanden, als mir Badrul erklärt hat: »Wir wollen unser Essen nicht nur schmecken, wir möchten es auch spüren.«

Für die Kleinbauern in Bangladesch (und nicht nur dort) ist all das keine »romantische Verklärung«, wie deren Gegner so gern behaupten. Es ist das Leben, das sie seit Generationen gelebt haben und das sie noch Generationen weiter leben wollen. Ich will unbedingt, dass sie es leben können.[641]

Natürlich ist eine Änderung der imperialen Lebensweise des Westens unabdingbar: ein drastisch niedrigerer Energieverbrauch, eine Abkehr vom Hyperkonsum, vom Verzehr von Fleisch und tierischen Produkten. Das darf sich dann aber nicht auf individuelle Verhaltensänderung beschränken, sondern muss zu einer veränderten Struktur führen. Auch in Deutschland hat sich ein starkes Bündnis gegründet, eine Bewegung, die eine andere, gerechte und gute Landwirtschaft fordert: »Wir haben es satt« bringt mittlerweile Zehntausende auf die Straße. Genauso wie der Protest gegen das transatlantische Freihandelsabkommen TTIP, der eine Welt, die von Konzernen bestimmt ist, rundheraus ablehnt. Beides hat das Potenzial, gesellschaftliche Veränderungen herbeizuführen – jedenfalls wenn das große Ganze ins Visier genommen wird und nicht nur einzelne Aspekte wie das »Chlorhühnchen«. Ungerechtigkeit und Leid nicht einfach hinzunehmen, sondern tief zu empfinden und wütend zu werden statt zynisch und abgeklärt mit den Achseln zu zucken, das ist für diese Veränderung unbedingt nötig. Ulrich Brand vergleicht diese »heterogenen Momente, in denen Menschen lernen, ›Nein‹ zu sagen«, mit dem Begriff des französischen Philosophen und Existentialisten Jean-Paul Sartre, dem »existentiellen Ekel«, der sich gegen alles, das schlechte Ganze wendet.

Für mich ist es mittlerweile die Tütensuppe, die diesen existentiellen Ekel hervorruft. Ich empfinde sie als ein Symbol für die Zurichtung zum schlechten Leben, als Konzentrat des Weltwahnsinns. Das Pulver, hergestellt nur aus den denkbar primitivsten Zutaten Fett und Stärke, versehen mit künstlichen Aromen und Farben, bietet dieselbe erbärmliche Simulation von Essen und Genuss, wie auch das neoliberal und konsumistisch geprägte Gesellschaftsmodell nur eine künstliche und erbärmliche Simulation des guten Lebens ist. Die Tütensuppe versorgt den Erwerbstätigen, der kurz vor Ladenschluss noch in den Supermarkt rennt und keine Muße hat, zu kochen und zu genießen, mit schneller Energie für den nächsten Arbeitstag. Sie lügt ihm mit ihren ungezählten absurden Geschmacksrichtungen vor, dass er frei sei, weil er eine Wahl hätte. Und dass für diese Zumutung Wälder vernichtet, Menschen verjagt und teilweise sogar umgebracht werden, das hat seine ganze eigene widerwärtige Logik. Wir brauchen keine »besseren Unternehmen«, die mit »besserem Palmöl« eine »bessere Tütensuppe« herstellen. Wir brauchen ein selbstbestimmtes Leben, in dem die Tütensuppe keinen Platz mehr hat, bessere und weniger Arbeit, die Zeit lässt, um mit anderen Menschen die wichtigen Fragen zu diskutieren, ein neues, starkes Miteinander, das das schale Glück des Konsums ersetzt. Wir müssen aufhören, den Heilslehren der Tütensuppenheilande dieser Welt zu lauschen. Wir müssen sie sogar bekämpfen.

Ich habe bei meinen Recherchereisen zu diesem Buch ein Ausmaß an struktureller Gewalt gesehen, das mich tief erschüttert hat. Ich werde die Bilder des zerstörten Regenwaldes in Indonesien und die Apokalypse aus Matsch in den Garnelengebieten von Bangladesch nie mehr loswerden. Und trotzdem bin ich von diesen Reisen mit großer Hoffnung zurückgekehrt. Weil die Menschen, die ich dort kennengelernt habe, mit einer so großen Leidenschaft und Kraft, Liebe und Solidarität, Phantasie, Klugheit und Mut ganz selbstverständlich Widerstand gegen die Zumutung einer totalitären Gesellschafts- und Weltordnung leisten. Weil sie nicht an pragmatische »Lösungen« glauben, sondern an bedingungslose Gerechtigkeit. Für uns alle. Nichts von alldem habe ich gespürt, wenn ich mit den anderen Menschen zu tun hatte, die ich für diese Buch getroffen habe, den nüchternen und überheblichen Technokraten, denen ich bei Interviews oder auf den vermeintlichen Weltrettungskongressen begegnet bin und deren lähmender, geistesvernichtend monotoner Ökonomen-Lyrik ich gelauscht habe, hinter der sich immer nur Empathielosigkeit, Verachtung und Aggression verborgen haben. Es waren diese Momente, in denen ich mich auch selbst ohnmächtig gefühlt habe, in denen ich mich manchmal dazu habe hinreißen lasse zu denken: Uff! Da ist doch gar nichts mehr zu machen.

Aber dann sind mir wieder die Kämpfer in den Sinn gekommen, Ardani, Arti, Badrul, Basuki, Brutus, Feri, Herwin, Khushi, Matius, Nasrin, Nordin, Pak Wardian, Sorowor, Sebina, Udin, Wahab und all die anderen, die getroffen habe, und ich habe versucht, mir eine Situation vorzustellen, in der ich ihnen sage: »Lasst es doch gut sein jetzt, man kann doch eh nichts machen.« Ausgeschlossen! Das wäre ungeheuerlich – so ungeheuerlich wie überhaupt nur daran zu denken, es wäre keine andere Welt als diese möglich.

Auf einem kleinen Tisch liegen ganz normale T-Shirts, rot, grün, blau und schwarz. Aber für die Frauen, die sie genäht haben, sind sie mehr als nur Kleidungsstücke: jedes ein Symbol der

Freiheit, denn sie haben es geschafft, der Ausbeutung in den Textilfabriken El Salvadors zu entkommen. In jedem einzelnen Stich, mit dem diese Shirts genäht sind, stecken Liebe, Mut, Stolz und Hoffnung. Sie stammen aus der Nähkooperative Acopius in San Salvador, der Hauptstadt des kleinen mittelamerikanischen Landes, das zu einem Zentrum der Textilindustrie geworden ist. Die Frauen von Acopius haben viele Jahre unter miserablen Bedingungen für den Weltkonzern Adidas geschuftet, der so stolz darauf ist, zu den »Top Ten der 100 nachhaltigsten Unternehmen der Welt« zu gehören.[642] Davon haben diese Frauen allerdings nichts gespürt.

Ich bin mit der Christlichen Initiative Romero auf einer Maquila-Reise in El Salvador, wir sind zu Besuch bei den Heldinnen von Hermosa. In jener Textilfabrik, die für Adidas produziert hatte, haben die Frauen gearbeitet. Dort haben sie so wenig Geld verdient, dass sie sich nebenher noch als Haushaltshilfen verdingen oder Nachtschichten in anderen Maquilas übernehmen mussten. Der Chef, Salvador Montalvo, hat sie zusammengebrüllt und sie zu unbezahlten Überstunden gezwungen, während er sich die Sozialabgaben der Frauen in die eigene Tasche steckte. Die Situation war so unerträglich, dass Estela Ramirez eine Gewerkschaft gründete. Also schloss Montalvo die Fabrik und prellte die Frauen um ihren letzten Lohn.

Tag und Nacht blockierten die Arbeiterinnen daraufhin im Staub sitzend das Fabriktor, um den Besitzer daran zu hindern, die Maschinen heraus zu schaffen. Montalvo hetzte ihnen Polizei und Staatssicherheit auf den Hals. Doch mit Unterstützung der Organisation Christliche Initiative Romero gelang es den Frauen, die internationale Aufmerksamkeit auf den Fall zu lenken und Adidas öffentlich unter Druck zu setzen. Montalvo kam vor Gericht und wurde bestraft. Zwar hat er den Frauen die 353 000 Dollar nie bezahlt, die er ihnen schuldete. Aber weil die Geschichte der mutigen Frauen von Hermosa um die Welt ging, richtete die internationale Organisation Fair Labour Association einen Entschädigungsfonds ein. Die 64 Frauen, die auf der Straße saßen, erhielten je zwei Monatslöhne, also nur einen Bruchteil dessen, was ihnen zustand. Auch Adidas zahlte zähneknirschend einen kleinen Beitrag. Aber die Näherinnen hatten einen Präzedenzfall geschaffen.

Zehn Jahre ist das nun her. Keine der Frauen, die sich damals gegen die fürchterlichen Arbeitsbedingungen wehrten, hat jemals wieder eine Anstellung in einer Maquila gefunden. Als Gewerkschaftsmitglieder stehen sie auf schwarzen Listen. Zehn Jahre kämpften sie ums Überleben, immer gemeinsam. Einmal bekamen sie mit, dass die Regierung neue Schuluniformen kaufen und sie nicht in Maquilas herstellen lassen wollte. Da klapperten Estela und ihre Genossinnen Schulen ab und überredeten sie dazu, die Uniformen von ihnen nähen zu lassen.

Heute sitzen die Frauen strahlend in dem kleinen Raum, den ihnen die Sportgewerkschaft für unser Treffen zur Verfügung gestellt hat. Er ist mit bunten Luftballons geschmückt, an den Wänden hängen Bilder von Che Guevara. Sie haben für uns leckere Tamales gekocht, mit Maisbrei gefüllte Bananenblätter, »und wir haben sie mit vielen Körnchen Liebe für euch gewürzt«, sagt Estela Ramirez, die mit den Hermosa-Arbeiterinnen Acopius gegründet hat. Als die mutigen Frauen kleine Aufträge an Land zogen, haben ihnen viele gesagt, sie sollten doch Kleinunternehmerinnen werden. »Aber das wollten wir nicht. ›Unternehmer‹ war bei uns einfach zu negativ besetzt«, sagt Estela. Dann sei ihr ein Buch über Kooperativen aus den Siebzigerjahren in die

Hände gefallen: »Etwas gemeinsam zu machen, das für die Gemeinschaft nützlich ist – das war doch etwas für uns.« Mit einem Kredit von einer schwedischen Organisation kauften sie Industrienähmaschinen und wurden schließlich als Kooperative rechtlich anerkannt.

Ist das die »die Lösung«? Natürlich nicht. Die Frauen können nicht leben von ihrer Arbeit, sie verdienen sogar oft weniger als bei Adidas. Im Gegensatz zu den Maquilas, die in den Sonderwirtschaftszonen steuerfrei für milliardenschwere Großkonzerne nähen, muss Acopius volle Steuern zahlen und den Kredit plus Zinsen zurückbezahlen.

Einmal sei der Vertreter einer großen Firma zu ihnen gekommen und habe ihnen einen Auftrag für 1000 T-Shirts geben wollen. Doch er wollte nicht mehr als 50 Cent pro Stück bezahlen. »Wir haben ihm gesagt, dass wir hier feministisch wirtschaften und uns nie mehr ausbeuten lassen«, erinnert sich Estela. »Da ist er wieder gegangen.«

Dennoch erzählen die Frauen mit leuchtenden Augen von ihrer Kooperative: Denn dort gibt es keinen Boss, und niemand muss sich mehr anschreien, demütigen oder ausbeuten lassen. Alle entscheiden gemeinsam, alle teilen alles. Auch Kummer und Sorgen. Und davon gibt es in dem Land, das gezeichnet ist vom Trauma des Bürgerkriegs in den Achtzigerjahren und beherrscht ist von gewalttätigen Banden, weiß Gott genug.

Während unseres zweiwöchigen Aufenthalts[643] hören wir jeden Tag irgendwo Schüsse. Zwölf Tote gibt es täglich im Land; es ist schwer, sich in der Hauptstadt frei zu bewegen, die Häuser sind versteckt hinter stacheldrahtbewehrten Mauern. Die Landwirtschaft zur lokalen Versorgung war in dem Moment ruiniert, als die USA El Salvador durch Sonderwirtschaftszonen für die

Textilindustrie zum Billiglohnland machte und für den Export von Kaffee, Tabak und Zuckerrohr umbaute. Ein Drittel der Menschen lebt unter der Armutsgrenze, die Hälfte ist arbeitslos oder unterbeschäftigt, für die meisten gibt es nur Sklavenarbeit in Fabriken oder in der exportorientierten Landwirtschaft.

Die Kooperative Acopius ist bei Maria* zuhause untergebracht. Sie lebt in einem der Viertel, das von Banden kontrolliert wird. Daher halten die Näherinnen die Kooperative geheim und wir können die Frauen nicht dort besuchen. Manchmal ist es im Viertel so unsicher, dass sie dort gar nicht arbeiten können. Aber sie halten trotzdem zusammen, sie sorgen füreinander und andere, denn sie alle sind in der Gewerkschaft Sitrasacosi engagiert, um ihre Kolleginnen in den Textilfabriken zu unterstützen.

Eine andere Frau, Margerita, sagt: »Früher waren wir Frauen voller Angst. Aber wenn man einmal erkannt hat, dass man ungerecht behandelt und erniedrigt wird, dann kann man nicht mehr zurück.«

In ihren Familien fanden die Frauen, die nicht mehr stille und demütige Dienerinnen sein wollten, wenig Verständnis. Viele ihrer Ehemänner konnten nicht damit umgehen, dass ihre Frauen gegen ihre Unterdrückung aufgestanden sind und in einer Gewerkschaft für Gerechtigkeit kämpfen. Viele der Frauen haben sich deswegen von ihren Männern getrennt. Auch Sandra*, die uns jetzt ihre Geschichte erzählt. Als sie damals mit ihrem taubstummen Bruder bei Hermosa gearbeitet hatte, da sei sie beeindruckt gewesen von den Gewerkschafterinnen, die sich um ihn gekümmert und ihn immer verteidigt hätten. »Ich wollte auch so eine mutige Frau werden wie diese, deswegen bin ich ihnen beigetreten.« Doch ihr Mann habe sie als Steinewerferin und

---

* Name geändert

Querulantin beschimpft. »Aber so was wollten wir doch nie! Wir wollten doch nur ein besseres Leben für uns und unsere Kinder«, sagt Sandra. Sie weint, und ihre Kolleginnen nehmen sie zärtlich in den Arm. Und fast weinen wir mit ihr über das brüllende Unrecht. Aber andererseits ist da die Schönheit dieses Nachmittags, an dem in diesem kleinen Raum eine bessere Welt heller strahlt als die Sonne, die auf San Salvador herunterbrennt: Diese wunderbaren Frauen haben nicht nur dem Weltkonzern Adidas die Stirn geboten, sie haben ihr Leben und das vieler Menschen verändert, die ihnen auf ihrem Weg aus der Unmündigkeit folgten. Man kann sagen, dass sie damit El Salvador verändert haben. Und ja, ein bisschen auch die Welt.

Folgen wir ihnen doch. Mit Solidarität, Mut und Entschlossenheit.

Mehr braucht es dafür nicht.

Danksagung

Meinen Eltern und meiner ganzen Familie und sowieso Oliver, dem besten Ehemann der Welt – für das schöne Leben.

Meinem Lektor Edgar Bracht für die stets so fantastische Zusammenarbeit, dem Blessing Verlag für Freiheit und Vertrauen und meinen Agenten Michael Gaeb, ohne den ich nie ein Buch geschrieben hätte.

Mein großer Dank gilt Inge Altemeier, die ihr überwältigendes Wissen über Indonesien und den Palmölanbau mit mir geteilt und mir Kontakte vor Ort vermittelt hat.

Rettet den Regenwald und ganz besonders Klaus Schenk und Christiane Zander sowie Marianne Klute und Johanna Lein von Watch Indonesia!, die mich bei meinen Recherchen in Indonesien unterstützt haben und immer erreichbar waren, um meine ungezählten Fragen zu beantworten.

Sawit Watch! insbesondere Bondan, Carlo und Maryo und allen, die lieber nicht erwähnt werden möchten. Nordin und Udin von Save our Borneo, Feri Irawan von Perkumpulan Hijau, Herwin Nasution, Renata Sandhi und Edi Zuhdi. Ardani, Arti, Bakti, Basuki, Brutus, Eddi, Hanif, Pak Wardian und alle anderen Frauen und Männer in Indonesien, die mir ihre Herzen und Häuser geöffnet haben.

Meinen Freunden von der Krishok Federation und Kishani Soba in Bangladesch, insbesondere Badrul Alam und seiner Familie, Mchin, Sebina Yesmin und Wahab Ali. Khushi Kabir und Nijera Kori, Golam Sorowor, Nasrin Sultana und allen Kleinbäuerinnen und Kleinbauern in Bangladesch.

Der Christlichen Initiative Romero, insbesondere Kirsten Clodius, Anne Nibbenhagen und Maik Pflaum für die großartige Reise nach El Salvador sowie Estela Ramirez und den mutigen Frauen von Acopius.

Ihnen allen danke ich für die Unterstützung meiner Recherchen, die tolle Zeit in ihrem Land und die Hoffnung.

Tausend Dank Elmar Altvater, Stefan Bergleiter, Ulrich Brand, Carolin Callenius, Alex Flor, Peter Fuchs, Thomas Gebauer, Peter Gerhard, Patrizia Heidegger, Uwe Hoering, Stefan Holler, Gesche Jürgens, Frauke Liesenborghs, Benjamin Luig, Philip Mader, David McCoy, Dominik Müller, Christoph Neusiedl, Niko Paech, Kassia Paprocki, Melanie Pichler, Oliver Pye, Cord Riechelmann, Jörg Schindler, Marita Wiggerthale und den Freischreibern.

Anmerkungen

VORWORT

[1] Kathrin Hartmann, »Noch nicht perfekt«, Interview mit Alain Bauwens und Uwe Bergmann von Henkel, *Enorm Magazin,* Ausgabe 5/2012, S. 34 f.

[2] Henkel war unter den 40 Unterzeichnern des sogenannten Energiepolitischen Appells, den die Energiekonzerne EnBW, Eon, RWE und Vattenfall im August 2010 initiiert hatten, um die Regierung dazu zu bringen, die Kohlekraft zu fördern und die Laufzeiten der Atomkraftwerke zu verlängern. Liste der Unterzeichner bei FAZ Online, 21.8.2010: http://www.faz.net/aktuell/wirtschaft/unternehmen/energiepolitischer-appell-40-manager-greifen-roettgens-politik-an-1643264.html

[3] Hartmann, *Enorm Magazin,* S. 34 f.

[4] Jean-Luc Mélenchon, *Le Hareng de Bismrack,* Paris 2015, S. 28 f.

[5] Heinrich-Böll-Stiftung, *Bodenatlas 2015,* Berlin 2015, S. 24 Download der Studie: https://www.boell.de/sites/default/files/bodenatlas2015.pdf

[6] http://www.euractiv.de/ressourcen-und-umwelt/artikel/europas-abfall-niederlaender-muellchampions-004735 und Deutsche produzieren etwas weniger Müll, 18.12.2014, DPA/Handelsblatt Online, http://www.handelsblatt.com/panorama/aus-aller-welt/abfaelle-pro-kopf-deutsche-produzieren-etwas-weniger-muell/11138048.html

[7] David Böcking, Grünen-Wähler halten Rekord bei Flugreisen, *Spiegel Online,* 12.11.2014 http://www.spiegel.de/wirtschaft/unternehmen/gruenen-waehler-halten-rekord-bei-flugreisen-a-1002376.html

[8] Michael Braungart, William McDonough, *Intelligente Verschwendung. The Upcycle: Auf dem Weg in eine neue Überflussgesellschaft,* München 2014

[9] Friedrich Schmidt-Bleek, Erfinder des Faktor-10-Konzepts, kritisiert die Green Economy in seinem Buch *Grüne Lügen. Nichts für die Umwelt, alles fürs Geschäft – wie Politik und Wirtschaft die Welt zugrunde richten,* München 2014, als »grüne Augenwischerei«.

[10] Ralf Fücks, *Intelligent wachsen. Die Grüne Revolution,* München 2013 und Kathrin Hartmann, »Koproduktion mit der Natur«, *Enorm Magazin,* Ausgabe 05/13, S. 68 f.

[11] Harald Welzer, *Selbst denken. Eine Anleitung zum Widerstand*, Frankfurt a.M., 2013, S. 65

[12] Unter anderem an Apetito, Rapunzel, Speick Naturkosmetik, SAP, Vaillant, Budni, Otto

[13] DNP-Logbuch. Nachhaltigkeistreport zu Wettbewerb und Veranstaltung, Düsseldorf 2013, S. 16

[14] http://www.atkearney.de/industries

[15] https://www.nachhaltigkeitspreis.de/home/preis/n100/#

[16] Niko Paech, *Befreiung vom Überfluss. Auf dem Weg in die Postwachstumsökonomie*, München 2012

I. ORANG-UTAN IM TANK

[17] Dayak ist der Überbegriff für Indigene in Borneo. Zu den Dayak gehören viele verschiedene Volksgruppen, die sich in Sprache, Kultur, Religion und Lebensweise aber unterscheiden.

[18] Mit Hilfe von Rettet den Regenwald: http://www.regenwald.org/files/de/Jahresbericht_2010.pdf

[19] Inklusive der malaysischen Gebiete Sarawak und Sabah sowie dem Sultanat Brunei. Der indonesische Teil Borneos Kalimantan nimmt 72 Prozent der Landesfläche ein.

[20] David Gaveau, Erik Meijaard et al.: Four Decades of Forest Persistance, Clearance and Logging on Borneo, Massachusetts 2014 http://www.plosone.org/article/info%3Adoi%2F10.1371%2Fjournal.pone.0101654

[21] Laut der indonesischen Umweltorganisation Walhi: http://www.redd-monitor.org/2013/01/09/guest-post-central-kalimantans-oil-palm-catastrophe-in-pictures/

[22] Laut dem Landwirtschaftsministerium der USA (USDA) beträgt der Anteil von Palm- und Palmkernöl mit 38 Prozent mehr als ein Drittel an der globalen Pflanzenölproduktion – gefolgt von Sojaöl (28 Prozent) und Rapsöl (15 Prozent).

[23] Laut Berechnungen des WWF ist Palmöl mehr als doppelt so ertragreich als Rapsöl – gemessen am Ertrag pro Hektar: http://www.wwf.de/fileadmin/fm-wwf/Publikationen-PDF/Infografik_Palmoel_Flaeche_c_WWF.pdf

[24] Laut Berechnungen des WWF stecken in mindestens 50 Prozent der Supermarktproduktekte Palmöl: http://www.wwf.de/themen-projekte/landwirtschaft/produkte-aus-der-landwirtschaft/palmoel/

[25] Stellungnahme des Vereins rettet den Regenwald zu Bio-Palmöl: https://www.regenwald.org/news/1565/stellungnahme-des-vereins-rettet-den-regenwald-zu-biopalmoel-aus-kolumbien

[26] Zur Ausweitung der Plantagen- und Palmölmonokultur im Großprojekt MIFEE in Papua siehe Christian Felschen, »Der Investor brachte das Licht«, *Südlink* 121, September 2012, http://www.inkota.de/material/suedlink-inkota-brief/161-unternehmensverantwortung/christina-felschen/

[27] Gunther Willinger, »Todbringende Ölpalmen«, *SZ Online* vom 23.7.2013 http://www.sueddeutsche.de/wissen/palmoelboom-erreicht-afrika-todbringende-oelpalmen-1.2039993

[28] Greenpeace, »Certifying Destruction«, Amsterdam September 2013, Download: http://www.greenpeace.de/files/publications/rspo-certifying-destruction.pdf

[29] Kampagne von Rettet den Regenwald, 23.3.2013 https://www.regenwald.org/aktion/879/umweltbehoerde-prueft-toedliches-palmoel

[30] N.N., Regulation may dash palm oil industry's hopes for higher output, *The Jakarta Post*, 28.1.2014 http://www.thejakartapost.com/news/2014/01/28/regulation-may-dash-palm-oil-industry-s-hopes-higher-output.html

[31] Belinda Arunarwati Margono, Matthew C. Hansen, Peter V. Potapov, Fred Stolle, Svetlana Turubanova, »Primary forest cover lost in Indonesia 2000–2012«, veröffentlicht in *Natur Climate Change*, 29. Juni 2014 http://umdrightnow.umd.edu/sites/umdrightnow.umd.edu/files/nclimate2277-aop_2.pdf

[32] Details zur Geschichte der Palmölindustrie siehe Melanie Pichler, *Umkämpfte Natur. Politische Ökologie der Palmöl- und Agrartreibstoffproduktion in Südostasien*, Münster 2014, S. 84 ff

[33] Die Weltbank begann in 70er Jahren, den Palmölsektor zu unterstützen. Pichler 2014, S. 84

[34] http://www.wwf.de/themen-projekte/landwirtschaft/bioenergie/bioenergie/

[35] Hooijer, Aljosja.; Marcel Silvius; Henk Wösten & Susan Page, »PEAT-CO2, Assessment of CO2 emissions from drained peatlands in SE Asia«, Delft 2006 www.wetlands.org/LinkClick.aspx?link=publications%2fGeneral%2fPeat+CO2+report.pdf&tabid=178&mid=4464&language=en-US. Dieser Bericht im Auftrag von Wetlands International und der Universität Wagingen, wurde zum Klimagipfel in Bali 2007 veröffentlicht.

[36] Trotz der irreführenden Wirkung werden die Begriffe »Biodiesel«, »Bioethanol« und »Biokraftstoff« auch in diesem Text verwendet, weil diese die offizielle Bezeichnung der EU sind.

37 Der Begriff Agrarsprit wird zusammenfassend für Biodiesel (enthält Pflanzenöl und wird Diesel beigemischt) und Bioethanol (wird aus Stärke, Cellulose und Zucker hergestellt und Benzin – z. B. E 10 – beigemischt) verwendet

38 Richtlinie 2003/30/EG des Europäischen Parlaments und des Rates vom 8. Mai 2003 zur Förderung der Verwendung von Biokraftstoffen oder anderen erneuerbaren Kraftstoffen im Verkehrssektor: http://europa.eu/legislation_summaries/energy/renewable_energy/l21061_de.htm Siehe auch: http://eur-lex.europa.eu/legal-content/DE/ALL/;ELX_SESSIONID=l9yhJzHX8CBKZ7ZdFflyCfQhy2QQ1ZGZ52T2rn8PYYQt np3jDmT4!-351511742?uri=CELEX:32003L0030

39 United Nations: Kyoto Protokoll http://unfccc.int/kyoto_protocol/items/2830.php

40 Arbeitsdokument über das Grünbuch »Hin zu einer europäischen Strategie für Energieversogungssicherheit«, 26.5.2001, S. 16; http://www.europarl.europa.eu/meetdocs/committees/itre/20010710/434194DE.pdf

41 Richtlinie 2003/30/EG des Europäischen Parlaments und des Rates vom 8. Mai 2003: http://eur-lex.europa.eu/legal-content/DE/ALL/?uri=CELEX:32003L0030

42 2003/30/EG Punkt 15 http://eur-lex.europa.eu/legal-content/DE/ALL/?uri=CELEX:32003L0030

43 CDU/CSU Bundestagsfraktion, »Der Acker wird zum Bohrloch des 21. Jahrhunderts. Rede zum EU-Importverbot für Kraft- und Brennstoffe aus Biomasse«; https://www.cducsu.de/themen/europaeische-union/der-acker-wird-zum-bohrloch-des-21-jahrhunderts

44 Bund Naturschutz Deutschland, »BUND-Hintergrund zur Einführung des Agrokraftstoffs E 10«, 30.3.2011 http://www.bund.net/fileadmin/bundnet/pdfs/verkehr/autoverkehr/20110224_verkehr_autoverkehr_kohlendioxid_hintergrund_e10.pdf

45 Einen guten Überblick über die Entwicklung des Agrarrohstoffbooms, dessen Akteure und die Folgen für die Länder des Südens sowie internationale Studien gibt die kritische Zusammenfassung »Stoppt den Agrarenergie-Wahn« der internationalen NGO GRAIN, 2. Auflage 2009, http://www.regenwald.org/files/de/Agrarenergie_Auflage2_2009.pdf

46 Kampagne von Rettet den Regenwald vom 26.7.2007; https://www.regenwald.org/news/692/ngos-fordern-sofortiges-moratorium-der-eu-fuer-foerdermassnamen-fuer-biokraftstoffe-und-bioenergie-palmoel-nicht-vebrennen

47 FAO, »Crop Prospects and Food Situation«, Rom, Nr. 3, Mai 2007, http://tinyurl.com/2kswxw

48 Holger Alich, »Biosprit treibt Agrarpreise«, *Handelsblatt online*, 30.5.2008 http://www.handelsblatt.com/politik/konjunktur/nachrichten/kritik-von-oecd-und-fao-biosprit-treibt-agrar-preise/2964506.html Studie zum kostenpflichtigen Download: http://www.oecd.org/fr/tad/echanges-agricoles/biofuelsupportpoliciesaneconomicassessment.htm

49 DPA/AFP, »IWF-Chef warnt vor Krieg um Lebensmittel«, *Welt online* vom 18.4.2008 http://www.welt.de/wirtschaft/article1915137/IWF-Chef-warnt-vor-Krieg-um-Lebensmittel.html

50 Oxfam, »The Hunger Grains«, 17.9.2012, S. 1, http://www.oxfam.de/publikationen/biosprit-hunger

51 Aditya Chakrabortty, »Secret report: biofuels caused food crisis«, *The Guardian* online, 3.7.2008; http://www.theguardian.com/environment/2008/jul/03/biofuels.renewableenergy

52 Pichler 2014, S. 172 f.

53 FIAN, »Agrartreibstoffe auf dem Prüfstand«, http://www.fian-berlin.de/wp-content/uploads/files/12_03_Agrartreibstoffe_auf_dem_Pruefstand.pdf

54 World Rainforest Movement Bulletin, Ausgabe 1122, Nov. 2006. http://tinyurl.com/2nb4y9

55 Liste der palmölkonzessionen des Wilmar-Konzerns in Kalimantan bei Rettet den Regenwald: https://www.regenwald.org/news/3213/gemeinsames-nro-schreiben-an-die-weltbank-palmoelzertifizierung-keine-loesung-fuer-mensch-und-umwelt

56 Rettet den Regenwald, Jahresbericht 2011, S. 5 f.; https://www.regenwald.org/files/de/Jahresbericht_2011.pdf

57 Quelle: Save our Borneo, Stand November 2013

58 Die Zahl ändert sich durch Auf- und Verkäufe von Tochterfirmen ständig

59 https://www.regenwald.org/news/3213/gemeinsames-nro-schreiben-an-die-weltbank-palmoelzertifizierung-keine-loesung-fuer-mensch-und-umwelt.

60 Quelle: Save our Borneo, Stand November 2013

61 Why not Wilmar? *Down to Earth* 96–97, Dezember 2013, http://www.downtoearth-indonesia.org/story/why-not-wilmar

62 Nach Recherchen von Friends of the Earth Netherlands, Stand Ende 2012: http://libcloud.s3.amazonaws.com/93/47/8/3077/Issue_Brief_4_-_Wilmar_International_and_its_financiers_-_commitments_and_contradictions.pdf

[63] Die Marken von Unilever im Überblick: http://www.unilever.de/ brands-in-action/view-brands.aspx

[64] Die Marken von Nestlé: http://www.nestle.de/marken/a-z

[65] Die Marken von P&G: http://www.pg.com/de_DE/produkte/index.shtml

[66] 32 000 Tonnen Palmöl verbraucht Ikea pro Jahr für billige Kerzen: https:// www.regenwald.org/aktion/643/an-ikea-retten-sie-den-lebensraum-von- 130-orang-utans-stoppen-sie-palmoel-kerzen

[67] Kathrin Hartmann, »Palmöl als Waldvernichter Nummer eins«, *Frankfurter Rundschau* vom 14. Dezember 2014; http://www.fr-online.de/ wirtschaft/indonesien-palmoel-als-waldvernichter-nummer-eins, 1472780,29310204.html

[68] Green Ranking 2012: Global Companies, *Newsweek*, 22.10.2012; http:// www.newsweek.com/2012/10/22/newsweek-green-rankings-2012-global- 500-list.html und

[69] Quelle: Save our Borneo, Stand November 2013

[70] Oliver Pye, »Nachhaltige Profitmaximierung. Der Palmölindustrielle Komplex und die Debatte um ›nachhaltige Biotreibstoffe‹«, *Peripherie Nr. 112, 28. Jg.*, Westphälisches Dampfboot, Münster 2008, S 442; http://www.zeitschrift-peripherie.de/ 112-04-Pye.pdf

[71] Gemeinsames Schreiben von Inge Altemeier, Biofule Watch, Rettet den Regenwald und Robin Wood an Weltbank-Präsident Robert Zoellick, 22.11.2010; https://www.regenwald.org/news/3213/gemeinsames- nro-schreiben-an-die-weltbank-palmoelzertifizierung-keine-loesung-fuer- mensch-und-umwelt

[72] RSPO-Presseerklärung vom 8. Mai 2004: http://www.rspo.org/file/ RSPO_Press_Statement_%28final%29.pdf und Merkblatt RSPO http://www.rspo.org/files/resource_centre/keydoc/8%20ger_ RSPO%20Fact%20sheet.pdf

[73] Mitglieder-Datenbank des RSPO: http://www.rspo.org/members/all

[74] Jeremy Goons Laufbahn auf Linked in: http://sg.linkedin.com/pub/ jeremy-goon/2a/345/20

[75] Ja, den Preis gibt es wirklich: http://www.zdf.de/ aktenzeichen-xy-…-ungeloest/xy-preis-16127188.html

[76] WWF International, Financial Info: http://www.worldwildlife.org/about/ financials

[77] Dirk Reinsberg, Marketing des WWF Deutschland, Power Point Präsen- tation im Marketing Club Saar, 27.1.2011; http://www.marketingclub-

saar.de/uploads/media/Marketingstrategien_des_WWF_Saar_Marketing-club_01.pdf

[78] WWF International Corporate Partnership Report 2014, S. 3; http://wwf.panda.org/what_we_do/how_we_work/businesses/business_partnerships/

[79] http://www.wwf.de/zusammenarbeit-mit-unternehmen/

[80] WWF Indonesia, WWF Malaysia, WWF Switzerland und WWF International

[81] Dazu gehören 43 Kriterien und mehr als 100 Empfehlungen: RSPO Prinicples and Criteria for the Production of Sustainable Palmoil 2013, November 2013, S. 7

[82] Ein juristisches Gutachten, das im Auftrag des Europäischen Zentrums für Verfassungs- und Menschenrechte und der Schweizer NGO Erklärung von Bern erstellt wurde, kommt zu dem Schluss, dass der Paraquat-Hersteller Syngenta mit dem Verkauf des Herbizids in Entwicklungsländern Menschenrechte missachtet http://www.ecchr.de/rechtsgutachten-515/articles/the-distribution-of-paraquat-does-syngenta-respect-human-rights.html

[83] Andrew NG, Si Siew Lim, »RSPO Roulette: How Profits win over People and Planet«, Pesticide Action Network Malaysia, Penang November 2013, S. 14 f.; http://www.panap.net/sites/default/files/RSPO-critique.pdf

[84] Der Pakt mit dem Panda – Der WWF informiert; http://www.wwf.de/wwfinformiert/zertifizierung/

[85] Brot für die Welt, »Nachhaltiges Palmöl – Anspruch oder Wirklichkeit? Potenziale und Grenzen des Roundtable on Sustainable Palmoil (RSPO)«, Berlin 2014, S. 18

[86] Douglas Adams, *Per Anhalter durch die Galaxis*, München 1981, S. 15

[87] Brot für die Welt, Berlin 2014, S. 18

[88] Ebd.

[89] Marcus Colchester, Sophia Chao (Hrsg.), *Conflict or Consent? The oil palm sector at a crossroads, Forest Peoples Programme,* Sawit Watch und TUK Indonesia,, 2013, Kapitel 3, PT Mustika Sembuluh and the Dayak Temuan of Central Kalimantan, S. 84

[90] Ebd., S. 81 f

[91] Roundtable on Sustainable Palmoil, Impact Report 2014, Kuala Lumpur, 3.10.2014, S. 35 http://www.rspo.org/file/14_0082RoundtableonSustainablePalmOil%28RSPO%29ImpactReport2014v14-spread.pdf

[92] Stand 20.12.2014 http://www.rspo.org/members/complaints

[93] RSPO Impact Report 2014, S. 44

94 Greenpeace, »P&G's Dirty Secret«, Amsterdam, Februar 2014
    http://www.greenpeace.org/international/Global/international/briefings/
    forests/2014/ProcterGambleDS_MediaBriefing_Final.pdf
95 Greenpeace, »Certifying Destruction«, Amsterdam, September 2013,
    S. 2
96 Greenpeace, »A dirty business, Amsterdam«, April 2013, S. 16 f.
    http://www.greenpeace.org/international/Global/international/
    publications/forests/2013/Dirty-Business.pdf
97 »Indonesien streitet indigene Bevölkerung ab«, Survival International,
    1.10.2012 http://www.survivalinternational.de/nachrichten/8714
98 Richtlinie 2009/28/EG des europäischen Parlamenrs und des Rates,
    Art. 17 http://eur-lex.europa.eu/legal-content/DE/
    TXT/?uri=CELEX:32009L0028
99 Ebd. Anhang V RL; zwar gibt die EU vor, dass die Einsparungen entlang
    der Wertstoffkette erfolgen müssen. Aber Palmölproduzenten in
    Indonesien etwa müssen eine Einsparung nur durch freiwillige Zertifizie-
    rungen nachweisen.
100 Grundlage für die Berechnung waren Daten des Umweltprogramms
    der Vereinten Nationen (UNEP) und des Wuppertal Instituts für Klima-
    forschung
101 Jürgen Trittin: Deutschland muss beim weltweiten Klimaschutz Vorreiter
    bleiben, Pressemitteilung Bundesumweltministerium; http://www.bmub.
    bund.de/presse/pressemitteilungen/pm/artikel/juergen-trittin-deutsch-
    land-muss-beim-weltweiten-klimaschutz-vorreiter-bleiben/
102 Die Kanzlerin im Wortlaut und Video: http://www.bundesregierung.de/
    Content/DE/Podcast/2012/2012-07-14-Video-Podcast/2012-14-07-
    Video-Podcast.html
103 Gabriel verspricht Vorreiterrolle im Klimaschutz, Deutsche Welle,
    14.4.2014 http://www.dw.de/gabriel-verspricht-vorreiterrolle-beim-
    klimaschutz/a-17566734
104 McKinsey, »Die Energiewende in Deutschland – Anspruch, Wirklichkeit
    und Perspektiven«, Mai 2012 http://www.mckinsey.de/deutschland-
    bei-klimaschutz-vorreiter-ausbau-von-energieeffizienz-und-windkraft-
    erforderlich
105 VDA, »Deutsche Automobilindustrie ist auch in der Krise Vorreiter beim
    Klimaschutz«, März 2009, http://www.auto.de/magazin/deutsche-
    automobilindustrie-ist-auch-in-der-krise-vorreiter-beim-klimaschutz/
106 http://www.bdi.eu/Umwelt_und_Klima.htm

107 BUND Hintergrund zur Einführung des Agrarkraftsstoffs E 10

108 Es gibt keine offizielle Zählung, nur Schätzungen. https://www.
regenwald.org/regenwaldreport/2010/306/wir-duerfen-nicht-quaelen

109 Es gibt darüber ebenfalls nur Schätzungen.

110 Stand Dezember 2013: http://www.bumitama-agri.com/about-us.html

111 Eigene Übersetzung, Original: »Pursuing a policy of aggressive planting
has helped us surpassed milestones after milestones, turning us in to a
young and fast-growing palmoil player today.« http://files.shareholder.
com/downloads/AMDA-WWON6/0x0x663208/EA43D02F-435D-
4AF8-B37F-4B3A8E6AFE14/Bumitama_Agri_Ltd_Annual_
Report_2012.pdf Letzter Aufruf 21.12.2014

112 http://www.rspo.org/file/scan0004.pdf Letzter Aufruf 21.12.2014

113 http://www.rspo.org/file/Chronology_of_Complaints_against_
Bumitama_Agri_Ltd_by_Aid_Environment.pdf und http://www.
facing-finance.org/files/2014/03/bumitama-factsheet-english.pdf

114 Belegt durch Satellitenbilder in Friends of th Earth, »Commodity
Crimes. Illicit landgrabs, illegal palmoil and endangered Orang-Utans«,
November 2013, Brüssel, S. 4https://www.foeeurope.org/commodity-
crimes-211113 und http://www.banktrack.org/manage/ajax/ems_
dodgydeals/createPDF/ladang_sawit_mas_plantation

115 Inge Altemeier, *Die Nachhaltigkeitslüge*, Kurzfilm, November 2010;
https://www.regenwald.org/news/3188/die-palmoel-mafia-ein-film-
ueber-das-schmutzige-geschaeft-im-regenwald

116 »Umweltministerin Bärbel Höhn: Biokraftstoff bietet enormes Potenzial
für Autokraftstoffe, die Umwelt und für Arbeitsplätze in Nordrhein-Westfalen«, Pressemitteilung des Ministeriums für Umwelt und Naturschutz,
Landwirtschaft und Verbraucherschutz, 26.11.2002, http://presseservice.
pressrelations.de/standard/result_main.cfm?aktion=jour_pm&r=
110185&quelle=0&pfach=1&n_firmanr_=108487&sektor=pm&detail=1

117 Inge Altemeier, *Hier Bio – dort Tod*, Globalfilm 2008

118 http://www.abgeordnetenwatch.de/baerbel_hoehn-575-37660--f273683.
html#q273683

119 Inge Altemeier, Sabrina Hermsen, *Biosprit – Tödlicher Feind des
Orang-Utan*, ZDF Zoom am 16.9.2014 zu sehen bei youtube:
https://www.youtube.com/watch?v=kyw_l8Z_jR8

120 http://eur-lex.europa.eu/legal-content/DE/
TXT/?uri=CELEX:32009L0028

121 RED steht für »Renewable Energie Directive«

122 Brot für die Welt, Berlin 2014

123 Zwölftes Gesetz zur Änderung des Bundes-Immissionsschutzgesetzes, Stand 20.11.2014 http://www.bmub.bund.de/service/publikationen/downloads/details/artikel/mehr-klimaschutz-durch-treibhausgasquote-beim-biokraftstoff/

124 Markus Grabitz,»Mehr Biosprit an der Zapfsäule«, *Bonner Generalanzeiger*, 25.9.2014; http://www.general-anzeiger-bonn.de/news/wirtschaft/mehr-biosprit-an-der-zapfsaeule-article1459482.html

125 Thomas Fritz, *Peak Soil. Die globale Jagd nach Land*, Berlin 2009, S. 17

126 Die eisfreien Flächen betragen 133 Quadratkilometer

127 http://eur-lex.europa.eu/legal-content/DE/TXT/?uri=CELEX:32009L0028 Paragraph 78

128 WWF, Regenwald für Biodiesel? Frankfurt 2007, S. 25, http://www.wwf.de/fileadmin/fm-wwf/Publikationen-PDF/wwf_palmoelstudie_deutsch.pdf

129 Colm O'Molloy,»Conservationists vs chainsaws: The RSPB's battle to save an indonesian rainforest«, *The Guardian*, 3.2.2015; http://www.theguardian.com/environment/2015/feb/03/conservationists-v-chainsaws-the-rspbs-battle-to-save-an-indonesian-rainforest

130 Klaus Pedersen, *Naturschutz und Profit. Menschen zwischen Vertreibung und Naturzerstörung*, Münster 2008, S. 14

131 Survival International,»Parks need peoples«, November 2014, S. 3 ff, http://assets.survivalinternational.org/documents/1324/parksneedpeoples-report.pdf

132 Mark Dowie, *Conservation Refugees. The hundred-year conflict between global conservation and native people*, Massachussets 2011, S. 45 ff. Pedersen Münster 2008, S. 52 ff sowie der Report der NGO Survival International, November 2014,

133 Mimin Dwi Hartono,»A national park not for merapi«, *The Jakarta Post*, 18.9.2004 http://www.thejakartapost.com/news/2004/09/18/national-park-not-merapi.html

134 Pedersen 2008, S. 22

135 Mac Chapin,»A Challenge to Conservationists«, 2004 http://www.worldwatch.org/system/files/EP176A.pdf

136 Mark Dowie, *Conservation Refugees*, 2011, S. xxvi

137 http://www.nathab.com/adventure-cruises/borneo-orangutan-adventure/

138 Ebd. und http://www.nathab.com/about/

139 http://www.wwf.de/themen-projekte/projektregionen/der-wwf-unterstuetzt-indigene-voelker/

140 Indigene Völker und Naturschutz: Grundsatzerklärung des WWF, Gland 2008, S. 5 http://www.wwf.de/fileadmin/fm-wwf/Publikationen-PDF/WWF_und_Indigene_Voelker_deutsch.pdf

141 Interview mit dem WWF Deutschland am 12.10.1012 zu den Vorwürfen im Schwarzbuch WWF, das Gespräch im Original liegt der Autorin auf Band vor.

142 David Bray, Arvin Khare, »Study of Critical New Forest Conservation Issues in the Global South«, 2004; Bray und Khare hatten 2004 in einem Report für die Ford Foundation festgestellt, dass es einen Zusammenhang gibt zwischen der Landnahme großer Gebiete durch große NGO und der Verarmung lokaler und indigener Gemeinden. Es waren zwei Vorstände der Ford Foundation, Yolanda Kakabadse, vormals auch Vorstandsmitglied bei The Nature Conservancy, und Catherine Fuller vom WWF USA, die dafür sorgten, dass der Bericht nicht an die Öffentlichkeit gelangte;
Der Bericht wurde Mark Dowie zugespielt. Dowie, Conservation Refugees, 2011, S. 59
Mittlerweile ist die Studie online nachlesbar: http://www.maninnature.com/Forestry/Forest1g.html

143 Survival International, »Parks Need Peoples«, November 2014

144 Mark Dowie, Conservation Refugees, 2011, S. 25 f., 41

145 http://orangutan.org/our-projects/forest-stewardship/palm-oil-training-programs/

146 http://www.bakriesumatera.com/new/index.php?option=com_boardmanagement&cat=commissioner&Itemid=57

147 http://en.ssms.co.id/board_read/2013/11/04/451/31/23/Mr.-Bungaran-Saragih-President-Commissioner

148 Marianne Klute hat für Watch Indonesia! einen von Bakrie Sumatera Plantations verursachten Konflikt im Dorf Sei Kopas in Nord-Sumatra 2007 untersucht. Suara-Zeitung für Indonesien und Osttimor, August 2009, S. 18 ff http://www.watchindonesia.org/II_1_09/II1_09.pdf

149 N. N., »Palmoil IPO presents environmental, financial risks«, Mongabay, 10.12.2013, http://news.mongabay.com/2013/1209-ssms-palm-oil-ipo.html Download des Berichts unter http://www.profundo.nl/page/show/themes/p634#_2013_p-634

[150] Melanie Pichler, *Umkämpfte Natur,* 2014, S. 84

[151] Pye, *Peripherie Nr. 112,* Münster 2008

[152] Bezeichnung für die Vertragsarbeiter, die auf den Plantagen der niederländischen Kolonien arbeiteten. Daher auch die Bezeichnung »Kuli« für Tagelöhner und Lastenträger.

[153] Einer Studie von Brot für die Welt zufolge erhielt ein Arbeiter 1937 das Äquivalent zu 4,37 kg Reis pro Tag zuzüglich Sozialleistungen (wie z. B. Renten). 2007 entsprach der Tageslohn nur noch 3,7 kg Reis ohne Sozialleistungen. http://www.brot-fuer-die-welt.de/fileadmin/mediapool/2_Downloads/Fachinformationen/Aktuell/Aktuell_22_Palmoel.pdf, S. 6

[154] Es gibt keine offiziellen Zahlen. Die indonesische Arbeiterorganisation OPPUK geht von mindestens 5,2 Millionen aus, andere Schätzungen von 3,5 Millionen.

[155] http://oppuk1.blogspot.de/2009/04/profil-oppuk.html

[156] http://www.g-resources.com/projects/martabe/overview/Größter Anteilseigner ist die US-amerikanische Vermögensverwalter Black Rock, bekannt als größte Schattenbank der Welt. Black Rock gehört auch zu den wichtigsten Shareholdern des Palmölkonzerns Wilmar.

[157] http://www.g-resources.com/sustainability/our-approach/

[158] http://www.rspo.org/members/1304/pt-rimba-mujur-mahkota

[159] International Labour Rights Form, Sawit Watch!, »Empty Assurances. Three case studies reveal serious human rights abuses at industry certified palmoil plantations, including labour trafficking and child labour«, PT Kerry Sawit, PT Socfindo Bangun Bandar und PT Lonsum Rambung Sialang http://www.laborrights.org/sites/default/files/publications-and-resources/Empty%20Assurances.pdf

[160] https://www.uni-muenster.de/HausDerNiederlande/Zentrum/Projekte/Schulprojekt/Lernen/Kolonialzeit/30/50.html

[161] http://www.tuv.com/en/indonesia/services_id/management_systems_id/environment_energy_id/rspo_supply_chain_certification_id/rspo_supply_chain_certification.html

[162] http://www.tuv.com/media/01_presse_2/german_publications/wissensmagazin_kontakt/Kontakt_3_2010.pdf S. 20

[163] http://www.tuv.com/de/deutschland/ueber_uns/presse/meldungen/newscontentde_160076.html

[164] http://www.laborrights.org/sites/default/files/publications-and-resources/ Empty%20Assurances.pdf S. 1 ff

[165] Brot für die Welt, Berlin 2014

[166] Public Notification on upcoming RSPO Certification Assessment of PT Rimba Mujur Mahkota-Sikarakara Palm Oil Mill and its Supply Base, Sikarakara Estate and KUD Sumber Usaha smallholder scheme, located at Mandailing Natal, North Sumatera Province, Indonesia. Subang Jaya/Jakarta, 5.5.2014 http://www.tuv.com/media/indonesia/brochure_2/forest_certification/ rspo_public_announcement/PA_RMM_Mill_TUV_Rheinland__English_-56.pdf

[167] Original TÜV-Bericht: http://www.forestpeoples.org/sites/fpp/files/ publication/2011/11/final-pt-apzainal-case-verreportenglish.pdf sowie das kritische Statement von Robin Wood: http://www.robinwood.de/ uploads/media/Statement_Robin_Wood

[168] Die Überprüfung von Rana Plaza hatte ein Mitglied der Business Social Compliance Initiave (BSCI) in Auftrag gegeben. Diese umstrittene Initiative ist ein Unternehmenszusammenschluss unter Federführung der europäischen Außenhandelsvereinigung Foreign Trade Association und will für Verbesserung der Sozialstandards in den Fabriken sorgen. http://www.bsci-intl.org/

[169] http://www.tuv.com/de/deutschland/ueber_uns/presse/meldungen/ newspdfde_160076.jsp

[170] Pressemitteilung der Christlichen Initiative Romero: http://www.ci-romero.de/fileadmin/download/presente_artikel/2013_ 3/presente_3-13_Infodienst_TUEV_Rheinland.pdf

[171] Apriadi Gunawan, »Walhi blames destruction of Medan forests on six firms«, *The Jakarta Post*, 20.5.2002 http://m.thejakartapost.com/news/2002/03/20/walhi-blames-destruction-medan-forests-six-firms.html

[172] The Global Slavery Index 2014, https://d3mj66ag90b5fy.cloudfront. net/wp-content/uploads/2014/11/Global_Slavery_Index_2014_final_ lowres.pdf

[173] Elisalex Clary, »Noch nie gab es s viel Sklaven wie heute«, Interview mit E. Benjamin Skinner, *Die Welt* Online, 21.8.2011, http://www.welt.de/politik/article2759571/Noch-nie-gab-es-so-viele-Sklaven-wie-heute.html

[174] Marita Wiggerthale, »Endstation Ladentheke, Oxfam Deutschland«,

Berlin 2008, S. 42 http://www.oxfam.de/files/20080414_
endstationladentheke_2007kb.pdf

[175] Renata Sandhi, »Oil Palm Plantations: Nowhere to Escape«, *Journal of Women's Studies*, Vol.20 No. 4, 2014

[176] http://www.tuv.com/media/indonesia/brochure_2/forest_certification/ rspo_public_announcement/PA_RMM_Mill_TUV_Rheinland__ English_-56.pdf

[177] Mein Gespräch mit den Arbeitern und den Männern im Dorf Sikara-Kara 3 fand am 16. Juni 2014 statt. Am 5. Mai 2014 hatte der TÜV Rheinland Malaysia mit dem Audit begonnen.

[178] Interview mit Oliver Pye am 14. Oktober 2014 in Bonn. Vgl auch Oliver Pye, Jayati Bhattacharaya (Hrsg.), *The Palm Oil Controversy in South East Asia. A Transnational Perspective*, Singapur 2013

III. KOLONIALISMUS MIT HERZ

[179] Brimob ist die Abkürzung für Brigade Mobile

[180] Den Zeugenbericht hat Titus Halomoan Simanjuntak für die NGO Sawit Watch! in Bogor verfasst. David Wigand, im April und Mai 2014 Praktikant bei Sawit Watch!, hat das Schriftstück übersetzt. http://www.bos-deutschland.de/themen/nachrichten/240-palmoel-toetet Eine Chronik der Ereignisse des 5. März nach Zeugenberichten, die Feri Irawan aufgenommen hat, liegt auch Robin Wood und Rettet den Regenwald vor: http://www.robinwood.de/wordpress/blog/ tropenwald/2014/03/getoetet-fuer-palmoel-gewalt-gegen-die-letzten- waldnomaden-indonesiens-eskaliert/sowie https://www.regenwald. org/aktion/943/landraub-und-mord-fuer-biodiesel-und-margarine#more

[181] Jon Afrizal, »Tribal children suffer rom hunger, illness«, *The Jakarta Post*, 9.3.2015; http://www.thejakartapost.com/news/2015/03/09/tribal- children-suffer-hunger-illness.html

[182] Quelle: Save our Borneo, Stand Januar 2013.

[183] Patrick Anderson, Sophie Chao, Marcus Colchester, Asep Yunan Firdaus, Fatilda Hasibuan, »Human rights abuses and land conflicts in the PT Asiatic Persada concession in Jambi. Report of a indipendent investigation into land disputes and forced eviction in a palmoil estate«, HUMA, FPP, Sawit Watch im November 2011, , S. 13 f http://www.forestpeoples.org/sites/fpp/files/publication/2011/11/ final-report-pt-ap-nov-2011-low-res-1.pdf

[184] Rettet den Regenwald, »Asiatic Persada: Chronik der Gewalt«, April 2014, https://www.regenwald.org/files/de/Chronic-Asiatic-Persada.pdf

[185] Wilmar CSR Tribune, Dezember 2010, S. 11 f. http://www.wilmar-international.com/wp-content/uploads/2012/11/WilmarCSRtribune4.pdf

[186] Youtube-Video von den zerstörte Siedlungen in Sungai Beruag: https://www.youtube.com/watch?v=UueyuQNwGXM&feature=related

[187] Der Brief von Wilmar vom 5. September 2011 in voller Länge: http://www.forestpeoples.org/sites/fpp/files/publication/2011/11/clarification-complaints-rspo.pdf

[188] TÜV-Register der RSPO-zertifizierten Kunden, Stand Juli 2013: http://www.tuv.com/media/malaysia/management_systems/RSPO_Register_of_Certified_Clients_TRM_-_July_2013rev2.pdf

[189] Das TÜV-Rheinland-Gutachten im Original: http://www.forestpeoples.org/sites/fpp/files/publication/2011/11/final-pt-apzainal-case-verreportenglish.pdf

[190] Statement von Robin Wood zu TÜV Rheinland: http://www.robinwood.de/uploads/media/Statement_Robin_Wood

[191] »We stand by every point by point rebuttal made in the previous correspondence, as verfified by the TUV Report« – zitiert nach »Human rights abuses and land conflicts in the PT Asiatic Persada concession in Jambi. Report of a indipendent investigation into land disputes and forced eviction in a palmoil estate«, November 2011, S. 52

[192] Die E-Mail liegt der Autorin vor.

[193] Unilever commits to certified sustainable palm oil: Unilever today announced its intention to have all of its palm oil certified sustainable by 2015. Pressemitteilung vom 1.5.2008 http://www.unilever.com/news/press-releases/2008/08-05-01-Unilever-commits-to-certified-sustainable-palm-oil.html?criteria=page%3d2%26Year%3d2008

[194] Sawit Watch!, Forest Peoples. Programme et. al. »Human rights abuses and land conflicts in the PT Asiatic Persada concession in Jambi. Report of a indipendent investigation into land disputes and forced eviction in a palmoil estate«, November 2011, S. 41 f.

[195] Die erste Beschwerde vom Juli 2007 betrifft vier Niederlassungen von Wilmar in Westkalimantan und eine in West Sumatra. Im Dezember 2008 folgt eine zweite Beschwerde, weil die IFC den Wilmar-Konzern weiter finanziell unterstützen wollte, obwohl Wilmar in mindestens 15 Projekten massiv gegen deren Sozial- und Umweltstandards verstößt. Eine

ausführliche Beschreibung der einzelnen Konflikte, die zu den Beschwerden führen, sowie Kritik an der IFC findet sich in dem Artikel »Why not Wilmar?«, der vom britischen NGO Down to Earth vom Dezember 2013: http://www.downtoearth-indonesia.org/story/why-not-wilmar

[196] http://www.planten.de/2010/10/07/keine-weltbankkredite-fuer-palmoel/ Ausführlicher sind die Finanziers und Kunden von Wilmar in der Studie »Bueyer and Financiers of the Wilmar Group« aufgeführt, die der niederländsiche Zweig der NGO Friens of the Earth, Milieudefensie, 2007 veröffentlichte: https://www.foeeurope.org/sites/default/files/publications/FoEE_Wilmar_Palm_Oil_Financers_0707.pdf

[197] http://www.unilever-haus.de/nachhaltigkeit

[198] Nils Klawitter, »Protest gegen Unilever: Der Häuptling zittert«, *Spiegel Online*, 14.12.2011, www.spiegel.de/wirtschaft/unternehmen/protest-gegen_Unilever-der-haeuptling-zittert-a-803778.html

[199] Das Protokoll der Sitzung zwischen Unilever, Rettet den Regenwald, Robin Wood, Feri, Bidin, Ida und ihrem Anwalt Zainal liegt der Autorin vor.

[200] Ebd. sowie https://www.regenwald.org/files/de/Brief%20an%20Unilever%2019-1-12.pdf

[201] http://www.unilever.de/brands-in-action/view-brands.aspx

[202] http://aktionen.knorr.de/Areas/Rezeptmagazin/Assets/files/Knorr_Family_2013_Jubilaeum.pdf

[203] Vgl. Kathrin Hartmann, »Alles nur Tarnung«, *Nido* 3/2013, S. 106 f.

[204] http://www.bfr.bund.de/de/fragen_und_antworten_zu_glycidol_fettsaeureestern-29220.html

[205] Fred Pearce, *Landgrabbing. Der globale Kampf um Grund und Boden.* München, 2012, S. 116 f.

[206] http://feronia.com/About/History/default.aspx

[207] http://82391.forumromanum.com/member/forum/entry.user_82391.2.1104252742.rechtfertigung_unilever_mit_antwort_evelyn-verkuender_des_lichts.html

[208] Unilever in Cote d'Ivoire: Unilever disposes of oils business and plantation interests and acquires regional soap business. Pressemitteilung vom 4.12.2008 http://www.unilever.com/news/press-releases/2008/08-12-04-Unilever-in-Cote-d-Ivoire-Disposal-completed.html?criteria=year%3d2008

[209] Unilever sells shareholding in Malaysian palm oil estates to Palmco, Pressemitteilung vom 2.12.2002 http://www.unilever.com/news/press-releases/2002/02-12-02-

Unilever-sells-shareholding-in-Malaysian-palm-oil-estates-to-Palmco.
html?criteria=year%3d2002

210 Unilever Sustainable Living Plan: http://www.unilever.de/sustainable-
living-2014/unilever-sustainable-living-plan/

211 Vgl. ua. Birger Nicolai, »Der Messias vom Multi«, *Die Welt* vom
25.10.2013, http://www.welt.de/print/die_welt/wirtschaft/
article121206743/Der-Messias-vom-Multi.html und Mario Brück, »Wie
der Unilever-Chef die Welt retten will«, *Wirtschaftswoche* vom 6.8.2014
http://www.wiwo.de/unternehmen/handel/paul-polman-wie-der-
unilever-chef-die-welt-retten-will/10278602.html

212 http://www.unilever.de/sustainable-living-2014/unilever-sustainable-
living-plan/

213 https://www.nachhaltigkeitspreis.de/category/preistraeger/001_
unternehmen/?PHPSESSID=1smpc9jkrc2ko84918ba7dhcm0

214 https://www.nachhaltigkeitspreis.de/app/uploads/2014/03/
kurzbegruendung_unilever.pdf

215 Mario Brück, »Wie der Unilever-Chef die Welt retten will«, *Wirtschaftswoche* vom 6.8.2014

216 Fred Pearce, »Unilever plans to double its turnover while halving
its environmental impact«, *The Telegraph*, 23.7.2013;
http://www.telegraph.co.uk/news/earth/environment/10188164/
Unilever-plans-to-double-its-turnover-while-halving-its-environmental-
impact.html

217 Ebd.

218 Stephan Börnecke, »Panda im Zwielicht«, *Frankfurter Rundschau*,
10.7.2010 http://www.fr-online.de/wirtschaft/world-wide-fund-for-
nature-panda-im-zwielicht,1472780,8655336.html

219 Näheres zur Soja-Katastrophe siehe u.a. Huisman, München 2013,
S. 174f. und Fred Pearce, *Landgrabbing. Der globale Kampf um Grund
und Boden*, München 2012, S. 150f.

220 www.wurf.de/themen-projekte/Landwirtschaft/produkte-aus-der-
landwirtschaft/runde-tische/runder-tisch-soja

221 Mittlerweile gibt es sogar die absurde Internetseite
www.siegelklarheit.de der Bundesregierung

222 Connections. Rainforest Alliance Annual Report 2013, S. 32f.; http://
www.rainforest-alliance.org/sites/default/files/about/annual_reports/
AR2013_spreads_0.pdf

223 http://www.rainforest-alliance.org/about/our-team

[224] Frank Meßing, »Waschmittelhersteller bietet Armen kleinere Verpackungen an«, *WAZ*, 27.82012 http://www.derwesten.de/wirtschaft/waschmittelhersteller-bietet-armen-kleinere-packungen-an-id7032783.html

[225] Donatien Lemaître, *Der Faire Handel auf dem Prüfstand, Arte*, 15.7.2013, http://www.arte.tv/guide/de/047127-000/der-faire-handel-auf-dem-pruefstand

[226] Eine fundierte und sehr lesenswerte Kritik am Fairen Handel hat Ndongo Sylla von der Rosa Luxemburg Stiftung geschrieben: *The Fairtrade Scandal: Marketing Poverty to the Rich*, London 2014

[227] Kakao-Barometer 2015: http://www.cocoabarometer.org/Home.html und http://www.suedwind-institut.de/aktuelles-hauptspalte-details/datum/2015/03/05/cocoa-barometer-2015/?tx_ttnews[backPid]=3&cHash=3594699015ec22868a11de507778e1b2

[228] Kathrin Hartmann, »Das Märchen von guten Produkt«, *Enorm Magazin* 4/2012, S. 16 f

[229] Ursprünglich Utz Kaphe, was in der Maya-Sprache »Guter Kaffee« bedeutet.

[230] https://www.utzcertified.org/de/ueberutzcertified/224-uncategorised/26584122-de-3vqal

[231] Investitionsbericht GLS Aktienfonds, 30.12.2014, S. 10 https://www.gls.de/media/pdf/Broschueren/Angebote/Fonds_Wertpapiere_Beteiligungen/glsbank_aktienfonds_investitionsbericht.pdf

[232] Diskussion im GLS-Blog: http://blog.gls.de/allgemein/neu-jahresbericht-2011-der-gls-bank-2/

[233] Der sehr lesenswerte Briefwechsel zwischen Günther Bachmann vom Rat für nachhaltige Entwicklung und den NGO Rettet den Regenwald und Robin Wood findet sich hier: http://www.robinwood.de/fileadmin/Redaktion/Dokumente/Tropenwald/palmoel/keinNachhaltigkeitspreisfuerUnilever.pdf

[234] Nils Klawitter, Landraub für Margarine, *Der Spiegel* 18/2014, S. 74 f. Telly Nathalia, »Unilever unit says Indonesia remains key palm oil supplier«, *Reuters*, 5.5.2010 http://www.reuters.com/article/2010/05/05/palm-indonesia-unilever-idUSJAK34489520100505

[235] Mitglieder zahlten zwischen 250 und 700 Euro. Nur für Journalisten war der Eintritt frei. http://www.european-summit.rspo.org/index.php?id=35

236 http://www.rewe-group.com/presse/pressemeldungen/pressemeldung-
detail/article/wwf-palm-oil-buyers-scorecard-2013/?P=1

237 http://www.forumpalmoel.org/de/ueber-uns.html

238 FONAP-Mitglieder: http://www.forumpalmoel.org/de/mitglieder.html

239 Antwort der Deutschen Bundesregierung auf die Kleine Anfrage von
Bündnis 90/Die Grünen »Marktmacht der deutschen Supermarktketten
und ihr möglicher Einfluss auf die Ausbeutung in der globalen Zuliefer-
kette« vom 29.8.2013 http://dipbt.bundestag.de/dip21/btd/17/
146/1714656.pdf

240 Jens Bergmann, »Die Ablasshändler«, *Brand Eins* 2/2001;
http://www.brandeins.de/archiv/2001/organisation/die-ablasshaendler/

241 Greenpeace, Palm Oil Innovations Group Charter, 13.11.2013, S. 1
http://www.greenpeace.org/international/Global/international/photos/
forests/2013/Indonesia%20Forests/POIG%20Charter%202013%20
November%202013.pdf

242 http://www.greenpeace.org/international/en/campaigns/forests/
asia-pacific/protect-paradise/tiger-challenge/

243 http://www.greenpeace.de/themen/waelder/schutzgebiete/
meilensteine-fuer-den-schutz-des-regenwaldes

244 http://www.merkur-online.de/wirtschaft/nutella-ferrero-greenpeace-
magazin-vorwurf-kinderarbeit-4727010.html

245 Magazin 5/2012, S. 34 f. Hartmann *Enorm*

246 https://www.regenwald.org/regenwaldreport/2004/1/papier-aus-raubbau

247 http://www.greenpeace.org/international/en/news/Blogs/makingwaves/
palm-oil-giant-Wilmar-commits-no-deforestation/blog/47623/

248 http://m.greenpeace.org/international/en/mid/press/releases/Greenwash-
alert-as-palm-oil-companies-sign-onto-continued-deforestation/

249 Peter Gerhard, »Die Metaphorphose der Raubbau-Konzerne«, Denkhaus
Bremen Blog, 25.4.2014; http://denkhausbremen.de/die-metamorphose/

250 Rett A. Butler, »Wilmar Partner continues to destroy forest for palm oil«,
Mongabay, 12.6.2014 http://news.mongabay.com/2014/0612-
greenomics-kencana-agri-palm-oil.html und Greenomics, »As a strategic
hareholder: ist this in line with Wilmar's No Deforestation Policy?,
11.6.2014http://www.greenomics.org/docs/Findings_Wilmar%27s-
No-Deforestation-Policy_%28LowRes%29.pdf

251 Jon Afrizal, »Greenpeace halts APP-Deal after brutal murder«,
The Jakarta Post, 3.3.2015; http://www.thejakartapost.com/
news/2015/03/03/greenpeace-halts-app-deal-after-brutal-murder.html

[252] »Proteste in Indonesien gegen Wilmar und den RSPO«, Robin Wood Blog, 11.12.2013 http://www.robinwood.de/wordpress/blog/tropenwald/2013/12/proteste-in-indonesien-gegen-wilmar-und-den-rspo/

IV. KLIMASCHUTZ GEGEN MENSCHENRECHTE

[253] http://www.theguardian.com/environment/video/2009/may/06/prince-charles-frog

[254] http://www.princeofwales.gov.uk/the-prince-of-wales/initiatives/princes-rainforests-project

[255] Nabu ist die deutsche Sektion von Birdlife International und ist nicht zu verwechseln mit dem Bund Naturschutz Deutschland (BUND)

[256] Laufzeit: 2009–2013 http://www.international-climate-initiative.com/de/projekte/weltkarte-und-projektliste/details/harapan-rainforest-pilothafte-restauration-eines-degradierten-waldoekosystems-auf-sumatra-272/?b=3,2,0,0,0,0&kw=

[257] Weltkarte und Projektliste: http://www.international-climate-initiative.com/de/projekte/weltkarte-und-projektliste/details/harapan-rainforest-pilothafte-restauration-eines-degradierten-waldoekosystems-auf-sumatra-272/?b=3,2,0,0,0,0&kw=

[258] Forest Carbon Partnership Facility Launched At Bali Climate Meeting, Pressemiteilung der Weltbank vom 11.12.2007 http://web.worldbank.org/WBSITE/EXTERNAL/NEWS/0,,contentMDK:21582088~menuPK:34463~pagePK:34370~piPK:34424~theSitePK:4607,00.html

[259] Sebastian Jutzi, »Der Wert der Artenvielfalt«, Interview mit Parvan Sukhdev, Focus online, 29.5.2008 http://www.focus.de/wissen/natur/tiere-und-pflanzen/artenschutz/interview-der-wert-der-artenvielfalt_aid_304636.html

[260] Barbara Unmüßig, »Vom Wert der Natur. Sinn und Unsinn einer Neuen Ökonomie der Natur«, Heinrich Böll Stiftung, Berlin, Februar 2014, S. 14; http://www.boell.de/sites/default/files/140220_e-paper_vom_wert_der_natur.pdf

[261] http://www.klimaretter.info/tipps-klima-lexikon/1874-emissionshandel

[262] Barbara Unmüßig, Vom Wert der Natur, 2014, S. 14

[263] Thomas Fatheur, »Neue Ökonomie der Natur. Eine kritische Einführung«, Heinrich Böll Stiftung, Schriften zur Ökologie Band 35, Berlin, 2. Auflage

2014, S.53; http://www.boell.de/sites/default/files/neue-oekonomie-d-natur-2.aufl-v01_kommentierbar.pdf

[264] http://www.klimaretter.info/umwelt/nachricht/13335-carbon-cowboys-unter-beschuss

[265] REDD+Datenbank: http://www.fao.org/forestry/vrd/

[266] Eine Initiative der Ernährungs- und Landwirtschaftsorganisation (FAO), dem Entwicklungsprogramm (UNDP) und dem Umweltprogramm der Vereinten Nationen (UNEP) zur Finanzierung von REDD-Projekten, dem 76 Länder angehören.

[267] http://www.fao.org/docrep/004/Y1997E/y1997e1m.htm#bm58

[268] Thomas Fatheuer, Neue Ökonomie der Natur, 2014, S. 50

[269] http://www.fao.org/forestry/vrd/entities/100

[270] Factsheet REDD in Indonesien, Watch Indonesia! 2011; http://www.watchindonesia.org/2011%20WI%20REDD%20in%20Indonesien.pdf

[271] »Harapan Rainforest Starts Peaceful Dialogue With Encroachers«, Harapan Rainforest, 31.8.2012
http://harapanrainforest.org/harapan/news/Harapan%20Rainforest%20Starts%20Peaceful%20Dialogue%20With%20Encroachers

[272] Chris Lang, »On-going land conflicts at Harapan Rainforest Project: As a key funder of Harapan, what is the German Government's response?«, REDD-Monitor, 19.12.2012
http://www.redd-monitor.org/2012/12/19/on-going-land-conflicts-at-harapan-rainforest-project-as-a-key-funder-of-harapan-what-is-the-german-governments-response/#more-13288

[273] Buletin Batin Sembilan, Dezember 2012, S. 7

[274] Ein Brief der Batin Sembilan an PT REKI vom 11. Februar 2013 beschreibt den Konflikt: http://www.redd-monitor.org/wp-content/uploads/2013/02/fileam7Luo.pdf
Das ist die Antwort des Hutan Harapan Managements:
http://harapanrainforest.org/harapan/news/Harapan%20Rainforest%20Management%20Responses%20to%20Hasan%20letter

[275] Antwort von Hutan Harapan in der Kommentarleiste des REDD-Monitor am 13. März 2013 http://www.redd-monitor.org/2013/02/26/indigenous-rights-and-the-harapan-rainforest-project-a-letter-to-pt-reki-from-the-bathin-sembilan-of-simpang-macan-luar/

[276] Nabu-Faktenblatt zum Harapan Rainforest: https://www.nabu.de/downloads/info_harapan_regenwald.pdf

[277] Stand Dezember 2012, Bericht von Pariyaonto im *Buletin Batin Sembilan*, S. 23. Das Magazin wird von den indonesischen NGO CAPPA, Perkumpulan Hijau, Setara Jambi und Aliansi Gerakan Reforma Agraria Jambi herausgegeben

[278] http://www.dw.de/was-ist-global-ideas/a-17301406

[279] Carmen Meyer, Artenschutz im *Regenwald* von Sumatra, Deutsche Welle; 5.6.2012; Film ansehen; http://www.dw.de/artenschutz-im-regenwald-von-sumatra/a-15999002

[280] Kommentar von Dieter Hoffmann zum Posting des Films auf REDD Monitor am 23. März 2013: http://www.redd-monitor.org/2013/03/12/two-contrasting-views-of-the-harapan-rainforest-project-sumatra-indonesia/

[281] Inge Altemeier, *Waldelefanten in Indonesien*, W wie Wissen, ARD, 21.10.2012; http://www.daserste.de/information/wissen-kultur/w-wie-wissen/videos/waldelefanten-in-indonesien-100.html

[282] Rettet den Regenwald, Studie über die Verbreitung der Sumatra-Elefanten im Primärwald von Sepintun 2012, http://www.daserste.de/information/wissen-kultur/w-wie-wissen/sendung/2012/regenwald-102.pdf

[283] Chris Lang, »Via Campesina and an Indonesian farmer denounce the Harapan Rainforest project in Indonesia«, REDD-Monitor 12.12.2008; http://www.redd-monitor.org/2008/12/12/via-campesina-and-an-indonesian-farmer-denounce-the-harapan-rainforest-project-in-indonesia/#more-1122

[284] Chris Lang, »Interview with Tejo Pramono, La Via Campesina, and Elisha Kartini, SPI: ›REDD is just a project that the industrial countries use to try to keep their economic benefits‹«, 27.3.2012; http://www.redd-monitor.org/2012/03/27/interview-with-tejo-pramono-la-via-campesina-and-elisha-kartini-spi-redd-is-just-a-project-that-the-industrial-countries-use-to-try-to-keep-their-economic-benefits/

[285] Erklärung von Nyéléni Forum für Food Souvereignity 2007, http://www.nyeleni.org/spip.php?article331

[286] Alles über den Weltagrarbericht: http://www.weltagrarbericht.de/themen-des-weltagrarberichts/ueber-den-weltagrarbericht.html

[287] Ebd.

[288] Marlies Uken, »Das Plussummenspiel«, *Zeit Online* 16.9.2014; http://www.zeit.de/wirtschaft/2014-09/klimawandel-vereinte-nationen-klimaschutz-klimaoekonomie

[289] Jo Confino, »Lord Stern: Global warming may create billions of climate refugees«, *The Guardian*, 22.9.2014; http://www.theguardian.com/sustainable-business/2014/sep/22/lord-stern-global-warming-billions-climate-refugees

[290] Joachim Müller-Jung, »Historische New York Declaration: Staaten und Firmen erstmals einig bei Rettung der Regenwälder«, FAZ online, 23.9.2014, http://www.faz.net/aktuell/wissen/historische-new-york-declaration-staaten-und-firmen-erstmals-gemeinsam-fuer-rettung-der-regenwaelde-13169297.html

[291] New York Declaration on Forests, UN, 2.9.2014: http://www.un.org/climatechange/summit/wp-content/uploads/sites/2/2014/09/FORESTS-New-York-Declaration-on-Forests.pdf

[292] Ebd., S. 16

[293] Ebd., S. 14

[294] Ebd.

V. PINKES GOLD, BLAUE REVOLUTION UND GRÜNER KATASTROPHENKAPITALISMUS

[295] Der Einfachheit halber verwende ich im Folgenden »Shrimps« bzw. »Garnelen« als Überbegriff für die verschiedenen Arten der Garnelen und Shrimps.

[296] Ein Überblick über die wichtigsten Aquakultur-Projekte, die mit Entwicklungsgeld gefördert wurden, listet die Studie »Desert in the Delta. A report on the environmental, human rights and social impacts of shrimp production in Bangladesh« der Environmental Justice Foundation von 2004 auf; http://ejfoundation.org/sites/default/files/public/desert_in_the_delta.pdf

[297] http://www.fao.org/aquaculture/en/

[298] Richard Nitzsche, »Bio-Fisch aus dem Käfig«, *Die Zeit*, 24.2.2010; http://www.zeit.de/wissen/2010-02/aquakultur-fischerei-fisch

[299] Environmental Justice Foundation, »Desert in the Delta. A report on the environmental, human rights and social impacts of shrimp production in Bangladesh«, S. 10f http://ejfoundation.org/sites/default/files/public/desert_in_the_delta.pdf und Bangladesh Shrimp Foundation, http://www.shrimpfoundation.org/

[300] Kathrin Hartmann *Wir müssen leider draußen bleiben. Die neue Armut in der Konsumgesellschaft*« Blessing 2012, Seite 371ff.

[301] Jürgen Kraus, Heiko Thiele, *Bangladesch: Über den Tellerrand. Ernährungssouveränität in Zeiten des Klimawandels,* Dokumentafilm von Zwischenzeit Münster 2013, http://www.zwischenzeit-muenster. de/2012-materialien-filme-ueber-den-tellerrand-2013.html

[302] Nachruf der Krishok Federation: http://www.krishok.org/english/ bangladesh-krishok-federation-leader-abdul-karim-killed-by-local-influentials

[303] Krishok Federation, Climate Caravan Participants Report 2013, Day 12; http://www.krishok.org/uploads/3/7/5/9/3759913/caravan_participants_ report-_26_november_2011_zahida_nagar_sathkhira.pdf

[304] Untersuchung des Verbrechens auf Polder 22 von Nijera Kori: http:// www.nijerakori.org/documents/Karunamoyee_case_study.pdf

[305] N.N., »BNP leader Wazed Ali dead«, *The Daily Star,* 25.12.2003, http:// archive.thedailystar.net/2003/12/25/d31225100588.htm

[306] Eine Liste gewaltsamer Landnahmen für Shrimpsanlagen mit der Hilfe von Polizei und Behörden findet sich in der Studie »Smash&Grab. Conflict, Corruption & Human Right Abuses in the Shrimp Farming Industry« der Environmental Justice Foundation von 2003; http:// ejfoundation.org/sites/default/files/public/smash_and_grab.pdf

[307] http://www.spiegel.de/wissenschaft/natur/bangladesch-wo-der-klimawandel-nach-salz-schmeckt-a-479221.html

[308] Kai Fritze, »Die Sundarbans müssen geschützt werden«, Interview mit Monirul Khan, *Netz Bangladesch Zeitschrift,* 4/2012, S. 8 f.

[309] Pinaki Roy, »Coastal Bangladesh turns too salty for salt-tolerant rice«, *The Third* Pole, 8.12.2014; http://www.thethirdpole.net/coastal-bangladesh-turns-too-salty-for-salt-tolerant-rice/

[310] Naturskyddsföreningen, »Murky Waters. The environmental and social impacts of shrimp farmin in Bangladesh and Ecuador, Stockholm, September 2011, S. 28; http://www.naturskyddsforeningen.se/sites/ default/files/dokument-media/murky_waters.pdf

[311] J.H. Primavera, »Socio-economic impacts of shrimp culture«, Iloilo 1997, S. 6+7; https://library.conservation.org/Published%20 Documents/2009/socio-economic%20impacts.pdf

[312] Emran Hossein, »Shrimp farming deals major blow to South«, *The Daily Star,* 26.5.2011, http://archive.thedailystar.net/newDesign/news-details. php?nid=187242

[313] Environmental Justice Foundation, »Impossibly Cheap: Abuse and Injustice in Bangladesh's Shrimp-Industrie«, London 2014, S. 30 f.;

http://ejfoundation.org/sites/default/files/public/Impossibly_Cheap_Web.pdf

[314] Naturskyddyföeingen 2011, S. 12 f.

[315] Nazmul Hasan, »Trend in the availability of agricultural land in Bangladesh«, Soil Resource Developemnet Institute, Dhaka, Augsut 2013, S. 38 f.; http://www.nfpcsp.org/agridrupal/sites/default/files/Trends-in-the-availability-of-agricultural-land-in-Bangladesh-SRDI-Supported-by-NFPCSP-FAO.pdf

[316] Kampagne Rettet den Regenwald: https://www.regenwald.org/aktion/999/rettet-die-tiger-vor-der-deutschen-bank

[317] Naturskyddsföreningen 2011, S. 14 f.

[318] Envirnomental Justice Foundation, 2004, S. 28 f

[319] Verité, »Research on Indicators of forced labour in the Supply Chain of Shrimp in Bangladesh«, Amherst/USA 2012, S. 6 f. Und 36 f.; http://verite.org/sites/default/files/images/DOL-BANGLADESH-FINAL-%20ADA%20COMPLIANT.pdf

[320] Mark Tran, »Bangladesh villagers still struggling after Cyclone Aila's devastation«, *The Guardian*, 5.3.2012; http://www.theguardian.com/global-development/2012/mar/05/bangladesh-villagers-struggle-after-cyclone-aila

[321] Envirnomental Justice Foundation, 2003, S. 9

[322] N.N., »Poverty, food insecurity rise significantly: Study«, *The Daily Star*, 23.3.2014; http://www.thedailystar.net/poverty-food-insecurity-rise-significantly-study-16834

[323] http://www.bund-sh.de/themen_und_projekte/meeresschutz/aktuelles_aus_dem_meeresschutz/aquakultur/tierschutz/futtermittel/

[324] Hanno Charisius, »Soja für Seezungen, Raps für Lachs«, *SZ Online*, 18.3.2013 http://www.sueddeutsche.de/wissen/ueberfischung-der-meere-soja-fuer-seezungen-raps-fuer-den-lachs-1.1627015

[325] Kathrin Hartmann, *Ende der der Märchenstunde. Wie die Industrie die Lohas und Lifestyle-Ökos vereinnahmt,* München 2009

[326] http://seatglobal.eu/2013/01/the-organic-shrimp-project/#.VSefsuFdwSw

[327] http://cdg-unternehmerpreis.de/?page_id=13

[328] Ebd.

[329] http://www.naturland.de/fileadmin/MDB/documents/Richtlinien_deutsch/Naturland-Richtlinien_Aquakultur.pdf

[330] Naturland hat dieses Vorgehen auf Anfrage weder dementiert noch bestätigt

[331] Naturskyddsföreningen 2011, S. 36 f

[332] Ebd. S. 60

[333] Antwort von Naturland: http://www.naturland.de/fileadmin/MDB/documents/Aqua/Naturland_Reply_to_the_Swedish_Society_for_Nature_2011.pdf

[334] Natursyddsföreningen 2011, S. 60

[335] Emran Hossain »Shrimp farning deals major blow to the South«, *The Daily Star* 26.5.2011, http://archive.thedailystar.net/newDesign/news-details.php?nid=187242

[336] Jessica Thomsen, »Abwrackprämie – Fette Gewinne für Reedereien«, *Global Magazin,* 10.7.2013 http://globalmagazin.com/blog/abwrackpraemie-fette-gewinne-fuer-reedereien/

[337] Liste der Worst Ship Dumpers: http://www.shipbreakingplatform.org/shipbrea_wp2011/wp-content/uploads/2015/01/Press-release-List-of-global-dumpers-2014-NGO-Shipbreaking-Platform-Jan-2015-GERMAN1.pdf

[338] Syed Tashfin Chowdhury, »Graveyard shift: Dismantling toxic ships in Bangladesh«, *The Independent,* 26. Juli 2013; http://www.independent.co.uk/news/world/asia/graveyard-shift-dismantling-toxic-ships-in-bangladesh8734375.html

[339] Zum Beispiel das Forschungsprojekt SEAT Global (Sustaining Ethical Aquculture Trade), in dem europäische und asiatische Universitäten, die FAO sowie der internaonalen Forschungseinrichtung World Fish Center

[340] Zum Beispiel die europäische Initiative Global G.A.P. (Good Agriculhsa/Practices) https://www.greenpeace.de/themen/meere/greenpeace-bewertung-von-globalgap

[341] MSC wurde 1997 von WWF und Unilver gegründet, heute ist er als privates Unternehmen vom WWF unabhängig

[342] https://www.greenpeace.de/themen/meere/greenpeace-bewertung-von-marine-stewardship-council-msc

[343] http://www.geomar.de/news/article/ueberfischt-und-trotzdem-aufgetischt/

[344] Es gab acht verschiedene »Dialoge«, in denen Standards für zwölf Spezies entwickelt wurden, die in Aquakulturen gezüchtet werden.

[345] http://www.asc-aqua.org/index.cfm?act=tekst.item&iid=2&lng=1

[346] http://www.asc-aqua.org/index.cfm?act=tekst.item&iid=2&iids=195&lng=1

[347] Wilfried Huismann, *Lachsfieber*, WDR 2011; http://www.wilfried-huismann.de/lachsfieber.html

[348] http://www.asc-aqua.org/index.cfm?act=tekst. item&iid=2&iids=195&lng=1

[349] Die ausführliche Dokumentation und detaillierte Kritik des ASC-Standards findet sich im »Consumers' Guide to Shrimp Certification« http://scampi.nu/wp-content/uploads/Consumers-Guide-to-Shrimp-Certification-V3B-Draft-for-Review-may-2014.pdf

[350] Ebd. S. 6

[351] Offener Brief: http://asiasolidarity.org/2012/02/worldwide-opposition-to-wwfs-shrimp-standards/

[352] Annusorn Unno, Peter Vandergeest, »A new extraterritoriality? Aquaculture certification, sovereignty, and empire«, York 2012; http://socanth.tu.ac.th/outreach/publication/vandergeest-and-anusorn-2012/

[353] Ebd. S. 2

[354] Ebd. S. 5

[355] Ebd. S. 5

VI. NACHHALTIGER HUNGER

[356] http://www.snvworld.org/en/regions/world/our-work/our-work/smart-development-works

[357] https://www.ipcc.ch/pdf/reports-nonUN-translations/deutch/2001-glossar.pdf

[358] Interview mit Eva Filzmoser von CDM Watch: http://www.klimaretter.info/wirtschaft/hintergrund/6960-cdm-qwirklich-fundamentale-problemeq

[359] Dazu ausführlicher: Lou Pingeot, »Corporate Influence in the Post-2015-Process«, Brot für die Welt/Global Policy Forum/Misereor, Aachen/Berlin/Bonn/New York, Januar 2014, S. 10 f.; https://www.globalpolicy.org/images/pdfs/GPFEurope/Corporate_influence_in_the_Post-2015_process_web.pdf

[360] Christoph Neusiedl, »The conceptualization(s) of developement: A case Study of Developement Aid in Bangladesh«, Birmingham 2014, S. 46 f.

[361] Christoph Heinzle, Elisabeth Weyd, »Berlin schaut kaum auf Weltbank«, Tagesschau 16.4.2015, https://www.tagesschau.de/ausland/weltbank-honduras-101.html

362 Uwe Hoering, »Was, zum Teufel, ist ›Klima-smarte Landwirtschaft‹?«, Globe Spotting, Dezember 2011, www.globe-spotting.de/klima-smarte-landwirtschaft.html

363 Ebd.

364 Mitgliederliste der Allinaz für klimasmarte Landwirtschaft: http://foris. fao.org/preview/42196-01e5a219d926c5f169170aa545c52fd9c.pdf

365 UN-Pressemitteilung »Climate Summit Launches Efforts Toward Food Security for 9 Billion People by 2050« http://www.un.org/climatechange/summit/wp-content/uploads/sites/2/2014/05/AGRICULTURE-PR.pdf

366 Erik Swyngedow, »Apocalypse forever? Post-political Polpulism and the Spectre of Climate Change«, Manchester, 24. Mai 2010

367 Ebd., S. 219

368 Ebd.

369 Der Begriff Sub-Sahara-Afrika für den südlich der Sahara gelegenen Teil des afrikanischen Kontinents hat den ideologischen, in der Kolonialzeit geprägten Begriff »Schwarzafrika« verdrängt

370 Sponsoren-Liste: https://www.worldfoodprize.org/en/about_the_prize/sponsors/

371 Andrew Pollack, »Executive at Monsanto Wins Global Food Honor«, *New York Times*, 19.6.2013, http://www.nytimes.com/2013/06/20/business/monsanto-executive-is-among-world-food-prize-winners.html?_r=1

372 Das Forum for Food and Agriculture wird vom Bundesministerium für Ernährung und Landwirtschaft und dem Verein GFFA getragen, zu dem unter anderen die Lobbyisten von der Bundesvereinigung der Deutschen Ernährungsindustrie, der Deutsche Bauernverband und die GIZ gehören.

373 Matt Percival vom Us-Sender CNN hat ausbeuterische Kinderarbeit auf Mars-Plantagen zuletzt im Februar 2014 aufgedeckt: http://cnnpressroom.blogs.cnn.com/2014/02/26/cocoa-nomics-a-cnn-freedom-project-documentary/

374 GFFA 2014 – Zusammenfassung der Ergebnisse, S. 6.

375 Zum Beispiel die Kooperation »Affordable Nutritious Foods for Women (ANF4W)« zwischen GIZ, Bayer Crop Science und BASF, https://www.giz.de/de/weltweit/25670.html

376 »Study: How to feed the World's growing Billions«, Heinrich Böll Stiftung/WWF, 16. Mai 2011http://www.boell.de/de/navigation/

oekologische-marktwirtschaft-studie-kritik-prognose-
welternaehrungsorganisation-fao-12034.html

[377] »Global Food Losses and Food Waste«, FAO, Rom 2011,
http://www.fao.org/docrep/014/mb060e/mb060e00.htm

[378] Roman Herre, »Hunger im Überfluss«, *Frankfurter Rundschau*,
24.1.2015, http://www.fr-online.de/gastwirtschaft/hunger-hungern-im-
ueberfluss,29552916,29655220.html

[379] http://www.spiegel.de/wissenschaft/mensch/heutiges-ackerland-
koennte-vier-milliarden-menschen-mehr-ernaehren-a-914457.html

[380] Roman Herre, Angelika Schaffroth Rosario, »Hungerbekämpfung
durch Gentechnik?«, Gen-ethisches Netzwerk, Dezember 2011;
http://www.gen-ethisches-netzwerk.de/gid/209/schaffrath-rosario/
hungerbek%C3%A4mpfung-durch-gentechnik

[381] http://www.socialistdemocracy.org/WaterChargesPamphlet/
AWarningWaterPrivatisationInEnglandAndWales.html

[382] Stefan Aust, »Der geplüderte Staat«, NDR, 29.9.2014 https://www.ndr.
de/fernsehen/sendungen/45_min/rueckschau/Unkontrollierte-
Milliardendeals-bei-OePPs,gepluenderterstaat103.html

[383] http://www.developpp.de/de/content/zahlen-daten-fakten

[384] Antwort der Bundesregierunf auf die Kleine Anfrage von Bündnis 90/
Die Grünen, »Umsetzung des Schwerpunkts ländliche Entwicklung und
Ernährungssicherung in der Entwicklungszusammenarbeit und die Rolle
der Privatwirtschaft«, 21.1.2013, S. 5; http://dipbt.bundestag.de/doc/
btd/17/121/1712137.pdf

[385] http://www.bmz.de/de/was_wir_machen/themen/les/ernaehrung/
wirtschaft/index.html

[386] http://www.bmz.de/de/presse/aktuelleMeldungen/archiv/2013/
januar/20130129_pm_12_hunger/index.html

[387] »Kooperation mit dem Privatsektor im Kontext der Entwicklungszusammenarbeit – Kooperationsformen
Ein Positionspapier des BMZ«, BMZ-Strategiepapier 5/2011
http://www.bmz.de/de/mediathek/publikationen/themen/wirtschaft/
Strategiepapier304_05_2011.pdf

[388] http://www.giz.de/fachexpertise/html/7770.html

[389] Uwe Hoering, »Entwicklungspolitik Goes Agrarindustrie«,
Forum Umwelt und Entwicklung, Berlin, Oktober 2014, S. 115
http://www.forumue.de/fileadmin/userupload/AG_Landwirtschaft_
Ernaehrung/AGRI_AnalyseAgribusiness_21102014_web-1.pdf

[390] Ebd.

[391] http://www.fian.de/artikelansicht/2014-12-08-food-first-menschen-statt-konzerne-naehren/

[392] http://www.fian.de/artikelansicht/2015-04-15-agrarausbildungszentrum-in-sambia/

[393] Infosheet Potato Initiative Africa (PIA)-Stärkung der afrikanischen Kartoffelwirtschaft; www.germanfoodpartnership.de/wp-content/uploads/2014/11/GFP-PIA-Infosheet-DE7.11.2014.pdf

[394] »Was wurde aus… der Kartoffelsorte Linda?« *Brand eins,* http://www.brandeins.de/lesen/was-wurde-aus/kartoffelsorte-linda/

[395] »Entwicklungshilfe absurd: Kartoffelchips gegen den Hunger«, ARD-Panorama; https://daserste.ndr.de/panorama/aktuell/Entwicklungshilfe-absurd-Kartoffelchips-gegen-den-Hunger,greenwashing122.html

[396] http://www.bmz.de/de/presse/aktuelleMeldungen/archiv/2013/juni/130604_Hans-Juergen-Beerfeltz-Die-Kartoffel-muss-nach-Afrika/index.html

[397] Positionspapier des Forums Umwelt und Entwicklung zur German Food Partnership, November 2013 http://www.forumue.de/fileadmin/userupload/AG_Landwirtschaft_Ernaehrung/pospap_gfp_v3.pdf

[398] »Promotion of Potato Value Charns in Nigeria«, Abuja 2014 https://daserste.ndr.de/panorama/media/potato102.pdf

[399] Antwort der Bundesregierung auf die Klein Anfrage antwortete im Februar 2015 die Bundesregierung auf eine Kleine Anfrage der Fraktion Die Linke zum »Beitrag der German Food Partnership und anderer Public Private Partnerships zur Hunger- und Armutsbekämpfung«, 16.2.2015, S. 7, http://dip21.bundestag.de/dip21/btd/18/040/1804016.pdf

[400] Antwort auf auf eine Kleine Anfrage der Fraktion Bündnis 90/Die Grünen nach dem entwicklungspolitischen Nutzen der German Food Partnership: http://dipbt.bundestag.de/doc/btd/18/006/1800649.pdf S. 9

[401] http://blog.oxfam.de/marita-wiggerthale/bayer-basf-co-kassieren-entwicklungshilfegelder-%E2%80%93-unglaublich

[402] Das ist das Ergebnis einer Studie des International Institute for Environment and Developement: http://www.ictsd.org/downloads/2012/08/changing-perspectives-small-scale-farmers-markets-and-globalisation-murphy-iied.pdf

403 Kathrin Hartmann, »Zwischen den Welten«, Interview mit Gerd
Fleischer und Carsten Schmitz Hoffmann, *Enorm Magazin* 4/14, S. 76 f.;
http://enorm-magazin.de/zwischen-den-welten

404 David Hachfeld, Marita Wiggerthale, »Gefährlich Partnerschaft. Wie die
Bundesregierung unter dem Etikett der Armutsbekämpfung die Wirt-
schaftsinteressen der Agrarkonzerne befördert«, Oxfam Hintergrundbericht, Berlin Mai 2014, S. 26; http://www.oxfam.de/sites/www.oxfam.de/
files/oxfam-bericht-gefaehrliche-partnerschaft-1358kb_0.pdf

405 http://www.weltagrarbericht.de/aktuelles/nachrichten/news/de/28805.
html
Originalbericht »Report of the Special Rapporteur on the right
to food, Olivier De Schutter/Final report: The transformative potenzial
of the right to food« http://www.srfood.org/images/stories/pdf/
officialreports/20140310_finalreport_en.pdf

406 http://blog.oxfam.de/marita-wiggerthale/bayer-basf-co-kassieren-
entwicklungshilfegelder-%E2%80%93-unglaublich

407 SEARICE, »Hy bri dreis auf den Philippinen http://www.gen-
ethisches-netzwerk.de/gid/196/hybrid-reis-philippinen

408 Peter Clausing, *Die Grüne Matrix. Naturschutz und Welternährung am
Scheideweg*, Münster 2013, S. 99 ff und Catherin Badgley, Yvette
Perfecto, »Can organic agriculture feed the world?«, Nebrraska 2011
http://digitalcommons.unl.edu/cgi/viewcontent.cgi?article=
1110&context=agronomyfacpub

409 Oxfam Hintergrundbericht, Berlin 2014, S. 12

410 Ebd.

411 Hartmann, *Enorm* 4/2014

412 https://daserste.ndr.de/panorama/aktuell/Entwicklungshilfe-absurd-
Kartoffelchips-gegen-den-Hunger,greenwashing122.html

413 http://www.bmz.de/de/presse/aktuelleMeldungen/2014/novem-
ber/20141113_INKOTA-Fian-und-Oxfam-gemeinsam-mit-dem-BMZ-
fuer-EineWelt-ohne-Hunger/index.html

414 Offener Brief der NGO: http://www.inkota.de/fileadmin/user_upload/
Themen_Kampagnen/Ernaehrung_und_Landwirtschaft/keine_ez_fuer_
agrarkonzerne/offener-brief_BMZ_Faelschung_KEFA_nov2014.pdf

415 http://www.wir-haben-es-satt.de/start/home/rueckblicke/berlin-
demo-2014/

416 Raj Patel, »Die lange Grüne Revolution«, 2014, http://www.welt-
ernaehrung.de/2014/12/26/die-lange-gruene-revolution/

417   Eric Holt-Gimenez, Raj Patel, Annie Shattuck »Das Ende von Afrikas Hunger«, September 2009, S. 2 http://www.weltagrarbericht.de/fileadmin/files/weltagrarbericht/Nation_Das_Ende_v_Afrikas_Hunger_200909.pdf

418   Patel, 2014

419   Holt-Gimenez, Patel, Shattuck, 2009, S. 2

420   Raj Patel, »How to be curious about the Green Revolution«, 29.8.2014, http://rajpatel.org/2014/08/29/every-factoid-is-a-mystery-how-to-think-more-clearly-about-the-green-revolution-and-other-agricultural-claims/#more-3648

421   http://www.worldbank.org/en/news/feature/2013/05/13/helping-india-combat-persistently-high-rates-of-malnutrition

422   https://new-alliance.org/sites/default/files/resources/Copy%20of%20Summary%20of%20New%20Alliance%20Letters%20of%20Intent.pdf

423   http://www.bmz.de/de/presse/aktuelleMeldungen/archiv/2013/januar/20130129_pm_12_hunger/index.html

424   Liste der teilnehmenden Länder: http://www.upov.org/export/sites/upov/members/de/pdf/pub423.pdf

425   http://www.syngenta.com/global/corporate/de/news-center/events-and-presentations/Seiten/feature-27-05-2013.aspx

426   Marita Wiggerthale, »2014: Die afrikanische Landwirtschaft steht am Scheideweg«, Oxfam-Blog, 29.1.2014; http://blog.oxfam.de/marita-wiggerthale/2014-afrikanische-landwirtschaft-steht-am-scheideweg

427   Oxfam Hintergrundbericht, Berlin 2014, S. 19

428   http://www.oxfam.de/presse/140522-oxfam-warnt-hungerrisiko-kleinbauern-burkina-faso

429   Walden Bello, *Politik des Hungers*, S. 93 ff.

430   Ebd. S. 102

431   http://www.agra.org/agra/en/who-we-are/board-of-directors/

432   http://www.gatesfoundation.org/How-We-Work/Quick-Links/Grants-Database#q/k=AGRA

433   http://www.gatesfoundation.org/de/How-We-Work/Resources/Grantee-Profiles/Grantee-Profile-Alliance-for-a-Green-Revolution-in-Africa-AGRA

434   »The Hunger Games. How DFID support for agribusiness is fueling poverty in Africa«, War on Want, London, Dezember 2012, S. 6; http://www.waronwant.org/attachments/The%20Hunger%20Games%202012.pdf

435 http://www.acbio.org.za/

436 Peter Clausing, »Was Bill Gates in Afrika treibt«, *Die Wochenzeitung*, 14.11.2013; https://www.woz.ch/-47f8

437 Holt-Gimenez, Patel, Shattuck, 2009, S. 2

438 Ebd.

VII. GATED COMMUNITY

439 Bambi-Verleihung 2013 https://www.youtube.com/watch?v=-VOVaG0Z3YE

440 http://www.faz.net/aktuell/wirtschaft/fruehaufsteher/zuckerberg-verdoppelt-vermoegen-bill-gates-ist-wieder-der-reichste-mann-der-welt-12648848.html

441 http://www.bambi.de/ueber-bambi/stifter

442 http://www.sueddeutsche.de/wirtschaft/apple-und-microsoft-zulieferer-foxconn-mitarbeiter-drohen-mit-massen-suizid-1.1255113

443 Klaus Werner-Lobo und Hans Weiss, *Schwarzbuch Markenfirmen*, 2014, S. 276

444 http://www.rollingstone.com/culture/news/bill-gates-the-rolling-stone-interview-20140313

445 http://www.wiwo.de/finanzen/steuern-recht/steuertricks-in-den-usa-microsoft-spart-30-milliarden-dollar-steuern/10628590.html

446 Die Gesundheitsreform soll binnen zehn Jahren 940 Milliarden US-Dollar kosten. http://www.welt.de/finanzen/article6898894/Obamas-Gesundheitsreform-gefaehrdet-den-Dollar.html

447 Stand Mai 2014: http://www.manager-magazin.de/unternehmen/artikel/wo-die-microsoft-milliarden-von-bill-gates-heute-stecken-a-967703.html

448 http://www.forbes.com/billionaires/list/

449 Klaus Werner-Lobo und Hans Weiss, *Schwarzbuch Markenfirmen*, 2014, S. 22

450 Die teuerste Yacht der Welt ist die 160 Meter lange Eclipse und gehört dem russichen Oligarchen Roman Abramowitch: http://www.manager-magazin.de/lifestyle/reise/bodrum-oligarchen-spielplatz-mit-billionaire-club-und-yachthafen-a-1008781-4.html

451 http://www.spiegel.de/reise/aktuell/sardinien-yachtsteuer-verjagt-bill-gates-a-419455.html

452 Peter Mühlbauer, Bill Gates fordert progressive Verbrauchssteuern, Telepolis 17.10.2014 http://www.heise.de/tp/artikel/43/43087/1.html

453 http://nachrichten.sardinien.com/2009/11/europaischer-gerichtshof-luxussteuer.cfm

454 http://www.dailymail.co.uk/news/article-2719109/Thanks-dad-Bill-Gates-treats-family-Mediterranean-vacation-board-450-ft-superyacht-complete-submarine-12-state-rooms-helicopter-fly-tennis.html

455 https://www.apfelblatt.de/2014/08/09/bill-gates-millionen-urlaub-in-sardinien/

456 David McCoy, Gayatri Kembhavi, Jinesh, Patel, Akish Luintel »The Bill&Melinda Gates Foundation's grant-making programme for global health«, 9.5.2009, *The Lancet* http://www.thelancet.com/journals/lancet/article/PIIS0140-6736%2809%2960571-7/abstract

457 http://www.medact.org/about/revitalisation-vision/

458 Heike Buchter, »Der Weltgesundheitsapostel«, *Die Zeit*, 6.11.2014 http://www.zeit.de/2014/44/bill-gates-stiftung-gesundheit-spenden/komplettansicht

459 http://www.gatesnotes.com/Books/Why-Inequality-Matters-Capital-in-21st-Century-Review

460 Ebd.

461 http://www.gatesfoundation.org/de/How-We-Work

462 Katerini Storeng, »The GAVI Alliance and the ›Gates approach‹ to health system strengthening«, 2014, http://www.ncbi.nlm.nih.gov/pmc/articles/PMC4166931/

463 Lothar Gries, »Gono: Gastmensch und Investor«, Börse ARD, 17.11.2019 http://boerse.ard.de/boersenwissen/boersengeschichte-n/investorenlegenden/bono-gutmensch-und-investor100.html

464 http://www.red.org/en/learn/partners

465 https://www.youtube.com/watch?v=OA-31xD0log

466 David McCoy et.al., »Methodological and Policy Limitations of Quantifying the Saving of Lives: A Case study of the Global Fund's Approach, 1.10.2013 http://journals.plos.org/plosmedicine/article?id=10.1371/journal.pmed.1001522

467 http://www.ted.com/talks/melinda_french_gates_what_nonprofits_can_learn_from_coca_cola

468 http://www.coca-colacompany.com/sustainability/meet-our-partners-bill-melinda-gates-foundation

469 http://www.coca-cola-deutschland.de/5by20-die-coca-cola-initiative-fur-frauen-weltweit-in-erfolgszahlen

470 Klaus Werner-Lobo und Hans Weiss, *Schwarzbuch Markenfirmen* 2014, S. 224

471 http://www.taz.de/1/archiv/?dig=2002/07/22/a0086

472 http://www.taz.de/1/archiv/?dig=2005/03/11/a0039

473 Julia Bonstein, »Die nächste Milliarde« Der Spiegel 3/2008 http://www.spiegel.de/spiegel/print/d-55410972.html

474 C.K. Prahalad, *Ideen gegen Armut. Der Reichtum der Dritten Welt,* S. 19

475 http://www.coca-cola-deutschland.de/media-newsroom/ pressemitteilungen/coca-cola-erweitert-das-projekt-last-mile-und-verbessert-die-verfuegbarkeit-lebensrettender-medikamente-in-afrika

476 http://www.afrikahelp.de/de/ueber-tansania/gesundheitslage-in-tansania/

477 http://www.coca-cola-deutschland.de/media-newsroom/ pressemitteilungen/coca-cola-erweitert-das-projekt-last-mile-und-verbessert-die-verfuegbarkeit-lebensrettender-medikamente-in-afrika

478 Ted Talk September 2010

479 http://www.gatesfoundation.org/de/Who-We-Are/General-Information/ Leadership/Executive-LeadershipTeam/Warren-Buffett

480 http://www.cbsnews.com/news/mcdonalds-dumped-by-the-gatesfoundation/

481 http://www.wphna.org/htdocs/2011_sept_col_claudio.htm

482 Claudio Schuftan. World Public Healtes Nutrition Foundation, September Blog 2013 http://www.bloomberg.com/news/articles/2015-02-17/ gates-foundation-ditches-mcdonald-s-coca-cola-in-fourth-quarter

483 http://news.pg.com/leadership/board/susan-desmond-hellmann

484 http://www.gatesfoundation.org/de/Who-We-Are/General-Information/ Leadership/Executive-Leadership-Team/Sue-Desmond-Hellman

485 http://www.glaxosmithkline.de/mediaRelation. do?articleID=pressemeldungen_e13745

486 Klaus Werner-Lobo und Hans Weiss, *Schwarzbuch Markenfirmen,* 2014, S. 248 f.

487 Charles Piller, Edmund Sanders, Robyn Dixon, »Dark Clouds over good works of Gates Foundation«, *LA Times,* 7.1.2007 http://www.latimes.com/news/la-na-gatesx07jan07-story.html#page=4

488 Ebd.

489 http://derstandard.at/1381370083376/Foltervorwuerfe-gegen-private-Sicherheitsfirma-in-suedafrikanischem-Gefaengnis

490 Die Sicherheitsleute wurden frei gesprochen. http://www.spiegel.de/panorama/justiz/jimmy-mubenga-sicherheitsleute-in-totschlagsprozess-freigesprochen-a-1008893.html

491 http://www.gatesnotes.com/2015-annual-letter?lang=de&page=0
492 http://www.huffingtonpost.com/2015/04/13/whats-working-guardian-climate-change_n_7054310.html
493 http://www.theguardian.com/environment/2015/mar/19/gates-foundation-has-14bn-in-fossil-fuels-investments-guardian-analysis
494 http://gofossilfree.org/de/ueber-fossil-free/
495 http://www.theguardian.com/environment/2015/mar/19/gates-foundation-has-14bn-in-fossil-fuels-investments-guardian-analysis
496 http://www.forbes.com/sites/williampentland/2011/05/05/bill-gates-wind-and-solar-are-cute/
497 http://www.gatesnotes.com/Energy/Energy-Miracles
498 Ebd.
499 http://www.heise.de/newsticker/meldung/Bill-Gates-verteidigt-Forschung-an-neuen-Atomkraftwerken-1098375.html
500 http://terrapower.com/people/bill-gates
501 http://www.heise.de/newsticker/meldung/Microsofts-Technik-Chef-geht-Dino-Knochen-suchen-15897.html
502 Naomi Klein, *This changes everything.* New York 2014 (Deutsch: *Die Entscheidung*)
503 Ebd., S. 264
504 Ebd., S. 266
505 Ebd., S. 271 f.
506 http://www.spiegel.de/wissenschaft/natur/geoengineering-klima-klempner-will-erde-abkuehlen-a-1005412.html
507 Naomi Klein, *This changes everything* (Deutsch: *Die Entscheidung*), 2015, S. 273
508 http://www.spiegel.de/wissenschaft/natur/geoengineering-klima-klempner-will-erde-abkuehlen-a-1005412.html
509 https://www.greenpeace.de/teersand-kanada
510 Naomi Klein, *This Changes everything* 2014, S. 281
511 http://www.theguardian.com/environment/2012/feb/15/heartland-institute-microsoft-gm-money
512 http://www.gatesfoundation.org/How-We-Work/Quick-Links/Grants-Database#q/k=ALEC
513 www.gatesfoundation.org/How-We-Worle/Quick-Links/Grants-Databasea#k=American Enterprise Institute
514 Thomas Panny, »Tödliche Koalition«, *Telepolis*, 2.2.2007
     http://www.heise.de/tp/artikel/24/24567/1.html

515 Naomi Klein, *This changes everything*, 2014, S. 282

516 http://www.iass-potsdam.de/de/forschungscluster/nachhaltige-interaktionen-mit-der-atmosphare-siwa/news/ipcc-nimmt-geoengineering

517 http://www.bmbf.de/pubRD/CE_Studie2011-Gesamt-final-Druck.pdf

518 Studie zum Download: http://www.grain.org/article/entries/5064-how-does-the-gates-foundation-spend-its-money-to-feed-the-world

519 Ebd.

520 Übersetzung und Zusammenfassung der Studie im Südlink Magazin von INKOTA Nr. 171, März 2014, S. 12

521 http://www.fao.org/fileadmin/templates/abdc/documents/cgiar.pdf

522 http://www.bmz.de/de/was_wir_machen/themen/les/ernaehrung/fachleute/wege_zur_ernaehrungssicherheit/agrarforschung/index.html

523 Holt-Gimenez, Pater, Shattuck 2009, S. 3

524 Ebd.

525 Richard Rickelmann, *Tödliche Ernte. Wie uns das Agrar- und Lebensmittelkartell vergiftet*, Berlin 2012, S. 44 f

526 Klaus Werner-Lobo und Hans Weiss, *Schwarzbuch Markenfirmen* 2014, S. 274

527 http://www.sueddeutsche.de/gesundheit/glyphosat-hoehere-krebsgefahr-durch-weltweit-verwendetes-pestizid-1.2406147

528 Felix zu Löwenstein, *Foodcrash. Wir werden uns ökologisch ernähren oder gar nicht mehr*, München 2011, S. 161

529 Richard Rickelmann, *Tödliche Ernte*, 2012, S. 38

530 http://www.faz.net/aktuell/politik/ausland/gentechnik-die-bauern-und-die-detektive-12076.html?printPagedArticle=true#pageIndex_2

531 http://www.fluter.de/de/eigentum/heft/8026/

532 http://www.faz.net/aktuell/politik/ausland/gentechnik-die-bauern-und-die-detektive-12076-p4.html?printPagedArticle=true#pageIndex_4

533 http://deutsche-wirtschafts-nachrichten.de/2013/05/14/die-unheimliche-macht-von-monsanto-abtruenniger-bauer-drakonisch-bestraft/

534 http://www.fluter.de/de/eigentum/heft/8026/

535 Richard Rickelmann, *Tödliche Ernte*, 2012, S. 40 f

536 Tanja Busse, *Die Ernährungsdiktatur. Warum wir nicht länger essen dürfen, was uns die Industrie auftischt*, München 2010, S. 234

[537] Holt-Gimenez, Patel, Shattuck. 2009, S. 3
[538] http://www.gatesfoundation.org/de/What-We-Do/Global-Development/ Agricultural-Development/Strategy-Leadership/Rob-Horsch
[539] Holt-Gimenez, Patel Shattuck 2009, S. 3
[540] http://seattleglobaljustice.org/2010/08/for-immediate-release-gates-foundation-invests-in-monsanto/

VIII. DAS MÄRCHEN VON DEN WUNDERPFLANZEN

[541] Mark Lynas, »Grüne Gentechnik: Zum Wohl der Menschheit und des Planeten«, Vortrag 2013
http://www.novo-argumente.com/magazin.php/novo_notizen/ artikel/0001271
[542] MH Maswood, T Brinjal Farning ruins Gazipur farpers, New age, 7.5.2014 S. 543 Ebd.
[543] http://newagebd.net/9116/bt-brinjal-farming-ruins-gazipur-farmers/
[544] Christoph Then, *Handbuch Agro-Gentechnik*, München 2015, S. 59
[545] Ebd., S. 156
[546] Ebd., S. 61
[547] Christoph Then, Runa Boeddinghaus, »Das Prinzip industrielle Landwirtschaft in der Sackgasse«, Wiesbaden 2014, 3.10.
http://www.martin-haeusling.eu/images/BroschureSuperWeeds_ Web_.pdf S. 10
[548] Ebd., S. 15
[549] Peter Busghardt, »Der Tod kommt mit dem Wind«, SZ-*Magazin* 47/2014
http://sz-magazin.sueddeutsche.de/texte/anzeigen/42435/Der-Tod-kommt-mit-dem-Wind
[550] Bruce Tabashnik, »Insect resistance to Bt crops: lessons from the first billion acres, Nature biotechnology, 31/Nr. 6, S. 10 f
[551] Torsten Engelbrecht, »Und sie ist doch schuld«, *Die Wochenzeitung*, Nr. 11/2009
https://www.woz.ch/-1633
[552] Ebd.
[553] Ebd.
[554] Ebd
[555] Christoph Then, *Handbuch Agro-Gentechnik*, 2015, S. 95
[556] Ebd., S. 31

[557] EU-Richtlinie 178/2002/, Richtlinie 1829/2003 und Verordnung
2001/18, http://europa.eu/legislation_summaries/consumers/consumer_
safety/l32042_de.htm

[558] http://www.bfr.bund.de/cm/343/verordnung_eg_1829_ueber_genetisch_
veraenderte_lebensmittel_und_futtermittel.pdf

[559] http://corporateeurope.org/efsa/2013/10/unhappy-meal-european-food-
safety-authoritys-independence-problem

[560] http://www.ilsi.org/Documents/ILSI_2013_Member_List.pdf

[561] https://www.testbiotech.org/node/1016

[562] Christoph Then, *Handbuch Agro-Gentechnik*, 2015, S. 66

[563] http://www.easac.eu/fileadmin/Reports/Planting_the_Future/EASAC_
Planting_the_Future_FULL_REPORT.pdf

[564] U. a. Joachim Schiemann und Jörg Romeis

[565] http://www.testbiotech.org/sites/default/files/GRACE_Ausverkauf%20
an%20Industrie.pdf

[566] Richard Rickelmann, *Tödliche Ernte*, 2012, S. 96

[567] Mittlerweile ist die Studie wieder veröffentlicht

[568] Lou M. Gallaghes, »BT Brinja/Event EE1 – The Scape and Adeguacy of
GEAC Toxicologica/Risk Assensment«, Wellington 2010
http://www.gmwatch.org/files/bt-brinjal-report-gallagher-2011.pdf

[569] Ebd.

[570] Protestbrief von Farrida Akhter
http://www.keine-gentechnik.de/fileadmin/pics/Informationsdienst/
Aktionen_Veranstaltungen/aubergine_bangladesch_deutsch.pdf

[571] John Samuels, »Genetically engineered Bt Brinjal and the implications
for plant biodiversity – revisited«, VK 2012
http://www.greenpeace.org/seasia/ph/PageFiles/415937/GE-Bt-brinjal-
revisited.pdf

[572] http://content.time.com/time/magazine/article/0,9171,997586,00.html

[573] Christoph Then, »Gorden Lies: PR Kompagne ohne Glaubwürdigkeit«,
München 2014, S. 2
https://www.testbiotech.org/sites/default/files/Testbiotech_Golden%20
Rice_Golden%20Lies_DE_0.pdf

[574] Christoph Then, »Golden Lies: Das fragwürdige »Golden Rice«-Projekt
der Saatgutindustrie, Berlin 2012
https://www.foodwatch.org/uploads/media/gen-reis_2012deutsch_final.
pdf

[575] Christoph Then, *Golden Lies*, 2014

576 Der Einfachheit halber bleibe ich Vitamin A statt Coenzym oder Betacarotin.

577 Christoph Then, *Golden Lies,* 2014, S. 9

578 Then 2012, S. 16

579 Then 2014, S. 12

580 www.taz.de/!5084038

581 Bruce Chassy, »Food Safety risks and consumer healtere New Biotechnology, Vd 27/5, 2010
http://www.casinapioiv.va/content/dam/accademia/pdf/sv113/sv113-chassy.pdf

582 http://www.ilsi.org/FoodBioTech/Pages/NutritionalandSafetyAssessments.aspx

583 Daniel Mennig, »Der Wunderreis«, Schweizer Fernsehen, 28.3.2013

584 http://www.gmwatch.org/index.php/news/archive/2003/5525-gm-opponents-should-stand-trial-golden-rice-inventor

585 Felix Prinz zu Löwenstein, Foodcrash. Wir werden uns ökologisch ernähren oder gar nicht mehr, München 2011, S. 150

586 http://w2.vatican.va/content/benedict-xvi/de/messages/peace/documents/hf_ben-xvi_mes_20091208_xliii-world-day-peace.html

587 http://www.catholicnews.com/data/stories/cns/1004910.htm

588 http://blogs.faz.net/planckton/2013/11/19/steht-der-papst-auf-die-goldenen-gene-900/

589 http://www.faz.net/aktuell/wissen/verbot-der-gentechnik-pegida-in-gruen-ein-kommentar-13379736.html

590 http://www.goldenrice.org/

591 Christoph Then, *Golden Lies,* 2012, S. 6

592 Der *Wunderreis* online: http://www.srf.ch/sendungen/dok/der-wunderreis

593 http://www.welt.de/print-welt/article355299/Syngenta-stoppt-Gentechnik-Projekte-in-Europa.html

594 http://www.goldenrice.org/

595 Eva Lachkovics, »Golden Rice – Fluch oder Segen?«
http://www.globe-spotting.de/fileadmin/user_upload/globe-spotting/temporary/goldenrice-1.pdf

596 http://www.goldenrice.org/Content1-Who/who_Gerard.php

597 Greenpeace, All that Glitters not Gold – The Truthabaut GE Golden Rice, 2014
https://www.youtube.com/watch?v=GxSGKD50ioE

[598] http://www.misereor.de/blog/2013/08/28/philippinische-landwirte-zerstoren-versuchsfelder-mit-goldenem-reis/

[599] http://www.goldenrice.org/

[600] http://www.novo-argumente.com/magazin.php/novo_notizen/artikel/0001826

[601] http://www.taz.de/!5050557/

[602] http://greenspiritstrategies.com/issues-2/sustainable-energy/

[603] Greenpeace-Statement zu Patrick Moore
http://www.greenpeace.org/usa/en/media-center/news-releases/greenpeace-statement-on-patric/

[604] http://www.frontpagemag.com/2014/dgreenfield/greenpeace-co-founder-worried-about-global-cooling/

[605] In seiner ganzen Schönheit auf Youtube: https://www.youtube.com/watch?v=ovKw6YjqSfM

[606] Rainer Stodles, »Die Reisfrage«, SZ-*Mgazin* 44/2014
http://sz-magazin.sueddeutsche.de/texte/anzeigen/42346/Die-Reisfrage

[607] Jost Maurin, »Besser als Pillen«, *taz* 25.6.2014, http://www.taz.de/!5039260/Dirk Maxeiner, Michael Miersch, *Alles grün und gut? Eine Bilanz des ökologischen Denkens*, München 2014, S. 84

[608] Ebd.

[609] Es lohnt sich, diese wahnwitzige Rede komplett zu lesen: http://www.novo-argumente.com/magazin.php/novo_notizen/artikel/0001271

[610] http://www.gmwatch.org/index.php/background-briefing-mark-lynas-and-the-gm-movement-in-the-uk
http://www.spinwatch.org/index.php/issues/science/item/5450 und
http://www.spinwatch.org/index.php/issues/science/item/5490

[611] Lynas in Novoargumente (s.o.)

[612] Zum Beispiel hier: http://www.gmfreecymru.org/pivotal_papers/lynas_school.html und hier
http://blog.ucsusa.org/science-dogma-and-mark-lynas und hier
http://www.bioscienceresource.org/2013/02/what-should-you-do-when-mark-lynus-comes-to-town/ und hier http://www.gmwatch.org/latest-listing/52-2013/14614-the-repentant-environmentalist-part-1 und hier
http://www.huffingtonpost.com/eric-holt-gimenez/of-myths-and-men-mark-lyn_b_2591502.html

[613] http://news.cornell.edu/stories/2014/08/new-cornell-alliance-science-gets-56-million-grant

[614] http://www.thefinancialexpress-bd.com/2014/04/07/27497

[615] Mark Lynas: »It is not clear either whether the ›journalist‹ Yasir Wardad bylined on the Financial Express piece ever visited the location, or whether the whole article in its entirety was simply planted by anti-GMO activists.« http://btbrinjal.tumblr.com/post/82090416816/anti-gmo-activists-in-bangladesh-tell-lies-to

[616] http://www.slate.com/blogs/future_tense/2013/08/26/golden_rice_attack_in_philippines_anti_gmo_activists_lie_about_protest_and.html

[617] http://newagebd.net/9116/bt-brinjal-farming-ruins-gazipur-farmers/

[618] http://www.marklynas.org/2014/05/bt-brinjal-in-bangladesh-the-true-story/

[619] https://bteggplant.wordpress.com/on-the-ground/monsur-sarker/

[620] http://www.gmwatch.org/index.php/news/archive/2014/15623

[621] https://bteggplant.wordpress.com/home/press-releases/

[622] Mark Lynas, »How I got conversted to G. M. O.-Food«, *New York Times*, 24.4.2015
http://www.nytimes.com/2015/04/25/opinion/sunday/how-i-got-converted-to-gmo-food.html?_r=2

[623] http://ubinig.org/index.php/home/showAerticle/76/Farida-Akhter/Turning-Bt.-Brinjal-failure-into-a-propaganda-of-success/english

SCHLUSS

[624] http://solutionsjournalism.org/

[625] Er wird vom französischen Startup für Lösungsjournalismus Sparknews veranstaltet. http://impactjournalismday.com/submissions/

[626] http://www.leuphana.de/zertifikat-nachhaltigkeit-journalismus-berufsbegleitend.html

[627] http://solutionsjournalism.org/about/solutions-journalism-what-it-is-and-what-it-is-not/

[628] K. Hartmann, »Verhungern überm Designsofa«, *Berliner Zeitung*, 11.7.2013
http://www.berliner-zeitung.de/kultur/aesthetik-der-armut-verhungern-ueberm-designsofa,10809150,23689232.html

[629] http://opinionator.blogs.nytimes.com/2013/08/21/the-real-future-of-clean-water/

[630] http://www.who.int/water_sanitation_health/publications/2012/globalcosts.pdf S. 7

[631] http://www.focus.de/finanzen/news/bankenrettung-in-der-eu-staaten-halfen-banken-mit-1-6-billionen-euro_aid_886827.html

[632] Philip Mader hat sich in seiner Doktorarbeit *Financialising Poverty: The Transnational Political Economy of Microfinance's Rise and Crises*, Köln 2012, mit diesem Projekt beschäftigt und für das Max Planck Institut für Gesellschaftsforschung das Diskussionspapier »Making the Poor Pay for Public Goods via Microfinance: Economic and Political Pitfalls in the Case of Water and Sanitation« angefertigt http://www.mpifg.de/pu/mpifg_dp/dp11-14.pdf

[633] Kathrin Hartmann, *Wir müssen leider draußen bleiben*, München 2012, S. 317f.

[634] Francis Fukuyama, *The End of History and the Last Man*, USA 1992

[635] Klaus Brinkbäumer, »Der kaputte Planet«, Interview mit Naomi Klein, 21.2.2015,http://www.spiegel.de/spiegel/print/d-131927838.html

[636] Ebd.

[637] Felix Ekardt, »Nicht die Konzerne – wir selbst sind das Problem«, *Die Zeit*, 11.3.2015, http://www.zeit.de/wirtschaft/2015-03/naomi-klein-kapitalismus-klimawandel

[638] Anne Amerie-Siemens, »Die Entschlossene«, *FAS*, 4.4.2015 http://www.faz.net/aktuell/feuilleton/debatten/kapitalismuskritikerin-naomi-klein-im-gespraech-13508983.html?printPagedArticle=true#pageIndex_2

[639] Michel Focault, *Was ist Kritik?*, Berlin 1992

[640] https://www.boell.de/sites/default/files/multiple_krisen_u_brand_1.pdf

[641] Für seinen Film *10 Milliarden* hat Valentin Thurn Kleinbauern auf der ganzen Welt besucht. Im Buch von ihm und Stefan Kreutzberger, *Harte Kost. Wie unser Essen produziert wird – Auf der Suche nach Lösungen für die Ernährung der Welt*, München 2014, sind viel Beispiel funktionierender bäuerlicher Landwirtschaft weltweit beschrieben.

[642] http://www.finanzen100.de/finanznachrichten/wirtschaft/robeco-studie-die-nachhaltigsten-firmen-der-welt_H1585205424_65848/

[643] Das ist das Online-Tagebuch zur Maquila-Delgation: http://www.ci-romero.de/ueberuns_maquiladelegation/

Namensregister